EXPLORING THE NATIONAL DIMENSION
IN THE CONSTRUCTION
OF THE RULE OF LAW IN CHINA

中国法治建设中的国家维度研究

于 浩 著

上海社会科学院出版社

图书在版编目（CIP）数据

中国法治建设中的国家维度研究 / 于浩著． -- 上海：上海社会科学院出版社，2024． -- ISBN 978-7-5520-4474-4

Ⅰ．D920.0

中国国家版本馆 CIP 数据核字第 2024SB4664 号

中国法治建设中的国家维度研究

著　　者：于　浩
责任编辑：周　霈
封面设计：黄婧昉
出版发行：上海社会科学院出版社
　　　　　上海顺昌路 622 号　邮编 200025
　　　　　电话总机 021-63315947　销售热线 021-53063735
　　　　　https://cbs.sass.org.cn　E-mail:sassp@sassp.cn
排　　版：南京展望文化发展有限公司
印　　刷：上海龙腾印务有限公司
开　　本：710 毫米×1010 毫米　1/16
印　　张：18.25
字　　数：324 千
版　　次：2024 年 8 月第 1 版　2024 年 8 月第 1 次印刷

ISBN 978-7-5520-4474-4/D·727　　　　定价：98.00 元

版权所有　翻印必究

国家社科基金后期资助项目
出版说明

  后期资助项目是国家社科基金设立的一类重要项目,旨在鼓励广大社科研究者潜心治学,支持基础研究多出优秀成果。它是经过严格评审,从接近完成的科研成果中遴选立项的。为扩大后期资助项目的影响,更好地推动学术发展,促进成果转化,全国哲学社会科学工作办公室按照"统一设计、统一标识、统一版式、形成系列"的总体要求,组织出版国家社科基金后期资助项目成果。

全国哲学社会科学工作办公室

序：国家也是法治建设中一种"基本的善"

法治是当代社会主流意识形态的重要内容，是一种表征价值正当性的话语符号。尽管关于中国法治理论与实践的研究仍然存在诸多各具优长的论争，但是确立法治的价值正当性及选择法治道路，毫无疑问是中华人民共和国 70 多年来最重要的制度成就之一。自 20 世纪 80 年代以来，在接近半个世纪的时间里，中国法学界特别是理论法学界不仅完成了对法治的正当性正名，而且持续深化着对法治实践的量化探索，为构建中国法治话语体系、提升中国法治话语权不断努力。可以说，在中国法治建设的历史进程中，"国家"是始终无法回避的主体。相应地，在有关中国法治的理论与实践研究中，"国家"也同样是重要的切入维度。本书正是从国家维度对当代中国法治建设的成就予以归纳，并提炼中国法治建设基本立场和实践方案的积极尝试。

历史与实践反复证明，中国的法治理论不能从纯粹的书本知识和思想实验中来，而应当从中国自身的法治实践中提炼问题意识和建设理论架构，同时以传统法治理论的成熟知识与经典命题为必要借鉴。通过法治文明的东西互鉴，我们才能创造出客观反映中国实际，有力指导中国实践的法治理论。在人类法治文明的时空维度上，历史呈现出轨迹，显露出规律，而规律承载了逻辑，从而铸就了"历史的逻辑"一语。同时，逻辑基于事理，经验来自历史，长时段的历史凝结为经验，而大范围的经验本身便蕴含着逻辑，当经验的范围趋向于无穷大时，经验的有效性也就接近于整全，经验与逻辑的交融共生关系自然生发。因此，中国法治建设的理论分析方案，应当包括历史、理论与实践三个层次，它们逐渐聚敛，彼此联系紧密。历史维度关注近代以来中国因"救亡图存"而形成的建设法治的强烈动机、关注近代以来中国在法治建设问题上各种理论学说所串联的复杂历史脉络、关注中国共产党在革命和建设过程中对法治问题的基本立场和观点。理论维度关注西方传统法治理论的基本命题和价值立场、关注当代西方法治理论的新发展、关注中国当代(特别是20世纪80年代以来)对法治概念及相关问题、论题、命题的争执,关注中国共产党对"依法治国"概念的系统阐述。实践维度关注当代中国在立法、执法、司法、守法建设中的种种体现,特别是关注党的十八大以来执政党在法治建设方面的各项重大举措。

基于上述三个层次的分析可知,与传统法治理论强调从"个人-社会"的角度来理解法治的价值正当性不同,中国法治理论的搭建更需要关注"国家"在引入法治思潮、推动法治落地、完善法治实践、建构法治话语方面的主动性和创造性。在理解中国法治的应然面貌、描述中国法治的"理想类型"上,我们不应"照猫画虎",不应仅仅把国家视为法治建设的"必要的恶",也应当把国家视为"基本的善"。事实上,"必要的恶"与"基本的善"并非截然对立,而是有相互关联和包容的一面。"必要的恶"中的"必要",在于法治建设离不开国家,否定命题包含了肯定的含义,"必要"就是基本的善。在这一方面,本书颇具创新地以"国家主义法治观"来归纳中国法治建设的基本立场,并以此来关注国家如何建构法治,这可以被认为是本书研究的重大亮点。

根据我对本书内容的理解,第一,"国家主义法治观"并不是中国法治建设的独特创造。无论是古希腊"人是政治的动物"的政治哲学命题,霍布斯关于利维坦的理解以及卢梭、黑格尔等人对国家的认识,还是分析实证主义法学对主权者与国家和法律之间关系的界定,国家都是法治命题中必然存在的主体。可见,"国家主义法治观"是一种古典意义上的法治观,是一种带有德性要求的法治观,也是一种能够为法律的规范性提供基本证明路径的法治观。第二,在中国,"国家主义法治观"既是一种近代以来通过建设法制/法治实现救亡图存的主要思潮,也是中国共产党在革命和建设过程中的重要思想资源,还是当代中国法治建设的一种基本理念与行动坐标。第三,用来界定当代中国法治建设立场、描述当代中国法治实践、评价当代中国法治效果的"国家主义法治观",是基于"弱意义"的国家主义立场上的法治观,是一种尊重个人尊严、重视社会力量和社会资源的法治观,更是一种以"国家自我限权"为主要特色的法治观。

因此,与传统的"国家主义"及其法治观不同,本书所定义的"国家主义法治观",似乎更应当被理解为"国家自愿接受法治约束"的古典德性的国家主义立场(此即书中所谓"弱意义"的国家主义)与"以法治规范国家权力"的现代法治理念相结合的产物。一方面,国家当然要强调自身对法治建设的指导和引领作用,强调自身之于法治建设的不可或缺性——这也是世界各国法治建设的共性。另一方面,与被现代政治哲学和国家学说所批评和质疑的、由强国家主义描述的国家形态不同,本书所理解的"国家"并不是纯粹从自身的利益和观念出发来界定法治,也不是从自身的至善角度来规定法治的基本命题,而是明确国家在理念与行动上具有可完善性,且这种可完善性既需要依靠法律、法制和法治来强化,也需要多元的社会力量来巩固和支持,更需要执政党坚强有力的领导和依法办事来实现。本书中,无论是遵循"枫桥经验"的基层司法治理、援引社会主义核心价值观的司法实践,还是以队伍建设作为党规国法协同突破口的探究,都能让我们看到,国家并不会取消社会、取消个人;相反,国家关注的是如何能够源源不断地借助法治从社会中汲取宝贵的治理资源,是如何通过国家、社会、个人三者的行动与规范协同维持法治建设的稳态,是如何通过增强国家法律与执政党党内法规之间的规范协同来明确法治建设的基本预期。在我看来,"国家主义法治观"就是理解当代中国法治建设成效的主要结论,也是理解国家在法治建设中地位与角色的主要注脚。

当然,一种充分肯认现代法治理念的"国家主义"能否被继续称为"国家主义"可能还需要更加深入的分析。国家的上述德性,是否能如作者所言般证成中国"弱意义"的"国家主义法治观",也可以就此继续展开更为深入的讨论。但是,对这种理论上的努力,应当予以充分肯定;也正是由于作者在中国国家与法治建设问题上的这种"先行先试",学界可获得一个深入推进相关论题的学术"标靶"。

于浩是我在中国人民大学法学院工作时指导的硕士和博士,后来又随我一起到华东师范大学法学院从事教研工作,在短短数年时间便取得了不错的成绩。他除了深耕法治理论外,还在基层社会治理、教育法学等相关领域持续努力,并有不少可圈可点的研究成果问世。对读书和写作的痴迷,以及在学生时期受到的经典名著阅读氛围的熏陶,使他很早确立了以国家和法治的关系为主题的研究计划,并出版了《国家主义法律观研究》一书。《中国法治建设中的国家维度研究》这本书是他在理论维度探讨当代中国国家和法治的关系的最新成果,自然值得期待。我更期待,于浩能在本书的研究基础上不断进取、更上层楼,为凝聚中国法治建设的理论共识,讲好当代中国法治故事创造出更多、更丰硕的理论成果。

张志铭

华东师范大学文科资深教授、法学院院长

目　录

序：国家也是法治建设中一种"基本的善"／张志铭 ……………… 1

导　论 ……………………………………………………………… 1

第一章　国家与法治 …………………………………………… 27
　　第一节　国家学说的类型化分析 ……………………………… 27
　　第二节　国家与法律的关系分析 ……………………………… 37
　　第三节　国家在法治建设中的功能分析 ……………………… 41
　　第四节　中华人民共和国法治建构中国家与法治关系的演进 …… 44
　　小结 ……………………………………………………………… 60

第二章　中国法治建设的立场："国家主义法治观" …………… 61
　　第一节　法治建设立场的多元理论与中国实践 ……………… 61
　　第二节　"国家主义法治观"的概念与谱系 …………………… 77
　　第三节　中国法治实践中"国家主义法治观"的影响与意义 … 101
　　小结 ……………………………………………………………… 107

第三章　国家主义法治观在中国法治体系中的实践表达 …… 111
　　第一节　国家主义法治观在立法活动中的体现 ……………… 111
　　第二节　国家主义法治观在执法活动中的体现 ……………… 139
　　第三节　国家主义法治观在司法活动中的体现 ……………… 154
　　小结 ……………………………………………………………… 166

第四章　当代中国国家主义法治观新发展：吸纳社会 …………… 169
第一节　运用"枫桥经验"的中国基层司法治理实践 ………… 171
第二节　信访改革的法治化与社会动员：以应对重大突发公共事件为例 ……………………………………………………… 187
小结 ……………………………………………………………… 206

第五章　当代中国国家主义法治观新发展：国家限权 …………… 209
第一节　法治化治理与国家限权 ………………………………… 209
第二节　国家权力行使的德性限定：以社会主义核心价值观的司法实践为例 ………………………………………………… 225
第三节　党规与国法的协同：以政法队伍建设为例 …………… 248
小结 ……………………………………………………………… 268

结　语 ………………………………………………………………… 271

导　论

探讨中国法治建设,可以从不同的维度切入,既可以是个体或社会维度,也可以是国家维度。不同维度观察到的现象和问题往往有所差异。不可否认,国家在中国法治建设中始终发挥着不可忽视的作用。尤其是在中国特色社会主义制度更加成熟、国家治理体系和治理能力现代化水平显著提高、全面依法治国总体格局基本形成的时代背景下,更加需要重视作为秩序建构主体的国家的主导作用,全面推进国家各方面工作法治化。党的二十大报告指出,健全共建共治共享的社会治理制度[1],需要国家、社会和个人三者紧密合作,并需要国家在其中发挥主导作用。

从国家维度描述中国法治与社会治理进程,可以使用"国家主义"的概念来揭示法治建设中国家、社会与个人的互动关系。由于需要说明国家因何在法治建设中发挥主导作用,同时也为了证明为何有必要在描述和刻画国家在法治建设中的功能与作用时使用"国家主义"概念,导论将首先全景式地回顾、梳理和概述国内外法学理论中关于国家角色、作用的研究。借此,摸索出"国家"与"国家主义"间关系的草蛇灰线,揭示两者之间的历史脉络和主要特点,从而引出作为核心分析概念的"国家主义",并对其进行概念界定。之后,再从方法论的角度归纳国家主义与中国法治建设的实践逻辑,明确本书的研究主题。

一、研究概述:法学理论中的"国家"与"国家主义"

有关国家的研究,在理论界占据重要位置。无论是国内学者还是国外学者,都对"国家"表现出浓厚的研究兴趣。事实上,对国家的研究有着悠久的历史,一般可以追溯至古希腊时期柏拉图和亚里士多德等思想家的学说。

---

[1] 参见习近平:《高举中国特色社会主义伟大旗帜 为全面建设社会主义现代化国家而团结奋斗——在中国共产党第二十次全国代表大会上的报告》,《人民日报》2022年10月26日。

法学理论界对于国家的研究虽然建立在政治学和社会学等学科的理论基础之上,但并非对这些学科亦步亦趋,而是着重从国家的维度来分析具体的法律与法学问题,并在此基础上逐渐发展出对于国家和法律关系一般层面的认识。这里将简要梳理法学理论中有关国家和国家主义的研究成果,同时也将涉及部分其他学科对于国家和国家主义的经典理论研究工作。

(一)法学理论中的国家研究

在很长一段时期内,西方学术话语对于国家常常抱持一种负面的看法。在20世纪中叶,不少学者认为国家是一个过时的概念,有学者甚至提出"国家"这一概念只是法律形式主义在研究宪法原则时的产物,除此之外不具有任何真正的理论和实践价值。[1] 著名历史学家彼奈特尔认为,"国家"这一概念在社会科学中是一个如幽灵般空洞的存在,无法用社会科学或者政治科学的工具来分析它。[2] 相较于国家,学者更愿意以社会、政府或政治发展等概念作为研究的出发点。直到20世纪60年代,逐渐兴起的新马克思主义学派针对国家提出了许多有价值的观点。新马克思主义学派详尽探讨了不同理论对国家在资本主义社会中作用的认知,有的将国家看作阶级统治的工具,有的将国家描绘为阶级斗争的舞台,也有的将国家看作经济积累的必要客观保证。[3] 其中一些有代表性的社会理论家提倡从两个方面对国家进行定义,即国家首先是一个决策系统,其次是一种权威意图的表现,它们分别从主观和客观两个层面界定"国家"。[4] 这些研究表明,"国家"概念在西方法学理论界重新获得重视。

国家概念在西方法学理论中的地位,集中体现在对国家与法律关系的见解上。整体来看,目前西方法学理论界对国家与法律的关系大致有如下几种看法。

第一种观点认为国家依赖法律。自然法学派和神学法学派大多持有此类看法。他们认为,法律本质上是一套理性的行为规范,以阿奎那为代表的神学派法学家认为这些行为规范背后蕴含着神的意志或者是神所赋予的理

---

[1] See Theda Scokpol, *Bringing the State back in: strategies of analysis in current research*, in Peter B. Evans, Dietrich Rueschemeyer and Theda Skocpol eds., Bringing the State Back In, Cambridge University Press, 1985, p.4.

[2] See J. P. Nettl, *The State as a conceptual variable*, 20 World Politics 559(1968).

[3] See Theda Scokpol, *Bringing the State back in: strategies of analysis in current research*, in Peter B. Evans, Dietrich Rueschemeyer and Theda Skocpol eds., Bringing the State Back In, Cambridge University Press, 1985, p.5.

[4] See Timothy Mitchell, *The limits of the state: Beyond statist approaches and their critics*, 85 American political science review 88 (1991).

性和善良的体现。法哲学家菲尼斯在解读阿奎那的法律观点时认为,基于人类自身的弱点,人类必须在有序的社会中找到自己的位置。与之对应的人类社会中的统治集团,也必须制定具体的规则和条例来治理社会,并确保正确的行为得到维护,适当地制止不法行为,并在必要时给予适当的严厉惩罚。① 洛克认为即使在没有任何政治组织的"自然状态"中,人类也享有一定权利,并且承担着互相照顾的义务。但这些权利和义务都是不确定、不牢固的,其执行完全依赖于他人的行为,这种不稳定的状态会造成社会动乱以及暴力行为的增加。因此,处于自然状态的人们可以达成一致成立一个国家,该国的相关机构将以明确的方式立法确定并负责维护每个人的权利。② 简言之,这种观点认为,国家无法在缺乏法律的情况下独自成立。

第二种观点认为法律依赖于国家。这一观点建立在对"自然法"或"自然权利"的批判之上。许多学者认为这些说法过于虚幻,并提出权利并非天赋,而是由政府所制定的法律所赋予的。个人享有权利并非因为神的存在,而是因为国家有足够的权力来执行法律并确保这些权利。③ 如在霍布斯的设想中,法律是既定的人类统治者的创造物,可以简单地用统治者的意志和命令来解释法律,故不存在先于国家的法律。④ 这甚至不需要运用社会契约的理论来证明,如边沁和奥斯丁就认为,统治者可以通过征服被统治者,并且长期掌握权力来证明自身统治有效,让民众意识到稳定的政府带来的好处。他们认为"社会契约"就像神话故事一样虚幻,国家或者政权存在的唯一重要因素就是民众对于统治者的"服从"这一事实。⑤

第三种观点认为国家与法律并非某种单一关系,某些法律可以不直接依赖国家权威而存在。这主要是法律多元主义的观点。如在中世纪,皇家法院、地方行会和城市的其他法院就在一个社会体系内实现共存。虽然16世纪和17世纪的宗教改革和宗教战争推动了政府对于法律权力的集中化,国家看似实现了对法律的垄断⑥,但是这一现象不应该使我们忽视更深层次的现实,

---

① See John Finnis, *Aquinas*, Oxford University Press, 1998, pp.255–274.
② See John Locke, *The Second Treatise of Government* (3rd ed.), Basil Blackwell, 1966, ch.2.
③ See Neil MacCormick, *Questioning Sovereignty: Law, State, and Nation in the European Commonwealth*, Law, State, and Practical Reason, Oxford Academic, 1990, pp.17–26.
④ See Thomas Hobbes, *Leviathan*, in Sir W. Molesworth ed., The Collected English Works of Thomas Hobbes, Routledge/Thoemmes, 1997, ch.12.
⑤ See John Austin, *The Province of Jurisprudence Determined and the Uses of the Study of Jurisprudence*, Weidenfeld & Nicolson, 1954, pp.226–227.
⑥ See Neil MacCormick, *Questioning Sovereignty: Law, State, and Nation in the European Commonwealth*, Law, State, and Practical Reason, Oxford Academic, 1990, pp.17–26.

即法律所依存的社会体系是由不同的惯例和实践方式组成的,我们无法只从某种单一的角度看待它①。在当代社会中仍然存在许多形式的规范秩序,它们基本上独立于国家,国家只是在凭借整体主权权威来规范它们。②

第四种观点认为国家与法律是同一事物。这一观点的代表性学者是凯尔森,他认为,国家与法律的关系这一问题本身建立在一种错误的法与国家二元论之上。国家是特定领土上的法律秩序的人格化,是公共法律行为的归宿点。甚至可以将国家看作以公法为指导思想、以政府机构为组织架构而形成的一个"公司体",我们在谈到国家或将行为归于国家时所指的就是这个"公司体"。因此,在凯尔森看来,法律和国家实际上是同一的。国家既不制定法律,法律也不创制国家,因为事实上它们是同一个对象,只不过是从不同的角度来看待而已。③

(二) 国家主义在法学理论中的提出与运用

在有关国家与法律、法治等关系的理论研究中,国家主义(statism)通常被西方学者视为重要的研究坐标。在国内法方面,从国家主义维度切入法学研究的成果,常见于家事法、知识产权法、经济法和司法制度等领域。

在经济法的相关研究中,有学者关注国家主义如何在竞争法等经济法规范中被发现并进行理论体系的建构,最终指向具有实践指导价值的、与不同国家的经济情况相适应的国家主义经济法律制度。④ 也有学者从具有普遍性的公司治理入手,从"国家主义"的角度研究公司法的演变,特别是关注两个公司治理的关键命题:一是确定公司参与者的行为规则,二是违反规则的后果和具体的处置程序。对此,国家主义的回答是:从公司法的历史变迁来看,多数国家倾向于通过国家强制力保证公司治理规则得到参与者的遵守,从而矫正公司治理过程中因个体博弈而导致的非公正后果,使相对弱势的参与者能够更好地分享公司治理的成果。⑤ 此外,也有学者以福利国家的演变为例,关注国家在经济法治建设中的作用。⑥

---

① See Otto von Gierke, *Community in Historical Perspective*, A. Black ed., Cambridge University Press, 1990, pp. 84 – 95, 161 – 166.
② See Edward Craig ed., *Routledge Encyclopaedia of Philosophy*, Routledge, 1998, pp.799 – 803.
③ See Neil MacCormick, *Questioning Sovereignty: Law, State, and Nation in the European Commonwealth*, *Law, State, and Practical Reason*, Oxford Academic, 1990, pp.27 – 48.
④ See Rodolfo Batiza, *Legal and Political Aspects of Statism in Mexico*, 8 Inter-American Law Review 49 (1966).
⑤ See Stephen M. Bainbridge, *Community and Statism: A Conservative Contractarian Critique of Progressive Corporate Law Scholarship*, 82 Cornell Law Review 856 (1997).
⑥ See Peter Taylor-Gooby and Robyn Lawson eds., *Markets and Managers: New Issues in the Delivery of Welfare*, Open University Press, 1993, pp.456 – 478.

在家事法领域中,国家需要借助国家主义来说明它与家庭的关系。例如有学者认为,国家主义与家庭主义是家庭法研究中的核心关系,它们之间常常发生冲突。具言之,国家借助立法来支持个体实现经济自主,从而使个体摆脱家庭的束缚。但是,这种国家主义的立法思路容易带来物化家庭关系的后果,使家庭成为个体成员实现某些经济利益的工具。这是因为在现实中,人们更关注与家庭工具性有关的权利义务问题,而对于家庭工具性之外的抽象道德等问题则选择忽视。这种家庭法律制度与社会发展的需要日益脱节,并最终在代际关系中得到根本反映。为此有学者认为,必须妥善平衡国家主义与家庭主义的关系,以家庭法调和家庭与国家的关系,使两者相互协调。①

在知识产权法领域,国家主义在立法中的体现较为明显。② 此外,司法制度也是关注国家与法治间关系的重要视角。有文献研究了国家主义在司法机关、行政机关、当事人和律师之间的互动关系。③ 据此,国家在司法领域具有多重效用,应当在司法视域中逐渐明晰国家、社会与个人的相对位置;相应地,"去国家化"不再是司法制度改革的最优选择。

在国际法研究中,解决全球化背景下的国家自主问题是深入理解法治建设中的国家维度的主要关注点,相关讨论主要集中在国家主权④以及国际法的国内法化⑤的问题研究之中。如有学者提出,在关于国际法的法理学辩论中,应当重视对托马斯式自然法推理的重述,进而基于阿奎那对习惯、同意和政治权威之间关系的理解,提出"国家主义"在当前国际法中的立场限制。⑥ 有学者认为,国家所持有的"国家主义"立场构成了中东地区国际商事仲裁法律理论的哲学基础。具体而言,与西方法律文化相反,"国家

---

① See Lynn D. Wardle, *Intergenerational Justice, Extended and Redefined Families, and the Challenge of Statist Paradigm*, 3 International Journal of Jurisprudence Family 167 (2012); Francisco O. Ramirez, *Statism, Equality, and Housewifery: A Cross-National Analysis*, 24 Harvard Law Review 175-195 (1981).

② See Harker H. Hittso, *Individualism vs. Statism, as Exemplified by the Patent System*, 27 Harvard Law Review 637 (1995).

③ See Frank E. Holman, *A Skeptical Look at Judicial Independence*, 72 Yale Law Review 241 (1998); David A. Simmons, *Must America Succumb to Statism*, 74 Annual Report of American Bar Association 367 (1998).

④ See Odette Lienau, *Who is the "Sovereign" in Sovereign Debt?: Reinterpreting a Rule-of-Law Framework from the Early Twentieth Century*, 59 Yale Journal of International Law 63 (2008).

⑤ See Jeremy Webber, *Empire and Solidarity in International Legal Reform*, Middle East Law and Governance, 42 Northwestern Law Review 189 (2012).

⑥ See Esther D Reed, *Natural Law Reasoning between Statism and Dystopia: International Law and the Question of Authority*, 1 Jurisprudence 169 (2010).

主义"是与中东地区制度化的国际商事仲裁相关的主导概念。而要理解中东的国家主义的概念,就应当将其放在中东文化和人们行为的总体框架中。在社会法律方面,国家主义是建立在中东国家现代化和改革进程对中央政府的需求之上的。在中东国家,传统的社会力量、利益、习俗和制度根深蒂固,为此需要一个中央强大的国家,通过权力和权威来敦促社会主体沿着既定的发展道路前进。在精神、宗教方面,是国家而非个人构成了社会的精神中心。政府在道德上的重要性超过了个人的诉求。"国家主义"并未将政府说成是官僚、机构和有限的宪法权力的集合,而是视其为集体利益的体现。[1] 不过也有国际法学者对以"国家主义"视角观察国际法问题持保留态度。例如,有学者在讨论国际气候正义问题时提出,中国迅速壮大的中产阶层的行动可能是气候长期稳定的关键,也是使中国在气候变化外交中发挥领导作用以及长期保持国家排放目标约束性原则的重要力量。这种从特定群体而非国家的视角来理解国际气候正义议题的立场,被称为"超越国家主义"。[2]

(三) 西方法学理论中的国家主义研究

上述研究在处理国家与法律、法治的关系时普遍使用国家主义的分析工具。然而,尽管作为分析工具的"国家主义"得到较为广泛的使用,有关"国家主义"概念自身的研究仍需进一步开展。相关探讨可以分为以下几个方面。

1. 国家主义的本质或特征研究

一些学者认为,国家主义的最显著特征是国家自治,并提出可以采用"理性选择国家主义"和"社会学国家主义"两种方法实现该目标。其中"理性选择国家主义"认为可以通过消除特殊利益团体而实现国家主义的统一管理方式,"社会学国家主义"则认为这种国家主义形态是国家发展过程中被动形成的。两种方法都认同通过技术官僚自由支配来提高国家发展潜力,通过允许技术官僚自由地设计符合市场理性的政策来实现发展。[3] 同时,有学者试图从先验的角度反对国家主义,其分析思路是:首先,国家主

---

[1] See M. Abu Sadah, *Philosophical basis of the legal theory underlying international commercial arbitration in the middle east region*, 8 Journal of International Trade Law and Policy 137 (2009).

[2] See Paul G. Harris, Alice S. Y. Chow and Rasmus Karlsson, *China and Climate Justice: Moving beyond Statism*, 13 International Environmental Agreements: Politics, Law and Economics 291 (2013).

[3] See Alex Choi, *Statism and Asian political economy: Is there a new paradigm?*, 30 Bulletin of Concerned Asian Scholars 50 (1998).

义是建立在"国家是所有问题的解决方案"这样一个先验命题的基础上。例如,在市场与政府何者更适合充当资源配置的基础问题上,混合经济的倡导者(他们有时可能支持市场)或社会主义的倡导者(他们也可能是合作主义者)可能存在着不同的见解,但只要被归入后者的阵营,就必然需要接受"国家永远是解决方案"这一隐含前提。这一推论显然存在谬误。因此,"国家是所有问题的解决方案"的先验命题在理论上和实践上都是错误的,可以称之为"先天国家主义谬误"。① 除此之外,也有不少研究通过关注政府权力的分配机制来探索国家主义的本质,但整体而言,这一进路下有关国家主义的面貌是不完整的。②

2. "国家主义"概念的比较研究

除了直接讨论"国家主义"的概念本质,也有相当多的研究通过比较国家主义和民族主义、联邦主义或普遍主义等概念,来明确"国家主义"的概念内涵。例如,有学者通过比较"国家主义"与"民族主义",明确"国家主义"具有平衡各国势力的作用。③ 有学者关注国家主义对民族主义的批评,指出"国家主义"从保守的、强权政治的角度来看待民族主义,认为民族主义是危险的,因为它有可能打破国家之间微妙的权力平衡,并使国家和民族或族群之间相互对立。然而,国家主义者也可能会机会主义地偏袒或削弱竞争对手或敌国。④ 有学者关注"国家主义"向"联邦主义"的转向,也有学者进一步以此范式转向为背景,更深入讨论"国家主义"在现实经济生活与政治生活中的复杂内涵。⑤ 还有学者深入讨论了"国家主义"和"民族主义"的内涵,认为人类个体的福祉始终应当占据国际道德的制高点。⑥

从与国家主义概念相对的自由主义立场来研究法治的文献也为数不

---

① See Alan G. Futerman & Walter E. Block, *The Fallacy of a Priori Statism*, 49 Stetson Law Review 73 (2019).
② See David Simmons, *The Ditributhon of Power in Government*, 31 Annual Report of American Bar Association 559 (1985); Frank E. Holman, *Forms of Government*, 32 Annual Report of American Bar Association 190 (1986).
③ See Jeremy Webber, *Empire and Solidarity in International Legal Reform*, 42 Northwestern Law Review 189 (2012).
④ See Robert J. Delahunty, *Nationalism, Statism, and Cosmopolitanism*, 5 Northwestern Interdisciplinary Law Review 77 (2012).
⑤ See Owen M. Fiss, *What is the Federalist Society*, 15 Pennsylvania Law Review 5 (1992); Akhil Reed Amar, *Five Views of Federalism: "Converse-1983" in Context*, 47 Chicago Law Review 325 (1994); Daniel J. Elaza, *From Statism to Federalism-A Paradigm Shift*, 17 International Political Science Review 417–429 (1996).
⑥ See Brian Barry, *Statism and Nationalism: A Cosmopolitan Critique*, 41 NOMOS: American Society for Political and Legal Philosophy 12 (1999).

少,特别是针对西方自由主义法治观的研究。例如,哈耶克通过区分"进化论的理性主义"和"建构论的理性主义",指出建构论是谬误的观念,意在达到否定国家主义指导法治建设的理论目的:行之有效的制度不是完全来自人的理性设计,而且纯粹的理性设计并不会真正生成社会秩序,这是由人的认知有限性和知识的无限性所决定的。[1] 斯科特也认为,不存在给定的完美计划的思想,否认任何地方性知识的成立。他主张,人为设计的规则体系并不能实现社会秩序的有效性,而且这种规则还可能破坏社会原有的制度默契,最终损害民众的利益。[2] 塔玛纳哈认为,"受法律限制的政府""形式合法性价值""法律的统治而非人的统治"等主题始终贯穿于法治理论的讨论中[3],这一立场与戴雪、富勒、拉兹、菲尼斯等人对法治原则的概括一脉相承[4]。

"自由主义法治观"反对国家、国家主义与法治建设之间存在必然关联。与之相对,一些学者非常注重国家主义与法治之间关系的研究。例如,有学者提出法律实证主义就以国家主义作为理论根基[5];也有学者提出从公民、司法和正义之间关系的实证分析角度来理解国家主义和法治之间的关系[6]。有学者从法律多元主义的角度提出优化和更新国家主义理念的观点,认为应当重新思考现代社会的制度根基,将现代社区的治理建立在社区自治与民主自治的基础上,从而减轻国家监督和制定规则的负担。这既可以防止规则泛滥,又允许不同的团体处理自己的事务。而且,这种自我监管不仅不会破坏正式法律,还能恢复公众对法律以及对国家的信心,实现"自治"与"他治"的有机统一。[7]

国家主义与法治的研究,离不开对国家主义与法律关系的分析。不同的法学流派通过处理国家在其法律学说中角色地位的问题,给出自身对国

---

[1] 参见[英]哈耶克:《法律、立法与自由》(第一卷),邓正来、张守东、李静冰译,中国大百科全书出版社2000年版,第1—39页。
[2] 参见[美]詹姆斯·斯科特:《国家的视角——那些试图改善人类状况的项目是如何失败的》,王晓毅译,社会科学文献出版社2012年版,导言,第1—8页。
[3] 参见[美]塔玛纳哈:《论法治——历史、政治和理论》,李桂林译,武汉大学出版社2010年版,第147—160页。
[4] 参见夏勇:《法治是什么——渊源、规诫与价值》,《中国社会科学》1999年第4期。
[5] See Sean Coly, *Positivism as a Statist Philosophy of Law*, 58 Yale Journal of International Law 174 (2007).
[6] See Iavor Rangelov, *Nationalism and the Rule of Law: Lessons from the Balkans and Beyond*. Cambridge University Press, 2015.
[7] See Paul Hirst, *Statism, Pluralism and Social Control*, 40 British Journal of Criminology 279 (2000).

家与法律关系的观点,它们的研究路径非常多元,研究结论也往往大相径庭。这里仅以现代分析法学派对国家主义的评价为例,观察西方法学流派对于国家主义的认知。

现代分析法学派对国家主义的评价,可以上溯至英国著名思想家霍布斯的理论见解。霍布斯是分析法学派的创始者,也是古典时代国家主义的鼻祖。① 霍布斯继承拓展了古希腊、古罗马的自然法理论,并开创了对后世产生巨大影响的实证主义法律观。"法律是主权者的命令"这一著名论断就是由他最早提出的。② 分析法学派对国家主义有较高评价的一个重要原因在于,国家主义指导下的法律体系能够带来一个相对统一完善的法律逻辑构架。苏格兰著名法学家詹姆斯·达尔林普尔就致力于将法律变成一个"理性的科学",他在《苏格兰法律制度》中认为,普通法系缺少系统理论框架是一件非常令人惋惜的事情。③ 英国著名法学家威廉·布莱克斯通曾经试图将普通法系融合到罗马法的框架中,但努力多年也没有达成目的,最终只是形成了一个由互相不联系的要素罗列起来的法律合集。④ 由于这些理论挫折,分析法学派对国家主义的推崇逐渐归于沉寂。

直至 20 世纪后期,分析法学派才再次重视"国家主义"。此时,社会充满着愈演愈烈的价值冲突和道德多元主义矛盾。在这种价值多元的社会环境中,社会法学派所推崇的以过去的习惯规则和其他法律实践为基础的社会共识显得非常薄弱,无法应对纷繁复杂的现代社会;过去的法律传统在时代的冲击下显得势单力薄,无法为冲突各方提供一个合理的解决途径。而自然法学派等主张的自然权利等概念则过于宽泛,同样无法在日常生活中为公民的生活提供具体的指导。面对这种充满着剧烈的道德和价值冲突的社会,分析法学派认为可以通过国家的能动作为,以系统的立法实现共同目标和保护共同利益,用司法保护个人利益和回应个体诉求。此时,法律的功能发生了转变,法律不再被认为是对受到侵害的个人权利的补救措施的法条合集,而是对公民生活的全面统筹规划和实现社会目标的重要工具。⑤

---

① 在中国,霍布斯通常被看作自然法学派的代表人物,而在西方学术话语中,霍布斯则更多地被认为是分析法学派创始人。
② 参见[英]霍布斯:《利维坦》,黎思复、黎廷弼译,商务印书馆 1985 年版,第 206—207 页。
③ See James Dalrymple, *The institutions of the law of Scotland, deduced from its originals, and collated with the civil, canon and feudal laws; and with the customs of neighboring nations*, Edinburgh (1681), 1.1.7.
④ See Michael Lobban, *The Common Law and English Jurisprudence, 1760 - 1850*, Clarendon, 1991, ch.3.
⑤ See Sean Coyle, *Positivism as a statist philosophy of law*, 59 North Ireland Legal Quarterly 60 (2008).

从这个角度来说,社会法学派所主张的"通过法律的社会控制"与分析法学派以法律来规划公民与社会生活目标的主张,都可以在一定程度上体现国家主义的印迹。

总而言之,目前西方法学界对国家主义及其与法律关系的研究,主要是关注国际法或区域法律体系内部的法律规范的国家主义倾向;而从较为宏观的角度来研究国家主义与法律之间关系的问题时,则往往止步于对思想史研究进行抽象的梳理、考察,或是开展一些区域性的实证分析。[1] 以国家主义为视角,致力于系统研究法律观念与法律实践问题的文献始终较为零散且少见。

(四)国内法学理论中的"国家主义"研究

国内学界对国家主义的理论与实践研究已有百年历史。其中以法学理论为主,同时也涉及部分其他学科的经典理论。较早的研究主要针对国家主义的历史。[2] 当代中国理论界重新燃起对国家主义的研究兴趣,则是近些年的事情。目前,中国学界关于国家主义的研究,可以大致分为国家主义的本质理论研究、国家主义的方法论研究、国家主义的价值论研究三大脉络。

1. 国家主义的本质理论研究

在国家主义的本质理论方面,国内的研究主要聚焦在下列几个面向。

一是沿着历史研究的路径,关注古代中国政治传统中所具有的国家主义内涵,特别是重点关注清末民初的"醒狮派"的国家主义立场及其后续影响;[3]考察先秦法家和近代新法家思想中的国家主义倾向,指出先秦法家虽然没有形成系统的"国家主义"学说,但依然可以概括出其国家主义思想,而新法家的理论则已形成系统的国家主义理论。[4] 还有学者在考证"权利"概

---

[1] See John R. Campbell, *Nationalism, Law and Statelessness: Grand Illusions in the Horn of Africa*, Routledge, 2013.

[2] 代表性的文献如少年中国学会编:《国家主义论文集》(第一辑),文海出版社 1973 年版;少年中国学会编:《国家主义论文集》(第二集),中华书局 1926 年版;余家菊、李璜:《国家主义的教育》,中华书局 1936 年版;余家菊:《国家主义概论》,新国家杂志社 1927 年版;汤澄波等:《反国家主义》,国民革命军总司令部政治部 1927 年版;钟离蒙、杨凤麟:《国家主义批判》,辽宁大学哲学系中国哲学史研究室 1984 年版。

[3] 参见高力克:《中国现代国家主义思潮的德国谱系》,《华东师范大学学报(哲学社会科学版)》2010 年第 5 期;郑大华:《论 20 世纪 20 年代国家主义者的"大中华民族"观》,《西南民族大学学报(人文社会科学版)》2021 年第 8 期;刘雅丽:《王造时的国家理论研究》,《复旦学报(社会科学版)》2020 年第 1 期;沈蜜:《法治的中国论说——从梁启超的救时启蒙到钱穆的立国新诠》,《政治思想史》2019 年第 4 期。

[4] 参见魏治勋、刘一泽:《从先秦法家到近代新法家:国家主义及其当代价值》,《吉首大学学报(社会科学版)》2018 年第 6 期。

念在近代中日两国间的移植交流史后,分析"权利"概念在输入近代中国之后对中国国家主义观念形成的影响。①

二是从西方理论引荐的路径,对西方著名的国家主义学说展开思想史梳理。② 以涂尔干对国家主义的论述为例。涂尔干辨析了处理个体与国家道德关系时的两个解决方案,即国家主义和个体主义。在他看来,国家主义就是突出国家在这一关系中的地位,认为国家决定着执行何种社会目标,而个体只是实施计划的工具。他认为国家主义立场非常容易摧毁个人权利,从而使得民主成为不可能之物。③ 但这不意味着他就放弃了国家在处理道德关系中的一切地位,而一味地强调个体面向。有学者从涂尔干面临的法国历史问题和时局问题出发,指出无论是极端个体主义还是极端国家主义都将导致国家无权威或个人不自由的政治危机。进而提出,涂尔干解决政治危机的思路是,通过在国家和个体间构建出职业群体作为中间地带,一方面保护个体免受国家的非法侵害,另一方面也保护国家的独立性和权威性,通过国家、个体和法团间的相互制约,实现最大限度保障个人自由和国家权威的民主体制。④

三是从比较国家主义和自由主义的概念,分析当前部分中国学者所持有的新国家主义立场。⑤ 还有学者讨论了国家主义与当代中国"赶超型"现代化之间的内在关联。⑥

2. 国家主义的方法论研究

与国家主义的本质理论研究相比,国内学者更多是将国家主义作为研究国家与法律间关系的方法。在一段时期内,学者主要阐述国家主义对当前中国社会治理的影响⑦,以及关注国家主义和全球主义的关系⑧。例如,

---

① 参见林来梵:《权利概念的移植交流史》,《中外法学》2020年第2期。
② 参见王利:《国家与正义:利维坦释义》,上海人民出版社2008年版;刘小枫:《现代人及其敌人——公法学家施米特引论》,华夏出版社2005年版;张志铭、于浩:《转型中国的法治化治理》,法律出版社2018年版,第83—97页。
③ 参见杨勇:《卢梭式个体主义与民主制——涂尔干对法国政治疾病的诊断》,《社会学评论》2022年第3期。
④ 参见魏文:《涂尔干社会理论中的国家观》,载渠敬东主编:《涂尔干:社会与国家》,商务印书馆2014年版,第1—145页。
⑤ 参见许纪霖:《当代中国的启蒙与反启蒙》,社会科学文献出版社2011年版,第236—275页。
⑥ 参见冯仕政:《当代中国的社会治理与政治秩序》,中国人民大学出版社2013年版,第21—24页。
⑦ 参见顾昕、王旭:《从国家主义到法团主义——中国市场转型过程中国家与专业团体关系的演变》,《社会学研究》2005年第2期。
⑧ 参见蔡拓:《全球主义与国家主义》,《中国社会科学》2000年第3期。

有学者认为长久以来国际秩序都是由国家主义主导的,而这使得西方民主国家的自由主义立场垄断所有意识形态和观念立场。在自由主义国际秩序将带来干涉可能、等级思维等危机困局,并且自由主义本身已被证明存在内在缺陷的当下,应当跳出国家主义的思维模式,走向世界主义的国际秩序。① 有学者在欧盟跨国民主建构这一议题上分析国家主义理论的适用性,提出在确立欧盟民主合法性时存在着国家主义、世界主义和两者相结合等三种理论方案,它们均无法直接有效地解决当前的民主合法性难题。② 还有学者以"北极治理"为焦点,讨论北极治理的传统治理方案和新兴治理方案,其中传统方案以国家主义为核心理念,而新兴方案则强调多元主体共同治理北极,学者分析了两种方案在北极治理问题上的优劣得失。③

在运用国家主义的概念工具方面,近年来许多学者已经跳出了相对宏观的社会治理或国家治理领域,在多学科、多领域尝试分析诸多微观现象中蕴含的国家主义特点或倾向。

在教育领域,有学者以国家主义为视角,分析中国地方大学教育质量发展问题,认为中国高等教育一直秉持国家主义逻辑,坚持教育资源由国家配给、教育成果服务国家;但当前国家对于地方大学的定位并不符合地方大学高质量发展的需求,应当摆脱对地方高校的刻板认识,突破传统定位,提高地方高校面向全国服务全国的能力。④ 有学者基于国家主义的分析视角,考察了香港地区高等教育从1911年至今的历史,指出高校作为学术场所既要维护自身的自主研究地位,也要积极服务国家,融入国家发展战略之中,进而提出香港地区高等教育应顺应理性国家主义的思路,在未来构建出与"一国两制"相适应的高校行政体系。⑤ 在培育何种公民的方向把控上,有学者引入国家主义的公民教育理念,把公民培养成对国家有用、具备良好知识素质的公民,让学生在对共同体的认同中实现自身价值。⑥ 在教师队伍

---

① 参见蔡拓、张冰冰:《从国家主义走向世界主义——自由主义国际秩序的辨析与反思》,《探索与争鸣》2022年第7期。
② 参见郝炜:《国家主义、世界主义及其复合:欧盟跨国民主建构的三种理论》,《中国社会科学院研究生院学报》2020年第3期。
③ 参见张胜军、郑晓雯:《从国家主义到全球主义:北极治理的理论焦点与实践路径探析》,《国际论坛》2019年第4期。
④ 参见苏明、蔡映辉:《国家主义与地方大学高质量发展》,《国家教育行政学院学报》2022年第8期。
⑤ 参见许长青:《国家主义视域下香港高等教育治理的历史变迁与未来发展路径》,《港澳研究》2022年第2期。
⑥ 参见翟楠:《培育何种公民:近代公民启蒙的理论基础及教育审思》,《安徽师范大学学报(人文社会科学版)》2022年第2期。

建设上,有学者指出国家主义是对中国影响最大的教育理念,因此教师队伍应树立爱国主义理想,深刻自觉对接国家战略布局;同时主张中央政府作为顶端主体负责设计和推进教师队伍建设的各种事项,由上到下借助科层制执行教师队伍建设的计划纲要。①

在政治理论领域,有学者试图借助国家主义路径来证成国家领土主权的正当性。在比较个人主义和集体主义路径后认为,个人主义虽然逻辑融贯,但最终会导向"任何国家都并不正当地拥有领土主权"的结论;集体主义的进路难以确定集体和集体行动。相较之下,国家主义可能是解决领土主权问题的一个有前景的理论方向。②

在经济学领域,随着"将国家带回来"声浪兴起,一种从国家自主性和国家能力(state capacity)③等概念出发的政治经济学理论颇有影响。有学者据此将政治经济谱系三分为自由主义、制度主义和国家主义,并从国家主义视角解读东亚经济奇迹,提出"发展型国家"应取代自由主义范式,引领政治经济研究的转型。④ 在中国金融监管体制改革议题方面,有学者在比较国际金融监管体制的三种经典模式,即机构监管、功能监管和双峰监管模式后提出,应当坚持全球主义关照下的国家主义立场,在目标上借鉴功能监管模式,同时吸收机构监管和双峰监管这两种经典模式的优势。⑤

在法学领域,运用国家主义思考范式来批判性考察具体法律部门或法学领域特点的研究正在兴起。在法理学领域,有学者通过法律与文学的关系研究,注意到苏力提出的"秋菊的困惑"主要是从个人主义视角追问"法律在多大程度上能被期望进入并指导普通人的世界"的问题;而《我不是潘

---

① 参见杨晓奇:《从"制度优势"到"治理效能":教师队伍的国家主义"善治"及其现代化提升》,《国家教育行政学院学报》2020年第11期。
② 参见李虎:《个人、集体与国家领土——当代领土权理论研究的问题和路径》,《社会科学战线》2022年第2期。
③ 有学者把"国家能力"表述为国家实现自己意志的能力,它具体包括吸取能力、调控能力、合法化能力和强制能力等方面,而吸取财政能力和支配财政能力则构成国家能力的基础。参见胡鞍钢、王绍光:《中国国家能力报告》,辽宁人民出版社1993年版,序言第2页。严格来说,"国家能力"实际指向的是中央政府对社会人力资源与物质资源的支配力,因为中央政府在国家经济发展、政治变革、社会转型和国际关系等方面担负着指导和驱动的功能。有关国家能力与"富强"和"法治"间关系的历史爬梳,参见金欣:《中国立宪史上的"宪法-富强"观再探讨》,《交大法学》2018年第1期。
④ 参见张振华:《"将国家带回来"与政治经济研究的转型》,《华东师范大学学报(哲学社会科学版)》2021年第6期。
⑤ 参见杜一华:《金融监管体制改革论纲——全球主义关照下的国家主义立场》,《河北法学》2019年第6期。

金莲》则折射出另一个不同的问题：从国家主义视角看待法律，如何能确保法律真的能够以符合国家期待的方式完成运作？这一追问暗示，国家主义视野下的法律实践存在着某种困境，而这种困境并不仅仅停留在"送法下乡"等法律意图进入人们生活的场景，更体现在"法律走了之后怎样"这样一种国家法律试图从社会生活中退出而把空间让渡给社会规则自治的过程之中。①

在宪法学领域，有学者在指出中国"八二宪法"具有社会主义原则、民主主义原则和法治主义原则"三大原则"后，关注在"三大原则"之外是否还存在"国家主义原则"或"国家主义精神"的问题。②

在法律史领域，近年来出现不少运用国家主义概念工具展开分析的研究。例如，有学者从杀害尊亲属加重刑的历史梳理出发，分析其中存在的家庭伦理因素和国家主义因素之间的对抗与权衡，指出在面对杀害尊亲属加重刑时考量家庭伦理，有利于塑造更加温情的家国关系，能够在一定程度上应对当前出现的"国家主义"治理危机。③ 还有学者考察了中国自首制度的历史变迁，指出在清末民初时，相关法律曾从一种绝对的国家主义立场转变为有所修正的社会本位立场，并提出清末变法以来，中国试图建立的是以个体为基础的国家主义自首制度，而且家庭因素始终发挥着重要的现实作用。④

在行政法领域，有学者根据立法对传染病病种的确认方式，将传染病防治法调整对象的设置逻辑区分为"国家主义防治观"和"专业主义防治观"两种理论类型，进而指出"国家主义防治观"虽然有着严谨审慎的优势，但在一些情形中可能会因缺少对专业机构人士的赋权而导致决断犹疑、应对迟缓的问题，因此中国的传染病防治立法应当在国家主义主导的基础上适度增加专业主义的比重。⑤

除了在上述的多学科、多领域采用国家主义立场展开研究，还有学者借助经验实证研究方法，针对各领域中存在的国家主义特点展开研究。例如，有学者分析当前中国网络空间中出现的国家主义话语，指出目前网络空间

---

① 参见陈洪杰：《法律国家主义的困境——一个关于"秋菊/李雪莲"的知识隐喻》，《中国政法大学学报》2019年第2期。
② 参见林来梵：《"八二宪法"的精神》，《中国法律评论》2022年第5期。
③ 参见王静：《现代国家治理中家国关系的重构——以杀害尊亲属为例的说明》，《法学》2021年第8期。
④ 参见蒋正阳：《家族主义在自首制度中的实践变迁》，《政治与法律》2021年第11期。
⑤ 参见李广德：《传染病防治法调整对象的理论逻辑及其规制调适》，《政法论坛》2022年第2期。

存在着"理性国家主义""当代新国家主义"和"国家中心主义",并以此为基础分析预测未来中国网络空间中国家主义思潮的演变方向。①

3. 国家主义的价值论研究

必须指出的是,上述关于国家主义本质特征与方法论的研究,是目前中国学界在国家主义研究中的微观的、具体的应用研究。与之相比,针对国家主义的价值论研究成果较丰、数量较多,占据着国家主义与法学关系研究的主导地位。对于这一部分研究,可以归纳为中国法治建设中的国家主义立场争鸣。

对国内法学界而言,国家主义的价值论研究即法治建设中的国家主义立场,与法学基础理论(包含法治理论)的争论和法学研究的范式转换密切相关,并贯穿在法学界对相关概念的讨论与反思之中。这种反思首先体现在学界对国家主义立场的怀疑与批判。例如,有学者认为,中国法治建设中的国家主义立场与传统中国法律文化中的国家主义思想相关②,但直接来源是苏联的国家主义思想③以及计划经济和高度集中的政治体制④,而自改革开放以来,国家主义作为一种政治思想与理论已经式微⑤。这种观点暗含的逻辑是,法学发展与法治建设固然要尊重国家权威,但遵循国家主义的治理方式,可能会对建设现代法治国家造成障碍。

基于这种认识而展开的国家主义立场批评,集中体现在与法学基础概念的论争之中。例如,在关于法的本质的争论中,有学者认为中国经典的法的定义与国家主义之间存在紧密关联,为此有必要在反思国家主义的立场上重新思考有关法的本质的定义。⑥ 又例如,有学者主张按照"政治国家/市民社会"的分析框架来重新理解国家与社会的关系,认为国家主义下的法律理念容易诱发法律虚无主义等不良立场,削弱法律的独立品格,导致法学缺乏独立的学术品格。⑦

这种对国家主义立场的批判,还从法学与法治理论的层面延展到对当

---

① 参见周莉、郭瑜鸾、胡珀:《网络空间中国家主义话语的分野与互动——基于232位微博意见领袖的探索性研究》,《国际新闻界》2022年第7期。
② 参见吕世伦、张小平:《论中国法律文化传统中的国家主义》,《金陵法律评论》2001年春季卷。
③ 参见朱祥海:《国家主义法哲学——以前苏联法和国家理论为重点的考察》,吉林大学2008年博士学位论文,第34—105页。
④ 参见周永坤:《法律国家主义评析》,《云南法学》1997年第1期。
⑤ 参见吕世伦、贺小荣:《国家主义的衰微与中国法制现代化》,《法律科学》1999年第3期。
⑥ 参见叶传星:《转型社会中的法律治理——当代中国法治进程的理论检讨》,法律出版社2012年版,第99—138页。
⑦ 参见邓正来:《国家与社会:中国市民社会研究》,北京大学出版社2008年版,第3—20页。

代中国法治实践的反思之中。有学者认为,中国的法治建设应当关注程序的意义,围绕着程序建构现代的法律体系,以此限制国家权力的恣意。① 有学者指出,从国家主义的指导到社会的自主管理,是社会发展的趋势②,中国律师职业的发展正好体现了这一趋势③。有学者从法秩序形成的角度归纳中国法律体系建构过程中的国家主义特征,认为国家主义过于强势的后果是影响了社会和个人在法秩序形成意义上的作用,强调社会自治和个体自主在法秩序形成中的意义。④ 也有学者提出,中国的立法规划中通常存在"超前立法"的偏好,但同时,由于社会的快速发展,"超前立法"与"法律滞后"的状态又往往并存。这种矛盾现象不仅体现出中国立法中的"计划性"和"非民主"特点,还容易加速法律与社会的脱节。⑤

虽然不少学者对法治建设中的国家主义立场进行了理论上的反思,但这种反思基本是在承认国家对法治建设产生重要、积极的作用的基础上形成的。此外,也有不少学者对国家主义立场持有"历史同情式"的理解态度,主张"适度的"国家主义立场。有学者提出,西方法律移植的法律文明"大传统"与中国法律文化的"小传统"之间的冲突,使得国家引入现代法律制度的努力难以具备完全的合法性。为此,只能重新改造国家和社会的关系。当代中国法治建设中国家主义的兴起,就是意识形态层面重建国家合法性的体现。当然,在这个过程中,也需要注意辨析两类国家主义立场:一类是中国自主建设法治的"国家主义立场",另一类是以"西方中心论"为基础的"国家主义法律观"。⑥ 有学者比较"基于法律的治理"和"通过法律的治理"的差异,指出强自由主义指导下的国家行为容易引发内乱和外患,可能削减公民精神,使国家的统治权力蜕变为资产阶级的专属权力,因此中国语境下的国家主义立场的核心功能,是矫正法制建设中的自由主义立场。⑦ 有学者分析指出当前的改革趋势,是国家逐步从微观社会生活中退出,但社

---

① 参见季卫东:《法治秩序的建构》,商务印书馆2014年版,第35—53页。
② 参见吕世伦、薄振峰:《社会、国家与法——从法的视角思考国家回归社会问题》,《法制与社会发展》2004年第3期。
③ 参见张志铭:《当代中国的律师业——以民权为基本尺度》,《比较法研究》1995年第1期。
④ 参见张志铭:《转型中国的法律体系建构》,《中国法学》2009年第2期。
⑤ 参见梁治平:《法治:社会转型时期的制度建构——对中国法律现代化运动的一个内在观察》,载梁治平编:《法治在中国:制度、话语与实践》,中国政法大学出版社2002年版,第84—150页。
⑥ 参见强世功:《法制与治理——国家转型中的法律》,中国政法大学出版社2003年版,第8—10页。
⑦ 参见刘诚、杜晓成:《为国家主义法制观正名——以新中国1949年至1957年的法律实践为例》,《武汉大学学报(哲学社会科学版)》2005年第5期。

会的存在和发展又必须依赖国家权威,因此有必要认真对待法治建设的国家主义立场。①

除对国家主义立场持有同情与理解的态度外,也有学者通过批判和反思与国家主义立场相对的自由主义立场来为国家主义辩护。有学者指出,西方的自由主义法治理论对中国的法学理论产生较大影响,自由主义法治理论所刻画的法治模式及法治的主要特征,在某种程度上成为当代中国学者理解法治的基础。然而,自由主义的法治理论并不是西方法治实践真实奉行的理论。而且,自由主义法治理论往往搭载着西方国家的某些政治企图。因此,不能照搬西方的自由主义法治理论。②

二、核心概念界定:国家主义释义

根据上述有关分析,国家在法治建设中的角色、功能及其价值研究,在很大程度上体现为对法治建设中的国家主义思潮以及国家主义立场的考察与思考。而且,根据上述文献的研究成果,无论是对"国家主义思潮"还是对"国家主义立场"的反思,目的均不是取消国家在法治建设中的地位,恰恰相反,而是要在承认国家具有重要作用的基础上妥善梳理国家、社会与个人的关系,从而实现妥善安置国家这一主体的理论目的。换言之,在中国语境下讨论国家对法治建设的作用,就必须将"国家主义"作为研究的主要坐标与核心概念。

在分析国家主义对中国法治理念、法治话语的影响以及国家主义在法治秩序建构中的功能之前,首先需要明确"国家主义"所指向的具体内容。本部分将简要考察国家主义在思想史上的发展演变并将其与相近概念进行比较,分析国家主义的基本观念,得出国家主义概念的内涵。

(一) 国家主义的概念发展

尽管作为概念的国家主义在近代以来才逐渐生成,但作为理念或思想的国家主义则源远流长,可以上溯至古希腊时期。柏拉图关于"理想国"以及统治者德性的探讨、亚里士多德关于城邦的"政治共同体"理念,都可以被认为是现代国家主义理论的起点。及至近代,马基雅维利关于君主的德性评判、霍布斯关于"利维坦"的国家秩序观念以及卢梭社会契约论中有关"公意"和共同体间关系的论述等,都可以被认为是近代国家主义概念发展

---

① 参见何永军:《断裂与延续——人民法院建设(1978—2005)》,中国社会科学出版社 2008 年版,第 79—167 页。
② 参见顾培东:《当代中国法治话语体系的构建》,《法学研究》2012 年第 3 期。

中的关键节点。在黑格尔主张的"绝对理念"中,"国家主义"概念得到了最为充分和典型的体现。他们大多极其推崇国家理性,认为国家利益是至高无上的,国家权力和国家权威是不证自明的,甚至认为只要以国家利益为目标,那么一切手段和方式都是被允许,故都可称为国家主义者。①

在近现代西方国家经济危机屡次侵扰的背景下,国家干预理论逐渐获得重视。通过把唤醒经济作为突破口,国家主义的影响力延伸到政治、社会、意识形态等各个领域,国家主义再次在现代世界范围内产生深远影响。②

国家主义的理论谱系共享着一套相近的观点,这些观点共同指向国家的起源、国家的作用和国家的理性等内容。国家作为权威性的纠纷裁决者之所以会产生,在很大程度上源于人口自然增长率的有效提升,需求扩张与资源紧张之间的矛盾日益突出。在主权国家下,国家主义要求国家成为它自身与个人关系的关键节点,主张国家和社会治理应自上而下由国家来主导,国家以正式立法或行政命令的形式来决定资源分配结果,设计个人的权利和义务关系,保障人们之间的沟通合作关系,并在必要时作为裁决者解决争端。个人要建立起尊重国家意志的观念,使社会的和平有序成为可能。

(二) 国家主义与相近概念之比较

更好地认知国家主义概念内涵的方法,是比较国家主义与在历史发展中与之存在一定亲缘关系的其他概念。在19、20世纪的思想史中,涌现了许多与国家主义具有不同程度"近亲关系"的政治思潮,例如社群主义、民族主义、极权主义和权威主义等。这些政治思潮都在不同意义上凸显了国家和统治者在国家社会治理中的优先地位,强调国家政权的自洽性。因此,对这些概念和国家主义进行适当的比较研究,将有利于更好地梳理和掌握国家主义的内涵。

1. 国家主义与民族主义

在英文中,民族主义(nationalism)与民族(nation)直接相关,而nation既可以翻译成民族,也可以翻译成国家,因此"nationalism"在一段时期内也被认为是国家主义。在"民族"的意义上,民族主义和国家主义的概念存在着较强的关联性。在历史上,法国大革命以来欧洲民族国家的建构成为时代趋

---

① 参见于浩:《国家主义源流考》,《浙江社会科学》2014年第10期。
② 参见[德]扬-维尔纳·米勒:《另一个国度:德国知识分子、两德统一及民族认同》,马俊、谢青译,新星出版社2008年版,第270页。

势,将"民族意志"与"共同体意志"相等同成为当时民族国家兴起的主要话语特征,此时民族主义可以跟国家主义在概念上相等同。不过,也有研究从国家的英文"state"的角度将国家主义的英文名称定为"statism",并从政治国家与民族国家相区分的角度来分析国家主义和民族主义之间的差异。有学者提到,尽管国家主义和民族主义在词源上接近,但国家和民族显然不能直接等同:尽管民族国家是当代主权国家的主要特征,但不等于说国家内部不存在多元的族群或者民族,因此"国家"需要代表的是其主权所及范围之内的所有民族与人民的抽象利益,而非仅仅代表具有人口主体地位的代表性民族的利益。也正是如此,国家主义需要更加强调国家在社会公共生活中的主导地位,而非如民族主义那样强调民族自身所具有的特殊意识和"民族精神"。① 不过,在增强国家能力、提高国家地位方面,民族主义和国家主义之间的关系十分密切:民族主义强调要实现民族国家的全面兴起,并意图通过增强国家的话语地位来实现彰显民族意志和"民族精神"的目的;国家主义强调国家对社会和个人所具有的优势地位,通过追求民族和"国族"的共益繁荣来凝聚民族共识,从而更彻底地展示国家意志的内涵。② 此外,民族主义为了强调共同体所具有的正当性,也主张国家具有根本"善"的地位,国家是代表公民集体的意志所在,具有自主实在的特质。国家主义在此基础上进一步强调依托国家的根本"善"来促进民族和社会整合,而不仅仅关注民族身份的认同和建构问题,因此国家主义具有超越时空维度的意义。③

2. 国家主义与社群主义

在国家理论中,社群主义(communitarianism)主张强国家,国家需要保护社会的公共利益,并因此适当干预个人的选择;个人则需要听从国家的号召,参与国家鼓励和支持的事业(尤其是国家的政治生活),从而使社群主义的主张切合现代民主政治。④ 在极端情况下,社群主义还支持以舍弃个人利益和少数人利益的方式来维护集体利益或公共利益。⑤ 可见,国家主义与社群主义的概念较为贴近,但差异性也非常明显。它们具有的共同之处

---

① 参见许纪霖:《当代中国的启蒙和反启蒙》,社会科学文献出版社2011年版,第236—237页。
② See Hugh Seton-Watson, *Nations and States: an enquiry into the origins of nations and the politics of nationalism*, Methuen, 1977, p.5.
③ 这是由国家对社会深入干预之后产生的结果。参见[英]安东尼·史密斯:《民族主义——理论,意识形态,历史》,叶江译,上海人民出版社2006年版,第131页。
④ See Harry C. Triandis, et al, *Individualism and collectivism: Cross-cultural perspectives on self-ingroup relationships*, 54 Journal of personality and Social Psychology 323 (1988).
⑤ 参见俞可平:《当代西方社群主义及其公益政治学评析》,《中国社会科学》1998年第3期。

是都选定个人作为研究分析国家和社会之间关系的参照点,都承认并在一定程度上强调国家在个人事务、社会事业和公共活动中的积极有为理念,都认为国家为个人进步、社会发展和共同体趋于"善"而负有不可推卸的政治与道德责任。它们的不同之处表现在两个方面:一是国家主义强调国家是个人和社会的榜样,社群主义则认为"社会"才是这样的榜样。二是国家主义传统中最高的"善"就是国家自身,国家享有超越于个人和社会生活的主导权,不是国家要服从个人和社会的选择,而是个人和社会需要服从国家的意志;社群主义则认为国家与社会不需要做出明确区分,社会拥有共同"善",国家是实现社会的共同"善"的工具,国家有义务为鼓励公民参与社会生活和社会事务创造各项条件。三是社群主义因强调公民参与社会生活而提出与民主政治相关的基本理念,但国家主义往往不涉及此类细节问题,而主要强调公民参与民主政治是服从于国家意志、捍卫国家利益的必要条件。

3. 国家主义与权威主义

权威主义(authoritarianism)在很大程度上与资本主义的兴起和发展密切相关,因为它所鼓吹的国家现代化理念需要服务于资本主义的工业化过程。因此,权威主义强调通过国家的优势地位来实现现代化,特别是要求后发型国家更要重视国家在推进工业化方面所具有的绝对地位。[1] 从这个角度来说,权威主义是对传统的封建主义和专制主义的否定,但它强调的国家优势地位,本质上是在强调统治者的个人意志或统治者的群体意志,认为只有统治者的意志才具有引导社会民众的能力,于是权威主义的统治合法性源于统治者自身所具有的"克里斯玛型"权威。与之相反,国家主义所强调的是实在的、作为客观实体的"国家",认为国家具有最高的"善"的地位,即使是统治者的意志也要契合国家的意志,也就是统治者的意志要反映国家的意志,而非国家的意志彰显统治者的意志。据此,权威主义所强调的"权威"是统治者的权威而非国家的权威。从中也可发现,国家主义主要是追求"国家"这一抽象实体所应承担的宏大理念,除了强调需要实现的社会基本秩序,还要力图实现以国家带动社会、个人多方面的发展与提升。总而言之,国家主义强调国家在社会进步、个人发展方面所具有的基础性责任,而权威主义强调的是统治者自身所具有的不可挑战的权威。

4. 国家主义与极权主义

国家主义面临的最具道德负担的指控,就是它与极权主义之间存在内

---

[1] See Levitsky, Steven, and Lucan Way, *The rise of competitive authoritarianism*, 13 Journal of Democracy 51-52(2002).

在联系。极权主义偏向于采取纯粹的国家强制力即国家暴力掌控社会秩序、压制社会活动和干预个人生活,最终要求个人服从统治者意志的统治风格。① 尽管国家主义看上去和极权主义都主张某个具体的"实在"在国家中具有优越地位,但事实上国家主义与极权主义之间存在着本质差别。从道德上说,极权主义是对传统的政治美德的彻底否定,而国家主义所强调的"善"实际上是跟个人和社会相一致的。进一步说,国家主义十分强调民众对国家的忠诚和认同,但这种忠诚和认同是建立在民众对国家真诚信服的基础上的,国家主义强调国家在维护国家利益、维护社会公平正义和公民个人权利等问题上所具有的不可推卸的责任,具有着眼于"国家"而非"统治者"的价值追求,因此对公民和多元的社会主体包括宗教组织、行业协会、社会各类组织等多元的社会主体持有价值多元和价值宽容的立场,也更多地将国家强制力放在维持基本的法律秩序、社会秩序和国家安全等方面,而不是只与维护统治者的利益有关。就此而言,极权主义突出统治者为维护自身利益而不惜破坏个人和社会的生活秩序,并取消既有的制度和道德观念;而国家主义则是在尊重既有的制度和理念的基础上,以各类的激励措施去引导个人和其他社会主体向国家所期盼的方向发展。

(三)国家主义的价值维度:价值论国家主义

国家主义概念发展以及对国家主义和相近概念的分析表明,国家主义的概念研究通常围绕着对国家的价值与效用分析展开。这种将国家主义视为一种政治理念和政治实践,重视国家理性、国家权力最高等核心价值的主张,可以归纳为"价值论国家主义"的认知立场。在中国的法治现代化研究中,价值论国家主义是国家主义思潮中的代表性立场,是国家主义者的普遍认知角度。

价值论国家主义的理论主张可以归纳为:人类是群居性、社会性的生物,人们势必生活在政治共同体中。国家作为超越个体的自足存在,在利益和意志方面高于一般个人或是其他社会组织,是一种更高级别的"善"。② 就此而言,国家主义在理解国家、社会与个人的关系上,主张国家和集体人权至高无上,个人并非居于最优地位。③ 这与集体主义的核心立场十分接

---

① 参见[英]戴维·米勒(英文版主编)、韦农·波格丹诺(英文版主编)、邓正来(中译本主编):《布莱克维尔政治学百科全书》,邓正来等译,中国政法大学出版社2002年版,第823页。
② 张志铭:《转型中国的法律体系建构》,《中国法学》2009年第2期。
③ See Forrest D. Colburn, *Statism, rationality, and state centrism*, 20 Comparative Politics 487 - 489 (1988); Jack Donnelly, *Human rights, humanitarian crisis, and humanitarian intervention*, 48 International Journal 611 (1992).

近,在一定程度上,"国家主义"可以被认为是集体主义的下位概念,至少它们的政治立场趋向一致。① 一般来说,集体主义是与个人主义相对立的概念,指在集体与个人的关系上优先考虑集体立场,要求个人服从集体的需要、个人利益服从集体利益的需要。在此基础上,集体主义可以进一步拓展出以下观点:个人基于社会的需要而生活于社会之中,因此需要服从社会以至民族和国家的整体利益;个人的价值只有在集体、社会和国家之中才有得以完全实现的可能;集体有其自身的利益考虑、所追求的根本目的和价值,个人需要为实现集体、社会和国家的此类目的而行动。据此,集体主义与个人主义和自由主义都存在着立场上的对立关系。这种对立关系影响到国家主义的基本定位,即国家主义在概念上与集体主义相关并与个人主义、自由主义相对立。

在理解当代中国法治建设的议题上,价值论国家主义将中国的法治建设类型概括为"国家建构主义法治"。这种观点认为,"国家建构主义法治"首先表现为以中国共产党的领导作为中国特色社会主义的本质特征,在制度上主张在党委领导下贯彻集中力量办大事的行动策略,体现强烈的国家主义面向。② 进言之,在法治建设的问题上,价值论国家主义主张国家本位、国家利益至上,国家在法治建设中起着主导作用。有学者进一步指出,中国国家发展的动力来自晚清以来的国家主义,也就是始终关注如何建立一个真正强大的国家。③ 不过,"国家建构主义法治"也认为社会存在各个子系统,这些子系统需要在国家的指引下协调运作。换言之,"国家建构主义法治"在主张国家本位的同时也认可"社会"在建构法治秩序中的积极意义,并日渐呈现出国家吸纳社会、协同治理的新趋势。④ 对此有学者提出,可以进一步通过扩大民主参与,引导、支持民间社会组织积极参与公共生活,筑建更多连接社会与国家的桥梁。换言之,法治的实现除了需要国家的积极努力,还需要为新兴社会阶层及社会组织的成长提供土壤。⑤

当然,在这里也许有学者会质疑,面对中国法治建设中所出现的这些新的现象,是否还能用"国家主义"这一概念来指代中国法治建设的底色?笔者认为,作为价值立场的国家主义具有强弱程度之分,而与历史上经典

---

① See Stephen D. Krasner, *Approaches to the state: Alternative conceptions and historical dynamics*, 16 Comparative Politics 227 (1984).
②④ 参见姜永伟:《国家建构主义法治的理论逻辑——一个法政治学的论说》,《法学》2022年第1期。
③ 参见潘伟杰:《法治与现代国家的成长》,法律出版社2009年版,第13—14页。
⑤ 参见梁治平编:《法治在中国:制度、话语与实践》,中国政法大学出版社2002年版,第131—138页。

的国家主义概念相比,中国法治建设中的价值论国家主义是一种"弱意义"的国家主义。它固然强调国家的自主理性,承认国家的主体地位和主导性质,但不排斥其他主体的地位和作用;它视国家利益为优先选择,但并非将国家利益视为唯一选择,也并非在所有情形下都把国家利益最大化作为全部目标;它在坚持国家权威性的前提下,也愿意与民间公权力进行协商对话。①

笼统认为中国的法治建设纯粹由一种"强意义"的、刚性的国家主义指导,或者认为中国的法治建设仅体现国家意志的观点,是不符合客观事实的,也与改革开放以来的法治实践不一致。一方面,尽管国家与政府在中国的法治建设中占据重要地位,但国家推进法治建设,并非为实现所谓国家至上观念,而是以完善法治秩序为抓手实现社会的公平正义,践行以人民为中心的新发展理念。党的二十大报告提出:"为民造福是立党为公、执政为民的本质要求。必须坚持在发展中保障和改善民生,鼓励共同奋斗创造美好生活,不断实现人民对美好生活的向往。"②法治建设的初心,是希望通过持续不断地推进中国式法治现代化来为人民谋幸福、为民族谋复兴,实现人民对美好生活的向往。换言之,党和国家之所以强调自身的能力建设,之所以始终大力支持建构中国特色社会主义法治体系,是因为人民是本、人民的幸福是目的,而法治能够为实现人的全面发展提供保障。因此,倘若仅仅从"国家至上"等观念出发来认识中国的法治建设,显然无法真实、全面地揭示出中国法治建设的逻辑,特别是无法准确理解在法治建设中国家与社会之间相互协同、相互促进的治理形态。

是故,中国法治建设所坚持的是一种"弱意义"的价值论国家主义,那种"强意义"或刚性的价值论国家主义立场无法准确地从国家维度描述中国法治建设的真实面貌。党的二十大报告指出:"全面依法治国是国家治理的一场深刻革命,关系党执政兴国,关系人民幸福安康,关系党和国家长治久安。必须更好发挥法治固根本、稳预期、利长远的保障作用,在法治轨道上全面建设社会主义现代化国家。"③当然,中国法治建设中的国家主义形态与国家治理形态同频共振,国家主义法治观是变化发展的,并非一成不变。特别是随着国家为法治正名,郑重宣布接受法治、建设社会主义法治国家,直至当下的推进全面依法治国,发挥法治在国家治理体系和治理能力现代化中

---

① 参见蔡拓:《全球主义观照下的国家主义——全球化时代的理论与价值选择》,《世界经济与政治》2020年第10期。
②③ 习近平:《高举中国特色社会主义伟大旗帜 为全面建设社会主义现代化国家而团结奋斗——在中国共产党第二十次全国代表大会上的报告》,《人民日报》2022年10月26日。

的积极作用①,都可以认为法治已经成为中国治理体系中不可或缺的环节,法治的固有价值与逻辑正在影响着国家对法治的认知,并正在赋予国家主义法治观新的内涵,例如国家吸纳社会、国家自我限权等。因此,必须明确中国法治建设所秉持的并非刚性的、"强意义"的价值论国家主义,而是一种"弱意义"的价值论国家主义。

(四)国家主义的方法维度:方法论国家主义

有关价值论国家主义的研究表明,我们应当客观公允地评析国家对中国法治建设的效果。而与"价值论国家主义"相对的"方法论国家主义",则作为一种研究上的方法或视角,主张可以通过能动的国家视角和实践的国家观念等研究思路,细致考察国家实践所涉及的具体逻辑、机制和技术。② 方法论国家主义主张把"国家主义"视为分析国家和社会关系的有效概念工具,一种研究国家实然状态的研究视角与分析框架,可以帮助人们更清晰地理解国家在公共生活中的作用。

依据方法论国家主义,国家主义对法治建设的关系与效果研究,将转化为在中国法治建设或法治秩序建构过程中国家与社会的关系如何协调的问题。对此,有学者提出四分法的光谱连续体,其按照国家和社会之间的分化、独立程度,将国家和社会关系分为"多元主义""社会法团主义""国家法团主义"和"国家主义",其中"多元主义"和"国家主义"代表两端,其余两种类型则介于它们之间。在这一分析框架中,苏联是"国家主义"类型的典型,国家完全合并社会,所有的社会组织均从属于国家,不存在任何私人性质的组织机构。③ 有学者研究中华人民共和国成立以前中国国家和社会关系的结构性特征,提出当时中国国家与社会关系具有明显的"超国家主义"性质。不过,当前的国家和社会关系业已整体呈现出由"国家中心论""社会中心说"向"关系互动论"转变的倾向。④ 有学者在从中国历史和理论的视角进行检讨后发现,虽然长期以来国家和社会均作为国家形态的塑造机制,但国家和社会同时在场的状态却是完全不同的。例如,现代中国为完成国家建构目标而采取在微观组织层面吸收甚至合并社会的做法,国家与社会之间的抽象信任未能完全建立起来,从而迟滞了国家与社会健全运转机制的建

---

① 参见习近平:《推进全面依法治国,发挥法治在国家治理体系和治理能力现代化中的积极作用》,《求是》2020 年第 22 期。
② 参见丁轶:《国家主义的两重维度》,《政治与法律》2017 年第 1 期。
③ 参见林曦:《国家与社会相互赋权:中国社区治理的新型路径分析》,《东南学术》2019 年第 6 期。
④ 参见李佳薇:《超国家主义:文明国家与伦理社会的关系实践与秩序建构》,《湖湘论坛》2020 年第 4 期。

构步伐。为此,应当以社会重建对弈国家主义,最终实现两者良性互动的和谐局面。①

在此基础上,有学者概括了方法论国家主义的研究范式:方法论国家主义以国家和社会的相互关系为研究中心,而非仅仅重视国家一端,也不认为国家在公共事务中具有完全排他的决定性地位。② 可见,方法论国家主义注重对"关系"的研究,也就是一方面要找回"国家",另一方面又不能忽视"社会",强调"国家"作为独立要素的地位不是通过脱离"社会"而获得的,相反,正是在国家和社会的互动关系中,国家才有可能拥有其自主地位。

三、分析框架:价值论国家主义与方法论国家主义

价值论国家主义与方法论国家主义的区分,能够更好地帮助我们理解中国法治建设中的国家维度。客观而言,中国的法治建设是在国家主义的指导下进行的,国家的力量对法律制度的完善与发展而言十分重要,缺少国家强制力的支持,中国的法治事业便难以起步,更遑论建设社会主义法治国家、实现中国式法治现代化。与之相适应的是,在不同的历史时期,中国在法治制度体系、法治实施体系以及法治话语体系等多重维度的实践,确实在不同程度上体现了国家主义的倾向或立场。根据不同时期国家或政府的施政纲领及其表现,从国家的视角出发,分析法治建设中国家与社会的互动关系,重点探究国家在其中的角色和功能,就是在法学研究中对方法论国家主义的应用。因此,方法论国家主义能够更好地帮助我们洞见中国法治建设背后的深层次逻辑,并能使我们更清晰地理解中国法治建设所持有的价值论国家主义立场。

据此,本书的分析框架将建立在方法论国家主义与价值论国家主义之综合的理论视角之上,在研究视角上采取方法论国家主义,在研究对象的特点(即法治建设中的国家角色)上预设并尝试论证价值论国家主义。

首先,本书将方法论国家主义作为基本的分析视角,采取"价值无涉"的立场,是一种以描述性为主的研究方法或研究视角。这一基本立场的选择意图为研究当代中国的法学理论和实践提供特定的方法指引,并能够较为客观地细致分析能动的国家在法治理论与实践的系列建设中所涉及的具体逻辑、机制和技术。因此,从国家与法治客观存在的关系出发,方法论国家

---

① 参见任剑涛:《会社、社会与国家:现代中国的社会运势与国家突起》,《学术界》2021年第7期。
② 参见赵子尧:《激活国家:历史制度主义视阈中的国家治理》,《思想战线》2020年第3期。

主义适合于观察、理解一国法治建设的实践逻辑,其理论的可接受性也明显更强。尤其是,当国家在法治建设中明显体现出价值论国家主义取向,即在绝大多数情况下强调国家的权威性、优位性时,采取方法论国家主义的视角,重点关注和分析"国家"在法治建设中的行动逻辑和特点就更有意义。[1]

其次,本书将中国法治建设的立场归纳为价值论国家主义,并将在全书进一步验证、深化这一判断。这意味着对中国法治建设中国家维度的分析,可以借助于许多关联于价值论国家主义的范畴,如国家主导、国家优位等。这些概念范畴的引入有利于我们更加全面地把握国家在法治建设中的地位和角色。需要注意的是,认为中国法治建设的立场是国家主义,并不意味着本书将预设一种统一的、绝对强势的价值论国家主义。相反,笔者承认在尊让国家、认可国家权威等国家主义底线标识之上可能存在着多元的价值论国家主义形式。通过融合方法论国家主义和价值论国家主义作为分析框架,我们能够更好地观察中国法治建设的历史进程,理解法治发展中的中国国家角色与立场变迁,进而准确描述中国法治建设所体现的国家主义底色,总结国家主义法治观在当代中国的新发展、新趋势。

可见,价值论国家主义与方法论国家主义并非截然对立、非此即彼,而是可以形成一种二阶视角,也就是以方法论国家主义来观察、描述、梳理由价值论国家主义指引的法治建设实践。因此,在具体研究中,就需要首先在一阶维度分析法治建设实践是否存在、存在怎样的价值论国家主义立场,总结和分析在价值论国家主义支配之下的法治观念;进而在二阶维度上落实方法论国家主义的研究视角,分析价值论国家主义影响国家法治建设的具体路径,为总结法治建设的理论与实践逻辑创造条件。[2] 在这个过程中,我们会自然而然地发现,中国法治建设中的国家主义已经不知不觉发生了变化,国家主义的话语正在豹变:伴随着法治建设实践,中国的国家主义正在不断发展,并呈现出与自主法治建设相适应、与自身国情相契合的新形态。

---

[1] 参见丁轶:《国家主义的两重维度》,《政治与法律》2017 年第 1 期。
[2] 为行文便宜,若无特别说明,本书在后文中所使用的"国家主义",指的就是"价值论国家主义"。

第一章 国家与法治

国家对法律、法治的影响随处可见。在中国法治建设当中,国家对法律制度与法治的影响更是痕迹深刻。在系统研究中国法治建设中国家的角色与作用前,有必要先在理论层面全面梳理国家与法治、国家在法治建设中的功能等基础命题,回溯相关学术观点并进行总结,为理解中国法治建设中的国家维度提供充分的理论参照。一方面,我们需要明确这里所说的国家是什么,以及国家应有的角色与地位是什么;另一方面,研究国家角色或国家本质,将有助于揭示不同理论对国家和法律关系的特定看法,因此也需要释明法律究竟在何种意义上与国家有关系,它们究竟是捆绑关系,还是说有可能是分离关系,抑或是其他关系。

在结构上,本章将首先对不同类型的国家学说进行总结,进而推进到国家与法律的具体关系问题,并以关于这些基础问题的研究结论为基础,总结国家在法治建设中的基本功能。最后,基于这些研究总结,从实践和理论两个维度分析中华人民共和国成立以来国家与法治关系的实际演进。本章的研究与基本结论将为本书探究在中国法治建设中国家究竟扮演何种具体角色奠定理论基础。

第一节 国家学说的类型化分析

国家学说研究的一个重要部分是讨论国家的本质,或者说是探究国家在整个共同体中的角色或地位。根据对国家的不同看法,有关学说大致可以分成"国家中立说"和"国家工具说"两种典型。其中,"国家中立说"认为国家在宗教与道德问题上始终保持中立,此时国家的角色是中立性的,国家之于公民是道德中立的。这种学说主要建立在霍布斯以降的社会契约论传统之上,强调公民不为国家负担特定义务,国家也不必然拥有某种美德。"国家工具说"则是与之完全不同的另一种国家学说,它强调国家是实现某种实质目的的工具。其中，最为彻底地阐释并强调国家工具属性的，是马克思主义国家学说。马克思主义国家学说为国家工具说提供了一套最为体系化和深刻的阐述，从根本上打破以往存在的关于国家的道德和伦理迷思，系统地构建出关于国家工具本质的重要论说，并分别建立起三种国家工具学说，即作为社会科学的国家工具学说、作为批判理论的国家工具学说以及作为建构理论的国家工具学说。这三种学说表明，国家工具学说既是社会科学，也是批判理论，同时还是一种建构理论。这种理论建构，使关于国家作为工具的观点得到深化、系统化。本节将逐一考察国家中立学说和国家工具学说。

一、国家中立说

一般认为，国家中立说指国家在宗教与道德问题上始终保持中立。近代以来，持有自由主义法律观的学者普遍认可国家中立说。列奥·施特劳斯认为，国家中立说之所以与自由主义法律观有着千丝万缕的联系，是因为自由主义的政治哲学将权利而不是义务放在了理论的中心地位，这样的转向使得政治哲学不再强调公民为国家所应当履行的那些义务，也不再强调国家自身所应当传授给其公民的那些美德。相反，国家的核心功能在于保护其公民的权利不受侵犯，而且国家自身也不得僭越公民的那些权利，除非得到公民的概括性授意。不难发现，这种理论的转向源于霍布斯，也恰是施特劳斯认为霍布斯而不是洛克才是自由主义政治哲学的奠基人的原因，尽管传统的政治哲学理论并不认为霍布斯的政治哲学理论与经典的自由主义进路完全一致。[①] 为了理解这一点，我们必须回到霍布斯的国家与政府学说，也就是在《利维坦》中寻找具体依据。

霍布斯的国家学说体现了经典的契约论传统。在《利维坦》中，霍布斯将如何缔结契约作为论述的主要内容之一，因此也可以说，霍布斯开创了经典的契约论传统，他在通过契约论证成国家正当性的同时，也表明了国家的中立性质。

从文本来看，《利维坦》为了体现国家的这一中立性，首先明确的是国家权力的正当性来源。霍布斯为此给出一套关于国家权力来源于人民授权的理论。首先，霍布斯假定所有人都有一项与生俱来的"自然权利"，这种自然权利以自我保存为核心内容，并且由于这种权利的存在，每个人都能够获得

[①] 参见[美]列奥·施特劳斯：《自然权利与历史》，彭刚译，生活·读书·新知三联书店 2003 年版，第 185—186 页。

一种资格,也就是为实现自我保存而获得一切物、同时阻止他人夺取自己所取得的物。此时,为了充分实现自然权利、实现自我保存,任意的人都必须要对除自己之外的一切人开展战争,从而展现霍布斯笔下著名的"战争状态"。而且霍布斯假定,只有当所有人都处于战争状态,所有人才有意愿去缔结这种契约,因此必须是全体人同时承诺放弃这种自然权利,才有可能实现权利的让渡,国家才有可能形成。其次,为了从战争状态中摆脱出来并真正获得最低限度的自我保存,人们就需要通过约定来放弃这种权利,并因此明确国家能够因为人的权利让渡而获得权力。与之相适应,国家必须掌握管理和分配财富的权力,以更好地实现民众赋予它的权力。① 最后,由于自然权利是毫无保留地、一次性地让渡出来,并组建起一个原来并不存在的实体,因此在保护自己安全与和平的问题上,所有公民都因为自愿放弃自然权利而失去了行使权利的机会。他们必须基于相互之间的承诺,由国家垄断实现和平与安宁的判断力和执行力。②

除此之外,霍布斯的国家学说之所以能够归入自由主义的阵营,还有一个重要的原因是,他通过赋予一切人具有抽象的"自然权利"概念,明确了自由主义最为关切的抽象平等原则。在某种意义上,这也是后来的研究者认为霍布斯的理论与宗教教义之间存在千丝万缕联系的原因。在霍布斯所处的时代背景下,只有在宗教的话语体系中,人们才可以不区分职业、身份、血统而享有平等的地位,尽管霍布斯本人持有政教分离的立场,主张宗教事务属于私人领域、宗教与国家制度相分离——这一点要比后来的不少理论学者更加深邃。③ 因此,在理解自然状态中的抽象平等原则时,就需要引入一种解释思路:在自然状态下的战争状态中,所有人只有依靠纯粹物理意义上的强力才能够获得自我保存所需要的资源,而这种强力与人们在日常生活中所看重的职业、身份、血统等都没有关系——这也是罗尔斯在正义理论中所构筑的"无知之幕"的最佳佐证。④ 但是无论是哪种解释方法,我们都可以认为,霍布斯的国家学说是自由主义政治哲学的重要起源之一,也因此决定了他所关心的国家形态必然是价值中立的。

值得注意的是,由于霍布斯的国家学说被纳入自由主义政治哲学范畴,因此国家绝非由于公民对其自然权利的全部让渡而变得全知全能;相反,国

---

① 参见[英]霍布斯:《利维坦》,黎思复、黎廷弼译,商务印书馆1985年版,第190—198页。
② 参见[英]霍布斯:《利维坦》,黎思复、黎廷弼译,商务印书馆1985年版,第97—108页。
③ 参见[美]列奥·施特劳斯:《斯宾诺莎的宗教批判》,李永晶译,华夏出版社2013年版,第4页。
④ 参见[英]霍布斯:《利维坦》,黎思复、黎廷弼译,商务印书馆1985年版,第92—97页。

家的权力与民众让渡自然权利的目的直接相关,也就是维持民众的自我保存。进言之,尽管国家由于公民的授权而垄断了对于公共事务的判断与执行能力,但归根结底,国家的功能在于给全体公民提供和平与安宁的社会秩序,因此只要服务于这个目的,国家权力就具有相应的正当性。从这个角度来说,国家权力似乎如霍布斯的字面意思那样,被称作"活的上帝"。然而,国家权力同时又并非没有限制的,这个限制终极地来源于民众让渡自然权利的目的。

这一方面的内容,实际上涉及霍布斯关于国家治理的问题,尽管这一问题并不直接反映国家的契约论来源,但是却能间接反映国家中立性的特征。首先,霍布斯通过对国家设置目的的陈述,表达了国家除服务于民众的根本需要,也就是自我保存外,没有其他可以从事的内容。这一点在霍布斯关于战争状态的设定方面体现得尤其明显。应当指出,霍布斯之所以把帮助民众实现自我保存作为国家中立性的核心任务,除了生存权利是属于公民权利中的底线权利,也跟霍布斯身处的时代密切相关。当时正值西欧中世纪封建统治方式濒临崩溃,现代资本主义生产方式和统治模式逐渐兴起,封建君主和领主之间战争不断,新的社会革命正在孕育,这些现象直接涉及战争与和平的问题。对民众来说,在战争中呼唤和平,一方面既是对于秩序的向往,另一方面更是因为人们内心深处对于暴死的恐惧。[1] 但必须指出的是,霍布斯一方面承认公民因自我保存的需要而拒绝主权者的法令,但另一方面又因为自然权利让渡的彻底性而不承认公民对国家有相应的抵抗权,这就使得他的理论与洛克的观点相冲突。[2] 霍布斯如同后世的卢梭那样,拒绝认为公民具有相应的抵抗权,而是仍然坚持认为,民众既然已经让渡了全部自然权利,那么他们就不再保留与自然权利直接相关的反抗主权者的权利。那么一个合理的推论就是,如果"利维坦"的权力行使不能够满足民众自我保存的需要,这个政府就可以被认为是"失败的"政府,人们就拥有了推翻它的正当性。

总而言之,霍布斯的国家学说最终指向的是国家的道德中立性。他笔下的"利维坦"即国家是一个负责保护民众并为其提供安稳生活秩序的政治实体,国家并不因为掌握有强大的权力而可以对民众任意发号施令,它的权威仍然植根于民众对国家的需要。在这个意义上,国家的目的与国家的中立性是一体两面的:国家的正当性源于它对公民自我保存的支持与促进,

---

[1] 参见[英]霍布斯:《利维坦》,黎思复、黎廷弼译,商务印书馆1985年版,第96—98页。
[2] 参见[英]霍布斯:《利维坦》,黎思复、黎廷弼译,商务印书馆1985年版,第171—178页。

而当它选择剥夺公民生命的时候,国家就已经逾越了民众订立社会契约的目的,也就不再具有完整的合法性。可见,处于思想实验范围内的国家形态以及国家与其公民之间的关系,构成了指点和评价现实中国家权力正当性的参照系和标准。

在方法论上,这种运用"自然权利—自然状态—社会契约—政治国家"结构建立国家中立学说的思想实验,可以认为是霍布斯首创的。尽管欧洲中世纪的若干史实表明,"社会契约"的概念可能来自西欧封建领主治下封臣所达成的互助性契约,但是从历史的角度来看,事实上并没有真正出现过"自然状态"或者"社会契约",因此我们不能认为霍布斯的国家学说是对当时西欧政治制度变革的客观阐述。准确地说,霍布斯所开创的社会契约论学说更是一种思想实验,这种思想实验的意义在于,它并非直接从历史中提炼出国家正当性来源及其权力模式的基本特征,也不是从对现实的批判和认可中总结出国家权力运作的边界并做出正当性说明,而是设计一个理想中的国家形态,描述一个理想的国家与公民间关系以及国家权力来源的动态生成机制,并以此作为现实中国家权力运作模式的比较体系,帮助人们明确国家所真正应当承担的那些职能,厘清国家与公民的边界。[①] 也正是如此,霍布斯开创的契约论传统,在后续英美自由主义政治哲学的发展中始终起着重要作用,无论是洛克、卢梭的理论,还是现代的罗尔斯正义理论,都遵循了契约论的思路,其影响力甚至持续至今。

二、国家工具说

与自由主义政治哲学所主张的国家中立说不同,国家工具说强调国家是实现某种目的的工具,这一进路具有相对悠久的理论历史。从古希腊亚里士多德关于城邦的德性学说开始,国家工具说即采取一种较为稳固的论述思路与基本特征:从正面描述国家的秩序建构,承认目前所达到或即将达到的国家形态是人类所能达到的最好的国家形态,从中抽取出造就这种国家形态的基本要素,进而通过阐述这些基本要素和国家的演进脉络来为具体的国家形态正名。在这里,不同的国家工具学说的理论差异,主要体现在对相关要素的认识和描述方面。

例如,亚里士多德把城邦(国家)的正当性基础建立在自然主义的政治进路之上,认为城邦的政治德性是自然演进的产物,也是城邦与人命运同构的结果,因此城邦作为政治的载体,不仅是社会演进的高级形态,也是人的

[①] 参见[英]霍布斯:《利维坦》,黎思复、黎廷弼译,商务印书馆1985年版,第142—153页。

自然本性最为完善的阶段。① 在这里,城邦可以被认为是"政治",也就是公共事务所固有本质的工具。

与之相类似,卢梭的社会契约理论(尤其是他的"公意"学说)也同样强调国家必须成为实现自由的工具,尤其是防止私有制对于人类自身自由的束缚。为此,就需要订立社会契约,将每一个社会成员置于"公意"的最高指导之下,每位公民既受其指导,也是共同体不可分割的一部分,最终实现以牺牲自然状态下的某些自由来换取公民社会的更多自由②,尽管这种自由完全可以以服从和强制的面貌出现在人们面前③。

还比如,黑格尔将国家视为实现伦理的终极共同体,国家相应地成为伦理的工具,其功能在于为伦理的整全性而统合个人、家庭和市民社会。根据黑格尔的立场,国家是私有制和以私有制为基础的家庭的否定之否定的产物,体现着"个体独立性和普遍实体性在其中完成巨大统一的那种伦理和精神"④。换言之,国家从个人在文化伦理层面的独立自主出发,对家庭以及整个私人领域的整体性超越,最终统合个人、家庭和市民社会而成为一种伦理共同体。⑤

尽管上述国家学说或多或少都对国家所具有的某种工具属性及其功能有所涉及,但它们都没有直面国家的工具属性。这是因为,国家工具说首先是一种对于国家的批判和解构性学说,然后在此基础上讨论国家的本质内涵。

就此而言,真正直接指出国家工具属性并从根本上打破国家的道德与伦理迷思的,当属马克思主义国家学说。由于仍然处于不断发展的过程中,马克思主义国家学说需要从三个重要的侧面分别进行把握:一是作为社会科学的国家工具学说,也就是从实践和历史角度所得出的国家工具属性;二是作为批判理论的国家工具学说,也就是马克思、恩格斯在理论上对国家工具属性的揭示;三是作为建构理论的国家工具学说,也就是社会主义在特定国家取得革命胜利之后如何通过国家来实现无产阶级专政,这一点主要指列宁主义对马克思主义国家学说的发展,以及马克思主义国家学说的中国化成果。这三方面共同呈现了马克思主义理论对国家与法律、国家与法治关系的总体看法。

---

① 参见[古希腊]亚里士多德:《政治学》,吴寿彭译,商务印书馆1983年版,第7—9页。
② 参见[法]卢梭:《社会契约论》,何兆武译,商务印书馆2003年版,第20页。
③ 参见[法]卢梭:《社会契约论》,何兆武译,商务印书馆2003年版,第19页。
④ [德]黑格尔:《法哲学原理》,范扬、张企泰译,商务印书馆1961年版,第43页。
⑤ 参见邹永贤主编:《国家学说史》(上卷),福建人民出版社1999年版,第416页。

(一)作为社会科学的马克思主义国家学说

这一点主要指马克思和恩格斯对于国家本质属性的探索。从问题意识上,马克思和恩格斯关于国家起源的社会科学式研究,主要见于《共产党宣言》"至今一切社会的历史都是阶级斗争的历史"的表述。在1883年《共产党宣言》德文版序言中,恩格斯重新阐述了这句话,认为阶级斗争产生自"原始土地公有制解体以来"①。而在1888年的英文版《共产党宣言》中,恩格斯又作出进一步的注释,在指出原始社会的人类学研究成果的基础上,明确指出私有制的出现和原始氏族公社的解体是国家产生的直接动力。②

可见,马克思和恩格斯之所以持续地关注国家的起源问题,主要是因为在完成《共产党宣言》时欧洲的史前史研究仍然存在缺陷,相关人类学、考古学的研究是在《共产党宣言》出版之后才真正产生的,这就使得马克思和恩格斯关于阶级斗争的论断存在着历史的空白。因此,为了真正将唯物史观贯彻到底,彻底证实唯物史观固有的科学性和革命性特征,就需要使用科学的方法研究史前史,尤其是要搞清楚原始社会解体、国家取代原始氏族社会的根本原因和动力因素。此外,在马克思和恩格斯所处的年代,唯物史观的理论推进遭遇了不少的波折,不少学者在自然科学领域是坚定的唯物主义者,然而一旦来到社会历史领域就往往向唯心主义的历史观屈服。③ 通过对费尔巴哈的批判,马克思以其坚实的社会科学研究为唯物史观补上最后一块补丁,不仅更加充分且有力地说明唯物史观本身的科学性,而且直接揭开唯心史观有关资本主义"终结"人类社会发展形态的虚伪面纱,增强论证共产主义远大目标的力量。

马克思和恩格斯关于国家起源的研究并非一蹴而就,法律与国家一同出现、一同消亡等观点,也是在不断以唯物史观进行校错的过程中形成的。例如,恩格斯在1872—1873年撰写的《论住宅问题》中提出,人们之间的生产和交换活动,在社会发展的初级阶段是受共同规则约束的,这些共同规则先是表现为习惯,后来便表现为法律。将维护法律作为自身职责的国家也伴随着法律的出现而出现。④ 同时,恩格斯还提出了法律源自社会习惯、法律必须由国家强制力保障实施等观点。这可被视为在唯物史观和法人类学范畴下对法律问题的初步回应。⑤

---

① [德]马克思、恩格斯:《共产党宣言》,人民出版社2018年版,第7页。
② 参见[德]马克思、恩格斯:《共产党宣言》,人民出版社2018年版,第27页。
③ 参见《马克思恩格斯全集》(第三卷),人民出版社1960年版,第51页。
④ 参见《马克思恩格斯选集》(第三卷),人民出版社2012年版,第260页。
⑤ 参见周长龄:《恩格斯关于法律起源问题的经典论述新探》,《中国法学》1993年第4期。

马克思主义有关国家起源的研究，集中在恩格斯的经典著作《家庭、私有制和国家的起源》中。马克思原本是希望独立撰写一部关于人类古代历史的著作，但他还没完成这个写作任务就去世了。恩格斯基于马克思的前期研究，将他对于人类古代史和自然辩证法的研究融入《家庭、私有制和国家的起源》一书中。该书的一个重要目的，就是捍卫和发展马克思和恩格斯所共同创建的马克思主义国家学说。在 19 世纪的工人运动中，工人阶级政党在组织工人运动、争取工人权利时，曾经在国家政权问题上栽过跟头。例如，马克思的《哥达纲领批判》，就是为了反对德国社会民主工党（爱森纳赫派）与全德工人联合会（拉萨尔派）联合制定的《哥达纲领》而写作的：《哥达纲领》不仅丝毫不提打碎旧的国家机器的问题，甚至认为可以依托现有的国家机器来争取工人阶级的解放并实现社会主义的基本要求。因此，阐明国家的本质属性，不仅是一个单纯的理论问题，更是一个直接关系到无产阶级革命能否持续进行的重要实践问题。因此，阐述国家的本质属性以及国家与法律的关系，就成为马克思主义的重要内容。

首先，恩格斯明确提出国家与私有制的关系问题。恩格斯运用丰富翔实的素材，通过分析美洲的易洛魁人部落以及希腊、罗马、克尔特人和德意志人的原始氏族发展来明确国家的形成过程。这些部落从原始社会的氏族公社最终发展成为国家展现出了某些共同的特征，从中可以发现：国家是为了替私有制辩护、为有产阶级剥削无产阶级正名的暴力机关，并逐步消解原始共产主义的氏族公社制度。[1] 也就是说，国家机关都是逐渐从原有的氏族机关中生长出来的，并共同呈现出以公共性和地域性取代血缘的特征，原来保卫氏族的暴力机关最终转变为国家的统治工具。不难发现，在这样一个演进过程中，私有和私有制发挥了根本性的作用。这是因为，由于社会分工和外向型经济导致了人口流动，而氏族中原有的属人法将无法保护外来人的利益，因此他们必然要求修改法律并通过法律来保护其利益。换言之，经济的外向发展、外来人口与当地人口的杂居和融合，最终促成了氏族内部的政治改革，而希腊、罗马、克尔特人等氏族的改革措施都是类似的，那就是按照财产的多寡而不是血缘的亲疏来划分公共权力，于是原先因血缘而形成的氏族对立就转变为有产者与无产者之间的对立，这就是私有制导致的阶级对立。

其次，国家是在野蛮时代的高级阶段、第三次社会大分工开始、专门

---

[1] 参见［德］恩格斯：《家庭、私有制和国家的起源》，人民出版社 2018 年版，第 120 页。

从事商品交换的商人阶层出现的背景下形成的,其作用是为阶级斗争和社会矛盾提供冲突的"尺度"。国家无非是社会的产物,所谓国家源于社会、高于社会,却也异(化)于社会。其中最重要的因素就是社会遭遇的自身无法解决的、不可调和的社会阶级矛盾。为了避免残酷的斗争使得所有阶级和社会本身都被消灭,亟须一种超然于社会之上并能有效防止社会被冲突本身的烈度所毁灭的力量:一方面,这种力量要能够在冲突客观存在的前提下,适度缓和冲突;另一方面,这种力量不是凭空产生的,而是来源于社会、作用于社会,同时也高于社会的,它伴随着社会的发展,却也与社会相异化。[1] 因此,氏族制度必然被国家在一个漫长的过程中所代替,这一"漫长的过程"则由社会生产力发展、国家与阶级的权力结构所决定。[2]

最后,正如恩格斯指出的,国家是阶级斗争不可调和的产物,是经济上占统治地位的阶级压制被统治阶级而形成的自然结果。正如前文所述,控制阶级冲突、限制阶级矛盾的范围是国家起源的重要因素,而那些在经济上占据统治地位的阶级,却也依靠国家的力量取得了政治上的统治地位,从而获得了剥削和镇压被统治阶级的新型手段。[3] 此时,国家既已产生,伴随着公共权力、税收和官僚制而产生,存在一个高于社会的国家机器即成为题中应有之义。[4] 而国家正是缓和却也同时维持着这种阶级对立的工具,并最终服务于统治阶级的意志。这个结论恰好呼应了马克思主义国家学说所具有的批判色彩,也意味着法律首先是体现统治阶级意志,其次是国家机器超越于社会和个人的体现,最后是统治阶级压制被统治阶级的工具。

就此而言,在恩格斯的视野中,国家与法律的关系可以概括为以下内容:第一,国家自原始氏族社会而形成,是社会化大分工和私有制形成的产物,也是阶级斗争不可调和的产物;第二,国家作为统治阶级意志的统治工具,源自社会并高于社会;第三,法律因生产力的提升、私有制的出现而形成,部分体现了原始习惯,但更多体现着统治阶级的意志,是确保国家机器高于社会的现实表征;第四,法律由国家制定,并依靠国家强制力保障实施。总之,法律伴随着国家的形成而产生,是从个别调整到一般调整的结果,也是在调整社会行为的过程中不断赋予其强制力和确认其有

---

[1] 参见[德]恩格斯:《家庭、私有制和国家的起源》,人民出版社2018年版,第189页。
[2] 参见[德]恩格斯:《家庭、私有制和国家的起源》,人民出版社2018年版,第192—193页。
[3] 参见[德]恩格斯:《家庭、私有制和国家的起源》,人民出版社2018年版,第191页。
[4] 参见[德]恩格斯:《家庭、私有制和国家的起源》,人民出版社2018年版,第190页。

效性的运行过程。① 这恰好就是法律与国家同时形成,也将同时消亡的终极原因。

(二) 作为批判理论的马克思主义国家学说

在《德意志意识形态》中,马克思和恩格斯第一次批判性地提出国家的阶级本质以及其服务于统治阶级利益和意志的固有属性。这一视角的理论阐释与反思工作,可以被认为是第一次从完全的工具论角度来理解国家的本质,无疑对传统的国家学说带来极大的理论冲击。归纳起来,马克思主义认为,在国家所具有的维持和缓和阶级冲突的功能中,维持阶级冲突是客观效果,而缓和阶级冲突则是直接原因,但归根结底,国家要通过缓和阶级冲突来最大限度地维持和扩大统治阶级的利益。因此,缓和冲突本身并不是目的,真正的目的在于借助国家缓和阶级冲突,最终维持统治阶级对被统治阶级的全面统治。在这个意义上,马克思主义认为国家是统治阶级实行统治和专政的工具。这种立场正好指明了阶级斗争的首要目的,就是打碎资产阶级的国家机器,并代之以无产阶级专政。从这个意义上,作为批判理论的马克思主义国家学说是工人阶级进行阶级斗争的方法论。

(三) 作为建构理论的马克思主义国家学说

尽管是以批判理论的面貌出现在理论学说的讲坛上,但需要注意的是,对马克思主义国家学说的理解不能脱离马克思主义的理论地基,马克思主义的实践本质及其改造世界的理论抱负,使得马克思主义国家学说必然带有建构色彩。尤其是在总结巴黎公社实践教训、强调无产阶级需要打碎旧的国家机器之后,马克思和恩格斯尤其重视建设新的国家机器的重要性,为此可以借鉴原有国家机器中的合理部分来服务于无产阶级专政的伟大事业,尽管这样的国家形态并没有摆脱国家作为统治阶级专政的工具属性,但无产阶级专政的国家代表着多数人的意志。这也就不难理解,为什么恩格斯在其晚年积极主张工人阶级政党通过议会斗争追求普选制和民主选举,并积极主张工人阶级政党要使议会成为除武装斗争之外的另一个阶级斗争重要阵地。② 就此而言,在实践中,马克思主义国家学说的批判性主要体现在针对资本主义国家制度及其阶级本质的揭露上,但其建构属性则主要体现在无产阶级革命和工人阶级国家的制度建设过程中。这一点在列宁主义

---

① 参见[俄] B.B. 拉扎耶夫主编:《法与国家的一般理论》,王哲等译,法律出版社1999年版,第62—70页。
② 参见靳晓霞:《马克思恩格斯的选举思想及其启示——关于选举性质、民主条件、选举结果和选举意义》,《马克思主义研究》2012年第7期。

的"一国胜利论"和社会主义国家的议会制度、经济形态、民主政治、权力监督等方面的新学说中体现得更为明显。总而言之,建构主义的马克思主义国家学说侧重于国家内部的政治建设,尤其是要克服资本主义国家的诸多弊端,妥善地发挥国家的政治统治与社会管理功能,[1]从而更好地体现社会主义国家保护占人口绝大多数人民的意志的工具属性。

第二节 国家与法律的关系分析

分析国家学说的类型之目的,在于导出不同国家学说视野所关注的国家与法律的关系。简单来说,在国家中立说的指引下,国家与法律相分离,法律具备自主性和价值中立特征;而在国家工具说的视野中,法律源于国家,法律与国家分享同样的工具属性。此外,国家工具说还可以进一步推导出激进的国家与法律关系的理论主张,亦即国家与法律相重合,法律与国家不相区分。

一、法律与国家相分离

法律与国家相分离的观点,核心是主张国家所制定的法律只是法律体系中的一种类型,在国家法律之外还存在着大量对社会生活和社会关系起着实质调节作用的社会规范。一般认为,社会法学派主张的就是法律与国家相分离的立场。社会法学派把法律看作一种社会现象,关注法律在社会中的具体作用,分析各种社会因素如何影响法律的运作,也因此,社会法学派主张从社会而非个人的角度来理解个人所享有的法律权利,于是有了从"个人本位"向"社会本位"的转向。社会法学派以狄骥和庞德为代表,其中狄骥的理论因形成较早而具有更为广泛的研究基础,其理论地位也相对较高。在法律理论方面,狄骥提出以"客观法理论"为核心的"社会连带法学"[2],试图通过社会科学的研究方法观察法律在社会中的基本功能,因此他的法律概念只有"客观法"的侧面而没有"主观权利"的面向。

为了更好地理解狄骥的客观法理论,我们需要简单回顾他所主张的"社

---

[1] 参见张学鹏:《马克思国家观研究》,中国社会科学出版社2020年版,第139—150页。
[2] 参见高鸿钧、赵晓力主编:《新编西方法律思想史(现代、当代部分)》,清华大学出版社2015年版,第46—47页。

会连带理论"。狄骥指出,人们在生活中存在的不同需求将导出合作分工的连带关系,而只有依靠连带关系来进行人与人之间的合作,才能够最终满足人们自身所期盼的各类需要。社会就是此种连带关系的集合,社会规范也因此是社会连带关系的产物。推而广之,法律、政治活动甚至国家都可以归结到社会连带关系之中。① 此时,国家的本质就可以被归纳为"权力——服从"关系。相应地,民众在公共领域中享有的权利,就被理解为是公民对社会所应承担的基本职能。② 正是在这样的理论基础上,狄骥描绘出他所理解的国家理想形态,就是由"工团"——各类社会组织所形成的人的集合——的联系而塑造出的新型国家形态。③

在上述国家理论的指引下,狄骥主张法律不可能由作为"工团"终极形态的国家来制定,法律无非是一般社会性规范的代名词。此时,法律具有以下特征。第一,法律是完全实证的法律体系,法律产生于社会制度,是以个人意识为基础、以社会连带为目的的社会规范。第二,社会压力是客观法的强制基础,这种社会压力来自作为客观事实的"社会连带"。具言之,人们在社会生活中因相互依存而紧密结合在一起,这种紧密结合所建构出来的社会秩序将充分体现个人利益的总和。同时,这种紧密结合也将形成维系社会秩序的压力,被称为"有组织的社会反应",它作为一种客观事实,完全与主观权利相分离而可以直接经由经验感知。④ 第三,客观法是经济规范与道德规范的转化形式,具有"规范性法律规则"与"构成性(技术性)法律规则"两种类型。⑤

可见,狄骥主张法律与国家分离的根本原因,在于他从"社会"而不是作为实体的"国家"角度去理解集体权力的生成机制,而这种集体权力从个人的需求与相互合作出发,经由个人的自愿结合而形成多种多样的社会纽带,进而结成以劳动为基础的多元团体,这些多元团体又分别产生出多元的规范,对各自的成员具有约束力。⑥ 在这个意义上,狄骥的客观法理论及其所依托的社会连带理论,恰是日后社会法学派强调"社会中的法""行动中的法"以及"法律多元主义"的理论先声。

---

① 参见[法]狄骥:《公法的变迁》,郑戈译,中国法制出版社2010年版,第27—29页。
② 参见[法]狄骥:《宪法论》(第一卷),钱克新译,商务印书馆1959年版,第419—428页。
③ 参见[法]狄骥:《宪法论》(第一卷),钱克新译,商务印书馆1959年版,第二版序言,第8页。
④ See Léon Duguit, *Objective Law II*, 21 Columbia Law Review 21 - 22(1921).
⑤ 参见于浩:《客观法是什么?——读狄骥〈客观法〉》,《政法论坛》2017年第4期。
⑥ 参见[法]狄骥:《宪法论》(第一卷),钱克新译,商务印书馆1959年版,第475页。

二、法律与国家相捆绑

与狄骥代表的社会法学派相比,主张法律与国家相捆绑、国家作为法律唯一合法来源的法律理论历史更为久远、支持者更多,也更加主流。早在古希腊自然法学的滥觞中,这种观点就已经体现出来。不过,西欧的法律文化并未真正且彻底地区分"道德"和"法律",并且还将某种超越于人定法的道德和行为规范视为法律的"更高存在"。然而即便是这样,相关研究也仍然承认国家与法律之间存在密不可分的关系。

进入近代后,强调法律与国家相捆绑的理论冲动显得更加突出。对此,我们可以在霍布斯的理论中看到端倪。在《利维坦》中,霍布斯首次提出"法律是主权者的命令"的观点,成为后来法律实证主义的理论起点。而且,霍布斯还开创性地使用语言学的分析方法,仔细辨析"命令""建议"等语词的用法差异,进而指出"命令"必然是服务于制颁命令之人的,主权者的命令将服务于主权者利益,于是法律必然服务于主权者的利益,而且只服务于主权者的利益。这一论证一方面揭示了法律与国家的内在关联,另一方面在方法论上为后来法律实证主义者重视法律语词以及法律概念的含义和用法创造了条件。也因此,霍布斯对于柯克法官有关法律作为技艺理性的观点颇不以为然,他认为,法官应该学习国王的法律,而不是要求国王经过学习才能充当法官;柯克法官所说的"技艺理性",所依赖的并不是主权者所制定的成文法,而是被誉为"普通法"(Common Law)的地方习惯法,而习惯法并不能代表主权者的意志。换句话说,只有主权者才能成为立法者,主权者和立法者是二合一的。[①] 这也意味着,法官必须服从主权者的意志,按照主权者的立法进行裁判,而不能有任何属于自己的裁量空间——这恰好是近代绝对否定自由裁量权和追求法官"自动售货机式裁判"的理论滥觞。

在霍布斯所处的年代,这些理论无疑是破天荒的,甚至有"离经叛道"的味道。但在约翰·奥斯丁所处的时代,由于民族国家的兴起和主权概念的确立,这种观点已经成为理论主流。这种背景也为奥斯丁提出完全实证的、人定的法律奠定了基础。具体来说,首先,奥斯丁从原本剪不断理还乱的"法律"概念中提取出4种法律类型[②],继而明确其中只有"实在法"才是真正值得进行法学研究的对象[③]。可见,奥斯丁是把主权者作为法律的固有

[①] 参见[英]霍布斯:《利维坦》,黎思复、黎廷弼译,商务印书馆1985年版,第205—206页。
[②] 即神法、实在法、实在道德和"隐喻意义之法"四种类型。参见[英]奥斯丁:《法理学的范围》,刘星译,中国法制出版社2002年版,第1—6页。
[③] 参见[英]奥斯丁:《法理学的范围》,刘星译,中国法制出版社2002年版,第218页。

属性之一,而且这种属性又与"独立政治社会"密切相关。奥斯丁指出,"独立政治社会"指这样一个社会:社会中的多数成员习惯性服从某位或者某群在政治上具有优势地位的人,而这些在政治上具有优势地位的人没有服从其他人的习惯。这样就区分出了"主权者"和"臣民",其中主权者的地位高于任何臣民,拥有一锤定音的权力。就这样,奥斯丁把现代意义上的"主权"概念与"法律"概念勾连起来了。

其次,奥斯丁认为,主权者最重要的角色是"立法者",此时,主权者所发布的所有命令都能归入法律的范畴。① 其中,第一层次引出了"主权者""要求"和"意愿"三个概念;第二层次引出了"制裁"概念;第三层次引出了"明确性"和"成文化"的要求。具体分析,第一,法律作为一种命令,它全然来自拥有最高且排他的统治权的政治实体,并且此政治实体的权威在终极意义上统合了立法、行政,甚至是司法的权力。第二,法律作为一种命令,体现着发布命令之人的利益,因此它必然是一种承载着意愿和倾向性的表达,所有法律到最后都可以还原为某种祈使型或请求型语句,这也使得法律成为被指示之人去行动的某项特定理由。此时,依据法律行事,就成为臣民的义务。第三,制裁是法律作为命令的一项构成性要素。② 总而言之,命令、义务和制裁构成了法律的整体面貌,这些因素将法律与主权者联系起来,从而实现法律与国家相捆绑的目的。尽管后世的哈特在其分析实证主义法学版本中试图打造一个去除主权者的实证法命题,但从理论来看,法律毫无疑问是跟国家密切联系的,所不同的是法律的效力来源往往并不局限于主权者的意愿,同样可以源自民众长期以来的社会实践。在这个意义上,哈特的法律理论可以被认为是调和奥斯丁与其理论对手的体现。

与西方关于法律与国家相捆绑的理论相映成趣,法律服务于维护社会基本价值观念和国家统治秩序的目的之见解,在中国体现得更为彻底。例如,瞿同祖先生《中国法律与中国社会》一书的核心观点就是"法律儒家化"命题,并且特别强调通过"阶级"和"家族"等概念来理解中国的法律传统,暗合 20 世纪上半叶社会学研究的阶级分析倾向。③ 尽管瞿同祖先生采取的是社会学的研究方法,但从研究内容来看,这种把法律放在封建统治秩序中的做法,却间接地揭开了古代中国法律与政权和儒家思想之间密不可分的

---

① 参见[英]奥斯丁:《法理学的范围》,刘星译,中国法制出版社 2002 年版,第 23 页。
② 参见[英]奥斯丁:《法理学的范围》,刘星译,中国法制出版社 2002 年版,第 25 页。
③ 参见瞿同祖:《中国法律与中国社会》,中华书局 2007 年版,第 354—356 页。

一面。首先,法律将维护"礼"作为核心目的,法律把自己放在了"礼"的对立面,也就是"刑"的位置,法律用来维持儒家的"礼"和"德"的秩序,并作为推行贯彻道德教化的强制力量。其次,中国传统法律所维系的"差序格局",实则是以身份差异为基础的儒家社会秩序,这种身份差异衍生出角色以至社会地位的差异直接体现在,在法律权利和法律义务关系的设置以及适用法律等方面,不同身份和不同伦理地位的主体存在着差异。我们所熟悉的"刑不上大夫"原则以及"八议""十逆""七出"等制度,都是其中的典型。再次,儒家所推崇的人伦纲常等父权制秩序,进一步强化了法律的身份属性。可以认为,古代中国的法律秩序都是为了维护这样的一套伦理秩序而形成的。例如父母对于子女的掌控乃是理所应当的,因此在婚姻制度上才有排除婚姻自由的"父母之命、媒妁之言"理念。又例如亲属间相犯,长辈若对晚辈实施身体侵害可以减轻以至免除处罚,但若相反,则需要加重处罚。总而言之,法律儒家化的特征就是以礼入法、内儒外法。归根结底,法律就是为了维护和实现国家意志的工具。

综上所述,梳理国家学说的各种类型,最终是要借助对国家学说的分类,总结出不同国家学说背后呈现出的国家与法律的关系。与国家学说的分类基本相对应,在国家与法律的关系方面,也存在两种典型的看法。国家中立学说导向的是国家和法律相分离的观念,强调法律具有自主性,法律在价值上中立于国家;而国家工具学说则导向国家和法律相捆绑的观念,认为法律和国家一样都只是统治的工具。支持国家和法律相分离结论的主要是法律多元主义理论,其从社会而非国家的角度理解集体权力生成机制,认为国家法律只是整个法律体系中的一种类型,法律无非是一种社会性规范的代名词。换言之,法律来自多种多样的社会纽带,而不是来自某种实体性的国家。但如狄骥那样持有这种观点的学者,在整个人类历史和法律理论传统中属于少数。更加主流、也更能超越东西方地域差异的观点,是如霍布斯、奥斯丁那样的见解,即"法律是主权者的命令",法律与国家相捆绑,在国家和法律之间存在着密不可分的关系,法律就是维护和实现国家意志的工具。

第三节 国家在法治建设中的功能分析

在上述讨论中,笔者既指出了国家在社会建构和社会治理中可能表现出的两种基本立场,即中立性与工具性,也阐释出国家与法律关系的两种潜在形态,即分离关系或捆绑关系。结合前文关于国家与法律或国家与法治关系的理论梳理,我们可以把国家与法治之间的复杂关系归纳为"互益"与"背反"这两种互相拉扯、矛盾的关系。这两种关系既存在于人们的主观认知里,也体现在实际运行的客观世界中,并且这种主观认知与客观实存间不断发生着相互影响和相互作用。

一、国家与法治的互益关系

首先,国家为法治建设提供了基本的国家主权秩序基础,现代法治也为民族国家的建构、独立主权的形成提供了法理正当性基础。现代国家同时也是民族国家,离不开民族这一"想象共同体"作为其自身建构的坚硬基石。近现代国家主义思潮孕育于民族国家建立发展的浪潮之中,同时也吸纳、凝聚了一国地理范围内的民主合法性认同。民族国家的形成,巩固了社会的基本秩序,秩序既是法治所追求的价值目标,也是形成法治所依赖的基础,法治需要人们对法律的普遍遵守,这种最低限度的守法状态需要初始社会秩序、社会力量的维持,很显然,法治的权威依赖于一种外在的权力,无论这种权力是自然的、军事的、宗教的还是国家的。但是,这一外在力量不能无限扩张或为所欲为,外在力量也需要其他外在力量的约束和规制,这时,法治可以反过来承担这一角色,在基本稳定的社会环境中对维持基本秩序的国家力量进行反向规制,从而为其提供内在的法理基础和合法性基础。两者这种互益关系在现代民族国家建构过程中实现了完美的结合,法治权威获得了秩序基础,世俗国家也成功完成了自身的法理正当性叙事,在自然、神圣、宗教、军事等各个人类社会外在强力中"脱颖而出"。在神性隐退和新教伦理兴起之后,法治的制度程式与精神原则成为填充正当性真空的不二选择。

其次,民族国家对世俗的承诺——理想社会秩序的实现、社会治理现代化的追求,离不开法治对其的驾驭、鞭策和推动,而法治也在这一过程中不断彰显自身的工具价值属性、升华自身的内在价值属性。在现代民族国家与法律的互动过程中,法律不断基于其自身的内在法治逻辑向国家提出要求,这某种程度上可以理解为是一个"潜移默化"的"规训"过程,一个借助法治原理和理念、依靠民众权利保障的道德性以及国家统治正当性诘问的目的实现过程。[①] 在法治这一框架下,国家统治之所以具有

---

① 参见[英]哈耶克:《法律、立法与自由》(第二、三卷),邓正来、张守东、李静冰译,中国大百科全书出版社2000年版,第474页。

正当性,是因为法律提供了保护公民免于遭受国家侵犯的规则,而不再仅仅作为国家统治的单纯工具;国家力量被限制在法治的框架内,其功能发挥也不能突破法治的规制范围,法治以个人的存在、发展为重要目的,尊重、保护、促进个人的自由发展,从而建立起国家统治、社会自治、个人自主的法治体系。

二、国家与法治的背反关系

从国家与法治的互益关系中可以看出,法治规训、限制着国家权力的恣意施展,这在赋予国家权力以正当性、合法性的同时,必然会给国家力量以"束缚感",从而造成二者之间的冲突。

第一,由于理论见解的出发点存在差异,国家与法治之间体现出相互背反的关系。现代法治的内在价值在于以法律划分"群己权界",保障个人权利不被国家权力所侵扰,并建造出守护个人权利的制度性边界和城墙。换言之,法治固然是国家治理的手段,但它更是个人权利得以保障和实现的条件与手段。这种强调抽象的、形式的个人权利的理论立场,在特定情况下可能会与注重实质的、现实的国家主义产生冲突,从而诱发法治与国家的背反关系,可能会动摇法治建设的现实正当性。

第二,在后发民族国家自上而下法治建构的路径中,国家与法治的这种背反关系可能更易被激化。如历史所呈现,后发民族国家由于生产力、生产关系落后,其在制度文明方面必然面临向西方法治文明学习的局面,这种学习很难依赖自下而上的循序渐进路径,而必须依赖国家层面的主动引入、能动推广,自上而下地传播。历史表明,只有通过不断增加和巩固国家权力,才有可能在短期内构建起实行现代法治所需的基本制度,才能培育出符合现代法治体系的各类法律人才,并为法治运行提供稳定、良好的国内环境。但是,这种国家主义指导的、由上至下的"国家建构主义法治"道路,需要无比强大的国家权力,这种立场和保障个人权利、规范国家权力行使的现代法治理念存在着明显矛盾。在特定情形下,国家与法治之间的背反关系可能会被激化,国家难以回应法治对国家治理正当性所发出的质问。

第三,在国家与法治的背反关系中,我们可以观察到现代法治由于自身逻辑而在一定程度上改造了国家主义。依赖国家主义所形成的动员能力,中国现代法治建设得到了快速发展,通过建立社会主义法治体系,为推进中国式现代化,实现国家富强、民族复兴、人民幸福提供了坚实保障。同时,法治也在积极引导国家接受自身的权利和权力观念,变革自身所持有的国家主义立场,国家不再被当然地认为是不证自明的"善",失却了过去超然于社会之上的高位。法治通过规范国家权力行使的方式改造了国家主义的内涵,为其植入了自我限制、自我束缚的品质,从而为社会自治与个人自主提供了制度和行动空间。国家主义所注重的国家一元格局,正在逐渐演变为"国家-社会-个人"的三元格局,一元秩序的公法格局也逐步发展成"公法-私法"二元格局,直至出现了"公私兼容""私法公法化"的"公法-社会法-私法"三元格局。在这一发展演进中,国家权力的正当性不再是与生俱来的,而是必须获得法律特别是宪法的确认;微观层面的国家权力运行不再随心所欲,而是必须依法办事,并接受来自其他国家权力的监督与制约。是故,法治为国家的最高权威地位设置了程序与实体条件:国家只有依宪、依法、依规行使权力,只有充分保障公民基本权利,才能具有最高的权威地位,也才能具备"善"的品质。

第四节　中华人民共和国法治建构中国家与法治关系的演进

植根于过去数十年来中国法学理论与实践的发展和演变,我们在推进中国式现代化发展过程中,上下求索法治模式,开辟拓展法治道路。在实践方面,自中华人民共和国成立以来,中国国家与法治的关系在不同历史时期呈现为不同样态,国家在其中的角色不断发生转变。在理论方面,学界关于国家与法治关系的认识始终与中国法治发展同频共振,从学习借鉴西方逐步转变为立足国情进行自主建构,为客观描述、完善和发展中国法治建设提供了丰富的学理支撑。因此,从国家与法治关系出发,我们首先可以对新中国法治理论和实践做一个全景式的概览。

一、实践演进

基于国家与法治的"互益"与"背反"关系,我们可以将新中国法治建构的历程划分为三个不同的阶段:强意义的国家主义主导期,主要是指中华人民共和国成立至改革开放这一时期;强意义的国家主义隐退期,主要是指改革开放以后,随着民主法制、市场经济的建设发展,法治思潮逐步兴起,国家主义注重法制的工具价值,并允许现代法治理念对其自身进行改造,共同推进社会治理法治化建设;弱意义的国家主义兴起期,这是指国家主义立场基于日益强大的国家能力而主张国家在法治建设中的优越话语地位,法治与国家的关系重新进入学理与实践讨论的视野。从中可以看出,中国法治建设中国家主义的主导性、普遍性地位。由于现代法治理念的介入,国家主义从原本的"强意义版本"转型为"弱意义版本"。①

(一) 强意义的国家主义主导期(1949—1978 年)

在"强意义版本"的国家主义主导期,中国的国家与法制(法治)关系呈现出以下特色:第一,强调法制的政治性和工具性。在这一时期,国家通过司法改革运动(1952 年)和群众性政治运动,在思想上重整法制秩序,在组织上净化法制队伍,大量代表执政党意志的工人、农民、革命干部、复转军人进入司法机关。② 此举增强了人民司法的力量,确保人民司法的路线方针得到充分实施。不过,这一时期立法原则化、纲领化、简单化的情况比较普遍,大量的司法工作依赖具体的政策,反过来迟滞了形式化立法工作的进度。③ 第二,强调"法律阶级论"的传统立场,强调法律的工具性而相对弱化了法律的管理作用,在保护公民权利方面有待提升。④ 第三,政策先行的现象较为普遍,立法滞后于政策的制定与实施。在国家治理过程中,政策确实具有决策果断、运用灵活、执行高效、较快适应斗争形势和计划经济管理等优势,但过度依赖政策的不利后果是可能损害法律的权威,削弱法律的有效性、公正性,最终影响法制在国家建设中的地位。⑤

(二) 强意义的国家主义隐退期(1978—2008 年)

改革开放标志着国家开始探寻新型治理模式。在国家与法律的关系上,法制化要求国家自上而下地进行法制建设,在党的领导、立法、司法、行政、公民法制教育等方面都体现"国家建构主义法治"的特色。⑥ 例如,有学者基于经验梳理、历史比较,建构法治基本要素。⑦ 又如"法律本位说"

---

① See Jonah Levy, *The State After Statism: New State Activities in the Age of Liberalization*, Harvard University Press, 2006, p.369.
② 参见董必武:《董必武政治法律文集》,法律出版社 1986 年版,第 232 页。
③ 参见《发展社会主义民主健全社会主义法制——有关重要论述摘编》,法律出版社 1988 年版,第 114 页。
④ 参见蔡定剑:《历史与变革——新中国法制建设的历程》,中国政法大学出版社 1999 年版,第 242 页。
⑤ 参见蔡定剑:《历史与变革——新中国法制建设的历程》,中国政法大学出版社 1999 年版,第 262—269 页。
⑥ 参见全国人大常委会办公厅研究室编:《中华人民共和国人民代表大会文献资料汇编》,中国民主法制出版社 1990 年版,第 417 页;蔡定剑:《历史与变革——新中国法制建设的历程》,中国政法大学出版社 1999 年版,第 293 页。
⑦ 参见季卫东:《法律职业的定位——日本改造权力结构的实践》,《中国社会科学》1994 年第 2 期;高鸿钧:《21 世纪中国法治瞻望》,《清华大学学报(哲学社会科学版)》2001 年第 4 期。

"市场经济需要法治说""依法治国说"等观点逐渐兴起。① 还有学者尝试从法治的视角为国家治理提供合法性依据,最后体现在执政党依法执政、政府依法行政的基本要求之上。② 这些现象,体现了国家尝试吸纳现代法治理念来改进治理体系、增强治理能力,表明国家主义对践行法治的基本认知。③

当然,强意义的国家主义隐退并不意味着国家主义远离国家治理的场域;相反,国家主义仍然掌握着法制(法治)建设的话语权与主导权,只是相比于前一时期,法律、法制不再仅仅被视作可随意替代、由国家任意形塑的统治工具,其自身的价值与正当性开始被接受。因此,尽管践行法治成为社会共识,但国家主义与现代法治理念之间仍然存在某种内在张力,这预示着弱意义的国家主义的兴起,具有历史与实践的必然性。

(三)弱意义的国家主义兴起期(2008年以后)

2008年前后,一种"弱意义版本"的国家主义开始成为国家建设法治的基调。一方面,在西方社会,现代法治理念的自主性根基正不断受到来自西方意识形态的侵蚀。经过西方自由主义的包装,教条化的权力分立和政党政治理念成为西方法治理论中的经典模式,法治模式与法治道路的学理论争转变为意识形态和法治建设话语权的斗争,国家试图在这场斗争中牢牢把握话语权,从而坚定走自主建设法治的道路。另一方面,2008年全球金融危机使西方发展模式的正当性受到质疑,而中国国家能力建设取得的重大成果令世界瞩目,国家主义在这一轮话语竞赛中占据上风。

在这种背景下,中国开始提倡一种融合现代法治理念的"弱意义"国家主义,即中国的法治建构要立足于本国基本国情,要关注法治的社会主义属性,要体现中国社会主义现代化的基本面向,要适应中国的社会主义制度。在此基础上,国家倡导全社会共同建构中国特色社会主义法治体系,要求健全共治共享的社会治理制度,提升社会治理效能,共同推进中国式法治现代化。④

---

① 参见李步云、张志铭:《跨世纪的目标:依法治国,建设社会主义法治国家》,《中国法学》1997年第6期;李林:《当代中国语境下的民主与法治》,《法学研究》2007年第5期;王家福:《依法治国,建设社会主义法治国家》,《求是》1997年第24期;沈宗灵:《依法治国与经济》,《中外法学》1998年第3期;张文显:《中国步入法治社会的必由之路》,《中国社会科学》1989年第2期。
②③ 参见郭道晖:《论党在法治国家中的地位和作用》,《中外法学》1998年第5期。
④ 参见习近平:《高举中国特色社会主义伟大旗帜 为全面建设社会主义现代化国家而团结奋斗——在中国共产党第二十次全国人民代表大会上的报告》,《人民日报》2022年10月26日。

弱意义国家主义重新塑造了国家与法治的关系。它的观点集中体现在学者对"法治"概念自主性的理解以及对法治建构多重进路的重新思考之中。目前,这一分析与思考仍在持续进行中。概括来说,具体的研究路径可以分为三个方面。第一,从现代法治的自主性立场出发,寻找建构中国法治模式的新思路。对此,一方面有学者提出社会主义法治理念的本土性、自主话语体系建构①;另一方面,有学者提出从传统法治理念和实践中建构一种行动中的共同体法治。② 第二,立足于国家主义的诉求,借助现代法治理念来建构中国的法治体系。这既需要坚持形式法治、实质法治的基本要件③,也需要描述好中国特色社会主义法治实践。④ 第三,深挖现代法治理念及其命题的微观要义,借助国家主义来重新阐述法治要素及其基本要求,其中既有对法治主体意识的探究⑤,也有对法治思维的强调⑥,还有对"能动司法"话语实践的反思⑦。

二、理论演进

中华人民共和国法治建构中国家与法治关系的演进呈现为实践和理论两种形态。其中,实践演进是对数十年法治建设历程的客观回顾,其具有相当程度的写实性、原生性,而理论演进则是基于法学理论的核心范畴、命题,对法治实践发展的二阶观察和深度诠释。因此,观察中国法理学研究的演进脉络,有助于深入分析中国国家与法治关系的理论演进。

在中国,法理学在法学学科系统中居于基础性和指导性地位,其中研究法学基本问题,探究法律一般原理,而"国家与法治的关系"正是其核心关切之一。当代中国法理学的发展,正是始终围绕"法治"的核心命题砥砺前行,并不断更新对于"国家与法治关系"的认识。中国法理学在自我审视、自我肯定中不断为法治叙事和界定注入中国元素,演绎中国故事。立足法理学的视角并顺沿这一时间脉络,可以完成对中国法治实践以及国家与法治关

---

① 参见顾培东:《当代中国法治话语体系的构建》,《法学研究》2012 年第 3 期。
② 参见高鸿钧:《现代法治的困境及其出路》,《法学研究》2003 年第 2 期。
③ 参见徐显明:《论"法治"构成要件——兼及法治的某些原则及观念》,《法学研究》1996 年第 3 期。
④ 参见张文显:《论中国特色社会主义法治道路》,《中国法学》2009 年第 6 期。
⑤ 参见姚建宗:《法治:符号、仪式及其意义》,《河南省政法管理干部学院学报》2000 年第 2 期。
⑥ 参见陈金钊:《从革命法制到社会主义法治——马克思主义法制(治)观在中国的成长》,《法学论坛》2001 年第 4 期。
⑦ 参见张志铭:《中国司法的功能形态:能动司法还是积极司法?》,《中国人民大学学报》2009 年第 6 期。

系的回顾、梳理与总结。

(一) 国家正名法治

中国选择法治道路是在马克思主义中国化指引下择善而从、立足现实的结果。正名法治,是中国法治理论首先需要回答的问题,更是从法理学角度理解当代中国选择何种理论道路的关键。它包括对"为什么法治"、"什么是法治"以及"如何实践法治"的追问与回应。为法治正名,首先要为法律和法制正名。

1. 为法律正名

为法律正名,回答的是"要不要法律"以及"需要什么样的法律"的问题。中华人民共和国的法学理论是在彻底否定旧法传统,借鉴苏联国家与法的理论的基础上逐步发展而来的。尽管新中国成立初期的政治和社会动荡导致法学研究和法治实践一度中断,但党的十一届三中全会的召开使其得以接续,也对国家治理"要不要法律"给出了肯定的答案。20 世纪 80 年代,法学理论研究聚焦于"需要什么样的法律",涉及法律起源、法律本质、法律继承性、法律协调性以及法律价值等诸多问题,尤其是对法律本质和法律价值的深刻追问,在汹涌的理论研究浪潮中增添了良多哲思之味。①

很长一段时间以来,国家和法律都仅被视作统治阶级意志的表达,它们的存在是为了实现统治阶级对被统治阶级的专政。伴随着改革开放,法学界开始全面反思苏联法律观对中国的影响,在区分"法律的本质"与"法律的内容"的前提下,学界开始认为社会主义法的本质包括人民性和社会性,有学者提出"法律阶级性与社会性的有机统一"②。法律的社会性表现为利益分配,其仍归因于统治阶级的意志;国家是统合法律的阶级性和社会性的中介,国家阶级性和社会性的二重性决定了法律也有二重性,并且国家的强制力使法律的二重性获得统一③;法律作为统治阶级压迫被统治阶级的工具,在行为层面通过直接的暴力机器和间接的教化、灌输来实现;从法律现代化视角看,法律是一个复杂系统,这使得对法律本质的多元理解成为可能,阶级性和社会性基于不同的脉络并存为法律本质④。还有学者主张用

---

① 参见张志铭、于浩:《与法治建设同频共振的中国法理学》,《人民日报》2019 年 10 月 28 日。
② 参见熊继宁:《法的本质是社会性和阶级性的统一》,《法学》1986 年第 2 期。
③ 参见任中杰、王启富:《试论法的阶级性和法的社会性的统一》,《中国政法大学学报》1984 年第 1 期。
④ 参见吴世宦:《论法学现代化与法的本质概念的科学表述》,《政法论坛》1985 年第 3 期;反对意见参见孙国华:《也谈法学的现代化与法的概念的科学表述——与吴世宦同志商榷》,《政法论坛》1985 年第 6 期。

利益论而非意志论来理解法律的本质,因为从精神领域的意志概念来探寻法律本质,有违辩证唯物主义和历史唯物主义。① 以利益论取代意志论,不仅能贯彻历史唯物主义有关社会基本矛盾运动的立场,还能使法律发展服务于改革开放和经济建设。②

在讨论法律价值时,主要的问题是,法律究竟应当是权利本位还是义务本位? 或究竟是应当以权利为重心还是以义务为重心? 1988年全国第一次法学基本范畴研讨会上提出并讨论了这一问题,该问题随后迅速成为当时法理学研究论争的一大焦点。有学者将权利本位的要义概括为六点:表达了法应当以权利为本位的观念,表达了以权利为本位的法律制度特征,体现了权利义务的特殊关系,揭示了权利在国家法律规则整体中的重心位置,反映了人们之间的平向利益关系,表达了一种价值主张和法律需要。③ 有学者将义务本位概括为三点:法律的功能不在于确认权利,而在于赋予义务;早期的法律都体现为义务性法律规范;法律权利类型的调整和进步,是批判和否定过去法律规范上义务的结果。④ 在"权利本位论"和"义务重心论"进行了系列论战之后⑤,"权利本位论"的核心概念逐步确立下来,有学者将这一立场的核心主张概括为以下几点:义务来自权利,即设定法律义务的合理性来自法律权利的存在;义务服务于权利,即设定法律义务是否有其必要应取决于有关权利的有无;义务从属于权利,即当两个范畴发生冲突时应当秉持权利优先的观念。⑥ 自20世纪90年代初,"权利本位论"成为权利和义务关系的基本理论。⑦ 以权利观念为线索,法理学和部门法学研究实现了一定程度的融合,促进了中国法学各个分支学科的发展。人治与法治的关系、民主与法治的关系、法律与政策的关系等在法理学理论上逐渐被厘清,为推进国家各方面制度民主化、法治化建设提供了有力的学理支撑。学者通过日益深入的法学研究,为社会主义初级阶段形成和完善中国

---

① 参见郑成良:《"统治阶级意志论"析辨》,《中国法学》1989年第1期。
② 参见张清贵:《论法的本质》,《中国法学》1988年第4期;王福祥:《也论法的本质》,《中国法学》1988年第5期。
③ 参见张文显:《从义务本位到权利本位是法的发展规律》,《社会科学战线》1990年第3期。
④ 参见张恒山:《法的重心何在?——评"权利本位"说》,《政治与法律》1989年第1期。
⑤ 参见张文显:《"权利本位"之语义和意义分析——兼论社会主义法是新型的权利本位法》,《中国法学》1990年第4期;张恒山:《论法以义务为重心——兼评"权利本位说"》,《中国法学》1990年第5期;封曰贤:《"权利本位说"质疑——兼评"社会主义法是新型的权利本位法"》,《中国法学》1990年第6期。
⑥ 参见郑成良:《权利本位论——兼与封曰贤同志商榷》,《中国法学》1991年第1期。
⑦ 参见林喆:《权利和义务关系之争——当代中国法理学热门话题评介(下)》,《法学》1991年第5期。

特色社会主义国家制度、法律制度做出自己的学术贡献。

2. 为法制正名

为法制正名,回答的是"要不要法制"和"建设什么样的法制"的问题。法制建设的必要性已作为"为法律正名"的副产品得以说明,研究重心便落在"建设什么样的法制"上。法制有动态和静态之分,静态的法制是指法律条文以及相关的法律制度规定,动态的法制则是指包括立法、司法、执法和守法在内的法律制度运转的各个环节,可以概括为"有法可依、有法必依、执法必严、违法必究"。为法制正名涉及民主与法制、人治与法治的关系,前者聚焦于制度建设,后者则关注具体的秩序和权力理念。在理论系谱上,它们都涉及一个核心问题:国家权力运转的主轴是领导人的意志和注意力,抑或是得以普遍运用的、具备可预期性的制度及基于复数的制度生成的整体性秩序?

在时间维度上,法学界在 20 世纪 70 年代末即开始讨论民主与法制建设的问题。有学者指出,民主和法制都是保障生产力和商品经济发展、保障公民基本权利与自由的重要手段。[1] 在社会主义初级阶段,人民群众日益增长的物质文化需求和落后的生产力之间的矛盾,应通过扩大社会主义民主、加强社会主义法制的方式,而不是通过阶级斗争和群众运动的方式来解决。[2] 也有学者从法律发展的概念史和革命导师的著作中得出法制是与民主相联系的一种社会现象,有什么样的民主制度,就有什么样的法制。[3] 还有学者指出,作为一种国家制度的民主是具体的、历史的。[4] 民主与法制是辩证统一的关系,只有加强社会主义法制,才能确保人民当家做主、正确行使民主权利[5],而法律的制定、执行和遵守都要以社会主义民主为基础。[6]

巩固无产阶级革命成果、保障社会主义民主、维护国家和社会稳定,一要通过立法的形式来体现代表无产阶级意志的民主权利和要求,二要在处

---

[1] 参见佟柔等:《建立社会主义商品经济新秩序的关键是法制建设》,《法学研究》1988 年第 6 期。

[2] 参见郭道晖:《谈谈社会主义初级阶段民主与法制的重要特点》,《当代法学》1988 年第 1 期。

[3] 参见李放:《谈加强法制的几个问题》,《吉林大学学报(社会科学版)》1979 年第 2 期。

[4] 参见韩铭立、郭宇昭:《民主是一种国家制度——兼谈民主与法制的关系》,《法学研究》1980 年第 3 期。

[5] 参见王家福、夏叔华:《发扬民主,健全法制,加速实现四个现代化》,《哲学研究》1979 年第 8 期。

[6] 参见吴大英、刘瀚:《人民民主是社会主义法制的基础》,《西北大学学报(哲学社会科学版)》1980 年第 1 期。

理人民内部矛盾和敌我矛盾问题上严格依法办事。① 这样做的目的是破除"权大于法""仰仗青天"和"等级特权"等思想,使国家权力能切实按照宪法法律运作,实现不同的权力机关相互配合、相互制约;使人民的权利和利益得到根本保障,防止国家权力以"守法"之名义损害公民权利;使法律能适应改革开放大局,适应多元利益群体分化的现实。② 为此,要更加重视法律在调节社会利益、调整社会关系上的核心功能,严格落实宪法,完善法律制度、维护法制的统一和权威。③ 同时,加强法制教育,提高公民的权利意识,发挥民主和法制的合力来监督权力,使人民权利得到法律保障。④ 在这个过程中,需要基于程序引入广泛的协商和论辩,使更完备的制度建设得以可能。⑤ 而且,加强制度建设、完善法律秩序,也是树立法治理念、杜绝权大于法、以权压法、摒弃人治思维的应有之义。⑥ 因此,要为政治决策程序设立法律规则,建立健全权力监督制约机制。以此为起点,"民主与法制"成为中国法理学必须直面的时代性议题。

3. 为法治正名

为法治正名,主要围绕三个问题展开:一是法治与中国社会变革的关系,二是法治与中国传统治理理念的关系,三是法治与行为习惯和思维方式的关系,它们分别对应"法治与社会变革""依法治国与以德治国"和"法治思维"的相关表述。

法治与社会变革密切相关,它是国家整体制度建设、发展社会主义民主政治与社会主义市场经济的基础。"依法治国"首先在党的十五大提出,后于 1999 年写入宪法。这推动了法学界的相关研究,比如法治与法制的区分、依法治国的理论与历史⑦,与依法治国有关的部门法的制度设计和理念阐述⑧,依法治国与发展社会主义民主政治⑨,市场经济就是法治经济⑩,全

---

① 参见赵震江、姜阳:《法制与民主》,《北京大学学报(哲学社会科学版)》1978 年第 3 期;郭道晖:《关于稳定的辩证思考——略论稳定及其与改革、民主和法制的关系》,《中国法学》1991 年第 2 期。
② 参见郭道辉:《社会主义初级阶段法制建设思想战略的几个问题》,《法学》1988 年第 8 期。
③ 参见王叔文等:《论健全社会主义法制》,《法学研究》1982 年第 5 期。
④ 参见何勤华:《社会主义初级阶段法制建设理论讨论观点综述》,《法学》1983 年第 6 期。
⑤ 参见季卫东:《法律程序的意义——对中国法制建设的另一种思考》,《中国社会科学》1993 年第 1 期。
⑥ 参见王家福、刘海年、李步云:《论法制改革》,《法学研究》1989 年第 2 期。
⑦ 参见王家福等:《论依法治国》,《法学研究》1996 年第 2 期。
⑧ 参见应松年:《依法治国的关键是依法行政》,《政府法制》2009 年第 6 期。
⑨ 参见李林:《当代中国语境下的民主与法治》,《法学研究》2007 年第 5 期。
⑩ 参见文正邦:《论现代市场经济是法治经济》,《法学研究》1994 年第 1 期;王家福:《发展社会主义市场经济必须健全法治》,《求是》1994 年第 5 期。

球化背景下依法治国的意义①,等等。此外,法学界围绕与依法治国密切相关的依法执政展开讨论并形成两次热潮。第一次是在党的十六大后,主要关注在党的执政条件、任务和环境深刻变化的情况下党如何以依法执政为理念改进和完善执政方式,以与建设法治国家这一要求相适应。② 也有学者关注党在改进领导方式和强化巩固执政地位的过程中"依法执政"理念所具有的作用。③ 第二次是自党的十八届四中全会以来,法学界响应有关"从严依规治党"和促进党内法规与国家法律相协调的主张,从具体的党内法规体系建设和党规国法协同的关系来深化对依法执政的讨论。④

法律和道德都是加强社会治理的重要抓手。⑤ 由于古代中国强调"德"在政治和法律生活中的主导和支配地位,并由此形成了一套中国式的法制传统,因此依法治国与以德治国并举的说法,在法治这样一个现代议题中添加了些许本土传统色彩。⑥ 法学界在强化对依法治国概念体系的讨论外,将更多的精力投入与依法治国密切相关的以德治国概念中,并着重阐述"依法治国与以德治国相结合"这一理论命题。有种观点认为,依法治国与以德治国密切关联、辩证统一,前者以后者为基础,后者以前者为制度保障;两者在实践中的有机结合具有鲜明的中国特色和社会主义法治的特征,有助于从制度和精神两个维度来发展社会主义民主政治、建设社会主义法治国家。⑦ 也有观点认为,"依法治国与以德治国相结合"的关键是提高公民道德素质和加强制度建设,通过刚性的制度约束与柔性的道德规范来推进社会主义法治国家建设。⑧

法治思维是与依法治国密切相关的方法论研究,关注如何在转型社会的法治建设中培养法律人的思维,制定维护法治的司法政策和找准实现法治的法律方法。在改革开放进入深水区、制度改革复杂性提高、局部地区和

---

① 参见王贵国:《经济全球化与全球法治化》,《中国法学》2008年第1期。
② 参见石泰峰、张恒山:《论中国共产党依法执政》,《中国社会科学》2003年第1期。
③ 参见周叶中、邓联繁:《论中国共产党依法执政的现实必然性》,《社会主义研究》2003年第1期。
④ 例如宋功德:《坚持规治党》,《中国法学》2018年第2期;王立峰:《党规与国法一致性的证成逻辑——以中国特色社会主义法治为视域》,《南京社会科学》2015年第2期。
⑤ 参见郝铁川:《论依法治国与以德治国》,《求是》2001年第6期;秋石:《坚持依法治国和以德治国相结合》,《求是》2004年第4期。
⑥ 参见梁治平:《论法治与德治:对中国法律现代化运动的内在观察》,九州出版社2020年版,第32页。
⑦ 参见郝铁川:《再论依法治国与以德治国》,《社会科学》2001年第4期;罗国杰、夏伟东:《论"以德治国"》,《求是》2001年第15期。
⑧ 参见陈光林:《坚持"依法治国"与"以德治国"紧密结合》,《求是》2001年第10期。

领域社会矛盾有激化可能的情况下,党的十八大提出,要"提高领导干部运用法治思维和法治方式深化改革、推动发展、化解矛盾、维护稳定的能力"①。习近平总书记在中央政法工作会议上要求,各级党委和政法委在实际领导国家政法工作时应善于运用法治思维,善于运用法治方式。② 法治思维旋即成为法理学研究的热门词汇,比如厘定法治、法治思维与法律手段的关系③;探究法治思维形成的制度基础④;归纳概括法治思维的理论内涵⑤;探讨法治思维在制度建设中的地位、意义和方法⑥,等等。

(二)国家定义法治

法治是当今人类所追寻的共同价值。伴随着域外法治训诫、法治原则等论说的引入和中国法治建设的提速,进入21世纪的中国法理学逐渐开始关注法治建设的主体性和时空性,以"社会主义法治理念"的提出为契机,理论研究中的中国元素、中国视角日益凸显。普适主义法治观和国情主义法治观的分野由此产生:前者因其背后潜藏的非集体主义式的理念底色以及对司法中心主义的强调而难以落地生根,但是也从不同的角度启发了中国法理学的理论自觉;后者则着眼于如何使法治建设立足于中国国情和中国发展现实,试图以各种因素作用于中国的法治事业,主张一种适应中国本土国情、以解决中国现实遭遇的问题为目标的自主型法治发展道路。⑦ 从表面来看,这似乎只是理论界对于法治发展具体道路持有某些争议,但事实上,这种理论争议是伴随着实践冲突产生的。之所以在理论上对于什么是法治这一问题争执不下,在很大程度上是因为国家在法治建设实践中并未明确某种前后一致的思路。因此,法理学研究中对法治定义的探索、争论,本质上反映的是国家在试图定义和建设法治时所呈现出的纠结和摇摆态度。

1. 普适主义法治观

法治作为一项系统工程,是现代法律文明的核心成果。在中国法理学

---

① 胡锦涛:《坚定不移沿着中国特色社会主义道路前进 为全面建成小康社会而奋斗——在中国共产党第十八次全国人民代表大会上的报告》,《人民日报》2012年11月18日。
② 《习近平主持召开中央全面深化改革领导小组第六次会议强调 学习贯彻党的十八届四中全会精神 运用法治思维和法治方式推进改革 李克强刘云山出席》,《人民日报》2014年10月28日。
③ 参见姜明安:《法治、法治思维与法律手段——辩证关系及运用规则》,《人民论坛》2012年第14期。
④ 参见杨建军:《法治思维形成的基础》,《法学论坛》2013年第5期。
⑤ 参见于浩:《当代中国语境下的法治思维》,《北方法学》2014年第3期。
⑥ 参见陈金钊:《对"法治思维和法治方式"的诠释》,《国家检察官学院学报》2013年第2期。
⑦ 参见顾培东:《中国法治的自主型进路》,《法学研究》2010年第1期。

研究中,作为概念或原则的法治,成为推进法治国家建设的参照系。有学者从操作层面概括了现代法治的基本原则,这些原则主要体现为法律的具体要求或"品格":一般性、公开性、稳定性、明确性、统一性,司法机关享有更高的权威,诉讼应当合理易行。① 参照此类理念和价值来开示法治国家建设的具体建议一时成为学界潮流。比如,有学者在具体的制度设计层面提出建设法治国家的10项建议:改进党的执政方式和工作方法,保障国家权力机关依法运作;完善人大代表选举机制;强化人民代表大会的垂直监督;广泛吸纳法律人才参与国家治理;增强领导干部的法治思维与运用法律解决问题、化解矛盾的能力;将法律知识纳入公务员考试范围;在各级政府内增设法律顾问;完善国有资产运行机制;加快司法机关去地方化、去行政化步伐,保障司法机关依法独立行使职权;强化法律援助制度,提高民众法律意识。② 也有学者结合法治建设的具体实践,提出中国法治原则的10项内容:法制完备,社会生活的各个领域都获得法律指引;主权在民,从各层次和领域扩大公民有序政治参与;人权保障,发展经济、改善民生,完善社会保障制度;完善对犯罪嫌疑人的权利保护,审慎适用死刑;健全民主制度,丰富民主形式,拓宽民主渠道;权力制衡,合理配置国家权力,不同权力机关相互配合、相互制约;充分保障民众权利,以权利约束权力;法律平等,保障任何主体的法律地位平等、适用法律平等;法律至上,维护法制的统一、尊严、权威,反对权大于法,加强权力监督;依法行政,加快推进法治政府建设,完善行政程序,杜绝部门利益;深化司法体制改革,优化司法职权配置,规范司法行为,保证司法机关依法独立公正地行使职权;程序正当,强化程序思维,确保过程正当;党要守法,依法执政首先是依宪执政,党要在宪法和法律的范围内活动。③

2. 国情主义法治观

在为法律正名时,有学者从比较文化和法律史角度关注"法"概念的中外差异,以及与该差异有关的价值和文化根源。④ 随着研究的深入和法制建设的推进,法制、法治与社会本土资源的互斥性逐步显现,法治在中国落地生根过程中的水土不服现象及其背后的文化根源成为研究关切。

其中,朱苏力教授提出的法治建设本土资源论较具代表性。在他看来,民众所要的"说法",与国家机关的法律回应,在很多时候相互排斥,甚至抵

---

① 参见张志铭、于浩:《转型中国的法治化治理》,法律出版社2018年版,第30—33页。
② 参见郝铁川:《依法治国的十大建议》,《法学》1996年第5期。
③ 参见李步云:《法治国家的十条标准》,《中共中央党校学报》2008年第1期。
④ 参见梁治平:《"法"辨》,《中国社会科学》1986年第4期。

触。法治带来的是否一定是"好"结果,是不是群众所欲的结果成为新问题。如果出于不被开除"球籍"的目的而在法治现代化问题上"只争朝夕",运用国家强制力加快法律移植和响应建立现代法律制度的学界呼吁和政治诉求,而不顾中国自身的特殊国情、文化传统和社会配套制度,可能会忽视既有生活习俗和实践惯例对所期待建立的现代法律制度和法治体系的影响,导致法律得不到良好实施,民众对法律效果不满意,终致法律实践消解法律实效性的后果。① 英美法系国家之所以高度重视判例法和普通法而非成文法,是因为这些判例法和普通法来源于当地法律实践,是基于习惯而形成的,因此在现实中更有实效性和可欲性。中国法治建设要想提高规范的可接受性,要格外注重法治的本土资源,注重对法律文化传统和民商事习俗进行创造性转化。② 之后,围绕"中国法学向何处去"展开的大辩论同样构成对法治建设特殊性的关照。有学者指出,"权利本位论""本土资源论""法律文化论",又或者部门法学研究关注的"法条主义",都并非某种必然现象,而只是在现代性范式影响下产生的一些结果,它们只能算作一些西方世界的法律理想图景,对中国法治事业而言仅具有间接的参考意义,更何况即使对西方世界而言,这些理论也面临着自身存在的诸多问题,中国的法学研究若只限于这些学说,势必会导向一种整体性的理论危机。因此,有必要跳出西方给定的现代性范式而自主开辟出一幅"中国法律理想图景"。③ 在这场辩论中,法理学界针对中国法学研究的主体性、本土性、哲学基础、现实国情等诸方面展开深入讨论。④

在时间维度上,与上述理论探索并行的是马克思主义法学中国化研究,并最终提炼为"国情主义法治观"。它的提出主要源于普适主义法治观与当代中国特色社会主义意识形态的差异性。20世纪70年代以来,法学界围绕法律、法制和法治概念进行的理论探索,往往把自由主义的法治理论作为基本参照系。在当时的时代背景下,这一理论的确为中国的法治建设提供了一个形式的、应然的分析框架,并促进了中国法学理论的成长。然而,普适主义法治观的政治哲学和历史背景,是以自由主义式的分权与多元政治作为基础的,法律在其中扮演着政治合法性和政治多元性的纽带,司法权则是统摄法律、加强政权统治的总抓手,其作为西方三权分立制度中最具刚性和

---

① 参见苏力:《二十世纪中国的现代化和法治》,《法学研究》1998年第1期。
② 参见苏力:《变法,法治建设及其本土资源》,《中外法学》1995年第5期。
③ 参见邓正来:《中国法学向何处去》,商务印书馆2011年版,第12页。
④ 例如顾培东:《也论中国法学向何处去》,《中国法学》2009年第1期;李林:《关于"中国法学向何处去"的两个问题》,《现代法学》2007年第3期。

社会认可度的兜底性权力,潜藏着分权制衡和多党制的政制背景。这与中国的司法理念乃至政治体制都形成巨大反差。因此,区分现代法治理念与西方法治理论,在承认法治的自主性的前提下强调法治建设的特殊性和主体性,逐渐成为中国法学研究必须正视的问题,这在"社会主义法治理念"的研究中可见一斑。有学者将"社会主义法治理念"视为继1954年宪法、1982年宪法、1999年和2001年《宪法修正案》以来马克思主义法学中国化的第四个里程碑。① 另有学者认为,这一提法强调"法治"中的中国主体性和社会主义特性。② 也有学者分析了"社会主义法治理念"的基本特征③,还有学者从"目的-手段"角度试图促成"社会主义法治理念"五大要素形成逻辑严密的理论体系。④

(三)国家评估法治

有关法治定义、中国法治建设特殊性以至国情主义法治观的理论探索表明,坚持和加强社会主义意识形态对法治建设的领导,正视中国法治建设的自主性、发掘中国法治建设的特殊性,是很长一段时期内中国法理学必须回应的问题。这需要博采众长,持续推进抽象理论的探索,但更重要的是采取问题导向、实践导向的思维,真正从丰富的法理实践和法律实施过程中提炼出能够准确界定和指导中国法治建设的法理学基本概念、范畴和命题,继续推进自觉的中国法理学建设。在国家与法治的关系中,除国家正名法治、国家定义法治外,国家还主动评估法治发展水平和法治建设状况。这表明,是否建设法治、建设怎样的法治、法治建设得是否良好,这些法治建设的关键问题和主要方向都由国家掌握。

1. 法治评估的基本情况

最早从实践角度关注法治建设和发展的,可归于有关法制/法治建设实证研究。早在20世纪90年代,有学者就开始针对与诉讼制度有关的运行指标和运行现状进行了实证分析。⑤ 也有学者针对少数民族和农村地区的法律意识和法制运行情况开展了法律人类学研究。⑥ 这些实证研究成果,

---

① 参见李龙:《马克思主义法学中国化的光辉历程——兼论社会主义法治理念的历史地位》,《政治与法律》2008年第1期。
② 参见张文显:《社会主义法治理念导言》,《法学家》2006年第5期。
③ 参见蒋银华:《论社会主义法治理念的基本特征》,《政治与法律》2008年第1期。
④ 参见张志铭:《社会主义法治理念与司法改革》,《法学家》2006年第5期。
⑤ 例如白建军:《刑事学体系的一个侧面:定量分析》,《中外法学》1999年第5期;王亚新等:《法律程序运作的实证分析》,法律出版社2005年版。
⑥ 例如田成有:《中国法律在少数民族地区实施的状况分析》,《思想战线》1995年第1期;郑永流等:《农民法律意识与农村法律发展》,中国政法大学出版社2004年版。

为在制度层面观察法治建设实施情况和法治运行情况提供了理论指引,也为在定性的法治研究基础上拓展定量的法治评估研究奠定了基础。

这种研究集中体现在有关"法治指数"或"法治评估"的讨论当中,试图通过设定指标和权重体系的方式来考察不同地区的法治发展状况,并给出具体的改进建议。有学者指出,法治指数评估具有以下意义,即通过比较不同社会体制和文化,来帮助改造权力结构,进而使促进法制建设的具体举措和绩效评估体系实现统一。① 在国内,较早的研究是与世界范围内各大城市法治化治理经验项目相结合而进行的,希望能够通过这些研究项目中体现的各种指标体系为国内有关研究提供参考。② 随后,国内开展了一大批与法治量化有关的科研项目,其中有地方政府推进的实践导向的评估项目,也有高校、科研机构牵头的以理论为基的评估项目,还有法院等部门以自身实务工作为内容的专项评估项目。③

在目前已有的量化法治研究中,法治评估研究通常被放置在有关"地方法治"或"法治政府"研究的层面来讨论,不过两者在讨论内容上多有重叠。④ 在"地方法治"的研究中,有学者首先从地方法治的概念和意义入手,提出地方法治的现象乃是建设中国法治过程中的一种阶段性表现,它对于促进法治中国建设具有积极意义,是故应当尽量实现地方在制度、行动和观念系统上的法治化,通过"先行先试",摸索、发展和创新中国特色社会主义法治发展模式。就此而言,可以充分发挥和利用地方法治建设中的评估机制和有关指标体系,将其运用到各级政府法治工作绩效考核的健全中去,在统一的国家法治基础之上增进和提高地方法治建设水平。⑤ 在此背景下,也有学者关注对地方法治建设而言开展法治评估所具有的积极面向。⑥ 然而,"地方法治"所含有的"先行法治化"目标,也被一些学者认为具有"体制内回应型"的特征,广东、江苏、浙江等地的先行法治化举措甚至被认为可能

---

① 参见季卫东:《秩序与混沌的临界》,法律出版社 2008 年版。
② 参见张志铭等:《世界城市的法治化治理:以纽约市和东京市为参照系》,上海人民出版社 2005 年版。
③ 例如浙江余杭的"法治指数"项目,中国社会科学院法学研究所和中国人民大学法学院等科研机构策划的法治发展报告项目、中国法学会的"法治指数"项目、浙江法院的"司法透明度"项目等。
④ 参见周尚君、彭浩:《可量化的正义:地方法治指数评估体系研究报告》,《法学评论》2014 年第 2 期。
⑤ 参见付子堂、张善根:《地方法治建设及其评估机制探析》,《中国社会科学》2014 年第 11 期。
⑥ 参见廖奕:《法治如何评估?——以中国地方法治指数为例》,《兰州学刊》2012 年第 12 期。

已偏离了法治,因此还必须关注这些地方法治或先行法治化现象的规范限度。① 更有学者从法治的核心含义即对专断权力的限制出发,认为由于不存在拥有主权者意义上的专断权力的地方政府,因此无须存在要对其加以限制的"地方法治",由此构成对"地方法治"概念本身的有力挑战。②

在具体的法治评估实践中,浙江余杭所进行的系列研究较具代表性。余杭的法治评估实践中体现出来的事项总结为具体9项指标,包括:推进民主政治建设,提高党的执政能力;全面推进依法行政,努力建设法治政府;促进司法公正,维护司法权威;拓展法律服务,维护社会公平;深化全民法制教育,增强法治意识、提升法律素养;依法规范市场秩序,促进经济稳定良性发展;依法加强社会建设,推进全面协调发展;深化平安余杭创建,维护社会和谐稳定;健全监督体制,提高监督效能。③ 有研究常年关注余杭法治指数评估结果,并得出结论称中国的法治评估实践已历经两个阶段:一是针对立法司法领域的法治评估;二是对于法治评估的全环节全面探索,并认为中国法治评估还表现出评估工作由政府主导、法治评估紧密嵌于地方政府法治建设工作中、对法治采取广义理解以及区域性法治评估等特点。④ 只是,无论是基于余杭指数分解出来的9项内容,还是直接把"科学立法、严格执法、公正司法、全民守法"作为评估指标,似乎都无法勾勒出一个清晰的关于"法治"的操作性定义,难免增加我们与域外同行交流对话时的困难。

2. 法治评估的国家主导性

对于广泛开展的法治评估,许多学者认为其存在不少难题。如有学者认为,法治指数及其实验的做法,尤其是相关指标是否具备外部性效应、有关指数的设计体系可否向外推广等,都存在不少问题并值得继续推敲。⑤ 有学者继而提示,需要关注法治评估的差异性问题。⑥ 也有学者在此基础上提出,中国法治指数评估还存在一些明显的问题,例如整个指标体系侧重于法治的区域意义而没有体现出足够的法治普遍意义,法治评估主体往往带有立场倾向而缺少中立性,指标的统计、计算和展示不够微观精准,法治评估范围狭窄局限等。面对这些问题,我们应积极学习吸收其他国家和世界法治指数评估的先进经验,尽可能地将其用于改进和提高中国法治评估

---

① 参见倪斐:《地方先行法治化的基本路径及其法理限度》,《法学研究》2013年第5期。
② 参见陈景辉:《地方法制的概念有规范性基础吗?》,《中国法律评论》2019年第3期。
③ 参见钱弘道:《余杭法治指数的实验》,《中国司法》2008年第9期。
④ 参见钱弘道:《2008余杭法治指数:数据、分析及建议》,《中国司法》2010年第3期。
⑤ 参见陈林林:《法治指数中的认真与戏谑》,《浙江社会科学》2013年第6期。
⑥ 参见朱景文:《论法治评估的类型化》,《中国社会科学》2015年第7期。

的水平。① 因此,有学者关注第三方机构进行法治评估的作用,认为由第三方机构进行评估,能够增进评估活动的公信力、增强评估主体的独立中立性、提高评估结论的可验证性等,但与此同时,由第三方完成法治评估也存在着诸如评估指标是否具有普适性、评估所需数据能否获得、法治评估是否具有合法性等问题和挑战。② 但也有观点指出,法治指数不是简单的指标设计与量化实验,而是需要实质性地考量法治原理中的多重关系,具体包括:虚与实、中国与世界、普遍性与特殊性、统一与杂多、表象与本质、诚信与虚构、理想与现实、定性与定量、建构主义思维与渐进主义逻辑、科学与人文等,以更清晰地把握法治指数的内涵。③ 总结起来,量化法治的研究虽然取得了诸多成果,但同时遭遇到诸多问题。比如,如何解决数据收集的困难,如何确保数据的确凿性和评估的中立性,如何设立评估指标,如何设定各种指标间的权重及关系等。甚至有学者从法治的成效应取决于对法律的信任,而针对法治的定量研究无法准确评估法律信任这一侧重定性分析的特征为出发点,质疑法治评估的可能性,直言法治评估仅仅是一种"伪精确"。④ 事实上,我们因为难以从性质角度探究出有关什么是法治的精确回答而另寻他途,开始了强调定量评估的量化法治的尝试,但在诸如法治指标设计和法治指数计算活动中,我们却仍然无法越过对法治在形式和内容上的具体界定。

上述讨论表明,法治评估或法治指数在某种意义上应被归类为"建设评估",它以社会指标和绩效评估为理论和方法,由政府主导,旨在促进法秩序的构建和完善,这意味着它是转型时期对法治的一种过渡性的评估,而不应该被视为基于实证主义的价值无涉立场来明确法治概念、界定变量指标、收集数据计算、审查评估结果的"定量评估"。⑤ 也有学者将其分别对应两种不同的理论基础:一种是实验主义治理理论,它强调把治理作为功能核心;另一种是公共行政管理理论,它强调把管理功能作为核心。⑥ 因此,中国的法治评估呈现为由国家或政府主导的法治建设官方评估,法治建设是否成

---

① 参见张保生、郑飞:《世界法治指数对中国法治评估的借鉴意义》,《法制与社会发展》2013年第6期。
② 参见林鸿潮:《第三方评估政府法治绩效的优势、难点与实现途径——以对社会矛盾化解和行政纠纷解决的评估为例》,《中国政法大学学报》2014年第4期。
③ 参见侯学宾、姚建宗:《中国法治指数设计的思想维度》,《法律科学》2013年第5期。
④ 参见伍德志:《论法治评估的"伪精确"》,《法律科学》2020年第1期。
⑤ 参见孟涛:《论法治评估的三种类型——法治评估的一个比较视角》,《法学家》2015年第3期。
⑥ 参见钱弘道、杜维超:《法治评估模式辨异》,《法学研究》2015年第6期。

功,基本取决于政府设定的社会指标和绩效评估方法,而不完全取决于那些被认为具有普适性的法治指标。如果承认这样的立场,也就意味着,法治评估和法治指数建设在很大程度上是一种基于实践所需的政策研究,而非着眼于规范性的定量研究。

小　　结

国家与法治的关系,是研究中国法治建设中国家维度的重要切入点。通过论述国家学说在中国与西方的历史变迁、国家与法律的关系以及国家在法治建设中存在的互益与背反关系,可以明确,国家主义一方面要求国家认可和尊重法治的价值属性,另一方面也认为法治是一种有效管理国家和治理社会的制度性工具。甚至可以认为,国家之所以认可和尊重法治,在很大程度上就是因为法律在管理社会运作、制裁不法行为时具有明显的工具价值。在这种法律工具主义认知的立场推动下,国家从出于增强国家权威、维护国家利益的角度推动法制/法治建设,却有意或无意、直接或间接地推动了法制/法治走向现代化。换言之,在奉行"国家建构主义法治"路径的国家中,法治不是国家建设的初始目的,法治之所以能够落地生根,首先源于法律所具有的工具理性,从而再倚赖甚至"寄生"于国家,并期盼在国家能力的狂飙突进中开花结果。这就是国家与法治之间存在互益关系的体现。在这个过程中,国家和法治同时又陷入一种"纠结"和"拉扯"的关系之中:国家越是强调法律统治或法治化治理在国家公共生活中的工具属性,就越需要承认法治所具有的内在价值属性,并且接受现代法治理念对国家主义的改造,法治和国家的背反关系就体现得越明显。历史显示,中国法治建设中国家与法治并非呈现为一种单线条、统一的关系,实践演进揭示出中国法治建设存在强意义的国家主义主导期、强意义的国家主义隐退期和弱意义的国家主义兴起期三个阶段,而理论演进则显示出国家对法治的极大影响力,包括国家正名法治、国家定义法治和国家评估法治这三项基本命题。本章所总结的这种认为在国家与法治之间存在着复杂的互益与背反关系的见解,以及对中国法治实践的现实叙述与理论观察,有助于我们更加冷静客观地分析、提炼和总结中国法治建设所采取的具体立场。

第二章 中国法治建设的立场："国家主义法治观"

作为一种最优的治国理政方式,法治已然成为全社会的基本共识,具备不可争议的理论与实践正当性。践行法治的规则之治、法律主治和良法之治理念,促成国家统治、社会自治与个人自主的协同治理并以此丰富和发展全过程人民民主,是推进形成符合中国式现代化要求的法治模式的不二法门。法治是人类社会所追寻的共同价值,但各国建设法治的道路却可能各有不同。其中,国家的地位与角色至关重要,国家意志不仅定义了法治建设的内涵,更决定了法治的建设方案。中国走法治化道路、开展法治化治理,需要选择一定的价值立场作为指导方针。对于立场的选择,不同国家地区在不同的历史阶段往往存在差异。中国在经济、政治、文化、社会等方面的特殊国情以及基于国情而进行的立法、执法、司法和社会治理实践探索,为建构与健全法治中国道路累积了充足的实践素材,并反映中国在法治建设上持有的国家主义立场。我们以"国家主义法治观"来指代这种立场。

第一节 法治建设立场的多元理论与中国实践

一、法治与法治建设立场

如果法治具有一般性,被认为是一项具有普遍性的现代价值,那么法治建设是否存在"中国立场"?这是研究中国法治建设立场的前提之问。我们认为,法律不仅要体现和保障人民群众的根本利益、符合公平正义的价值导向和追求,还要符合社会客观发展规律并兼顾中国的现实国情。法治作为一种具有相当程度普遍性的现代价值,并不排斥各国依据自身的国情与实践需要而确定建设法治的路径,也因此在建设法治的过程中,必然在共性之下呈现出差异化的立场选择。因此,应当承认法治的普适性和基础共识,同时关注法治建设的特殊性,特别是国家能力对法治建设的推动作用。

(一)法治理论的普遍性分析

学界通说认为,现代法治包括规则之治、法律主治和良法之治三个方面。规则之治就是通过法律的普遍、明确、稳定等特征来维系社会共识,为民众树立社会生活的合理期望,促使社会治理秩序化、体系化。法律主治就是扬弃法律作为统治工具的理解,明确法律至上的理念,要求权力在法律所允许的范围内活动,统治者也要服从法律的权威,主张将合法性作为一切活动的优先判断,特别是在评价国家公权力的运用时应把合法性作为基本标准,使公共治理真正成为依法治理。良法之治则直接关心法律本身是否符合某种良善品质,旨在实现法的形式品质和法的实质品质、形式意义上的法律正义和实质意义上的法律正义之间的协调一致。[1] 上述关于现代法治理念的三个方面表明,法治的重要功能在于使个人可以充分认识到自身和他人的行为自由、行为界限,以理性平和的方式自主自愿地参与社会公共生活,并把法律当作化解矛盾纠纷的最终准则,据此实现国家统治、社会自治与个人自主的协同治理模式。可见,法治是传统政治走向现代政治的标志,是寓意良善的价值符号。现代法治的发展目标之一,就是走向以良法为基础的善治。

法治首先具有形式层面的要求,强调法律规则的内容应当清晰、明确和可预期。法治更具有实质层面的价值追求,强调一种良善的道德品质,这种道德品质与法治所具有的内在价值和精神直接相关。[2] 换言之,良法是善治的基础,法律本身应当完备呈现自身的形式理性,同时体现社会合作治理所共同追求的实质目标和外部价值。因此,法治具有以下特质:首先,法治确保人权,尊重与保障人权。这是法治的根本所在,也是法治之所以成为人类社会最优治理方式的根源。其次,法治依靠法律所具有的规范性、制度性权威来确保法治实现。法治一方面通过法律的权威取代权力的权威,另一方面通过推崇法律的权威来增强民众对法律的信任,进而养育民众对法律的信仰,使法律如同磐石一般矗立在全体公民的内心之中,作为其对国家信服的基石。再次,法治的权威取代权力的权威,表明法治要求以法律约束并最终驯服公权力,法治将权力限制在法律所允许其行使范围内的立场不言而喻。法治通常还要求国家权力之间实行必要的区隔,通过法律明文规定的分工机制来实现权力之间的相互约束、相互监督和相互制衡。同时,法律

---

[1] 参见张志铭、于浩:《现代法治释义》,《政法论丛》2015 年第 1 期。
[2] 参见季卫东:《论法律意识形态》,《中国社会科学》2015 年第 11 期。

也保留了公民在面对公权力侵害时得以通过向其他公权力机关以至法律寻求救济的渠道,必要时甚至允许私力救济,从多角度监督公权力的运作过程,确保法治始终处于调节各方利益的枢纽地带,以民众看得见的方式实现公平正义。

(二)法治建设存在多元立场

法治的上述品质,源自法治具有推进规则治理的作用,它使全人类的行为都能够服从规则治理。不过,法治之所以具有如此的普适性,是因为法治本身也尊重甚至推崇地方实践中的特殊性。法治具有伟大的力量,因为法治尊重人的尊严与价值,以及更重要的是,法治倡导不同地区要依据各自的法律实践及其认知,有步骤、有秩序地实现法治的理念。过度超前、不接地气的法治秩序,从实践的角度来说等同于根本没有法治秩序。

法治所强调的规则基础、社会自治、国家主治、个人自主等内涵,已经成为法治理论的基本成色,但这并不代表法治本身没有道路的争执。法治之所以是一种全球性共识和普遍价值,是因为不同国家都形成了对规则治理模式的认同。各国在其具体法治道路方面的多元选择,更多意味着它们在法治的细节方面做出了不同选择,这与各国的现实特点和所处历史进程有关。简言之,法治建设的不同道路与国家对自身特殊性的把握有关。

在历史上,英美式法治理论与第二次世界大战(以下简称"二战")前德国"法治国"理论的争执即为典型。英美的"法治"是"法律的统治",是以"法"治"国","国"在"法"下,法律与政治的边界完全重合,它强调以个人为基础的实质性价值,承认公民对现有的法律和政治秩序有不服从之权利。德国"法治国"理论反过来强调"国"在"法"上,法治是国家的目的,政体与法治是两码事,但无论国家政体如何更迭变换,保障基本权利,实现权力制衡都是"法治国"所不可或缺的。[①] 这种情况说明,法治和国家政体、法治和民主制度之间并非紧密结合。

二战之后,以英美式法治为代表的法治理论成为显学。有学者指出,世界各国在二战后推行的司法改革都以实现英美式的法治为导向。实践中,法治逐渐成为实现人权保障、社会革新和建立市场经济的总抓手。例如世界银行"全球治理指标"(Worldwide Governance Indicators)中设置了"法治"指标,世界经济论坛《全球竞争力报告》中将司法自主和司法效率作为判断社会竞争力的重要指标。随着世界正义工程"法治指数"等可量化法治建设检验指标体系出台,世界范围内一度还出现针对法治建设的指标考核和指

---

① 参见刘刚:《德国"法治国"的历史由来》,《交大法学》2014年第4期。

标竞赛。不过后续实践表明,一些按照自身情况正在积极改进法制、稳步建立法治秩序的国家和地区在法治指标方面并不令人满意,从而引发了针对法治量化指标及评价模式是否正当、合理的争议。① 这些现象说明,人们固然可以根据普遍的法治理论来设置一个描述法治建设与法治发展的指标体系,但由于各国法治建设的道路差异,法治不可能被表述成为一套恒定的指标体系和发展模式。换言之,尽管法制现代化很大程度上是将西方的现代法律制度作为改进自身体制机制的参照系,但绝不能将法治建设的"参照系"视为唯一标准。② 特别是对后发型法治现代化国家而言,以国家的实际发展情况为出发点,审慎地对待法治建设的域外经验和建设模式,不仅势所必然,且理所固然。这也就意味着,法治建设的核心是本国的国家意志而非域外法治的既有经验。

在理论层面,国家对法治建设的作用主要体现在两个维度。

第一,通过国家能力保障法治建设的实施。国家能力与一个国家能否完成政策实施和实现有关目标紧密相关,它包括对社会经济物质资源的调动能力以及对各种社会财产关系和组织个人的协调能力等,是决定一国走向的第一推动力。③ 对于法治而言,国家意志时常左右着"建设什么样的法治"的问题,而国家能力则主要回答"怎样建设法治、如何建设法治"的问题。无论是在所谓自生自发型秩序社会中生成法治,还是在后发型国家中建设法治,通过增强国家能力来发挥法治的效用,从而实现和平、秩序和安宁始终是国家意志的首要关怀。

第二,国家通过自我革新来支持法治实践。"鞋子合不合脚,只有自己才知道。"法治在一定程度上可以理解为对权力、权利及其相互间关系的重新组合。因此,一方面要以形式的、抽象的法治秩序来维持基本共识,消除妨害现代法治的固有病灶;另一方面也要关注微观领域的权力和权利的博弈,尤其是关注地域之间、城乡之间的差异对法治可能产生的影响,将可能影响法治实效的内容用法律管起来,形成内容上的多元性和包容性。需要注意的是,这些实质性的内容并不能全然成为支持现代法治建设的资源,因此,如何将国家与法治两者衔接起来,在增强国家能力的情况下改变不适合

---

① 参见支振锋:《法治转型与国家能力》,《中国图书评论》2013年第11期。
② 参见陈弘毅:《法治、人权与民主宪政的理想》,商务印书馆(香港)有限公司2012年版,第156页。
③ 参见黄秋菊:《经济转型进程中的国家制度能力演进:中俄转型的比较政治经济学分析》,经济管理出版社2013年版,第14页;[美]弗朗西斯·福山:《政治秩序的起源:从前人类时代到法国大革命》,毛俊杰译,广西师范大学出版社2012年版,第429页。

现代法治精神的权力痼疾和权利观念,在弘扬规则意识的同时批判吸收关系社会中的有益因素,就成为法治建设的题中应有之义。

虽然法治价值具有一定普遍性,但法治建设却由于主要体现本国的国家意志、深受国家能力的影响,因而可能存在多元立场,这就是法治建设立场的多元理论。对中国而言,从法治特别是西方法治模式的全球扩张历史来看,法治是以西方文明为代表的现代性观念对全人类文明重新塑造、赋予现代社会基本含义的结果。因此,作为移植西方法律文明的东方社会,我们当然不能一味地以东方的特殊性为由否定或拒斥法治,也不能否定法治在重塑东方社会基本关系特别是人际关系和公民与国家间关系方面所具有的重要作用。这一点对中国而言尤为重要。中国是一个既有厚重传统法律文明,又对现代法律文化和法治文明有紧迫需求的国家。在中国推行法治,不仅需要留心现代法治元素对中国固有法律文化和传统法律制度的消解,而且尤其重要的是重视、葆有并不断发掘中国自发形成的法治理论与实践渊源。具体到国家治理维度,法治在促进国家治理能力现代化、为现代的国家治理事业提供价值路径和实践方案时,必须考虑中国的法治建设实际情况,特别是关注普通民众对法治建设成效所具有的认同感。[①]

在法治建设问题上开始强调"中国道路"的意识,最早始于20世纪90年代。当时,西方法学理论与中国法治本土实践存在的紧张关系开始显现。这种紧张关系在理论上指向"普适主义法治观"与"国情主义法治观"两种理论立场。"普适主义法治观"强调法治作为全人类文明的宝贵经验,它使"法治"一词深入人心,其所开示出的法治定义及原则成为认识和评判法治的理论依据,通过重新解释中国社会和政治秩序的价值内涵奠定法治建设的制度设计基础。法治话语从理论之争上升为话语权斗争。"国情主义法治观"主张在法治认识上引入中国视角,注入中国元素,锁定中国问题[②],认为法治建设必须紧扣国情、中国传统法律文化和当代中国法治实践,特别是要在尊重和捍卫当代中国政治秩序的基础上推进法治建设[③]。"普适主义法治观"与"国情主义法治观"两种理论立场及其论争,揭示出没有放之四海而皆准的法治建设道路,不同国家之间的国情差异必然形成不同的法治发展道路和体悟。因此,描述中国在法治建设过程中的实践经验,系统总结中国法治建设的实践经验和理念制度创新,寻找法治建设中国道路的理论

[①] 参见苏力:《"法治中国何以可能"背后:伪假定 VS 真命题》,《探索与争鸣》2016 年第10 期。
[②] 参见张志铭、于浩:《共和国法治认识的逻辑展开》,《法学研究》2013 年第 3 期。
[③] 参见公丕祥:《当代中国法治发展道路的内在逻辑》,《江海学刊》2015 年第 5 期。

可能及其与法治理论之间的内在关联,就成为一项不可忽视的理论任务。

二、中国法治建设的国情特点

上述关于当代中国法治建设的基本认识与实践历程,反映了中国特色法治秩序建构的基本思路。法治是公权力机关与普通民众所取得的一致共识。改革开放以来的共识是,法律并非仅仅作为统治工具,更是不同主体相互调和利益冲突、有效促进交融合作的主要制度抓手。在这一过程中,法治贯穿于法治国家和法治社会的治理活动之中,并和强调实践特殊性的"国情"概念一起,成为中国法治实践和秩序生成的关键词。法治是经济、政治、社会及文化意识形态等多种因素的综合,它既具有超越时空的形式价值和理念要求,也具有特定时空背景的要素。[①] 个人权利、市场经济、民主政治、多元社会,都是法治依赖的社会要素。这些要素是法治自生自发秩序的基础。由于不同国家在建设法治时面临着不同的现实境况,它们的法治制度也存在着程度上的差异,进而产生了全球范围内法治建设的多样性。这种从国情出发揭示中国法治建设的独特性,成为研究法治建设中国道路的前提。

(一)兼顾政府作用的市场经济

党的十八届三中全会提出,妥善处理政府与市场的关系,一方面确保市场在资源配置中起决定性作用,另一方面更好地发挥政府作用,是深化经济体制改革的重中之重。社会主义市场经济的创造性与特色,恰恰在于对市场与政府关系的科学把握。[②] 社会主义市场经济为中国的法治建设提供稳固的经济体制支撑。市场经济标志着经济思维从人治走向法治,从权力走向规则,市场经济体制需要法治来保驾护航。党的十八届四中全会通过的《中共中央关于全面推进依法治国若干重大问题的决定》深刻论证了市场经济的法治经济内涵,揭示了法治在建设、完善和深化市场经济中所具有的基础性作用。

法治意味着财产不会受制于专断,交易不会充满暴力和欺诈。[③] 据此,市场经济是"契约经济",以平等主体、契约自由、意思自治作为基本命题,这是市场经济呼唤法治的根本原因。市场经济要求自由竞争和机会均等,要

[①] 参见苏力:《二十世纪中国的现代化和法治》,《法学研究》1998年第1期。
[②] 参见谢春涛主编:《历史的见证:中国是如何治理的》,三联书店(香港)有限公司2013年版,第214页。
[③] 参见[美]理查德·A.爱泼斯坦:《私有财产、公共行政与法治》,刘连泰译,浙江大学出版社2018年版,第9页。

求提高效率和实现分配正义,法治则可以为这些价值的博弈提供程序渠道和协调机制,不仅强调效率,也强调公平。市场经济是跨地域甚至跨国界的,它要求畅通的市场环境、相同或相似的交易规则、可信度高的交易对象,从而提升效率并降低交易成本,而法治则可以在其中扮演"守护人"和"消防员"的角色。[1] 此外,市场经济固有的弊端也需要政府在尊重市场规律的情况下更好地发挥其宏观调控作用,并为市场经济构筑公平、自由、开放的经营竞争和资源分配机制。

深化市场经济的重难点是重新认识政府的作用,转变政府职能,变"运动员"为"裁判员"。这就需要运用法治来规制政府行为,在尊重市场经济内在需求的同时重申"法无授权不可为"的规条,大力推动政府简政放权和实施负面清单模式,制止和防范权力恣意,消除权力寻租空间,表达出市场经济尊重个体、尊重规律的特征。通过建构国家所有权行使代表制和企业法人财产权制度等产权制度,法律明确国家从"所有者"转变为"出资人",在技术上基本构建起公有制基础上市场经济的法治体系。[2]

(二) 中国特色的民主政治

从法治的正当性角度而言,民主政治为法治建设提供了价值和制度保障,法治成为国家治理现代化的总抓手。[3] 有学者指出,中国法治建设的目的在于促进民主政治的发展,即"通过法治迈向民主";反过来,民主政治也对法治具有保障和促进作用。[4] 西方国家的民主政治和法治发展历史也表明,法治不一定就代表施行完整的民主政治,但哪怕有限度的民主政治也为法治提供了土壤,并促使法治随民主政治进程而不断完善。可见,民主政治使法治确保民众充分行使权利,也使法治成为公权力和民众之间信任、互动和博弈的媒介。具体而言,民主政治是贯彻法治程序特征的保证,其精髓在于不同个体都能通过一定的渠道参与公共事务,并以此实现公民自身价值,这一过程伴随着诸多的表达、辩论、博弈,甚至是有组织有团体的抗争活动。为了使这些意见既能得到充分表达,又限定在其他利益群体的容忍范围内,同时维护社会整体秩序和共识不受冲击,就需要充分发挥法治的程序优势,使商谈、磋商、博弈和结论的取得过程始终处于公开、透明、可批驳、可废止之中。

---

[1] 参见王家福:《发展社会主义市场经济必须健全法治》,《求是》1994年第5期。
[2] 参见谢海定:《中国法治经济建设的逻辑》,《法学研究》2017年第6期。
[3] 参见张文显:《法治与国家治理现代化》,《中国法学》2014年第4期。
[4] 参见季卫东:《通往法治的道路:社会的多元化与权威体系》,法律出版社2014年版,第245—247页。

在中国,中国特色社会主义民主政治就体现在广大人民群众在党的领导下管理公共事务,充分实现个人的权利和发展。依赖于法治的程序价值,人们的行动获得了明确、公开的期待,它也为立法机关完善立法、政府依法行政、法院依法裁判奠定了规则基础。据此,公权力机关必须依靠人民群众了解的程序来处理社会争议及矛盾纠纷,在杜绝暗箱操作的同时有效提升公权力机关的公信力。

民主政治的权力制衡机制为法治提供了生长机会,它强调权力之间形成相互制约和制衡机制,并要求通过成文形式记录这些制约机制的全部过程。这正是作为规则之治的法治的应有之义。当中国需要进一步完善社会主义民主政治、提高人民民主时,法律和法治的地位就得以更加凸显,依法治国、权力监督、权力制衡这些理念被赋予重要使命。

民主政治的重要制度设计是"有权必有责""权责相统一",法治就体现在具体的问责过程中。加强问责,特别是对政府机关的问责是制约行政权力的重点。为此,应当完善政府内部各层级监督机制,重视专门监督、强调上下级间监督,使权力监督制度化、常态化。应强化纠错问责机制,完善问责程序和方式。在具体的制度设计和规则实践方面,法治能够为问责提供抽象的构成要件和具体的事由,并设计精细的可操作程序。由于法治强调对个人价值的尊重,民主政治制度的良善问责过程不仅要做到全程公开、结果公开,而且要赋予问责主体和责任人以同等的地位,尤其是注重保障责任人的陈情和发言机会。这不仅可以使最终的问责结果实事求是、获得民众认可,还可以防止怠政、懒政等现象发生。[1]

(三)法治与社会主义相结合的价值文化

作为一种价值取向,法治构成了社会主义核心价值观的重要内容,它不仅代表某种治国方略或者理性的办事原则,还代表某种文明的法律精神。将法治与社会主义相结合的做法,能够发挥法治在意识形态中的特定功能,既可以将人们对社会主义的忠诚转化为对法治的理解、接受和自觉践行,也可以帮助人们更加深刻而全面地理解"人民民主专政"和"社会主义"等概念的本质内涵。[2] 从理论上看,法治所形成的规范性秩序不仅具备工具效能,更有目的效益。法治不仅因追求外在道德而获得证成,其自身的规定性也根植于社会群体的实践性评价,这一过程立基于复数个人的反思性选择。作为社会主义核心价值观的重要组成部分,法治意味着生活于社会主义制

---

[1] 参见宋才发:《国家治理现代化的法治保障及其路径》,《东方法学》2020年第5期。
[2] 参见陈金钊:《对法治作为社会主义核心价值观的诠释》,《法律科学》2015年第1期。

度下的人们能够将法治作为群体所追求的生活方式和行动理由,也意味着我们重新从社会本位的角度认识、观察和实践社会主义的核心价值。可以说,法治接受社会主义价值引领,有助于揭示"社会主义"在促进个人的自由发展和共同富裕方面的本质属性。执政党和国家正是基于这种认识,将法治纳入社会主义核心价值观体系,法治作为社会层面的价值取向,与自由、平等、公正联系在一起。① 自由、平等、公正这三项价值是个人在社会中所追求的价值,法治为这种价值提供了完备的秩序和制度。可见,法治不仅能够合理安排各价值的实现途径,还能将国家与个人所追求的价值勾连起来,展示社会主义促进和实现个人自由发展的基本属性。

(四)共治共享的多元社会格局

多元社会为法治提供了社会根基。法治社会的建设与法治国家、法治政府遥相呼应,目标在于发挥法治引导公民有序参与社会治理、维护良性的生活秩序以及划定社会组织等行为空间的优势功能。② 根据当前的法治建设情况,法治政府与法治社会之间还处于相当不平衡的发展关系之中,实践中对法治政府的强调较多,而对法治社会还不够重视。③ 理论上看,法治的程序和中立特征只有在多元社会中才能体现其意义。以市场经济为代表的经济利益多元化,要求各方遵循市场规律和交易秩序,促使市场合理分配资源,而旨在形成规范秩序的法治则能够担当起维护交易秩序、降低交易成本、促成谈判对话的机制。以民主政治为代表的政治利益多元化,要求不同利益群体在社会所能容忍的范围内表达自身利益,并通过一定程序参与政治生活。法治不仅可以提供民主政治所需的程序设计,还能在政治冲突时提供中立的解决途径,防止共识破裂。换言之,法治在社会规则治理事业中承担了程序提供和中立判断的功能,旨在为多元社会主体提供利益衡量和话语博弈的议论竞技场。多元社会能够培育公民意识,将规则意识、合法意识和守法意识渗入社会生活的方方面面,由此形成法治建设的内部动力。除了形式理性,法治需要且仅仅需要包容那些为全社会所认同的基础共识,它本身不应当承担更多的价值诉求,以免损害自身的中立性。也正因如此,只有在充满利益互动和价值博弈的多元社会中,崇尚程序正义和手段合目的性的法治才能获得其存在意义。

在中国,"软法"、民间自治团体、基层自治组织和行业协会等的兴起,在

---

① 参见《中共中央办公厅印发〈关于培育和践行社会主义核心价值观的意见〉》,《人民日报》2013年12月24日。
② 参见陈柏峰:《中国法治社会的结构及其运行机制》,《中国社会科学》2019年第1期。
③ 参见卓泽渊:《推进法治中国建设的现实任务》,《行政法学研究》2020年第6期。

为法治建设提供大量素材的同时,也急切呼唤法治提供相应的程序性商谈范式。"软法"作为民间力量达成合意的基本规范,有效地补充了法律("硬法")的不足,并且正在法律的空白地带纵横驰骋。在"互联网+"时代,这样的情况愈发明显。然而,它们往往多体现为实体性格式规范,因缺乏相应的程序性规定和权利救济渠道,开始对社会产生某些消极影响。民间团体和行业协会代表着不同的利益群体和行业利益,它们的兴起也意味着社会成员之间发生利益冲突的场合不断增多。例如,为应对快递行业和方便面企业联合涨价等行业垄断行为①,需要法治来加以规制和调整,防止行业为自身利益形成垄断并损害消费者利益。在执政党和国家鼓励引导社会力量参与社会综合治理的背景下,提升基层自治组织的管理能力,使其逐步落实法定职能,促使其提升自我教育、自我服务、自我管理的能力,这些都急切需要法治的明确化精细化指引。② 在利益持续分化、多元格局正在形成的情况下,法治的在场就显得愈发重要。面对开放和多元的社会格局,中国的法治化治理需要持续在立法、执法和社会治理、司法等场域提高国家治理效能。③

三、中国法治建设的本土实践

中国法治建设道路是一条独特的法治道路。它尊重过往社会发展的一般规律,又不同于历史上和现实中任何其他国家的法治道路。④ 中国法治建设的特殊国情说明,法治建设要一手抓现代法治精神及其理论内核,一手抓体制机制改革,既要保持自身的鲜明特色,也要改革与现代法治不相适应的制度,充分调和国家、社会和个人三个维度的利益矛盾,使中国的法治建设始终保持生机活力。要做到这一点,就要承认法治的普适性和基础共识,同时关注法治建设的特殊性,特别是国家能力对法治建设的推动作用。在此基础上,需要系统性总结中国在法治建设方面的实践经验,形成可操作、可复制的法治建设方案。

(一) 立法:法律的试行机制与统筹立法并举

中国法治建设的一大特点是强调具体的实践经验与整体的制度改革相结合,这种试行的路径通常被形象地称为既要"摸着石头过河",又要加强

---

① 参见《快递行业局部串通涨价整体价格混战》,http://finance.sina.com.cn/chanjing/cyxw/20140818/031420037475.shtml,2024 年 6 月 23 日最后访问;《方便面串通集体涨价》,https://www.wenmi.com/article/pyrw4500c0t3.html,2024 年 6 月 23 日最后访问。
② 参见白钢:《中国基层治理变革》,《民主与科学》2003 年第 6 期。
③ 参见于浩:《法治化治理的国家角色更新》,《广东社会科学》2021 年第 2 期。
④ 参见徐显明主编:《当代世界法治与中国法治发展》,中共中央党校出版社 2020 年版,第 120 页。

"顶层设计"。"摸着石头过河"的方针由来已久,它是一种能够广泛使用的总体原则,一种追求大胆发展和稳步前进的辩证统一的实践方式,一种大胆试验和允许试错的思维方法。它的意义在于实事求是、实践先行、吸收经验、允许错误,因而不是狭隘的经验立场,也不同于脱离实际的盲干。[1]

从制度运行的取向看,"摸着石头过河"的本质是在具体的行动目标和路径不明确的情况下,通过实践探索和审慎反思来进行渐进式改革。在法治建设领域,这种试验被总结为法律试行。在法律体系不完善,治理制度面临改革,社会关系变动迅速的背景下,法律试行既可以总结当前的实践经验,为改革设定共识装置,也给后续的改革措施留下了试错空间。同时,法律试行的机制具有很强的学习和反思能力,能够及时吸收新的实践经验,总结地方实践和部门改革的经验教训,最后制定正式适用的法律。这一方面存有大量实例。如"宜粗不宜细"的立法思路,即法律主要规定基本原则和规则,细节部分留待实践细化;"批发转零售"的法律体系化路径,即法律成熟一部制定一部,而不是一次性制定完备的法律规范;允许司法解释,通过解释完善立法。又如在立法过程中存在冠以"试行"的法律文本,例如1982年的《民事诉讼法(试行)》和1986年的《企业破产法(试行)》。

伴随着学术界对"摸着石头过河"的认识逐渐加深,法律试行机制的弊端开始显现,它与法律可预期性与安定性之间的张力也不断彰显。有学者指出,与"摸着石头过河"的弊端相似,法律试行强调实践经验和外部反馈的特征,导致法律条文和法律实施中大量存在"短期行为"和"短期效果",也使得立法、执法和司法过程中充满了不确定因素。例如,立法因事设制,法律规范叠床架屋、操作性不强、法律弹性过大;司法造法空间过大,导致司法腐败和权力扩张;执法部门选择性执法,削弱法律公信力等问题。在改革进入深水区的情况下,更具全面规划和兼顾长、短期利益的改革纲领应当发挥主导作用。因此,有必要积极进行法治的"顶层设计",强调顶层对于法治建设,特别是立法体系方面的统筹规划。这种统筹考虑各层次、各要素,追根溯源,统揽全局,在最高层次上探寻问题解决之道的做法,有学者称之为"建构式立法"[2]。在"建构式立法"模式中,立法作为整体统筹规划的改革方案的一部分。立法者需要重点分析当前社会治理难题和未来改革路径,以立法规划完善法律体系,同时积极实现党内法规与国家法

---

[1] 参见叶汝贤、黎玉琴:《"摸着石头过河":中国改革与发展的实践模式及其意义》,《马克思主义研究》2009年第5期。
[2] 参见刘怡达:《回应式立法与建构式立法——深化改革背景下的立法模式变迁》,《中共南京市委党校学报》2014年第1期。

令之间的制度衔接。这样做的优势：一是能够着眼全局,对宏观的利益分配做出估算,防止立法受地方经验和既有视野约束；二是能够摆正法律与改革的关系,使改革于法有据；三是能够发挥法律的规则统治功能,使通过法律的改革控制得以可能。此外,在加强立法统筹规划顶层设计的同时,也需要继续在局部层面沿用法律试行机制,综合发挥"摸着石头过河"与"顶层设计"的各自优势。例如,根据"顶层设计"的基本要求,地方改革试点必须获得中央授权。在司法改革试点和国家监察制度改革试点等事件中,地方的试验都是基于中央的概括授权,并在授权范围内自行开展试点工作并及时总结经验。

近年来,伴随着"地方先行法治化"[1]"地方法治建设竞争"[2]等现象的出现,"地方法治试验"的提法逐渐进入人们的视野。许多围绕地方法治试验的必要性与实现路径的讨论体现了立法统筹与法律试行相结合的趋势。"中央集权在于统筹发展全局,地方分权在于激发地方自主。"[3]要实现建设社会主义法治国家的目标,地方的意义无可替代。"法治存在于具体的场景、地方、问题及案件之中"[4],强调地方法治试验,意在发挥法治国家建设中的地方功能。地方法治试验与法律试行机制相关,法治建设中的地方经验能够促进法治方式多元化。地方提供法治国家建设的本土经验,能够使制度创新拥有充分的激励,减少法治形式的同质表现,使国家法治实践显示出更强的地方适应性。如果把法治视为一个完整的体系,那么中央和地方政府在这个体系中分别扮演着不同的单元,而每个单元都应该与法治国家的总体建设相协调。[5] 地方法治试验也与统筹立法原则相适应,中国地方法治试验的基本类型即明显地体现了这一点。借助韦伯的理想类型研究方法,可以将中国地方法治试验总结为自主探索型、上级设计型与请示授权型三种理想模式。这三种类型各有特点,在现实动力、决定主体、设定目标等方面均存在一定的差异,但它们无不在地方法治试验中受到中央的主导性影响。即便是地方自主性最强的自主探索型地方法治试验,也仍然在主要方向上受中央主导。[6] 这种由中央主导的权力秩序也被称为一种"基于中

---

[1] 参见孙笑侠:《局部法治的地域资源——转型期"先行法治化"现象解读》,《法学》2009年第12期。
[2] 参见万江:《中国的地方法治建设竞争》,《中外法学》2013年第4期。
[3] 林尚立:《当代中国政治:基础与发展》,中国大百科全书出版社2017年版,第383页。
[4] 於兴中:《法治与文明秩序》,商务印书馆2020年版,第302页。
[5] 参见于文豪:《论建设社会主义法治国家中的地方》,《法学家》2020年第4期。
[6] 参见郑智航:《当下中国地方法治试验的理想类型与实践反思》,《国家检察官学院学报》2021年第1期。

央选择性控制的试验"①,它与统筹性立法的原则暗相契合。

(二)执法与社会治理:执法嵌入合作治理的共建共享机制

随着社会治理和市场经济体制的逐步完善,过去通过发布指令和直接管制以控制社会的方式难以为继,国家权力需要转变对社会的控制方法。国家不仅需要通过权威去驯服各种观念,更要努力使民众对国家的服从逐渐转变为发自内心的支持和认同。② 强调国家与社会一体建设的治理现状在一段时期内仍会延续。这里既存在着通过公权力的强力执法现实,也有以强力执法实现社会规则治理的契机。这种通过公权力扶持来实现社会有效治理的方式,可以说是中国法治在执法和社会治理方面的创新。

从管制到治理的转型,有其自身的社会背景和制度背景。在社会背景上,市场经济的蓬勃发展以及规则治理要求改变了政府的定位。政府的"裁判员"和"守夜人"角色决定了公权力对经济和社会的管理也应当依法依规,不存在超越法律的特权。在制度背景上,目前政府间权力运作"条块分割"的情况仍然存在,"铁路警察,各管一段"的执法弊端仍未根除,大大限制了执法的实效性。同时,大量行业组织、自律协会的出现也改变了社会管制的逻辑,要求政府以新思维、新方法进行执法。

是故,提倡"公共治理"和"综合治理",主张整合部门权力开展公私合作治理,通过重新整合与合理配置权力,引导社会进行自我管理和提供公共服务,依托社会力量实现执法,成为研究中国法治实践的新思路。这一思路有如下特征。一是强调共建共享理念。社会管理机制的变革说明,过去纯粹依靠政府管制和片面推动民间治理的方式都无法解决公私治理失衡的问题,导致产生汲取性机制风险、缺乏自律秩序、形成民间构建与国家构建错位等问题,迟滞了法治化治理的转型步伐。因此,提倡国家和社会的共建共享理念,能够为推进公私合作治理提供思想动因。③ 二是发掘合作治理潜力。这里的合作治理指在法治的前提下,由政府部门统筹社会力量参与社会治理活动,构筑治理长效机制。这不仅是社会管理创新的现实需求,也是实现官民共治的新型范式。此举有利于政府部门发挥其社会问题管理者和社会力量引导者的角色,使之积极引导社会力量各施所长,在治理机能上充

---

① 参见刘培伟:《基于中央选择性控制的试验——中国改革"实践"机制的一种新解释》,《开放时代》2010 年第 4 期。
② 参见[美]乔尔·S. 米格代尔:《强社会与弱国家》,孙长东等译,江苏人民出版社 2009 年版,第 3 页。
③ 参见马长山:《从国家构建到共建共享的法治转向——基于社会组织与法治建设之间关系的考察》,《法学研究》2017 年第 3 期。

分互补,提升合作治理的效益。①

为实现这一思路,必须及时调整法治建设战略,树立包容、平衡的共建共享理念,并革新现有的执法思维和执法机制。一是理顺权力部门之间的执法权限。目前单一部门的执法权限不足、多部门执法权责不清、综合执法缺乏相关依据的现象依然较为普遍地存在。需要调动中央和地方两个积极性,既要加强立法统筹,也要鼓励地方先行先试,实现规范导向和问题导向在执法领域的有机统一。二是尊重和鼓励民间的"软法之治"和行业自治,降低执法和社会治理成本。共建共享法治战略要求使不同利益和价值取向的民间力量能够共同参与到法治建设的事业中。公权力部门应充分激活协调机制,积极引导和平衡社会力量。同时,基层自治组织和各类社会民间团体也应从自身情况出发,与其他社会力量、党政组织形成良好的互动关系。② 三是在执法决策过程中引入社会力量,通过决策透明化、程序化机制提高决策公开度和公众参与度。此举不仅可以防止部门封闭决策的弊端,还可以在决策环节引入公众参与和专家理性,以沟通降低决策风险。

(三)司法:强调规范性与人民性相统一的司法意识形态

与立法和执法相比,司法活动的问题导向色彩更重,具有自身独特的司法意识形态。所谓司法意识形态,是法律意识形态的派生概念,指统治阶层基于特定利益追求在司法实践中形成的一系列观念体系,关注司法实践的形成,注重通过司法维持或建立的利益格局或价值偏好,以此作为社会群体的行动指南。③ 中国司法意识形态强调规范性与人民性的统一。

司法以法律适用为核心,以解决社会现实问题为导向。这构成了司法规范性层面的内容,也是各国司法的共同特征。中国司法的特色在于,在强调规范适用的同时突出司法为民的价值取向。这一价值立场源自"人民司法"的概念,即为人民服务,维护人民权益,保障社会秩序,坚持群众路线,加强与群众的联系。④ 这种价值立场揭示出中国的司法以"人民性"为价值尺度,要求法官行为、裁判活动和裁判说理均以人民利益为依归,重在维护最广大人民群众的根本利益。司法的人民性是中国司法谱系中的重要话语,它是人民司法的必然要求,而随着司法不断地向技术化和规范化发展,司法

---

① 参见史云贵、欧晴:《社会管理创新中政府与非政府组织合作治理的路径创新论析》,《社会科学》2013年第4期。
② 参见马长山:《法治中国建设的"共建共享"路径与策略》,《中国法学》2016年第6期。
③ 参见张昌辉:《法律意识形态的概念分析》,《法制与社会发展》2008年第4期。
④ 参见董必武:《要重视司法工作》,载《董必武法学文集》,法律出版社2001年版,第38—45页。

也越发注重在居中裁判的前提下彰显人民性。联系到立法的价值取向和法官裁判只服从法律的要求,司法的人民性和规范性实现了统一。

司法人民性与规范性的统一要求司法机关以公平正义为目标,向社会提供司法服务,使人民群众在每一个案件中都能体会到公平正义。这里所说的"公平正义"更多强调的是程序正义。有学者指出,法学受客观程序正义观念影响较重,希望为当事人参与诉讼提供一套可视化、可操作、可复制的形式化程序运作机制,以程序正义实现实质正义。但这种路径总会面临主观感受差异和客观检验标准两个维度上的质疑,因此有必要在司法满意度、司法服从和司法正当性三个问题上认真对待主观程序正义立场。也就是说,主观程序正义强调当事人对诉讼程序推进的把握度,即他们不仅要"参与"程序,更要取得程序允诺的活动和话语空间,实现"控制"程序的效果,如此他们的公平感会大幅提升,也更愿意认同第三方主体的决定。这种通过深度参与提高公平正义感的观点,有助于打开纠纷解决的思路,使多元纠纷解决机制显现其实效性,进一步提高司法机关的公信力。[1]

这种主观程序主义的思路,有助于我们理解中国司法人民性和规范性相统一的核心内涵。尽管司法实践中并未明确提出"主观程序正义"的概念,但中国司法的制度建构、话语立场与司法实践都暗合了这一思路。东西方的司法理念的确存在异曲同工之妙。

一方面,中国司法以完善司法制度、建构客观的司法正当程序为基础。一是通过司法改革,重申法院在纠纷解决中的基础性地位。明确加强以审判为中心的庭审实质化流程,提升当事人对程序的参与度,坚决制止庭审走过场和庭下利益交换的腐败现象。二是重视庭审说理和裁判文书说理。通过摆事实、讲道理,在充分发掘法律文本内涵的基础上导入社会认知,将裁判中法律与社会规范的互动及其共识落实到裁判文书上,帮助民众树立规则意识,维持司法居中裁判功能并增进司法的权威。[2] 三是变革立案制度,在形式上降低司法解决纠纷的成本,引导公众建立通过司法解决纠纷的心理预期,旨在减少信访机制对司法裁判公信力的消极影响,同时改革案管制度,促进案件繁简分流和试行案件速裁机制,在维护司法公平的同时着力提升司法效率。[3] 四是完善司法责任制,通过加强司法问责和错案追究制度强化公正审判意识,为司法官员依程序进行诉讼提供警示底线,从而规范司

---

[1] 参见苏新建:《主观程序正义对司法的意义》,《政法论坛》2014年第4期。
[2] 参见胡云腾:《论裁判文书的说理》,《法律适用》2009年第3期。
[3] 参见陆永棣:《从立案审查到立案登记:法院在社会转型中的司法角色》,《中国法学》2016年第2期。

法活动、提升司法公信力,确保司法权威,也保障了法官办案的积极性。①

另一方面,致力实现客观司法正当程序与主观程序正义的有机统一。一是高度重视调解的作用。在当代中国司法中,积极运用调解被认为司法走群众路线的典型做法,也是司法深度参与社会治理的重要体现。总结过去做法,法院在司法审判中激活司法调解机制,鼓励当事人通过自行处分权益来解决纠纷,做到"当调则调,当判则判";②也在诉讼外通过指导建构社会调解制度,完善诉调对接机制,积极推动社会力量参与调解活动,发挥司法在多元纠纷解决机制中的核心作用,令纠纷主体在参与调解中获得程序正义感。其中,人民调解与司法调解虽是"一母所生",但在功能形态和制度设置方面却存在高度差异。随着司法调解逐渐成为调解的主流制度,人民调解制度显示出隐退的趋势,这与我们对人民调解制度高度的政治和历史评价很不相称。在新时代如何通过增强人民调解的法制化水平,使其与司法调解相协调,并共同实现调解的实效化,成为亟待解决的重要问题。③ 二是依托既有法律,积极推进和完善人民陪审员制度。人民陪审员制度代表着群众路线和司法民主,是诸多政治符号依附的载体,具有较强的象征意义和意识形态色彩。④ 改革和完善人民陪审员制度,有利于在司法精英化和司法民主化之间取得均衡,保障民众参审热情,提高民众对司法的认同感和参与度。⑤ 三是借助信息技术和大数据建设,积极推进智慧法院建设,借助庭审直播、微博与微信互动等方式,全方位提升当事人对司法活动的感性认知,同时为法院、检察院、律师等法律职业共同体建设提供互动平台。⑥

(四)中国法治建设本土实践的理论价值

中国法治建设在立法、执法和司法层面的本土实践,揭示了中国对法治理论和法治建设模式的深层次认识。中国法治理论的起步和发展,可以说经历了从"法治"到"法治国家"再到"法治中国"的过程。从单纯"法治"到最后的"法治中国",意味着法治的中国化才是最终目标,而该过程事实上就是普遍法治的个别化建设过程。⑦ 法治的个别化建设强调不同种类的法治

---

① 参见王伦刚、刘思达:《从实体问责到程序之治——中国法院错案追究制运行的实证考察》,《法学家》2016年第2期。
② 参见肖扬:《充分发挥司法调解在构建社会主义和谐社会中的积极作用》,《求是》2006年第19期。
③ 参见于浩:《人民调解法制化:可能及限度》,《法学论坛》2020年第6期。
④ 参见于浩:《当代中国立法中的国家主义立场》,《华东政法大学学报》2018年第5期。
⑤ 参见苗炎:《司法民主:完善人民陪审员制度的价值依归》,《法商研究》2015年第1期。
⑥ 参见蔡立东:《智慧法院建设:实施原则与制度支撑》,《中国应用法学》2017年第2期。
⑦ 参见林来梵:《法治的个别化模式》,《环球法律评论》2014年第1期。

建设均可能具有现实性和合理性,由此便导向法治建设多元的立场。① 这里需要注意的是,不能认为法治建设的多元面向与法治理论的普遍要素相排斥,否则就很可能会认为只有"中国"才是"法治中国"的重要观念,从而忽视对"法治"本身的重视,甚至容易将法治视为一种可以任意形塑的工具。②

可见,中国法治建设的本土实践,能够增强"法治建设中国道路"命题的说服力,在法治理论与法治建设道路或法治建设立场之间建立起明确的区分。它暂且搁置"是否具有普遍的法治理论"的争论,转而主张在建设法治的路径上各国可以有各自的实践选择,由此将"法治多元"仅仅限定在法治建设的层面之上。就此而言,法治建设的中国道路或法治建设的中国立场并不直接给出"中国应当构建何种法治"的结论,但它表明:无论是否存在统一的法治图景,中国都应当且可以发展出结合中国国情和实践经验的法治建设立场。"法治的中国之道"也在此意义上得以成立:注重国家权力与社会主体权利的互动,加强问责机制和程序公正以实现权力与权利之间的相互合作,最终形成以法律为基础、规则为主线、合作为范式的国家统治、社会自治、个人自主协同治理。这是中国特色社会主义法治建设的内在必然,也是建设法治之中国道路、建设法治之中国立场所提供的宝贵经验。

第二节 "国家主义法治观"的概念与谱系

法治建设是一项系统性工程。中国走法治道路、开展法治治理,需要选择一定的价值定位作为指导。在不同的历史阶段,不同的国家和地区对价值定位的选择往往有所不同。从前面对中国法治建设的国情特点和本土实践的讨论来看,当代中国法治建设偏向于采取国家主导、自上而下推动的"国家主义"方案。我们选择用"国家主义"这一表征法治建设立场的概念工具来描述和刻画中国法治进程,就是充分肯定国家的积极作用,在进一步增强国家能力的过程中建设中国特色社会主义法治体系、建设社会主义法治国家,保障和促进社会公平正义。在法治建设方面,"国家主义"要求国家提供适合法治建设的稳定社会秩序,营造推进法律实施的良好氛围,使法治

---

① 参见雷磊:《探寻法治的中国之道——中国法治理论研究的历史轨迹》,《法制与社会发展》2020年第6期。
② 参见於兴中:《"法治"是否依然可以作为一个有效的分析概念?》,《人大法律评论》2014年第2辑。

发展进一步提速增效,与现代法治先进国家形成追赶之势,逐渐形成符合中国国情的、"法律出自国家、为了国家、倚重国家"的国家优位理念。此时,我们可以依靠"国家主义"的概念来界定国家对法治建设的整体认知,并借助"方法论国家主义"的视角来分析国家对法治建设的具体实践做法。这一整体认知和基于此认知而展开的实践做法,体现了国家对法治建设的总的观念。本书将这种观念命名为"国家主义法治观"。而为了更好地理解国家在中国法治建设中所扮演的角色,关注中国法治建设的国家主义立场,阐述"国家主义法治观"的概念和谱系,就显得尤为必要。

一、作为整体概念的"国家主义法治观"

"国家主义"的概念核心是认为国家具有自主意志和自主能力,并且相比较而言,国家体现个人和社会的意志之总和,代表着更为高级的"善",其行为也因此具有更高的优越性和正当性。那么,在此基础上,"国家主义法治观"如何展示其自身,如何开示中国语境下的法治建设问题?对此,我们必须直面作为整体概念的"国家主义法治观",梳理其理论谱系,进而简要阐明其现实意义。

根据上述分析,"国家主义法治观"一方面体现国家对法治的认知,另一方面经由此种认知,指向国家建设法治的具体实践。因此,理解"国家主义法治观"可以将其转化为国家(或公权力)与法律(法治)之间的关系,并可以进一步转化为国家、社会和个人在法律秩序生成中的关系。就国家与法律的关系而言,近代西方国家的法律史呈现出这样的特点:法律从隶属于国家到主宰国家,法律反过来对国家进行制约,形成"法治国"。在当代中国,国家与法律之间存在着密切的联系,法律与国家相伴相生。法律理论和法律实践都显示了这一特点。中国学术界较为权威的对法律的理解体现了明显的国家主义色彩,即认为法律和国家是一体的,法律的存在取决于国家,法律的效力来自国家,法律的权威归属于国家。[1] 在国家主义视野之下,法律可以这样被界定:法律是一种由国家制定或承认并由国家强制力保证实施的行为规范体系,法律的内容在根本上由社会物质生活条件所决定。法律通过设定权利和义务调整人们的社会生活关系,其最终目标是对统治阶级所期望的社会关系和社会秩序进行确认、保护以及进一步发展。这意味着,国家是法律的创造、应用和法律权威背后的主导者,法律的合法

---

[1] 参见 James Danziger:《政治学》,胡祖庆译,台湾五南图书出版股份有限公司2009年版,第104—108页。

性和有效性来自国家。这种关于法律定义的基本共识背后的逻辑是"在国家眼中什么是法律"这一问题。该问题实际上指的是一种分析思维的方式，即以国家为中心，通过国家来考察法律的基本含义和法律的运作过程，也就是前述的"方法论国家主义"，它在法律秩序的建构中注重国家学说，强调国家在法秩序建构中具有主导作用。

可以看出，"国家主义法治观"的要义是为了国家利益而构建法律秩序，以及在构建法律秩序时诉诸国家，从而形成上述"法律出自国家、法律为了国家、法律倚重国家"的特征。在这个意义上，"国家主义法治观"是一种建构，它指出了当前法治实践的特点和问题；它通过直面法治建设的矛盾图景，突出现实问题，积极介入法治建设，从而为中国的法治建设提供了具体方向。

"国家主义法治观"在中国语境下具有较强的理论渊源和文化背景，是分析中国法治建设的概念工具。

首先，国家主义法治观可以概括中华人民共和国的法律认识和实践进程。中华人民共和国法治建设中国家与法治关系的演进分析表明，无论是强意义的国家主义主导法治建设，还是后来强意义的国家主义隐退、弱意义的国家主义兴起，都体现着国家主义在中国法治建设进程中的主导地位。[①]这一现象也可以被认为是国家主义法治观垄断中国法律建设过程的现实表征。是故，"国家主义法治观"是当代中国法律思想、法制建设和法治认识的出发点，具体的法律实践同样以国家主义法治观为标准。

其次，"国家主义法治观"提供了深入分析中国法治实践诸多特点的坐标系。"国家主义法治观"是中国法治实践的一条主线，使用这一概念工具能够探索和反映中国的法治结构。因此，"国家主义法治观"具有目标指向性，能够关注当前中国法治结构的问题，由此出发可以深入研究法治实践的诸多面向，如法律与政治、法律与民族、法治与国情、法治与党的领导等问题，都可以经由"国家主义法治观"得到观察、证成。党的十八届四中全会提出全面推进依法治国的纲领和制度以来，国家主义与法治试验日趋并行不悖并成为常态，运用"国家主义法治观"调动中央和地方法治建设的积极性、统筹全国法治建设和涉外法治建设，也日益成为新共识。这意味着，"国家主义法治观"注重在具体的实践中进行指导，在当前有关法治的热点问题的公开讨论中，坚定而合理地表达自己的观点，提出自己的立场。

[①] 参见蔡定剑：《历史与变革——新中国法制建设的历程》，中国政法大学出版社1999年版，第226—259、355—372页。

二、"国家主义法治观"的智识背景与中国谱系

作为一种概念建构,"国家主义法治观"有其理论和历史根源,这构成对其进行深入分析的智识背景。"国家主义法治观"并非一时的偶然所得,也非短暂的经验总结,而是长期以来西方法哲学和政治哲学研究的一项重要思想成果。

(一)"国家主义法治观"的智识背景

在政治哲学和法律思想的大背景下考察国家和法律的关系,不难发现,这种强调国家本位、法律从属于国家的话语,从古希腊时期就已经成为历史事实,并被许多政治哲学家所诠释、发展。例如,在《政治家》中,柏拉图提出了民主立法方面的神明君主的统治①;在《法律篇》中,柏拉图提出了城邦之下的法治思想,统治者必须服从法律,这实际上暗含着法律源于城邦(国家)的思想②;在《政治学》中,亚里士多德开创了"人是城邦的动物"这一论题,指出城邦的所有公民都必须遵守法律,蕴含了国家在社会和个人之上,国家依靠法律进行统治的观念。③

这种对国家本位的强调在近代的国家主义话语中更为明显,实际上也表达出了对法治的国家主义理解。例如,马基雅维利认为,国家统治的合法性来源于权术的行使,来源于"狮子"的力量和"狐狸"的欺骗④,因此,法律和军队一样,是保护国家权力的必要工具⑤。在马基雅维利的理论中,法律是为了国家而存在,服务于国家统治的工具。根据霍布斯的理论,国家是由大量的个人组成的共同体,他们签订了社会契约,让渡了所有的自然权利,国家是一个整体人格,它可以以它认为对每个人的和平和共同防御有效的方式行使它的权力。这种人格产生于这样一个事实:一大群人中的每一个人都在他们之间订立了一个契约,即每个人都承认其他人或群体,并放弃自己的自治权,将这种权利授予一个人或群体,条件是其他人也将他们的权利让给其他人,并同样承认其他人的所有行为。一旦这样做了,这一大群人就被联合成一个单一的实体,它拥有一个整体人格,这就是国家或城邦(拉丁语)。这样,"利维坦"就诞生了。⑥ 按照他的说法,国家有一个广泛而最高

---

① 参见[古希腊]柏拉图:《政治家》,洪涛译,上海人民出版社2006年版,第87—90页。
② 参见[古希腊]柏拉图:《法律篇》,何勤华、张智仁译,上海人民出版社2001年版,第122—123页。
③ 参见[古希腊]亚里士多德:《政治学》,吴寿彭译,商务印书馆1983年版,第276页。
④ 参见[意]马基雅维里:《君主论》,潘汉典译,商务印书馆1985年版,第83—84页。
⑤ 参见[意]马基雅维里:《君主论》,潘汉典译,商务印书馆1985年版,第57页。
⑥ 参见[英]霍布斯:《利维坦》,黎思复、黎廷弼译,商务印书馆1985年版,第131—132页。

的权力,即主权,而创制法律则是主权的当然权力之一,所以按照霍布斯的说法,国家存在于法律之前,而法律是国家统治、管理权力之体现。

奥斯丁作为首创法律实证主义的学者,明确提出"法律命令说",即法律是主权者发出的、人们有义务遵守的命令,如果违反了法律,人们就会受到主权者的制裁。[①] 在这一定义中,法律出自国家(主权)的关系充分体现了出来。

这种强国家理论的立场在黑格尔的国家和法律理论中体现得更加明显。黑格尔把国家意志视为公共意志,认为只有它才能把法律揭示为人和社会的法律,因此,最高意义上的法律只能在国家中得到体现。[②] 黑格尔把法律理解为作为一种理念的自由,一种对必然的认识。[③] 这种意志是普遍的,只能是一种公共意志,只能通过规定和确立普遍性的立法行动来体现,因此,法律的存在只有在国家建立之后才能通过立法发现。[④] 在此基础上,人可以将自己的意志与国家相联系,找到自由的法则,从而实现自己的自由。可以看出,所有坚持国家本位的思想家都认为,在国家与法律之间存在一种天然的关系,国家创造了法律,而法律则为国家的治理需要服务。

(二)"国家主义法治观"的中国谱系

在历史上,国家主义既是一种政治趋势,也是一种与法治建设息息相关的价值立场。国家主义的理念曾在中华民族走向统一和繁荣的过程中做出过不可或缺的贡献,同时也深刻地影响着当代中国的法治建设进程。[⑤] 国家主义体现着一定的政治属性,具有成为国家意识形态的潜力,是一种具有较强理论化动机的主张。在国家主义看来,国家代表的是全民族与人民整体的利益,它力图防范个人利益对国家政治过程的妨害和侵扰,在社会生活的各个领域中极力塑造国家的中心地位。中国治道转型的过程可以视作国家主义与其他思想潮流不断竞争与融合的过程。因此,需要考察传统中国的国家主义思想源流,分析革命时期国家主义思想对中国的影响。

1. 传统中国的国家主义源流

古代中国素有"以法治国"的观念。如"故治民无常,唯法为治"[⑥]的法律工具论,又如"法,国之权衡也,时之准绳也"[⑦]的法律制度论,其目的在于

---

① 参见[英]奥斯丁:《法理学的范围》,刘星译,中国法制出版社2002年版,第24页。
② 参见严存生主编:《西方法律思想史》,法律出版社2015年版,第168页。
③ 参见[德]黑格尔:《法哲学原理》,范扬、张企泰译,商务印书馆1961年版,第36页。
④ 参见[德]黑格尔:《法哲学原理》,范扬、张企泰译,商务印书馆1961年版,第286页。
⑤ 参见张志铭、于浩:《转型中国的法治化治理》,法律出版社2018年版,第107—109页。
⑥ 《韩非子·心度》。
⑦ 《贞观政要·公平》。

确保和维护君主专制。在西方语境下，国家是社会结构发展的产物，随着社会的不断发展，地域原则逐渐取代了血缘关系，国家因而得以形成。与之不同的是，中国古代的国家是在氏族征战过程中渐趋成型的，这使得国家背后并非技术发展带来的地域关系强化，而是伦理关系演化形成的统治模式。① 因此，国家的权力也不是凌驾于社会之上的公共型权力，而是更多展现出了征服、统治以进行正当化的工具属性。

传统中国语境下的"国家主义"理念来源于岁凶祸乱、王朝并起的历史浪潮当中，因而呈现出压倒性的理论面貌。早在春秋战国时期，"国家主义"理念便初现端倪。宗法衰微，王权偏落，群体间的联系纽带亟需新的替代；农耕文明的发展，同时要求个人与家庭必须稳定在某个空间范围之内，人们的基本生活需求与耕地密切相连；战乱频仍，迁延日久，人们不得不追求一个强大的国家以寻得栖身之所。在这三重因素的作用下，国家逐渐褫夺了诸多非原生公共权力，从而凌驾于社会之上，国家为本，王朝为尊，社会民众居于其统治之下，任何事务皆归国家进行统治性管理的政治体制顺势形成。②

尽管在这一时期国家并不能统摄社会之全部，但社会民众对国家的刻意亲近在一定程度上反映了社会对国家势力的妥协，从而使得国家成为社会的代表，掌握了社会的原生权力。在对外关系层面，彼时的社会势力不足以抵御侵袭，其面对灾害祸乱的自我恢复功能基本处于瘫痪状态，人民的生存环境、日常关系都只能依靠国家才能维系。一方面，国家为社会民众提供了保护与服务，依靠国家势力重构的社会秩序远比夏商时期更具生命力，社会得以平稳运行；但另一方面，国家也窃取了原本属于社会与民众的权力与责任，人们只知服从国家，却不知服务社会，日常生活的自由被限制在国家规定的框架之内，民众与国家之关系呈现出明显的失衡状态，在此基础上，国家得以进一步主宰社会民众，代为掌握非原生权力与责任。国家集权笼罩社会，使得国家意志占据至上地位，甚至成为社会当中唯一的意志因素，国家独占政治话语权，以至于国家几乎可以主导管辖范围内一切事务的走向。

在处理与民众的关系问题上，国家往往是在宽松立场下暗藏紧绷，这也体现出国家对民众的强支配力量。尽管在表面上国家公务人员与民众的交

---

① 参见梁治平：《寻求自然秩序中的和谐》，中国政法大学出版社1997年版，第12—13页。
② 参见郎毅怀：《从国家主义到民本主义——中国政治的体制与价值观》，中国发展出版社2014年版，第6—8页。

集仅仅限于征税、征兵等少数义务性事件,但这并不意味着民众享有的权利与自由呈现优势地位,恰恰相反,民众的自由和权利统统由国家垄断掌握,社会的发展、变革也不无例外地受到国家的指向。在一定意义上,民众和社会力量已然脱离不了国家范畴,除去暴力抗争渠道外并无他法,即便是诉诸暴力抗争,无论其结果如何,终会以回归国家收场。

在社会内部的权力关系问题上,以封建君主专制中央集权制度为主线而构造的政治体制力图将国家与社会进行绝对区分,其意图乃是助力国家更为全面地掌控社会。为了将国家统治落实到社会事务的点滴当中,国家以阶层划分作为手段进行权力与责任传递,这种不平等的权力架构使得国家权力得以铺展到每一个民众的生活之中。皇权国家对社会民众的保护和主宰乃是国家主义体制的两重面向,而这两重面向之所以能够落到实处,又与阶层体制相互交融。具体而言,国家首先面对的是贵族地主阶层以及世族地主阶层,由于其拥有良好的经济实力与世俗权威,在社会的日常运转过程中扮演着重要角色,国家一方面需要以之为机能运行的主要倚重,另一方面又需防止它们脱离国家的掌控,因而其成为国家针对的首要目标。国家对于社会的建设与保护首先惠及这两个阶层,而国家对于社会的需求却被它们大量转嫁、分散给了农民群体,以至于农民群体成为国家体制的主要专制对象。在某种程度上,国家与社会相对立的局面实则指向的是国家与农民群体的对立。

然而,在传统中国语境下的"家国天下"观念成为国家意识的主流之后,古代中国的国家主义就开始呈现出"重内而轻外"的特征了。[1] 依托宗法制而建立的稳定权力结构成为历代帝王致力于改进的方向,其目的在于确保国家权威在百姓心中的至高地位。与之相对的则是在处理对外关系上,中国奉行的"天下"概念一方面令皇帝的权威诉诸上天,得到了超自然力量的加持;另一方面则扩大了国家的范围,同时不得不被动接受国家界限的逐渐消解,即使面对疆域之外的其他势力入侵,人们也倾向于将之视为民族矛盾而非国家矛盾。

事实上,传统中国语境下"国家主义"概念的理念内核,与近代西方语境下的"国家主义"思想存在着根本差异。从西方话语的角度来看,国家主义在某种意义上与个人主义和自由主义相连通,乃是对绝对个人主义、自由主义的补正,其强调使用国家统合个体,形塑良好的政治秩序,这使得在国家主义体系之内个体虽然不居于优位,但仍然需要得到必要的尊重,并非直接

---

[1] 参见[日]尾形勇:《中国古代的"家"与国家》,张鹤泉译,中华书局2010年版,第63—67页。

予以抹杀。与之不同的是,先秦时期的法家虽然在某种程度上也持类似国家主义的主张,但却不能以之为"通古今"之法。

先秦法家务实功利,个体被视为国家意志得以实现之手段。然而,因为民族国家的概念在彼时尚未形成,故而国家意志并非指代民族国家的意志,更多的指统治阶层的意志。事实上,君主的个人意志通常与国家的公共意志相勾连,而民众的个人意志则从国家意志领域消失了。诸如商鞅、韩非子等都认为政令乃是国家意志的体现,因而民众对于这些政令具有服从义务,这种服从并不以个人意愿为前提,而是带有绝对性的色彩,为了实现强势控制的目标,国家往往诉诸严刑峻法或利益诱导来贯彻法令的实施。尽管先秦法家的主张体现了国家至上的意味,并且要求民众对于国家意志的绝对服从,但他们无一例外地忽视了从伦理视角上论证国家的价值来源。他们或将国家君主的统治正当性归于天意,或从周天子的分封制度当中寻找权力起源,这些解释对民众而言无一不是不容置喙的事实,这使得诉诸伦理视角的论证既非必要也不可能。先秦法家学说的主要目标是服务于当时各个诸侯国中的统治阶层,其学说明显指向有关统治实践,很难将它与近现代意义上的国家主义相类比。把先秦法家思想简单地归为"国家主义",难免会体现出一些"以今释古"的倾向。①

先秦法家诸子的主张固然都体现了某种普遍性的立场,但具体而言,他们彼此之间仍存在不小的差异。春秋时期以管仲为代表的法家思想呈现出"弱意义的国家主义"的初始特征。当时,周天子权威旁落,但礼制尚未彻底崩坏,其对社会的控制效果依旧不容小觑,各诸侯国之间的斗争受限于礼法约束,社会矛盾并不尖锐,主流目标乃是争夺霸主地位。管仲认为,统治者应当兼采"礼""法"来实现对社会的控制,"牧民"以实现稳固统治的目标,其主张以民为本,强调对民众的爱护和重视,但这毋宁说是将民众作为工具来保护国家和统治者的利益,君主与国家才是根本旨趣所在。"霸王之所始也,以人为本。本理则国固,本乱则国危。"②这意味着管仲并不将民众的利益视为根本,民众的利益只有符合国家利益、与国家兴亡密切相关时才值得重视和保护。易言之,以民为本乃是为了称霸诸侯。而战国中期社会矛盾加剧,各诸侯国之间争斗频繁,社会利益的急剧分化使得国家之间的兼并战争成为时代主题,促使各国竞相变法图强。此时,以商鞅为代表的法家思想

---

① 参见魏治勋、刘一泽:《从先秦法家到近代新法家:国家主义及其当代价值》,《吉首大学学报(社会科学版)》2018 年第 6 期。
② 《管子·霸言》。

呈现出"强意义的国家主义"的初始特征。商鞅主张尽可能地利用社会各阶层的力量,以富国强兵为根本目标,其提出"以法治国"的口号,旨在令平民百姓、各级官吏乃至君主本人都要受制于律法要求。商鞅认为,个人意志应当被国家意志所取代,每一个人都只是国家整体中的一环而已,故而每个人都需要以国家利益为先,不得因私废公,这毫无疑问体现出了"强国家"的色彩。战国末期以韩非子为代表的法家思想则呈现出"极端意义的国家主义"特征,在当时强秦一统天下几成定局,首要问题不再是如何提升国家实力以谋求国家间斗争的优势,君主权力的强化逐渐成为核心要义。韩非子认为,在大一统的国家体制内如果想要强化君主权力,那么就必须以君主取代国家,民众需要服从君主意志,君主应当以法、术、势相结合的策略统御百姓,进而达到君权至上的目标。韩非子的主张既不同于管仲,也不同于商鞅,他透露出一个根本性的观点,即在国家的意志和君主个人的意志之间实际上并无区别,国家社会中其他所有目标无非都是为实现君主个人的目标而创设的,国家本身就是君主个人为实现特定目标、利益而打造的统治工具,这明显是一种比较极端的国家主义思想。①

先秦法家时期的国家主义观念带有浓厚的社会控制论色彩,其致力于以国家统合社会,以政府动员民众,促使国家成为一切社会生活的依归。法律之所以被法家作为社会控制手段中的最优选择,是因为其本身具有可重复使用的特性,成文制定的法律一旦颁布,对于君主的任意专断而言无疑是一种有效制约,并且这能够帮助君主意志得以正当化和合法化。但由于先秦法家思想中的国家主义理念将国家完全视为君主的统治工具,因而完全是工具取向的。

先秦时代乃是中国政治、社会以及文化思想的发轫期,在当时,中国的"国家"概念已然体现出了"天下"意涵。"天下"思想不仅作为统治基础而形塑出政治制度,更是为文化制度提供了理论源泉。"天下"思想反映出一个重要指向,即"天下"概念并不等同于"中国"概念,这意味着人们在处理"中国"在"天下"体系之中所处的位置问题之后,还需处理周边国家在天下体系中的地位问题。具体而言,"天下"除了包含华夏地区,还包含蛮、夷、戎、狄等九州之外地区。尽管蛮、夷、戎、狄等地区在"天下"体系中居于末位,但这种分裂仍然透露出不少信息:第一,蛮、夷、戎、狄等地区是"天下"体系中不可或缺的一部分,这说明"天下"必然是多民族的,正统天子需要妥

---

① 参见魏治勋、刘一泽:《从先秦法家到近代新法家:国家主义及其当代价值》,《吉首大学学报(社会科学版)》2018年第6期。

当处理华夏周边地区的系列问题，否则其统治的正当性和合法性便将面临质疑，这在多民族统一国家文化传统上起到重要作用；第二，"天下"体系为蛮、夷、戎、狄等地区人民获得"中国"身份标识提供了渠道，"多重性天下"的思想不同于偏狭的血脉观念，而是将政治、文化等意识因素视为区分条件，只要其他民族愿意放弃旧有身份而进入华夏群体，其成为华夏子民并非不可能。特别是儒家文化以"天子唯德"作为统治诉求，更是令统一的多民族国家得以保持连续性。

"天下"观念实则呈现出一种自我中心的语义特征，但这种自我中心并非指相对于蛮、夷、戎、狄等的华夏中国，而是相对于包括整个国家在内的至高"天子"——皇帝。在这一维度上，"天下"观念更像是一个以"礼"为内核的政治文化体系，"天下"范围内的所有主体都因与天子的距离不同而拥有了各自的政治地位，与这种政治地位同时出现的还有各自的权利与义务，这些实际上都反映的是对天子的服从性关系。正是因为"天下"观念在古代中国的奠基性地位，在民族关系问题上，国家的统治者总是模糊主权问题，而诉诸抽象的文化传承。其他民族势力如果认同皇帝的统治权威，便可以在形式上归属于皇帝的统治，中央并不强迫这些地方建立起与中央相同的政治制度，也不要求其立即接受中央文明。只要势力领袖表示承认国家的主权，中央便会在当地设立象征中央政府的统治部门，然而这种部门并不掌握有真正的行政权力，在大多数时期内，中央对这些地区的统治以间接统治为主。而这样的后果在于，在华夏地区的国家势力具有绝对优势的时期，这种方式既不诉诸暴力战争从而保护了皇帝在天下观念中的有"德"地位，树立起皇帝的统治正当性，又保障了周边民族势力对中央的依附关系，最低限度地确保统一的多民族国家的稳定运行。

在处理民族问题上，统一的多民族国家的模式展现出了文化主义的倾向。由于在最初的中国就表现出多民族国家的现实状态，中国人对于民族产生了一种特殊的认识，这与近现代民族观念并不一致。中国古代的民族思想，并非以种族血脉为区分标准，也不以地域位置为划分依据，生活方式、生产方式以及在此基础上形成的行动方式、价值观成为根本界分标签，先秦时代下的民族标识，实则正是文明共同体的自然分野。蛮、夷、戎、狄等名称原本并不带有贬低之义，只是代表对于群体生产生活方式的归纳总结，这使得种族观念被极大地淡化了，一个接受了礼教教化的野蛮群体同样可以转变成为文明群体，诸如北魏、清王朝等国家政权由于采纳了礼教文化，仍然可以被视为正统王朝。

在明末清初，顾炎武、王夫之、黄宗羲等思想家曾经提出过"新民本"的思想，其目的在于区分"国家"与"天下"，形成具有划时代意义的新型"国家观"。这种国家观的提出初衷乃是为了抨击君主专制制度,令人民认清君主和"天下"的本质区别,他们强调的"公私之辩"也是为了约束君主的个人私欲。① 不过,他们的主张却与近代的国家主义有着不小的重合。顾炎武认为,国与"天下"乃是两个不相同的事物,国是国家,在现实社会中是以王朝的形式存在的,"天下"是一种超越特定朝代的社会秩序,受道德、伦理和文化的约束和调节。即使王朝国家消亡,维系社会的伦理秩序依然存在,那么"天下"便不会消亡。顾炎武在一定程度上仍然同意君主和国家结合的正当性,但是在他看来,这种君国结合的前提必然是君主本人能够"有道",即致力于保持国家主权和社会的伦理秩序。② 在当时的情况下,顾炎武实际上表达了他对于民族国家对外保持独立地位的美好想象,他认为君主应当为了自己的统治而放弃千年来对待民族问题的暧昧态度,在主权问题上必须坚守底线,出卖主权和领土完整,致使百姓沦陷于敌人之手无疑将会削弱君主的统治正当性,这恰好填补了传统中国的国家主义思想在对外方面的缺陷。遗憾的是,这些思想并没能成为当时社会的主流,因而国家主义思潮仍然体现为"重内轻外"的畸形状态。

不过,近代中国所面临的国际政治形势一方面挑战了清王朝的统治权威,另一方面也影响了人们对于多民族国家体制的认识。19世纪后期,边疆危机迫使清王朝重新思考"国家"的含义,此后,以主权意识为引导的近代国家观念逐渐取代了传统的"天下"观念。

必须承认的是,近代孙中山等人提出的民族主义和国家理论与传统中国的国家思想存在不少差异之处,这也使得两者注定无法走向妥协与融合。传统中国尽管奉行多民族国家体制,但其"天下"观念决定了其要求不分华夏、蛮夷,所有人民都归属于一个"天下"范畴之内。与之相对,孙中山等人主张的近代民族主义则力图建立以民族概念为基础的近代民族国家;"天下"与"民族国家",前者开放包容,后者收敛限缩,呈现出完全不同的性质立场。即便抛开国家主义,近代欧陆的国家概念也有着基本共识。如前所述,"nation"包含"国民"和"民族"双重意义,而"nation state"则包含"民族国家"和"国民国家"两重内涵。这意味着,"民族国家"和"国民国家"实则为一体两面的同一物,这是由欧陆的历史文化因素决定的,"民族"和"国民"在很大程度上也是可以等同的。然而,在传统中国,"民族国家"并不等

---

① 参见冯天瑜、谢贵安:《解构专制——明末清初"新民本"思想研究》,湖北人民出版社2003年版,第155页。
② 参见顾炎武:《日知录》卷九。

同于"国民国家",孙中山等人有关建立"民族国家"自然就可以建立"国民国家"的见解,实际上只是一种美好的理想。欧陆的民族主义带有浓厚的地域特色,属于地域型的民族主义。申言之,只要在统一的法律和制度下建立起共同体制度和意识,一个民族(nation)自然就成立了。不过,孙中山等人主张的民族主义是一种民族型的民族主义,其重视血统因素,反而对共同的生活地域以及文化等要素不甚重视,这与欧陆的民族主义有较大差异。

在某种程度上,欧陆的民族主义和国家主义精神是一脉相承的,两者在逻辑上不存在矛盾之处。国家主义重视国家利益,强调国家实力增长的前提是国家内部的矛盾已然被搁置或者基本化解,如果一国之内国民处于彼此争斗的状态,国家的有效运转实则并无可能。而孙中山等人的民族主义思想与国家主义在逻辑上可能存在某种紧张关系。

必须承认的是,传统中国的国家主义思想也慢慢影响了孙中山对于民族国家的设计理念。在革命经历挫折之后,孙中山重新提出了"国族"的思想,这种讲求民族、种族、文化融合的概念明显受到了传统中国"天下"观念的影响。孙中山等人肯定了"天下"观念对于多民族国家建设的合理性,但是"汉民族"和"中华民族"之间的概念混用一直存在,这使得"国族"观念并没有得到良好的反响。事实上,19世纪末20世纪初的这段时间内,现代民族主义在全中国的广泛传播产生了极大的影响。这种民族主义来源于德日,实质上带有浓厚的国家主义的影子。它讲求建立一个强大的、能够抵抗帝国主义侵略的中央集权式国家,也就为"全民族"主权理念奠定了基础。

2. 近代中国国家主义思想的批判与发展

(1) 20世纪初期杨度的"金铁主义"思想

及至近代,诸如曾琦、李璜、杨度等人也站在基于国家所需而学习西方的立场上,成为国家主义派的代表。其中,杨度的"金铁主义"和国家主义救国论等观点,较为突出地展现了清末学人对国家主义和国家主义法治观的基本认知。

杨度的国家主义学说得以形成,在很大程度上受到了彼时中国进化主义的理论影响。严复引入"物竞天择"之理,大有一新世人耳目之效果,中国"民气为之一变"①。杨度同样沾染其气息,其在借鉴达尔文、赫胥黎等理论的基础上,提出人类世界的生存竞争学说,辐射于所有事物,无一可置身事外。② 在一定意义上,原本贯穿于整个社会之中的"超稳定结构"——儒家

---

① 胡汉民:《述侯官严氏最近政见》,《民报》1905年第2期。
② 参见杨度:《金铁主义说》,载左玉河主编:《杨度卷》,中国人民大学出版社2015年版,第74页。

伦理纲常逐渐失语,绵延数千年之久的"礼的秩序"被尊崇国家的"力的秩序"所取代。① 这种改变背后却是物质主义对社会的侵蚀,对此采取何种态度成为当时社会各界必须回答的问题,同时,这也构成了一切制度构建的基础立场。②

早在杨度东渡日本之时,其就以国民教育问题为焦点讨论了变革救国的可能性。杨度抨击了当时盛行的欧化倾向主张,在他看来,当时中国之国民的爱国心未能形塑,当务之急乃是组织国民团结起来对抗列强,倘若舍弃本国文化精神以崇拜欧陆,则中国国民力量势必将与日俱损。杨度在日本以明治维新时期的教育改革为参照,发现日本同样经历了从全盘西化复归本土主义的转变过程,其原因就在于,这两种倾向在发展改革过程中乃是互为裨益的,如果偏废其一,则后果往往超乎想象,故而彼时中国也应当将两种倾向主张同时并举,实现发达的国民教育。③ 鉴于日本的发展遭遇,杨度对于两种倾向的无偏倚共举显然是一种理想型策略,其意图通过这种方式规避日本发展过程中出现的系列问题。④ 然而,这种策略选择也充斥着无奈的信息,当时海外诸国未能有如此变革以强国的先例,如此行事将面临的问题也未可知。杨度此设想一方面展现了他本人对于政治改革图景的敏锐把握,另一方面也透露出他对于变革强国的追求呈现为急迫、焦灼的样态。宏大立场之选易得,何以施行之法难求,杨度必须回应的问题之一,自然是如何将本土主义与欧化主义分别置于不同的位置,以此实现两者的兼容并存。对此,杨度区分了一个国家的政治架构与国家文化这两个概念,并指出一国的政治架构同国家文化是可以具备不同属性的。具体而言,欧陆的民主立宪制度在国家、社会层面的正当性与有效性业已得到确证,中国若想实现富强大可参照其经验;但在国家文化层面,以儒家伦理为基础的道德结构深入人心,其不仅能够促成国民一体,同时也能够保持民族自身的独特性。⑤ 正因如此,杨度主张二者并举就拥有了理论基石。

尽管杨度对于这种区分结构颇具自信,但这种理想化的截然二分很快就遭受到现实的打击。清末修律过程中法律与礼教的激烈纠葛让杨度不得

---

① 参见许纪霖:《现代性的歧路:清末民初的社会达尔文主义思潮》,《史学月刊》2010年第2期。
② 参见杜亚泉:《精神救国论(续一)》,载《杜亚泉文存》,上海教育出版社2003年版,第40—41页。
③⑤ 参见杨度:《〈日本学制大纲〉后序》,载左玉河主编:《杨度卷》,中国人民大学出版社2015年版,第24页。
④ 参见杨度:《支那教育问题》,载左玉河主编:《杨度卷》,中国人民大学出版社2015年版,第19页。

不放弃原来的共举法,只能选择其一作为其立场。当时,以张之洞为主要代表的"礼教派"强烈反对以沈家本为代表的"理法派"所制定的《大清新刑律草案》。这一法律草案参照西方刑法体例,但在"礼教派"的反对下不得不进行修改,而修改的版本沾染了许多封建家族主义的气息,原先的国家主义立法旨趣也随之毁损。① 杨度痛心疾首之余,只得与传统文化思想分道扬镳,其将中国传统礼教视为"治民之一政策而已"②,故而应当因时因地而有所不同,欧陆未尝没有礼教,只是不同于中国之礼教而已。杨度将礼教与法制视为家族主义和国家主义的对立,二者只能存一废一,在当时的情况下,舍弃家族主义自然成为必然的选择。

20世纪初,杨度创办《中国新报》,他认为彼时中国之问题不在国体而在政体,不在其主而在其宪,开始宣传其国家主义的主张。杨度审慎考察后指出,民主立宪并非时代良策,唯有实行君主立宪方可扭转时局,令国民肩负责任,从而以立宪国家取代专制国家,以责任政府取代放任政府。杨度在《中国新报》上发表的《金铁主义说》乃是该报的代表性论著,由于杨度本人自幼接受传统的"天下"观念,在经过由传统士绅向近代知识分子转变之后,其对于中国文化里国家观念的淡化有着独到的解读。在杨度看来,"国家"概念在传统话语中一直是缺失的,人们以为中国之外无所谓世界、国际,中国之外无所谓其他国家,易言之,中国即世界,世界即中国,这一观念令传统文化在应对近代冲击时一直处于失语的状态。

然则,中国虽受列强凌侮,但国内自诩文明天朝而不可向番邦仿效之声潮却尤为高涨,何以在保持文明的前提下实现国家转型成为新问题。杨度为此说明,诸国皆为文明国家,但所处世界却是野蛮之世界,本国内的法律虽秉持自由、平等种种原则,国与国之间的法律却只奉强者为尊,乃是"铁炮的说话"。故此,中国若欲在野蛮的世界中求得一席之地,就自然要用"世界的国家主义"替代传统模式。所谓"世界的国家主义",其实就表现为经济的军国主义,大概率是由于当时列强都是依仗强大的经济实力与军事实力而恣意横行,在这种情况下,中国如果仅追求经济实力或是军事实力中的一个,则难免会在残酷竞争中落败。天演世界中,唯一原则便是自由竞争,中国幅员辽阔、物华天宝,之所以屡屡败于列强,并非天然不足,而是人不能尽用其天然而导致的。

---

① 参见李贵连:《中国法律思想史》,北京大学出版社2005年版,第230—232页。
② 杨度:《论国家主义与家族主义之区别》,载左玉河主编:《杨度卷》,中国人民大学出版社2015年版,第263页。

杨度对时局有着清晰的判断，经济军国主义固然是毋庸置疑的立国之路，但在此之前则应当首先彻底颠覆腐朽衰败的政治结构，其目的在于发达国民之能力，令国民可与世界之国民相知相见。为了更好地唤醒国民意识，杨度将经济军国主义命名为"金铁主义"，一则与当时国内翻译的俾斯麦"铁血主义"相区分，二则突出经济与军事在其中扮演的重要角色。

杨度指出，"金铁主义"既包括对内的"富民"，即谋求工业、商业在国家结构中的核心位置，并由此自然追求民权的扩张，旨在重塑国民的自由精神；同时也包括对外的"强国"，即强调军事力量在国家发展中举足轻重的作用，如果军事实力得以巩固国防，政府在外交上便能从容应对。

杨度的"富民"目标尽管意图强化国民精神与权利，但从根本立场上与欧陆的政治学说并不一致，在某种程度上，金铁主义中的"富民"并非真正目的，这就与警惕公权力膨胀而保障国民权利的欧陆诸学说有所差异。杨度将"富民"视为巩固国权的先决条件，其意在通过民权的扩张倒逼责任政府的实现，落脚点仍是发展国家。与此同时，政府以"富民"为要旨而施政本就是天职所在，清政府蚀内而谄外，除非经历颠覆改造，否则秉持金铁主义而求国富民强只会是痴人梦呓。

杨度痛心疾首地指出，清政府既不像俄国那般奉行野蛮专制，虽有强力却不行仁民之事，也不像一些开明专制国家以强力求仁民，他将清政府视为蒙昧之政府，并因蒙昧而不知责任。中国同胞势必要将"仁民爱国"置于心头，改国家之消极为责任，进而打造文明国家，只有这样，中国才能在波谲云诡的世界中真正找寻到安栖之地。

杨度同时也阐述了自己的民族主义观念，其将种族和民族进行了区分，前者意为依据血统而界定，后者则依据文化因素而界定，这样一来，满、汉实为同民族而异种族的群体，其国家观念理应合一。① 杨度提出民族主义观念的意图，乃是为了团结满、汉、蒙、回、藏等诸民族共建统一之政府，并且形成了国家、国民、种族这三层递进的逻辑结构，论证了统一负责任的政府构建依据。在国家层面，杨度依照甄克斯（Edward Jenks）的理论指出，彼时中国在许多方面都已然跨过宗法社会的阶段，但囿于国家实力与民族精神迟迟无法进入军国社会的阶段，其主要阻碍就是社会上以礼教为骨的家族制度。② 在国民层面，军事能力、经济能力、政治能力以及责任心乃是衡量国

---

① 参见杨度：《金铁主义说》，载左玉河主编：《杨度卷》，中国人民大学出版社2015年版，第200页。
② 参见杨度：《金铁主义说》，载左玉河主编：《杨度卷》，中国人民大学出版社2015年版，第99页。

民程度的四大标准,并且这四种标准对于国民的要求也呈现为逐渐递增的趋势。① 从宗法社会过渡到军国社会,以民族主义立国的方式才能转变为以国家主义立国,赋予国民政治能力,真正实现国家为国民所共有,而非帝王家事,只有如此,国家之事方能占据每一国民之内心,人们心生政治责任感也就自然是水到渠成。②

"金铁主义"指在经济和军事上强化国家力量。杨度主张通过增强中国的军事和经济实力,使中国在世界舞台中赢得足够的话语权,从而在以丛林规则为特征的国际事务中获得平等的机会。要想落实"金铁主义",就要变"野蛮专制"为"开明专制",国家要主动转变统治方式,自上而下进行政治体制改革,通过国家的强力充分保障民权,鼓励社会资源充分涌流,积极引导发展工商实业;同时,积极提高武力,扩充军力,实施军国主义。国家主义救国论,同样是强调军国主义和民族主义的结果。杨度在甄克斯的社会发展理论的指引下,将社会区分为宗法社会和军国社会。其中,宗法社会以民族立国,强调民族而非国家,因而只是"族民"而非"国民";军国社会即国家主义的社会,强调国家观而非民族观,因此国民对国家均有浓厚的政治责任。杨度据此认为,中国在晚清时期就已具备进入军国社会的条件。此时必须强调以国家主义救国的理论,尽快使中国进入军国社会,从而与"金铁主义"相联系。可见,杨度的国家主义观念,是强调国家自上而下地实行开明专制,通过国家强力推动政治体制改革,对内保障民权,为资本主义经济提供话语空间;同时对外强调军备扩张,为国家提供生存空间。③

据此,作为话语类型的、极具影响力的国家主义观念,在 20 世纪初对中国产生了较强的理论影响。这种话语赋予了一个弱势国家扩张实力、掌握社会的正当性与合法性。不过,由于它并没能确保法律和秩序的有效生成,市民社会不仅没能建立起来,反而连萌芽的基础也逐渐被消解了。

(2) 民主革命时期对国家主义的批判

到民主革命时期,仁人志士纷纷参与到救亡图存的运动中来。他们舶来或提出的各种思想主张,在革命的长时期大背景下不停地经受"试验"。

---

① 参见杨度:《金铁主义说》,载左玉河主编:《杨度卷》,中国人民大学出版社 2015 年版,第 101 页。
② 参见杨度:《金铁主义说》,载左玉河主编:《杨度卷》,中国人民大学出版社 2015 年版,第 102 页。
③ 参见蔡礼强:《晚清大变局中的杨度》,中国社会科学院研究生院 2003 年博士学位论文,第 73—75 页。

这一时期涌现出的许多观念思潮,在不同程度上均受到过国家主义的影响,并在批判和吸收国家主义思想的过程中进一步发展、完善了自身的思想体系。这些革命年代的知识分子在历次实践检验中不断摸索、调整着他们对国家主义思想的认识。同时,围绕着国家主义,各方也展开了不同的理论论争与制度竞赛,集中体现在中国早期马克思主义者与国家主义者的论争。

20世纪初,西方的国家主义思潮就逐渐传入中国,作为一种救国图存的学说而被许多知识分子所追捧,在杨度的"金铁主义"流行后,国家主义派渐渐壮大,并在后期成为中国青年党的主张。不过,当时的国家主义者却始终没能对国家主义给出一个精准的定义,这在很大程度上来自"国家"这一概念的混杂性,其后果便是国家主义一直处于与诸如民族主义、权威主义等多重概念的混同之下。不过,作为一种时兴的政治理论,国家主义坚持把国家视为最高利益集合,强调增强国力以抗击外侮,这无疑契合了当时人们的根本愿景。

在1927年前的国民革命时期,国家主义者和马克思主义者彼此辩驳,两者关系趋向恶化①,但事实上,两者既有斗争,也有联合形成统一战线的空间。早在中国共产党建党伊始,"民主主义的联合战线"就被确立为党的主要政策之一,在此指导下,共产党人对国家主义者进行了多次争取,也取得了一定的成果。即使在1924年后,共产党人也并未放弃同国家主义者寻求共识与合作的想法,不过,限于彼时的现实条件,这一想法并未得到实现。问题在于,这或许并不意味着两者没能进行一定条件下的思想交流与融合,他们之间的联合与斗争尤为值得关注。

1918年夏天,曾琦与李大钊在北京号召成立"少年中国学会",这为国家主义者和马克思主义者初次往来创造了条件。曾琦与李大钊早在旅日留学期间便结下了友谊。1918年3月,东京的中国留学生成立"华瀛通信社",曾琦与李大钊时常有书信交流,是年5月,曾琦因参加了学生归国运动而返沪。1918年年底,曾琦的《国体与青年》一书发行,以国家主义为核心思想,激励青年人为实现民族独立而奋斗,宣扬超阶级的共和国体,胡适与李大钊纷纷为该书作序和推广。李大钊在当时已成为中国最早的马克思主义者,其《庶民的胜利》等文章引起了广泛的热议,而这也令他在看待曾琦该书的时候有了不一样的视角。② 不过,曾琦并不赞同李大钊所力推的国际

---

① 参见王奇生:《"革命"与"反革命":一九二〇年代中国三大政党的党际互动》,《历史研究》2004年第5期。
② 参见李大钊:《〈国体与青年〉跋》,载《李大钊全集》(第二册),人民出版社2006年版,第264—265页。

主义视角,在他看来,一国变革乃是本国之事,不需要置于国际变革大势中看待,两者并没有必然的联系。这种分歧展现出了曾琦与李大钊在立场上的差异。①

1919年7月,"少年中国学会"正式成立,但在这一过程中曾琦与李大钊分歧不断。曾琦认为,少年中国学会的根本目的乃是救国图存,青年人当奋勇拯救国家命运,②而李大钊则认为青年人不应当仅仅把救国视为目标,更应当向着人类解放事业奋斗③。1920年,李大钊代表少年中国学会同天津觉悟社的周恩来、刘清扬等晤谈,之后李大钊萌生了将少年中国学会彻底改造为马克思主义社团的想法,曾琦听闻后断然拒绝。④ 在少年中国学会发展过程中,新的会员不断加入,其中既有国家主义者,也有不少马克思主义者,恽代英、张闻天等时常批判国家主义者的主张和观点。1920年夏,恽代英发文表示自己不认同国家主义,并对国家主义进行严厉批判,认为国家主义者"拘守狭隘",眼光短浅。⑤ 后来余家菊所作的《国家主义教育学》一书成为批判对象。由于该书旨在弘扬中国传统文化,恽代英称之为"小农业、小工业的产物"⑥,萧楚女等也从不同角度出发对国家主义主张进行了驳斥,李璜对此感到不满。⑦ 这些理论之争,在一定程度上为后来国家主义派以及在此基础上组建的中国青年党蜕变为资产阶级右翼政党、走向人民的对立面埋下了伏笔。

尽管国家主义者和马克思主义者在"主义"问题上无法达成共识,但他们却拥有同一个目标,即创造"少年中国"。恽代英和李大钊发表过类似的看法,认为意见的不同都是"表面"的事,彼此之间不存在"不可调和的殊异"。⑧ 正是这种共识才令国家主义者和马克思主义者有了彼此沟通、融合的可能。1922年6月,中共中央发表《中国共产党对于时局的主张》一文,明确表示要努力团结各个民主党派,以实现建设民主政治的目标。⑨ 党的早期领导人认为,国家主义者的另一重身份乃是资产阶级民族主义者,因而

---

① 参见陈正茂等编:《曾琦先生文集》(下),台北"中研院"近代史研究所1993年版,第1373页。
② 参见曾琦:《会员通信:致周太玄、李璜》,《少年中国》1919年第1期。
③ 参见李大钊:《在〈国民〉杂志社成立周年纪念会上的演讲》,《国民》1919年第1期。
④ 参见曾琦:《会员通讯:曾琦致左舜生》,《少年中国》1920年第3期。
⑤ 参见恽代英:《怎样创造少年中国?》,《少年中国》1920年第1期。
⑥ 参见恽代英:《读〈国家主义的教育〉》,《少年中国》1924年第9期。
⑦ 参见李璜:《社会主义与社会》,《少年中国》1922年第10期。
⑧ 参见李大钊:《"少年中国"的"少年运动"》,《少年中国》1919年第3期;恽代英:《怎样创造少年中国?》,《少年中国》1920年第1期。
⑨ 参见陈独秀:《中国共产党对于时局的主张》,《先驱》1922年总第9期。

在民主主义革命时可以将他们作为革命伙伴来对待;萧楚女表示,为了革命的有效开展,国家主义也可以作为党的一种动员口号来使用。① 从一定意义上看,这一时期,中国共产党人对于国家主义者的团结工作收获了不俗的成效。

必须承认的是,国家主义者在这一时期能逐渐接受中国共产党提出的"民主主义联合战线"政策,也有着自身的因素。1922 年 6 月,少年中国学会在杭州举行会议,左舜生、陈启天对时局发表了同马克思主义者类似的见解,重申对外反对帝国主义侵略、对内推翻军阀势力的根本目标。② 这无疑契合党在民主革命时期的最低纲领。特别是经过科学社会主义思想传播的洗礼,国家主义者也一改往日的态度,开始对资本主义进行反思和自省,以消灭剥削、实现经济平等为核心的科学社会主义思潮逐渐在国家主义者内部流传开来。③ 与此同时,李璜还表示社会主义与民主主义之间存在着共通关系,民主主义发展的终极目标实则就是"民享",这意味着国民的"经济生活与智慧生活平等"④,而这又与党在民主革命时期的最低纲领不谋而合。李璜在多篇文章中都表达了对社会主义的同情态度,不过,他对马克思主义的阶级斗争立场始终持有保留态度。

在法国,曾琦与周恩来等屡屡发生冲突。1923 年因"山东临城劫车案"的发生,旅法华人意欲成立旅法各团体联合会,并以联合会的名义向世人发表《告国人书》。负责这一事宜的便是曾琦、周恩来等人。周恩来认为国内军阀和外国帝国主义势力乃是国人的"二重压迫",救国之道便是团结世界被压迫阶级共同反抗帝国主义势力,动员国内各阶层一起推翻军阀统治。⑤ 曾琦对此表示不满,国家主义派与党的旅欧支部之间发生直接冲突。1923 年,中国青年党在巴黎成立。该党一方面反对共产党,另一方面又反对国民党,不过由于该党的国家主义立场,中国共产党认为仍有争取、团结该党的空间。⑥ 面对中国共产党的示好,中国青年党并没有给出积极的回应,症结在于他们并不认可和支持国共合作。

1925 年"五卅惨案"发生后,中国许多城市都开展了罢课、罢工和罢市的示威活动,中国共产党与中国青年党的分歧凸显。中国共产党认为,"五

---

① 参见萧楚女:《讨论〈国家主义的教育〉的一封信》,《少年中国》1924 年第 12 期。
② 参见《1922 年杭州大会纪略》,《少年中国》1922 年第 11 期。
③ 参见李璜:《社会主义与宗教》,《少年中国》1920 年第 8 期。
④ 参见李璜:《国家主义与现代政治》,《醒狮周报》1925 年总第 63 期。
⑤ 参见周恩来:《旅法各团体敬告国人书》,《少年中国》1923 年第 8 期。
⑥ 参见李富春、刘伯庄:《向团中央的报告》,《党的文献》1991 年第 1 期。

卅惨案"引发的群众活动乃是反帝国主义、反对阶级压迫的一部分,中国的民族解放运动也是世界解放运动的一部分,斗争的矛头应当直指国际帝国主义。① 而中国青年党则不以为然,认为背后的敌人只是英日两国,如果此时与全世界帝国主义国家为敌,则中国不免遭受内忧未解、外无强援的境况,中国革命前途实则堪危。② 此外,曾琦认为国人自家工厂本不需牵涉罢工,否则民众失业、经济停滞,非但起不到示威效果,反而损害了基本生活。中国青年党在工人运动中充分暴露出其阶级软弱性,中国共产党人开始认为,以青年党为代表的国家主义者,无非是一群依附于资产阶级的知识分子。例如瞿秋白就认为,国家主义者在此事件上表现得虚伪、荒谬,没能看清工人运动的本质。③ 此后,双方展开了激烈的论战。

可见,马克思主义者与国家主义派的根本矛盾,在于对阶级斗争和国家观的不同立场。国家主义派自始至终坚持采用一种超阶级的国家观,认为国家并非保护某个特殊阶级的权力机器,而是以"调和冲突,实现公道"④作为国家的中心任务,也因此,他们反对阶级斗争,主张以抽象的"国民"或"全民"概念来指导大革命。针对共产党人的阶级斗争立场⑤,曾琦、李璜、左舜生等表示反对,双方就此展开了新一轮的论战,也意味着国家主义派与马克思主义者在理论上已无调和空间。

1926年"三一八惨案"发生后,中国共产党人向国家主义者最后一次抛去了橄榄枝,但遭到的却是直接的拒绝。此后,共产党人开始将国家主义派视为反动分子,认为他们没有坚持抵抗列强、内除国贼的历史任务,反而盲目攻击作为"中国民族革命的朋友"的苏俄以及领导国民革命的工人阶级及其先锋队,已经背叛革命。⑥ 陈独秀把国家主义派归入"军阀走狗"的范畴,称之为"民族运动的死敌"。⑦ 同年9月,《中国青年》发表文章,指责国家主义派已经堕落为反动势力,认为国家主义乃是共产主义的敌人,其意在消灭无产阶级。⑧ 加之同时期国家主义者曾倒向北洋军阀阵营,国家主义派与共产党人的友好关系彻底走向终结。

此后,共产党人重新与国家主义派恢复接触的主要契机,是中日两国之

---

① 参见陈独秀:《世界革命与中国民族解放运动》,《新青年》1926年总第5期。
② 参见曾琦:《蒋介石不敢复言打倒帝国主义矣!》,《醒狮周报》1926年总第100期。
③ 参见瞿秋白:《国民会议与五卅运动》,《新青年》1926年总第3期。
④ 参见朔林:《国家存在的理由》,《东方公论》1931年总第52—53期合刊。
⑤ 参见恽代英:《与李琯卿君论新国家主义》,《中国青年》1925年总第73期。
⑥ 参见超麟:《替段祺瑞辩护之国家主义者》,《向导》1926年总第148期。
⑦ 参见陈独秀:《十月革命与东方》,《向导》1926年总第178期。
⑧ 参见张梓湘:《国家主义是什么?》,《中国青年》1926年总第133期。

间的民族矛盾上升为主要矛盾。"九一八事变"之后，中国青年党力主靖国难，倡导"政党休战"，要求各党派放弃政见差异，共同抗日。① 这一主张的提出其实有章可循，青年党所倡导的"国家主义"，当国土沦丧、国家面临危险之时，青年党人基于国家至上、民族至上的理念提出休战主张，自然是理所应当。② 西安事变发生后，左舜生在青年党内召开紧急会议，认为应秉持国家高于一切的原则，积极争取释放蒋介石，并与曾琦和阎锡山共同商讨援救计划。③ 曾琦更是表明对蒋介石的援救不容迟缓。④ 中国共产党积极争取和平解决西安事变的努力，在缓和国共两党之间关系的同时，也促使中国青年党缓和对中国共产党的敌对立场，在团结一致抗战方面，与中国共产党达成部分共识。然而，受限于自身的阶级立场和狭隘的国家主义观念，中国青年党最后彻底沦为国民党反动派的"民主花瓶"，走上了反共、反人民的道路。

（3）中国共产党在根据地建设中对国家主义的批判性发展

由于马克思主义对国家始终持一种"统治阶级的权力工具"之看法，共产党人与国家主义者在理论上水火不容。但随着中国共产党开始集中进行根据地建设，共产党人迫切意识到亟须增强政权的控制力，而这正是国家主义者所一再强调的。因此，尽管不认同国家主义者关于国家本质的看法，但这一时期的中国共产党不再对国家主义持有绝对的敌意，而是在继续批判国家主义本质性错误的同时，主动选择借鉴其中的有益成分，在根据地积极探索建设国家治理体制、增强国家能力的道路。

1930年，中国工农红军在赣西南地区建立起革命根据地，党的根据地建设也逐渐提上日程。同年10月，毛泽东在会议中主张要发挥党员优势来进行政权建设，以政治力量弥补军事力量上的劣势。⑤ 在政治动员潮流下，大批新党员被吸收进中国共产党组织内。当时，中国共产党人采用新民主主义革命纲领对党员进行思想教育，即反对封建主义的压迫，争取民族国家富强独立，扩大党的群众基础，为革命根据地建设提供了源源不断的新鲜血

---

① 参见《中国青年党暨中国国家主义青年团为日军占领东北事告全国国民》，1931年9月26日，载沈云龙主编：《中国青年党的过去和现在》，台北中国青年党中央党部1983年版，第235—236页。
② 参见余家菊：《回忆录》，中华书局1948年版，第61页。
③ 参见潘再中：《长夜漫漫失明灯——悼念左舜生兄》，载周宝三编：《左舜生先生纪念集》，台北文海出版社有限公司1981年版，第158页。
④ 参见曾琦：《五年来朝野协力之经过》，载陈正茂等编：《曾琦先生文集》（上），台北"中研院"近代史所1993年版，第242页。
⑤ 参见《赣西南会议记录（1930年10月13日）》，载中央江西省委党校党史教研室选编：《中央革命根据地史料选编》（中），江西人民出版社1982年版，第628页。

液。但这一立场在当时引起了共产国际的误解。①

在中央与地方关系问题上,党的根据地建设也呈现出与国统区政权建设不相一致的看法。传统中国至近代以后,社会政治组织松散程度很高,政府虽统领辖区内大小诸事,实则控制力有限,晚清绅权的扩张更是令政府在社会治理中每每遭遇挫折。民国时期,这种情况虽有所改善,但地方豪绅对社会的控制仍然强势。国民党政权无力改变这一现状,因此也就与国家主义强调的积极行政控制观念背道而驰。需要说明的是,彼时盛行的西方政治理论大多都不赞成实行严密的行政控制,对国家权力秉持保守态度,这毫无疑问对国民党政权的施政方针影响不小。不过,国民党内追求权力垄断的野心始终未曾停止,他们始终试图通过各种方式提高政权的集权度,并因此与各地方派系展开了复杂的权力斗争。

与之不同,中国共产党在赣南建立根据地后,以其强大的政治动员能力进行政治结构改革,以军事力量为先导、以阶级斗争为核心,并以苏维埃作为地方政权的组织原则。② 随着赣南、闽西革命根据地逐渐扩大并形成中央革命根据地,共产国际远东局明确指出,希望中共中央考虑令毛泽东参与政府建设工作,客观上为毛泽东切实参与根据地的政权建设创造了条件。③ 中央苏区的政权建设采用代表会议制度,以中央人民委员会作为国家行政机关,政权的政务工作皆由中央人民委员会负责实施。而在地方政权设计上,苏区采用"议行合一"制度,基层政权落实到村一级,在每个村都成立苏维埃组织,这无疑令苏维埃制度拥有极强的政治权威能力,中央对地方的控制得到空前加强。④

土地革命战争时期的根据地政权建设,为党在延安时期探索根据地政权建设模式奠定了基础。这一时期,中国共产党人吸收了党外各类主张以及不同政党政纲中的有益经验,更充分地探索了新民主主义理论,大体上描绘了新民主主义下国家制度和权力运行结构的蓝图,执政能力也得到了较

---

① 参见《米特凯维奇的书面报告(中国苏维埃经验)》,载中共中央党史研究室第一研究部主编:《共产国际、联共(布)与中国革命档案资料丛书》(第7册),中共党史出版社2007年版,第510页。
② 参见《南丰中心县委给总政治部信——整顿党团组织与地方群众工作问题(1932年9月15日)》,载《闽赣苏区文件资料选编》,福建三明档案馆、福建建阳档案馆、江西抚州档案馆1983年编印,第1—2页。
③ 参见《共产国际执行委员会远东局给中共中央政治局的信》,载中共中央党史研究室第一研究部主编:《共产国际联共(布)与中国革命档案资料丛书》(第9册),中共党史出版社2007年版,第451—452页。
④ 参见毛泽东:《才溪乡调查》,载《毛泽东农村调查文集》,人民出版社1982年版,第336页。

大的提升,在理论层面则推动了马克思主义中国化的进程。在这一方面,强调从国家的角度整体推进政权建设的国家主导立场,成为党推进基层政权建设的重要智识来源。

随着中日民族矛盾成为国内主要的社会矛盾,为了尽可能吸收团结爱国力量,抗日民族统一战线的建设成为中共中央政策中政权建设的服务目标。1935年,刚刚到达陕北的中共中央,便立即决定成立中央党政军领导机构,主张优先联合国内各阶级建立抗日民族统一战线;12月,瓦窑堡会议决定将"苏维埃工农共和国"更名为"苏维埃人民共和国",旨在宣传代表工人和农民的政权转变为代表全中华民族的政权。① 1936年8月,《中国共产党致中国国民党书》更加旗帜鲜明地指出,支持成立全国统一的国防政府,主张动员全国各个阶层团结抗击外侮、建立民主国家。

抗日战争全面爆发后,抗日民族统一战线正式形成。② 在第二次国共合作时期,"如何进行国家建设"这一命题被替换为"如何进行政治建设",其中原因自不待言。党在延安的13年局部执政期间,重新思考政治建设在一切工作中的地位问题,并将政治建设和政权建设相结合,在相当范围内进行了实践。尽管国家主义者同样把政治建设视为国家发展的必要环节之一,但囿于西方政治理论,他们往往把政治建设的目标等同于实现政治民主化,国家的政治建设实则就是要创造出符合民主价值的政治体制,进而实现从传统国家向现代国家的转型。而在共产党人看来,国家建设的首要任务是政治建设,而且政治建设理应被置于一切工作之首。于是,组建拥有人民代表参加的新型政府,就成为民主政治的新要求。③

在陕甘宁边区政府成立后不久,毛泽东在《目前抗战形势与党的任务报告提纲》一文中明确提出了他关于政权建设的看法。④ 不过,毛泽东强调,必须区分"政府建设"与"政权建设",并且要紧密依靠抗日民族统一战线开展政权建设为基础,为党的局部执政和推进政权建设提供正当性依据。1938年10月,毛泽东在《论新阶段》一文中指出,当前国共两党应当根据现实需要,对三民主义进行新的发展,抗日民族统一战线应以新三民主义政权理论作为共同政治基础,矛头直指国民党独裁政府。1939年,毛泽东在《中

---

① 参见中央档案馆:《中共中央文件选集》(第10册),中共中央党校出版社1991年版,第610页。
② 参见中央档案馆:《中共中央文件选集》(第11册),中共中央党校出版社1991年版,第157—158页。
③ 参见《毛泽东选集》(第二卷),人民出版社1991年版,第375—376页。
④ 参见《毛泽东文集》(第二卷),人民出版社1993年版,第53—54页。

国革命与中国共产党》中首次提出"新民主主义"概念,指出只有中国共产党才是新民主主义革命的领导力量,民主革命必然导致社会主义革命。①后来,毛泽东指出,革命要建立的是无产阶级领导的国家,未来的中国应该是由反帝反封建的全体中国人民联合专政的民主共和国。②

在具体的政权建设方面,共产党人吸收了国家主义的有益成分。《陕甘宁边区施政纲领》指出,共产党员应当与党外人士进行民主合作,不能"把持包办"一切工作。③ 全党需团结一致,争取所有爱国积极力量并肩抗日,党内人士须暂时放下阶级成见,无论资产阶级、地主阶级还是其他人士,只要愿意为了实现民族解放而奋斗,就可以作为革命的伙伴。此时,如何在制度上处理党的领导权问题,就成为需要予以重新商定的关键之一。毛泽东认为,应在坚持党的独立领导权基础上建立以民主集中制为组织基础的政府,广泛吸纳优秀人才,真正将民主改革贯彻到底。

在这一时期,各个根据地开始尝试实行参议会制度。这一制度最早可以追溯到陕甘宁边区试点的议会民主制政体。1937 年,中共中央西北办事处制定《陕甘宁边区议会及行政组织纲要》和《陕甘宁边区选举条例》,明确了陕甘宁边区的基本政治形式为乡、区、县三级的议会民主制。④ 1941 年,陕甘宁边区召开了第二届参议会,在会前发表了《抗日根据地的政权问题》一文,文章将"三三制"作为根据地政权建设的原则,以保证人员结构上具有更强的代表性。

毛泽东同志主张,在陕甘宁边区建立新型的"三三制"民主政权模式,也就是在参与政权的人员构成中,共产党员、党外左派进步分子和中间派各占三分之一,以此构造出包容性强、人员充足的政权组织。⑤ 这种新型的民主政权模式一方面保障了共产党在民主政权中的领导地位,另一方面极大地缓和了各个党派势力之间的关系,以往被排斥和打击的小资产阶级以及开明绅士等都被团结起来,有利于宣传和塑造全民族抗战统一战线。不过,与国家主义者所追求的那种全民参与、超阶级的国家模式不同,中共中央仍然认为在新型民主政权模式的探索过程中应当始终坚持党对一切工作的领导地位,这体现在内部与外部两个方面:在内部,坚持

---

① 参见《毛泽东选集》(第二卷),人民出版社 1991 年版,第 651—652 页。
② 参见《毛泽东选集》(第二卷),人民出版社 1991 年版,第 675 页。
③ 参见《毛泽东文集》(第二卷),人民出版社 1993 年版,第 335 页。
④ 参见梁星亮、姚文琦:《中共中央在陕甘宁边区十三年史》,中央文献出版社 2016 年版,第 507 页。
⑤ 参见《毛泽东选集》(第二卷),人民出版社 1991 年版,第 742 页。

马克思主义的根本要求,任何党员不得做出违反党内决议的言论与行为,解决革命问题首先就要依赖权威来保证行动的一致性;①在外部,则重申党的集中统一领导要求,明确地方党委统一领导根据地内的党政军民学各项事务,并且通过党委坚决贯彻中央指示②。这些观点为中国的国家建设提供了丰富的实践资源。

第三节 中国法治实践中"国家主义法治观"的影响与意义

对传统中国以来的法制史叙述展示了国家对法律和法治的认识与实践,体现出"国家主义法治观"的立场。本节将具体阐述国家主义法治观对中国法治建设的影响及其意义。

一、国家主义法治观对中国法治建设的影响

国家主义法治观对中国法治建设的影响是多方面的。对此,不妨以国家主义法治观在中国法律体系建构历程中的功能发挥为例,来分析国家主义法治观对中国法治建设的影响。③

首先,国家强调立法者理性的建构思路。在这种建构思路下,立法者被确认为具有充分立法理性、立法技术和立法能力的群体,他们被认为能够完成逻辑自洽且完善的法律体系。在实践中,立法者则并不十分强调立法表达、立法逻辑、立法论证、立法理由等技术性规范方案,而将重点放在尽力扩张法律所欲调整的范围上。

其次,中国的法律体系建构奉行政党主导模式。执政党在很大程度上主导了国家法律的制定、运作和施行情况。同时,执政党的立法建议具有启动立法、提供立法内容的重要意义,甚至在某种程度上具有一种实质意义上的"立法活动"效力。④ 具体包括:党相较于国家机关的最高权威性、党对国家机关的领导性以及党的意志的贯彻性(既包括上升为国家意志,也包括自上而下贯彻落实到基层)。因此在某种程度上,执政党、政府和立法活动

---

① 参见《马克思恩格斯全集》(第29卷),人民出版社1972年版,第413页。
② 这一主张通过1942年《中共中央关于统一抗日根据地党的领导及调整各组织间关系的决定》("九一决定")提出。
③ 参见张志铭:《转型中国的法律体系建构》,《中国法学》2009年第2期。
④ 参见韩丽:《中国立法过程中的非正式规则》,《战略与管理》2001年第5期。

呈现出一定的同质化。①

再次,中国的法律运作模式以立法机关和司法机关的互动为主,司法在法律建构过程中的存在感较弱。从法律制定和运作的过程来看,立法机关为主、行政机关配合的模式是主导特征;司法机关则被放在单纯适用法律的地位,消解了司法在法律建构过程中的权威和作用。

最后,在立法过程中强调国家理性,推崇自上而下的立法样板,缺乏上下互动的空间。这一方面表现为国家立法没有有效地吸收社会公众意见,没有开放社会讨论的正式制度,缺乏公众参与,甚至存在"闭门造车"、立法程序"走过场"、立法由行政部门"包揽"的情形;另一方面表现在对社会多元规范的吸收、重视不足,对"软法"与"硬法"的关系协调不够的问题。②

国家主义法治观暗含着对待国家与法治关系的特定立场。就两者的合作层面而言,对于法治,国家主义法治观为逐步成熟的民族国家提供了稳定的国内环境,并不断扩张国家的话语边界,为法治的生长提供了充足的土壤;而同时,对于国家,国家主义法治观也允许以法治作为证明国家权力来源正当性的依据,促使国家权力运作始终满足"法无明文规定不可为"的界限。但是,两者也存在相互竞争的关系。这一方面是因为,法治以保障个人自主和社会自治为前提,意味着法治体系的自我制造和自我生产机制终将与国家主义所要求的国家整合社会权力的要求相冲突;另一方面,由于国家主义法治观在本质上持一种明显的法律工具论和国家意志论,更加强调法律体系的国家属性,要求突出国家制度建设的特殊性,因此就有可能消解法治体系的独立性和自我生产机制。

在中国的法治秩序建构中,国家与法治这种相互合作又相互博弈的关系似乎更为明显,令中国的国家主义法治观呈现为复杂的多面体形象:自清末变法改制以来,国家主义法治观在很长一段时期内都是中国法治建设的基本共识。自上而下的法治建构道路和大范围的法律移植成为法制变革的时代主题。在客观上,国家主义法治观起到了引入法治理论、建构现代法律制度的作用。但是,这种法治构图却不得不受到原初意义上的法治理念的正当性拷问,以至于国家主义法治观与法治话语之间各执一端,妨碍了国家统治的理性表达:当国家主义法治观强调法律是国家治理社会的政策时,法律就会被忽视或工具化表达;当国家强调民主化、法治化政策时,国家

---

① 参见叶传星:《转型社会中的法律治理——当代中国法治进程的理论检讨》,法律出版社2012年版,第12页。
② 参见姜明安:《软法的兴起与软法之治》,《中国法学》2006年第2期。

主义法治观就又会体现为尊重法治话语,要求法治为经济建设和国家建设保驾护航;当国家主义与法治话语内在张力凸显时,国家主义法治观就要求重述法治话语,主张法治建设必须与现实国情相适应。

通过对国家主义法治观的概念、谱系及其现实意义的分析,可知中国的法治建设历程与国家主义法治观的立场密不可分,且归根结底取决于国家对法律和法治的整体看法。国家主义法治观在当前中国的法律体系和法治建设中仍占据着重要地位,这有助于缩短建立现代法律体系和法治制度的时间,缩小中国与法治发达国家的距离。然而,由于国家主义法治观强调"法律源自国家、法律为了国家、法律倚重国家"的立场,可能会忽视或者是无法及时兼顾社会和个人的正当需要,消解上下互动的对话空间,使国家与社会、个人的力量失衡,进而引发国家统治正当性的问题。

二、国家主义法治观对中国法治建设的意义

观察和审视中国法治实践的过往经验与已有不足,是一个复杂而艰巨的任务。中国40余年改革开放的历史进程,特别是党的十八大以来对全面推进依法治国的重要期待,都表明中国必须依赖法治才能建成具有良善治理体制的社会主义现代化国家。法治将社会释放出的各种活力转变成为改革的成果,有效形成国家、社会和个人的协调治理机制,并成为界定三者之间基本关系的准则和行为共识,为中国的治理事业奠定坚实基础。在这一过程中,国家主义起到不可或缺的作用,它强调国家具有独立意志,立足于国家相对于社会和个人的父爱主义立场,为后发型法律现代化国家奠定了依法治国的基调,勾勒了法治国家的基本图景。无论是世界范围内东西方民族国家的兴起和最终形成,还是近代以来中国的法制现代化发展历史,都能够说明这一点。这同时表明,国家主义并非与法治相对立,而是在许多方面与法治相互支持。但不容置疑的是,国家主义和法治之间并非没有相互冲突的地方。当代中国法治建设的实践经验与理论总结表明,在相当长的一段时期内,国家是从"工具"的角度来理解法律、法制和法治的,也就是把法律、法制和法治作为证明统治合法性的必要武器。在某种意义上,这是法治能够顺利获得国家认可、被国家所正名的根源,也是当现代法治的普遍性理念与国家的统治秩序发生紧张关系时,国家对此产生强烈"不适"感的重要动因。

国家主义和法治之间这种既有合作也有对抗的关系将会在理论和现实两个场域内持续引发争议和讨论。只是当我们从规范性研究视角转变为功能性研究视角,即采取一种"方法论国家主义"的研究立场时,这种紧张感会

稍有松缓,但并不妨碍在具体的法治治理实践中运用那些普遍的法治理念。改革开放以来,中国的法律体系完善、司法体制改革、行政执法体制深化改革和近年来兴起的依法管理互联网以及相关的治理行为,都体现了这一点。在增强法律解释、注重法律方法方面,国家主义和法治建设之间的这种内在隐微的冲突,并非无迹可寻。

国家主义与法治的这种关系以及"法治"概念本身的复杂性①,会使中国法治建设过程尤其是在"应急法治"状态下始终遭受"反法治"之疑②,同时也使得中国的法治建设经常面临国情特色和一般法治之间在学术话语和实践操作中的张力。一方面,照抄照搬普适化的法治概念,并以这种概念径直批判中国的法治建设甚至将中国法治建设的成就打入"法治"另册的做法当然不可取;另一方面,也必须意识到具有国情特色的法治仍属法治范畴。正如魏德士所言,法治的"核心价值不可放弃"③。因此,通过思考一般性法治建设与国家主义的关系来理解国家主义法治观对中国法治建设的意义,就显得至为重要。

最先面临的困难是"法治"的多义性。"普遍服从的良法之治"(亚里士多德),"法律主治、法律面前人人平等和法院应当保护权利"(戴雪),"法律的内在道德"(富勒)……我们能够举出法治的无数定义。关于法治的争议如此众多,以至于我们只能将其大致分为认为法治是形式性的、工具性的,只需要符合一定的形式合法性从而成为一个"合格"法体系的"形式法治观",和要求法治承诺特定价值,将其整合进一个制度、文化与价值观组成的特定复合体的"实质法治观"。④ 表面上看来,不包含任何特定价值前提的形式法治观可以作为一般性法治建设的内涵,但是,这种法治只具有一般性、公开性、可预期等特点,无法有效地将法律与政策、文件区分开来,法律的作用仅仅是为公民提供一种行动理由,并以政府行为符合法律作为保证,即只强调限制公权力,因此需要实质法治观进行补充。法治可以被赋予许多特定价值,如民主、保护个人权利和自由等,如果将这些价值一概纳入一

---

① 参见於兴中:《"法治"是否仍然可以作为一个有效的分析概念?》,《人大法律评论》2014年第2辑。
② 参见李学尧:《应急法治的理想类型及其超越》,《中国法律评论》2021年第2期。
③ [德]伯恩·魏德士:《法理学》,丁晓春、吴越译,法律出版社2013年版,第405页。
④ 参见[美]塔玛纳哈:《论法治:历史、政治与理论》,李桂林译,武汉大学出版社2010年版,第117页;Randall Peerenboom, Preface, in Randall Peerenboom ed., Asian Discourses of Rule of Law, Routledge, 2004;陈景辉:《法治必然承诺特定价值吗?》,《清华法学》2017年第1期。

般性法治建设的范畴,无疑是犯了一味地量化、只见树木不见森林之讹误,①亦重陷入前述国情特色和一般法治之纠结。考诸法治概念流变,权利保护是法治最初的要求,《大宪章》强调了限制国王权力和不得非法褫夺个人权利,权利保护被戴雪作为法治的三项原则之一,而其他诸如民主和社会福利等价值,都是后来逐步被补充进法治的价值序列之中的。在西方国家的法治进程中,仅保障私权利而不强调其他价值的发展阶段不仅不被排除在法治之外,还被视为是法治的精要所在。这种观点也被许多移植和继承西方法律体系的国家所接受。② 因此,将保障私权利作为一般性法治建设的组成部分是合理的。

如果我们将法律的形式合法性特点,以及限制公权力、保障私权利作为法治建设的一般性成分,将之视为不同国情条件下普适性的法治共识,就需要回应这种一般成分的法治理念与国家主义之间的关系。

首先,法治的一般性成分作为国家主导的法治建设的核心,为法治建设提供指引、划定限度。无论如何强调法治建设中的国情特点和国家主导性,法治的核心内容都不可放弃,否则建成的就必然不是法治。在中国国家主导的法治进程中,许多法治的新举措、新制度是基于理性建构、自上而下形成的,对于这些创新如何评价、是否值得采取往往通过后果主义的方式,即基于制度绩效进行。而一般性法治建设则为这种后果主义评价提供了方向和限度,即不单单考虑制度和做法的治理效果和治理成本,也将是否符合法治的一般性成分纳入考量。在立法过程中经常出现立法程序和立法内容上的创新,例如民法典对离婚冷静期的规定等,法治的一般成分通常要求这些立法内容的变化不能够违背明确性、无内部矛盾等形式合法性的要求,也就是要求立法创新应当与既有的法律在体系上相协调。体现"因时而变、随事而制"的政策性法律规范虽然能够更好地实现法律治理目的③,但因其不符合稳定性的形式合法性要件而应当被排除出法律的范畴。在司法和执法过程中,制度和方式上的创新也是普遍的,如认罪认罚制度的设立、庭审直播的开展,以及"一网通办"式平台的出现等。在对这些创新进行评估时,我们不能脱离和放弃保障公民权利、限制政府权力的法治框架;如果限缩公民权利程度不同的方案两相比较,则应当采取限制较小的方案。

其次,明晰法治的普适性内容,为国家主导的法治建设提供有效镜鉴。

---

① 参见黄宗智:《我们的问题意识:对美国的中国研究的反思》,《开放时代》2016 年第 1 期。
② 参见[新加坡]约西·拉贾:《威权式法治:新加坡的立法、话语与正当性》,陈林林译,浙江大学出版社 2019 年版,第 36 页。
③ 参见徐孟洲:《论经济社会发展规划与规划法制建设》,《法学家》2012 年第 2 期。

作为后发型法治现代化国家,中国在法治建设的过程中必然出现向法治发达国家进行大量学习和借鉴,甚至径直进行法律移植的现象。但是,意识形态和历史文化上的差异使得这一过程面临一些困难。在这个过程中,如果能够明确一国法治中的普适性内容,就自然能够明确该国如何实践这些内容,而在一定程度上免去借鉴和移植过程中因意识形态和文化差异带来的困惑和混乱,并就不同国家间实现这些普适性法治内容的策略进行比较。例如,在限制公权力的要求下,美国通过三权分立的制度设计实现权力的制约与限制,但是限制政府权力相当于限制了国家主导推行法治的能力。为了实现限制公权力的目的,中国主要通过设立一系列监督机构,以强化规则对权力行使者的监督来实现权力制约的目的。

最后,国家主义在一定程度上能够消解一般性法治建设的内在张力。一方面,保障权利存在成本,对个人权利的保障而言,国家是最重要的应然主体,因此对私权利的保障和对公权力的限制这两方面在很大程度上是此消彼长的。对公权力的过度限制,将使得私权利无法得到有效保障,而个人权利的无限扩大最终会导致"保姆型国家"的出现。自由主义认为国家是"必要之恶",因此这一矛盾尤为凸显;而在国家主导的法治进程中,国家被视为"必要之善",国家通过自我设限的方式来推进法治。同时,以国家为主导的法治建设存在理性建构主义的特点,在制度设计的层面上需要寻找保障权利与限制权力的平衡点,从而消解国家与法治之间的实践张力。另一方面,法治的形式合法性特点,尤其是稳定性有时会与保护权利的实践需求存在冲突,导致权利保护的滞后。在新权利方兴未艾的情况下,这种冲突体现得尤为明显。在国家主义立场下的法治建设过程中,这一冲突往往通过立法的理性建构或积极司法进行及时干预和解决,有时这种干预甚至超前于客观需求。因此,国家主义也能为一般性法治建设提供养分。

根据上述分析可知,国家主义和法治之间的复杂关系以及由此牵涉的社会问题,是中国法治化治理过程中自然而然遇到的合理现象,也是中国作为后发型法治现代化国家在转型过程中必然会面临的问题。后发型法治现代化国家的法治发展轨迹就是以国家作为推动法律制度建设和培育法治的初始动力。如果国家将法治视为某种反映国家能力和体现国家意志的价值,那么它自然会将法治视为其客观上促进自身的价值。然而,如上所述,法治的自主价值在很大程度上将会挑战国家主义关于国家高于社会和个人的观念,从而造成国家主义和法治之间的对立。从法治的角度来说,在激赏国家致力于推动法治的同时,也要注意到国家主义可能会存在消解,甚至是取消法治的潜在效应。当然,国家主义与法治之间的此种关系,反过来说明法治在具体的实践中也需要与国家达成合作,在坚持自身的普遍适用性的同时承认法治建设所具有的特殊性,特别是承认法治建设所处的不同国情、不同时空背景和不同的实施对象,从而有的放矢、张弛有度地推动法治落地。① 这也是国家主义法治观对中国法治建设最为重要的意义。

总而言之,国家主义法治观的意义可以归纳为:国家主义法治观督促我们关注国家对法治的理解,稳定国家在法治建设方面所形成的既有理念和行动预期,帮助国家更广泛包容地尊重和吸收社会主体长期以来形成的习惯和其他社会规范。同时,国家主义法治观也允许法治在尊重国家对法律的理解的同时,坚持自己的应然理念。国家主义法治观接受法治的主张,认为国家需要依据法治理念来保护社会成员和个体的利益,特别是通过法律职业群体的专业性和公益性来实现国家权力在法律面前的自我限制,最终走向国家、社会和个人三者协同、相得益彰的规范体系和法治文化风格,形成具有鲜明中国风格的法治秩序。②

小　　结

通过梳理当代中国法治历程和学界对法治立场的认知可以发现,作为整体概念的"国家主义法治观",就是将国家视作本位,透过国家考察法律的基本意义及其运行过程。简言之,就是为了国家的利益而构建法律秩序,以及依靠国家来构建法律秩序。国家主义法治观通过直面中国法治建设的争议问题积极参与法治建设,它既是对当代中国法律概念和实践的总结,也是深入分析当前中国法治实践诸多特点的重要坐标。这样一种看待和分析法律的立场观念,从学说谱系来看并非偶然所得,而是有着西方法哲学和政治哲学研究的长期基础,即便在中国也有其生成的理论土壤与历史来源。

客观地说,中国的国家主义主张是历史形成的。在近代中国遭受列强侵略、国家积贫积弱的时代背景下,如果不选择依靠一个强有力的国家,那么几乎不可能维护国家主权和领土完整。无论是民族解放过程还是国家现代化建设过程,都需要由一个具有强大民族凝聚力的国家来主导进行。以中国法治建设为例,一个具有有效整合和动员能力的国家,能够为法律实施

---

① 参见於兴中:《"法治"是否仍然可以作为一个有效的分析概念?》,《人大法律评论》2014年第2辑。
② 参见苏力:《社会转型和中国法治》,《经济导刊》2015年第5期。

创造稳定的环境,有助于保障法律体系的系统性和协调性,从而为国家法治事业发展保驾护航,并在全球法治事业中形成后发优势,不断接近西方发达国家的法治水平。

这种基于实践而形成的国家主义立场,使得中国与西方在理解国家主义的内涵,认知国家、社会与个人关系结构方面有着显著差异。在西方,古希腊时期亚里士多德即指出,在城邦之外不是神就是动物,也就是说,他认为人是社会和政治的动物,强调国家在先,个人在后,国家处于更优地位。近现代以降,自然法学派提出了社会契约论,根据这一理论,个人通过让渡自己的权利和签订契约来形成国家,并认为个人在先于国家。近现代西方将国家和社会分开,认为社会是个人的自由联合体,具有自我管理和自我调节的特点,个人可以自由加入或离开,因此社会可以撤回到众多个人。而在中国,则表现为从国家一统过渡到国家后撤。虽然出现了社会组织,但它们并不从属于也无法还原为个人;社会高于个人,既可以反对国家,也可以在一定程度上压制个人成员。

此外,传统中国语境下的国家主义也和西方的国家主义存在差异。尤其是在封建时期,国家主义是君主专制中央集权主义的代名词,以国家为本位,公共权力由国家机器独占,国家代表和主宰社会,由国家来统治社会和人民。在此种情形下,民众只有绝对服从,整个社会依附于国家而存在,片面地强调个人对国家的义务,因而模糊了人的概念,否认民众作为个体的基本权利。究其原因,当时生产力水平低下,如果没有国家对整个大环境进行调度与整合,单凭个人的力量无法抵御自然灾害和外部势力入侵,更无法维护社会正常运行,由是专制意义上的国家主义应运而生。简言之,封建时期的国家主义即为统治与服从,带有绝对性的意味,国家的话语是唯一在政治上具有意义的话语,整个社会的运行和走向完全取决于国家意志的内容。

国家与社会的分化是随着生产力的提高而逐渐生成的,人类由奴隶社会步入封建社会,"国家"一词也开始由模糊变得清晰。国家与社会的分化从夏朝开始,逐渐明晰,春秋时期,齐国率先建立了国家主义政治体制的雏形,直至商鞅进行了激进的国家主义实践,使得秦一统六国,国家主义才步入正轨。在中国长达两千多年的帝制长河中,国家主义不断得到强化,而个体的权利则不断地受到挤压与剥夺,个体存在的意义逐渐被消解、弱化。自汉代以来,国家主义被包裹在儒家纲常伦理之中,用等级化的思维来强化王权和国家的至高无上,君主即国家的观念根深蒂固、代代相传。从表面上看,历代王朝给予了民众宽和的生活环境,但实际上古代专制王朝仅给予农民和商人微观自由,即简单再生产和经营权利,民众没有其他经济自由和经济权利。社会的一切重要自由、一切机会都由国家来垄断和掌控,社会的一切经济变革和政治维新都由国家来定夺。离开国家的认可和操作,民众和社会除反抗王朝和国家外,不可能有真正的政治作为。①

直至 20 世纪初,西方的国家主义思潮传入中国,成为救国救民的一大药方被应用于改造中国的政治实践。国家主义在时代的推动下被动形成,一时间成为热潮。何为国家?国家的力量如何体现?在积贫积弱的中国,何种国家才能有足够的力量构建一个新的秩序,给人民一个安定和平的环境?面对这些问题,人们又陷入了反思与迷茫,以曾琦为代表的国家主义者与革命主义者进行论辩,但始终无法精确地定义国家主义。"国家"本身就具有复杂性,国家主义在不同的语境中具有不同的含义。在党派林立的民国时期,国家主义者坚持"国家高于一切"的原则与民众的愿景相呼应。虽然国家主义者在革命中受到抨击,但不可否认国家主义在民族危难时的作用。此时的国家主义思潮认定国家在人类社会中具有无可争议的至上地位,国家利益不容任何侵犯。在维护国家和谐、稳定和统一方面,每个个体都必须无条件地表示忠诚并履行服从的义务。

穿透国家主义所具有的复杂历史经纬,我们可以发现其始终贯彻的理论主张,即主张国家的一元化统治,国家拥有最高理性和最高权力,国家意志体现并渗透到全部社会领域和每个个体生活中,民族感情和民族意志,公民政治和国家的理性观念交织在一起,但现有的法律和政治制度以及伦理道德观念也得到尊重,允许使用法律和法律制度保证国家法规的统一和权威。在近代中国饱受内外部问题困扰的情况下,国家主义主张整合和调动社会资源,建立和宣扬最高主权,以国家意志为最高权威,承认国家是全体人民利益的代表,认为只有不断提高国家能力,才能真正实现中国的崛起。② 这种观点意在解决中国现代化进程中"一盘散沙"的问题,对近现代中国的国家能力建设产生了重要影响,也因此影响到中国法治实践和法学理论的构建。③

应该说,在中国法治建构的路径中,国家主义以及据此形成的"国家主义法治观",无疑烙下了深刻的印痕。在这样的立场指引下,法治建设呈现出以下局面:国家与法律紧密联系,法制与法治建设以国家作为本位,通过国家来观察法律的基本含义及其运作过程,并以国家话语展开对法律的论

---

① 参见郎毅怀:《从国家主义到民本主义——中国政治的体制与价值观》,中国发展出版社 2014 年版,第 7 页。
② 参见许纪霖:《当代中国的启蒙与反启蒙》,社会科学文献出版社 2011 年版,第 243 页。
③ 参见吕世伦、贺小荣:《国家主义的衰微与中国法制现代化》,《法律科学》1999 年第 3 期。

述和法律体系的建构。在国家主义法治观的指导之下,中国立法遵循理性主义的建构思路,法律体系建构奉行政党主导模式,法律运作模式采取立法行政紧密合作的方式,并且在立法过程中也是强调国家理性,推崇自上而下的立法样板。明显可以发现,国家主义观念与法治似乎存在巨大的内在张力,这恰是中国法治建设中一个重要的面向。

  为此,需要深入开掘和反思国家主义之于中国法治的意义,认识到法治的一般成分与国家主义之间的正确关系。首先,法治的一般性成分作为国家主导的法治建设的核心,为法治建设提供指引、划定限度。其次,明晰法治的普适性内容,能够为国家主导的法治建设提供有效镜鉴。最后,国家主义在一定程度上能够消解一般性法治建设的内在张力。国家主义与法治之间的博弈,是转型中国在法治化治理过程中必然遭遇到的基本问题,国家主义对法治建设有明显作用,同时也可能消解法治本身。面对这一局面,法律人有责任促成法治对国家权力的规训,促进社会自治和个体自主的实现。

第三章 国家主义法治观在中国法治体系中的实践表达

国家主义主张国家具有自足自洽的独立地位和自主的理性,国家是抽象国族共同体的人格化象征、代表,凸显了国家意志的全面性,认为国家意志贯穿社会与个人生活中,并以强制力保证政策法令的统一性和权威性。中国法治建设的整个历程都与国家主义相伴随,以国家为核心和以国家的诉求为主张推进法治建设的国家主义法治观,是当代中国法律体系和法治秩序建构的基础理念。在中国法治体系的制度设计与表达中,随处可见国家主义法治观的痕迹。本章将从立法、司法、执法三个领域检视当代中国法治体系中国家主义法治观的具体体现。

第一节 国家主义法治观在立法活动中的体现

基于方法论国家主义的视角回顾当代中国法制史可以发现,人们对法律和法治的大多认识与实践均体现出国家主义法治观的身影。这也影响到立法者的制度设计与立法实践。在当代中国的立法活动中,国家主义法治观体现得较为明显,主要集中在立法的指导思想、立法的主体、立法的计划和内容等方面。首先,中国以国家统揽一切的"全能主义""宜粗不宜细"的立法风格和强调立法者理性的"建构理性主义"作为主要的立法思想基础,以自上而下的、强调整体构图的立法规划为主要思路推进立法工作。其次,在立法主体方面,立法侧重国家机构主导立法起草活动,部门立法现象较为普遍,从而压缩了面向社会寻求立法资源和智力支持的渠道。最后,在立法的内容上,存在较为明显的"政策法律化"特征。

一、立法指导思想:理性至上

国家主义法治观在立法活动中的体现,首先体现为理性至上的指导思想,具体包括"全能主义""宜粗不宜细"和"建构理性主义"三方面,而前两个方面事实上可以进一步被"建构理性主义"所统合。①

(一)"全能主义"

作为立法的指导思想,"全能主义"主要指国家在立法方面主张包揽一切,至少是要承担立法的绝大多数工作,并且对立法的内容、步骤和价值取向有着绝对的话语权,体现出国家对社会和个人的秩序掌控,表现出国家权力的优势地位。当代中国的"全能主义"立法思想,在不同阶段有不同的表现。

一是中华人民共和国成立后至社会主义改造完成,这一阶段的特征是"推倒重来""重新开始"。中华人民共和国成立后,原有的法律体系被全部废止并以"新民主主义的法律"加以替代。在这个过程中,新旧思想和新旧制度之间的博弈事实上并未停止。在当时,"新民主主义的法律"首先体现在全盘否定被视为资本主义的、封建主义的原有的法律制度,并坚持"有法律依法律,没法律依政策"的司法基本原则。以解放战争胜利前夕中央颁布的《关于废除国民党的六法全书与确立解放区的司法原则的指示》为主要特征,革命法制确立了新的法律秩序,也确立了新的立法思维。此后,中国先后制定了《中国土地法大纲》《中华人民共和国惩治反革命条例》《中华人民共和国婚姻法》等法律规范,这些法律规范是作为阶级斗争的武器出现的,反映将法律作为实施人民民主专政的工具的价值取向。1954 年,《宪法》制定通过,社会主义法制开始真正进入制度设计环节。在当时,多数规范属于国务院制定的法规,由立法机关制定的法律规范数量上不多。②

二是社会主义建设时期,这一阶段的特征是立法趋于停滞,政策替代法律成为实践中的惯常做法。在这一时期,政策替代法律成为国家治理社会的主要依据,立法工作趋于停滞,以至于中止,法制机构也被压缩、撤销,立法机关在一段时期内被停止活动。③ 这一时期的立法活动主要是 1975 年颁布修正后的宪法,但该宪法带有较为明显的"左"倾色彩,其体例也体现了强意义的国家主义特征。

三是改革开放至今,这一阶段的特征是立法秩序恢复并发展。党的十

---

① 按照哈耶克的观点,现代人在知识上的构成性局限是他们不可能经由理性而建构社会整体的一个永恒障碍。参见[英]哈耶克:《法律、立法与自由》(第一卷),邓正来等译,中国大百科全书出版社 2000 年版,第 12 页。

② 参见蔡定剑:《历史与变革——新中国法制建设的历程》,中国政法大学出版社 1999 年版,第 21—22 页。

③ 参见蔡定剑:《历史与变革——新中国法制建设的历程》,中国政法大学出版社 1999 年版,第 90—106 页。

一届三中全会后,民主制度化、法律化的要求使"有法可依"成为国家政治生活中的重要内容。此后的一段时期内,全国人大及其常委会都将立法工作作为中心议题,中央与地方的行政机关和地方立法机关也都把规则制定作为日常工作的重要内容,立法在短时间内出现"井喷"现象。显然,这种大规模的规范性法律文件制定工作不可能是当即完成的,必须依靠以整体性规划为特征、以强调立法者理性的"全能主义"思想为指引。当然,这种大规模的立法活动也需要依赖过去长期的调研和论证基础,例如 1979 年刑法就是根据此前的 33 稿修订而成的。不过在整个法律规范系统内,立法活动整体上呈现一种理性主义与社会剧烈变动带来的立法规范的冲突和断裂。如在急切需要恢复法制的背景下,立法通常呈现出明显的切事性,根据现实需要立法成为较为普遍的现象,这就导致立法往往难以完全适应改革开放急剧变化的社会环境。为了解决这个问题,尽快使执法和司法具备法律依据,立法者又创造性地提出了"宜粗不宜细""批发转零售"等立法思想,强调立法成熟一批制定一批,以及法律主要规定大方向、留给行政机关和司法机关进行法律扩张的余地,从而进一步强化了立法者的"全能主义"印迹。[①]

(二)"宜粗不宜细"

"宜粗不宜细"是极具中国实践特色的立法风格和立法指导思想。从历史上看,将"宜粗不宜细"从立法风格上升为立法指导思想,主要出于三个方面的考虑。一是在新中国成立初期,原有的法律体系被全部废除后急切需要新的法律文件以配合革命和社会主义改造,此时的立法主要是因事设法,且通常具有临时使用、适用期限偏短的特征,立法往往只规定几项基本原则,体例简便易懂,便于各地开展工作,因此无需精细化的立法语言。[②] 二是在"文化大革命"结束之后,国家政治生活要求尽快重建法制,目的主要在于依靠制度化的法律来确保国家的治理不随领导人的变动或领导人意志的变化而随时发生转变。[③] 三是改革开放之初,国家和社会的各项体制机制随时可能发生变动,面对这种现实,不宜以特别详细的立法条文来规范社会关系,否则将出现法律"制定即落后"的现象,非但不能为改革开放保驾护航,反而有可能耽搁改革开放进程。例如在民事领域,中国民事法律体系并不协调,大量的民事法律随着经济政策的不断调整而被次第颁布,彼此间难

---

① 参见蔡定剑:《历史与变革——新中国法制建设的历程》,中国政法大学出版社 1999 年版,第 325—331 页。
② 参见蔡定剑:《历史与变革——新中国法制建设的历程》,中国政法大学出版社 1999 年版,第 22 页。
③ 参见《邓小平文选》(第二卷),人民出版社 1983 年版,第 147 页。

免会有龃龉,加之前期立法经验不足、能力有限,而经济的快速发展使相关新兴民事关系亟待法律进行规范,最终只能粗略立法予以回应。①

从中国整体的立法工作脉络来看,"宜粗不宜细"的立法指导思想支持中国在较短时期内制定出了一批能够满足改革开放和社会发展需要的法律,但在这种立法思想指引下制定的法律也存在诸多问题。一些规定非常粗略抽象,导致不少条文看上去更像是由党的纲领、国家政策、政治宣言或者是舆论口号简单改造而成。例如一些法律条文中出现的"鼓励""支持""依靠""引导""保障"等表述,采取的是简单的动宾结构,以"国家"作为条文主语,不仅缺乏必要的法律后果,也缺乏足以操作的内容,更像是某种倡导性条款,表明国家对于特定事项的价值判断和行为立场,但对如何落实、如何指导公权力机关和群众实践等内容,则没有清楚规定。这种法律条文更多体现政治性的一面,而较少呈现规范性的一面。② 此外,"宜粗不宜细"的立法思想还导致法律规范中存在大量模糊或者不确定概念,"情节严重""影响较大"等描述性用语需要更细致的解释才能成为规范性法律用语,因此也需要司法机关制定司法解释、行政机关制定法律实施细则、行政法规或部门规章等来完善法律,变相将国家立法权下放至司法机关和行政机关。出于部门利益或地方利益的考虑,这种立法模式容易导致立法的部门化和立法的地方化现象,削弱了立法的民主性和科学性,在增加立法成本的同时削弱法律的权威,并最终影响立法机关的威信。同时,由于立法者将制定精致的法律规范的任务交给了执法者,容易导致执法者自我授权,使执法者不当扩张自由裁量权的边界,可能冲击法制的统一和公平原则,消解法律约束权力运作的本质特征。

在司法领域,这种"宜粗不宜细"的风格使得司法机关获得了以制定抽象的司法解释来解释法律并扩充法律内涵的空间。法律本质上以实务为指向,但在"宜粗不宜细"的立法大背景之下,裁判者在面临具体的案件时往往无法从法律中获得明确的指导,但他们又必须为案件赋予一个公正的结果,由此依托于裁判者裁判习惯积累而成的司法解释便应运而生。在民事领域,这种以粗略的民事立法和司法解释作为法律制度基本结构的做法,尽管从目前来看是当时立法者较为现实的选择,但未免有"越俎代庖"之嫌。因此在民法典编纂活动中,有学者提出,民法典编纂本质上

---

① 参见薛军:《民法典编纂如何对待司法解释》,《中国法律评论》2015年第4期。
② 参见蔡定剑:《历史与变革——新中国法制建设的历程》,中国政法大学出版社1999年版,第331页。

是将民事法律法规进行全面科学的整理以使其体系化,并对具体内容展开清理和明确,同时达到界分立法与司法的作用。① 在民法典颁布之后,上述问题原则上得到了有效缓解甚至解决。在这种情况下司法解释似乎失去了其存在和发展的需求基础,至少司法解释在民事领域已经不再具备以抽象规则方式"解释"法律的规范基础。有学者指出,后法典化时期司法解释出现异化,离辅助立法、引导司法的功能定位渐行渐远。司法解释出现法典化(形式体例与法典保持一致且内容与法典有重复)、造法化(创造法律之外的新规范)和对立化(司法解释间、司法解释与法律间常出现内容冲突)倾向,会阻碍法典本身的发展,增加司法实践的困惑。② 然而民法典出台后,并没有对之前的司法解释采取全面废除措施,甚至制定了专门针对民法典的司法解释,并主动选择将一些争议进行保留以为司法解释预留空间,因而尽管前期做了清理工作,但其中依然存在一些问题。③ 这意味着立法者并没有因为民法典施行而在根本上舍弃"宜粗不宜细"的立法理念。

针对上述情况,学者开始关注民法典通过后民事司法解释的处置方式,普遍关注以下两个问题:一是民法典颁布后最高人民法院是否还有必要颁布司法解释;二是日后最高人民法院应当以怎样的方式适用民法典。在理想状态下,有学者认为应当采取大陆法系国家的做法,最高人民法院至此不再颁布脱离具体案件需求的司法解释,转而关注具体案例的高质量判决,由案例指导制度取代司法解释。④ 部分学者站在现实的角度,认为在中国这样的法治大环境下,完全摒弃司法解释的做法短时间内无法实现,司法解释也仍旧有其存在的必要性,因为民法典并不是一个内容全面、完全体系化的法典,在司法实践中仍旧会遭遇适用问题,但后续司法解释的出台应当以司法问题为导向,遵守民法典的立法精神,杜绝"法官造法"倾向,坚持"少而美"的解释原则,且尽可能有现实案例为依托,并充分听取学者和实务界建议。⑤ 还有学者则从解释论的角度认为,民法典颁布后最高人民法院仍应颁布司法解释,将司法解释在审判实践中发挥的积极作用予以立

---

① 参见薛军:《民法典编纂如何对待司法解释》,《中国法律评论》2015 年第 4 期。
② 参见方姚:《后法典时代下司法解释功能的异化、危机与回归——以刑事诉讼法司法解释为切入点》,《湖北社会科学》2019 年第 4 期。
③ 参见石佳友、刘欢、曾佳:《〈民法典〉合同编司法解释规则的优化与完善——"〈民法典合同编司法解释(草案)〉学术研讨会"综述》,《法律适用》2021 年第 12 期。
④ 参见薛波:《错位与归位:民法典编纂中的司法解释》,《学习与实践》2017 年第 4 期。
⑤ 参见赵万一、石娟:《后民法典时代司法解释对立法的因应及其制度完善》,《现代法学》2018 年第 4 期。

法上的承继，构建更完备的司法解释体系。① 对这一问题的研究表明，司法解释不仅已经成为立法者与司法者之间的某种行为"默契"，并且深深地嵌入中国学术研究特别是民商事学术研究的基本范式中，司法解释已经从原本的国家主义的简约化立法的产物变成了一个不可忽视的法律实践规范体系。

围绕民法典通过后司法解释处理路径的问题，目前已经引发不少争执。在宏观上来看，司法解释的处理方法主要被划分为以下四种。一是维持民法典编纂前的司法解释，将司法解释的去留交给时间和实践，建立完善的司法解释"启动-退出"体系，及时进行整理和淘汰。二是对之前的司法解释全面废除，以确保民法典的独立地位，实现民法典编纂的全面性目标，至于那些同样适用于现行民法典的司法解释可以在日后的实践中通过法律解释的方法得出相关结论。三是对之前的司法解释全面废除，将有保留意义的司法解释单独摘出重新汇编，作为专门针对民法典适用的司法解释。四是对不适于民法典的司法解释予以废除，剩余的司法解释视情况选择纳入民法典或保留原状。② 还有学者也提出了更为具体细致的划分，例如将民商事司法解释分为"综合类"（无法可依前提下的创制）、"创设类"（对具体立法条文做出解释）和"细化类"（源于立法的粗疏简陋），并建议针对"创设类"采取规则吸收方法，对"综合类"和"细化类"采取观念吸收方法，且在日后只能颁布细化类司法解释，并提出了"入典"的五步走策略。③ 总的来说，这些研究并没有给出民法典通过后司法解释应何去何从的答案，反而体现出一种在继续承认"宜粗不宜细"立法理念下针对司法解释吸收进入民法典的实用主义立法和研究策略。因此，即使中国已经具备法典，而且针对特定领域的"法典化"活动已经逐步推进，但"宜粗不宜细"理念仍然会持续存在下去。

（三）建构理性主义

在中国的立法活动中，"立法规划"是一个具有实践特色的立法模式，能够很好地体现立法者对于立法体系的整体掌握和实践计划，也因此体现出某种"建构理性主义"的立法意志。一般来说，立法规划既可以指"规划立

---

① 参见许可、张永健：《论民法典的统一实施——理论辩正与实证分析》，《清华法学》2021年第5期。
② 参见陆青：《〈民法典〉与司法解释的体系整合——以买卖合同为例的思考》，《法治研究》2020年第5期；姚辉：《当理想照进现实：从立法论迈向解释论》，《清华法学》2020年第3期；黄忠：《论民法典后司法解释之命运》，《中国法学》2020年第6期。
③ 参见雷兴虎、薛波：《论司法解释入民法典分编的方法和步骤》，《甘肃社会科学》2019年第1期。

法",即动态的立法蓝图描绘与实施,也可以指"立法规划文本",即作为规范性文件的立法规划。① 在中国,依据立法规划进行立法是立法者的实践习惯,但也有不少学者对"立法规划"的实效性提出合理性质疑。尽管如此,从立法者的角度来看,立法规划的基础性地位并没有获得根本改变,相反,其地位还随着立法体系的逐步建立和完善而愈加重要。从立法的经验来看,立法规划反映的恰是由"全能主义"思维主导的建构理性主义风格,寄希望于通过相对完备的、成体系的立法规划来实现建构法律体系的目标。而从实效性,特别是立法的政治目的来看,依靠立法规划来推动立法本身就具有契合党和国家工作大局、在期望的时间节点内完成具体工作的意味。从法政治学的角度看,立法的建构理性主义植根于中国政治实践的现实语境,它的意识形态基础来自中国共产党,遵循"集中力量办大事"的行动策略,受到党委领导下的多元一体治理格局影响。② 因此,"立法规划"根本上体现的是经过政治意志确认的制度设计被贯彻到立法工作中的过程,是一个国家意志要求在立法领域依据科层的权力运行机制进行国家意志传导的过程。立法必须要在规定的时期内具备基本的文本和形式,但这种模式却未必能始终兼顾社会的需求,反而需要借助一定时期内的法律试行,通过吸收社会的需求完善相关法律。③

然而值得说明的是,立法者坚持"建构理性主义"的立法理念,并以"立法规划"作为推动立法进程的做法,为立法者和学者共同推动法律精细化操作和法律的法典化进程提供了底线共识。民法典编纂经验表明,法典化进程离不开学者和立法者的共同参与和推动,前者可以为编纂提供理论智识,后者具备编纂的经验、能力和资源。学者在开启法典化相关研究的那一刻,便与立法者产生了互动,甚至两者在法典编纂期间没有明确的界限,学者也可以成为立法者。关于学者和立法者在法典化过程中的互动研究多隐含在法典化相关事项的具体讨论之中,并主要表现为学术与政治的复杂关系。④ 这可以认为是国家主义对学术群体的包容性吸纳。在法典编纂过程中,国家与知识群体的吸纳与合作可以体现为以下步骤。

在法典化的前期环节,学者与立法者的争论主题一般是"法典化是否必

---

① 参见周旺生:《关于立法规划的几个理论问题》,《北京大学学报(哲学社会科学版)》1993年第3期。
② 参见姜永伟:《国家建构主义法治的理论逻辑——一个法政治学的论说》,《法学》2022年第1期。
③ 参见李林:《全球化时代的中国立法发展(中)》,《法治论丛》2002年第6期。
④ 参见魏磊杰:《中国民法典编纂的政治学》,《中国法律评论》2017年第6期。

要"。这个环节主要体现为知识群体的学术讨论对立法者产生影响,督促国家关注"法典化"问题,并试图将法律的法典化纳入国家的立法规划之中。在法典编纂立项之前,学界就已经存在是否要进行法典化的研究,这会影响立法者背后所依托的政治力量的决策,即便决定要进行法典编纂,这部分讨论也仍旧有意义,有助于立法者正视法典化的局限并合理规避其不足。从法律立场而言,学者普遍给出的理由是法典化有利于推进法治的发展,即提高法治体系效率和法律适用的稳定性。① 中国学者普遍认为,编纂法典是法律体系成熟后的有利选择,同时也有利于限缩司法机关以解释为名义进行"立法"。② 从技术立场而言,法典是目前体系化程度最高的法律形式,也更为方便获取查询。对中国而言,顺利编纂、颁布和实施民法典说明中国目前已具备比较完备的法典编纂技术和理念。③

在法典化的过程中,学者和立法者的互动最为频繁,呈现出既合作又对立、既互相需要又相对排斥的矛盾而复杂的关系。首先,在法典编纂权的分配模式上,存在既得利益者立法、专家参与立法以及民主立法三种模式,这三种立法模式之间并不是排他关系,而是在不同阶段有不同的侧重。在学理上分析,既得利益者立法显然不能满足法典编纂的要求,会导致立法腐败、法典认同度不高,也有可能违背国家制定良善法典的理念而抵触国家主义立场;专家参与立法则可以克服立法的部门本位倾向,提高立法的科学性和理性,并推进民主立法进程;而民主立法则使普通人也可以参与进来,反映个人需求,使法典迈向回应型法。④ 目前专家参与模式被学界所提倡,因为资源、效率和能力问题,现阶段尚不具备立法由群众充分参与的条件,群众更多是为立法草案提出建议。⑤ 在实践上,专家参与立法所提出的建议稿多被立法机关采用。域外法典编纂经验特别是欧洲民法的法典化发展经验表明,法典编纂主要是依靠学术界的推动和立法者的主导。在欧洲,法律

---

① 参见苏永钦:《民法典的时代意义——对中国大陆民法典草案的大方向提几点看法》,《月旦民商法》2004 年第 3 期;张梓太:《中国环境立法应适度法典化》,《南京大学法律评论》2009 年春季卷。
② 参见夏小雄:《商法"法典化":历史考察和体系分析》,《东南大学学报(哲学社会科学版)》2018 年第 6 期;曹炜:《论环境法法典化的方法论自觉》,《中国人民大学学报》2019 年第 2 期;章志远:《中国特色行政法法典化的模式选择》,《法学》2018 年第 9 期。
③ 参见瞿郑龙:《重访法典(化)的基本法理议题》,《苏州大学学报(哲学社会科学版)》2022 年第 3 期。
④ 参见王怡:《论中国立法过程中专家参与机制的规范化建构》,《东南大学学报(哲学社会科学版)》2018 年第 3 期。
⑤ 参见张弛:《"专家立法"视野下的示范法理论与实践:中美两国实践的参照考察》,《黑龙江省政法管理干部学院学报》2020 年第 6 期。

起草专家组甚至获得了欧盟委员会的委托,行使相应的法律起草权。在中国民法典编纂中,也有学者以担任全国人大代表或宪法与法律委员会委员的形式获得了参与审议立法的资格。① 其次,在关于法典编纂权的具体分配比重问题上,尽管学界与立法者出于法典可以完善法律和表达政治诉求、实现政治目标的考量而在编纂法典问题上达成合作②,但由于二者背后涉及学术与政治之争,势必要有一方占据立法主导地位,从而引发国家与知识群体之间关于法典编纂话语权的争执。有学者认为,应当发挥学者在法典化中的绝对主导性,回归科学立法。③ 尽管编纂科学完备的法典是学者的共同心愿,但现实与理想之间仍存在较大的差距,于是部分学者立足于立法现状提出应当支持官方主导立法,甚或是政治化的立法,只有这样才能保证法典顺利而尽快地出台,至于未尽的编纂理想可以在后续修法中慢慢补足。④ 也有学者观察到了法典编纂的形式化和实质化会直接影响到学界和立法者之间的互信关系,提出为了尽可能调和国家与学者之间的关系,可以采取形式编纂的方式,此时的法典更像是对成文法的简单汇编。⑤

在法典颁布之后,学界对法典的评价将直接影响到和立法者间的关系,此时,学界的任务就是配合立法者进行法典的宣传和讲解,也就是继续推进国家与学者的互动合作。一方面,要对法典予以肯定和宣传。在法典化后期,学者应该采取实证态度,减少对法典本身的批判。将研究重点置于在法典的基本框架内理解法典并作合理性解释,以推动法典适用。此举将通过尊重法典的权威来促使学界与立法者建立良性互动关系,也有利于营造良好的私法秩序。此外,学界也应当通过法学教育的方式,将法典编纂的相关法学思想和办法以及法典的精神和内容传承下去,为培养后续新一代立法者做出贡献。⑥ 另一方面,不能放弃对现有法典的完善努力。法典并不是完美的,学界应常常在学理和实务上审视现行法典,及时提出并尝试解决与现实需求不符或实践效果欠佳的问题,从而协助立法者弥补工作疏漏,并为

---

① 参见高旭军、张飞虎:《欧盟科学、民主立法保障机制研究:以法律起草为例》,《德国研究》2017 年第 1 期;施理:《德国环境法法典化立法实践及启示》,《德国研究》2020 年第 4 期。
② 参见张彤:《欧洲司法趋同背景下的欧洲民法法典化研究》,中国政法大学 2007 年博士学位论文,第 11 页。
③ 参见周江洪:《论民法典透明度的实现及其障碍》,《法制与社会发展》2015 年第 6 期。
④ 参见纪海龙:《理想与现实的距离——对中国民法典编纂的冷观察》,《华东政法大学学报》2016 年第 6 期;魏磊杰:《中国民法典编纂的政治学》,《中国法律评论》2017 年第 6 期。
⑤ 参见朱明哲:《法典化模式与规范制定权的分配》,《东方法学》2021 年第 6 期。
⑥ 参见魏磊杰:《中国民法典编纂的政治学》,《中国法律评论》2017 年第 6 期。

后续修订工作提供建议和经验借鉴。①

总而言之,在法典编纂问题上学界和立法者的互动,本质上反映出国家对法学知识精英的知识吸收,也体现出国家对学术界的个体性包容倾向。同时,这种互动体现出国家主义并非如过往一样以高不可攀式的"利维坦"的形象出现在世人面前;相反,学者与国家之间在法典编纂过程中的良性互动越多,国家主义法治观蕴含的国家的良善包容特性就体现得愈加明显。

二、立法主体:国家集中行使立法权

中国立法者强调凭借自身理性推进立法的主要思想,展现出中国立法的"全能主义"或"整体主义"立场,主张立法和整体的法律体系建构工作必须遵循自上而下的立法规划,有规划、有步骤地推进,且需要在规定的时间内完成具体的立法工作。在这种思路的指引下,法治建设必然以国家主导为特色,强调中央的权威以及中央自上而下所享有的统一法律秩序、统一国家法令的整体化趋势,并在一定程度上与改革开放前高度集中的政治体制相吻合。② 改革开放后,原本强调"中央高度集中"的"全国一盘棋"思维逐渐受到"摸着石头过河"的改革思维影响,但至少在立法层面,由国家立法机关集中行使立法权的模式仍未改变。

(一)人大常委会主导立法活动

在中国,人大及其常委会均有立法权力。但现实中,人大常委会在立法活动中的主导地位逐渐显现。在中央层面,受全国人大现行的议事制度影响,全国人大常委会获得了在立法事务中的较高话语地位。在立法过程中,不同代表就特定事项可能会产生分歧③,此时他们应就各自的不同意见开诚布公、坦率交流。然而,尽管全国人大代表具有广泛的代表性,但他们未必能够完全适应需要高度专业素质的立法工作,因此需要全国人大常委会承担更专业的审议法律草案的工作,全国人大在会期内更多是对整个法律草案的整体把握,通常不涉及具体的条文修订。此外,全国人大的会期较短、讨论事项较多,需要花费不少时间审议、讨论一府两院提出的工作报告,从而进一步压缩了代表们对法律草案进行审议的时间。④

---

① 参见杨立新:《民事权利客体:民法典规定的时隐时现与理论完善》,《清华法学》2022年第3期。
② 参见马长山:《国家"建构主义"法治的误区与出路》,《法学评论》2016年第4期。
③ 参见[美]杰里米沃尔德伦:《立法的尊严》,徐向东译,华东师范大学出版社2019年版,第3页。
④ 参见李林:《走向宪政的立法》,法律出版社2003年版,第88—95页。

根据宪法和立法法规定,全国人民代表大会常务委员能够制定和修改"非基本法律",并且能够在全国人民代表大会闭会期间,在不违背该法律基本原则和理念的前提下部分补充和修改法律。这被视为全国人大常委会具有一般性立法权和法律修改权力的规定。按照当前的理论研究,只能由全国人民代表大会制定的是对国计民生和公民权利具有普遍的、基础性约束的"基本法律",如民法典、刑法等,其他对具体领域做出规定的"非基本法律"可以由全国人民代表大会常务委员会制定。只是"基本法律"与"非基本法律"的区分是什么,目前没有清晰的法律规定,往往需要依赖于立法者的心证和基础的法理知识;而对于"法律的基本原则"以及"部分补充和修改"等表述同样没有明确规定,全国人大常委会对"基本法律"的补充和修改到达何种程度才不满足"部分"的要求、才可能突破"法律的基本原则"的边界等,同样也缺乏明确的法律规定。可见,全国人大及其常委会之间缺乏清晰、明确、可操作的立法权限划分。根据中国的立法实践,全国人大常委会被认为是全国人大的常设机构,是应对全国人大规模较大、会期较短所设立的必要议事机构,但立法权限模糊以及在实践中越来越注重立法效率等情况,导致全国人大常委会拥有相当大的立法权,并在立法过程中扮演着越来越重要的角色。[1] 在代议制研究中,全国人大常委会自然可以并应当自主发挥其民主代议与协商的功能,但当立法涉及重大价值决定时,全国人大常委会必须遵循全国人大的判断。[2] 据此,国家立法权进一步集中到全国人大常委会,大量涉及专业性、技术性的立法工作都是由全国人大常委会实际负责的。这种立法模式固然能够极大提高立法效率,也有利于增强其他国家机关依法行为的正当性,但从制度安排来看,难免存在逾越职权的嫌疑。[3]

在地方,地方人大常委会基本承担了绝大多数地方性法规的制定、修改和废止工作。在个别地区,地方人民代表大会在现实中通常不行使立法权;而且即使进行具体立法,从数量来看,这些立法文件也只占全部地方立法的很少一部分。

(二)行政机关的立法权扩张

伴随着现代行政体制的扩张,行政机关迅速扩大了其享有的立法权。由中央政府立法以满足社会需要,在很大程度上是改革深化的必然结果,因

---

[1] 参见孙哲:《全国人大制度研究》,法律出版社2004年版,第124页。
[2] 参见钱坤:《全国人大常委会宪法地位的历史变迁与体系展开》,《法学研究》2022年第3期。
[3] 参见封丽霞:《中央与地方立法关系法治化研究》,北京大学出版社2008年版,第400—403页。

为它客观上要求国家更深地主导或参与到推动经济社会发展中来。而政府权力扩张形成的客观效果优势也支持了这一趋势。由于立法机关强调立法具有规划性、时效性,因此有必要依赖专门进行法律实施的行政机关依据其执法经验和调研结果来给出法律文本的细化方案。在立法机关充分信任行政机关的前提下,行政机关获得了针对特定领域进行立法的授权,而且行政机关自身也具备此种依据授权进行立法的能力。[1]

行政机关对于立法权的运用和行使,尽管有着充分的实践需求,事实上也肩负着立法机关的细化法律和提高立法效率的期待,但这些现象极易引发行政机关在立法权问题上的自我授权行为,导致立法权的边界日渐趋于模糊、混沌。在中央层面,最高行政机关——国务院本身就拥有极其重要且规制范围广泛的行政法规制定职权。首先,一些法律明文规定由国务院制定法律的实施细则,但对于实施细则应当需要遵循哪些基本原则和内容则没有明确阐述,等于是法律为国务院的执法活动进行了"空白授权",并承认国务院的行政立法具有与法律相等同的地位,作为法律之整体的一部分而存在。此外,根据立法法的规定,国务院拥有制定行政法规的权力,行政法规既包括细化如何执行法律的"执行性行政法规",也包括确定各行政执法部门具有何种权力的"职权性行政法规"。换言之,国务院既可以自我规定落实法律所需要的具体权能,也可以规定落实相关法律和具体职权的职能部门,从而更具体地扩充了立法的内容,却也给自身带来了"自我授权"的动机。此外,国务院还拥有授权立法、提出法律提案、起草法律草案等职权;具有部门规章制定职权的国务院各部门、委员会等,所制定的部门规章也需要经过国务院的审查监督。正是由于过去较长一段时期内立法机关与行政机关的立法工作相互混同的情况较为普遍,党的十八届四中全会提出要建立由全国人大的专门委员会和专门立法机构即全国人大常委会法制工作委员会组织起草基本法律草案的立法机制,负责起草具有综合性、全局性和基础性法律草案。在可预期的未来,法律起草的核心机构将从国务院转移到全国人大,从而有效理顺立法机构和行政机构之间在立法问题上的权力行使边界。

还有一个值得关注的问题是,立法机关出于对行政机关的信任,特别是对行政机关在涉及专业性问题上的信赖而概括性地将立法权力授权给行政机关行使。一方面,全国人大及其常委会的部分立法在授权国务院制定具

---

[1] 参见封丽霞:《中央与地方立法关系法治化研究》,北京大学出版社 2008 年版,第 404—405 页。

体实施细则方面的范围过于概括、抽象,以至于形成"空白授权"。这时,国务院所制定出来的行政法规以及国务院各部委所制定的部门规章,很有可能逾越立法法的规定而对公民自由、人身权利和财产权利产生约束甚至是损害公民权益的内容。在实践中,多数法律的起草工作都是由国务院及其职能部门承担,全国人大及其常委会通常不参与立法起草工作,而只根据立法法的规定进行法律草案的审议工作。据此,国务院在中国中央立法中所起到的现实作用十分显著,以至于立法机关反过来对其形成了依赖,甚至出现了由全国人大常委会以立法解释来解释国务院制定的税收条例相关适用情况的"本末倒置"现象,不能不引发法律在立法中的合法性的思考。再者,"宜粗不宜细"的立法指导思想致使全国人大及其常委会制定的往往是"粗法",而这些"粗法"要在现实生活中得以应用并成为执法的依据,则必须经过国务院的细化。① 由于改革开放以来地方社会经济产生了剧烈的变革,社会迫切需要一些具有更强时效、更快速度的法规来提供指引,政府规章的地位就随之不断上升。这虽然在一定程度上弥补了地方人大立法的不足,却在另一方面加剧了地方保护主义,为政府部门利益的合法化提供了契机,使地方人大对地方政府立法活动的监督难度增加,反过来变相放宽了地方政府的行政权范围。这也是修改立法法,约束行政机关依据授权立法的直接动因。根据立法法的规定,立法授权行政机关进行立法的,需要事先明示授权目的、授权事项、授权范围、授权期限以及被授权的行政机关在依据授权进行立法时需要遵循的基本原则,并要求国务院在授权立法期间结束后,有职责以授权立法为基础提请立法机关尽早制定正式法律。同时,立法还明确授权立法的"转委托禁止"规则,也就是被授权立法主体恒定,不能由被授权的立法主体将立法机关所授予的立法权力委托给其他机关或组织行使,其目的在于减少权力委托与授权中可能出现的滥用权力现象。此外,全国人大及其常委会享有随时终止授权的权力,对行政机关的授权立法情况构成了全方位的约束,有助于限制行政权依靠授权立法来不断扩充边界的动机。

(三)中央与地方立法:博弈与合作

在立法活动与制度设计中最能体现国家主义法治观的,是中央与地方在立法上的相互博弈与合作关系。改革开放以来,在中央的授意下,"摸着石头过河"的地方探索使得地方获得了事实上的较大立法权力,地方通常不会通过制定地方性法规的方式来反映、表达或者是确认改革路径与改革成

---

① 参见王春光:《中国授权立法现状之分析》,《中外法学》1999年第5期。

果;相反,出于尊重中央立法权和防止地方性立法可能带来的规范性审查风险,地方立法通常是完善、细化、执行中央立法的内容。[1] 但事实上,中央与地方在事务划分等问题上的博弈或多或少是存在的,这也和中国立法层级的纵向划分模式相吻合。

为了调和中央与地方立法可能潜在的冲突情况,充分调动中央和地方两个积极性,无负于持续深化改革的目标,近年来,"改革于法有据"成为中央反复强调的基本要求。改革和法治是当代国家建设和历史进程的两大主题,全面深化改革和全面推进依法治国是两大持续性工程。显然,改革不仅是一项持续的工作,还要与深化法治相适应,即通过法治管理、促进和保障改革开放与社会发展。但是,法治与改革的关系并非天然契合、原本一致,它们在基本认识和政策制定上经历了许多争论,如"改革与法治对立论""法治附随改革论"和"法治引领改革论"等。强调规则之治、以稳定和保守为特征的法治,与打破规则、以变化和灵活为特征的改革,存在着显见的矛盾和冲突,需要对其进行平衡。

在新时代中国建设发展过程中,全面深化改革与全面推进依法治国是同步运行的两大驱动,二者不可偏废。但应当承认,改革和法治在某些方面的确是相互矛盾和冲突的。法律是行为的调节器,是制度的确定者,改革与法治的矛盾自然会体现在法律的制定和修改过程中,最终需要通过法律加以平衡和调适。

法治与改革之间的矛盾关系可以从静态和动态两个方面把握。在静态方面,首先,法治和改革之间存在着基本思维上的差别。法治是"稳定"的,而改革的特点则是"变化",它涉及破坏某些既存利益模式,突破某些秩序规范,主张在适当情形下"突破法律""勇闯红灯"。其次,法治和改革有其自身的不同价值。法治主要强调维护公平正义,主张普遍性、平等性,一般性的价值和规范应普遍适用于个别情况;而改革则以效率为先,例如,在改革实践中,改革往往以"试点"和"试验"的方式进行,对法律的普遍适用性予以限缩。在动态方面,中华人民共和国发展的早期事实上是一个非严格法治的改革的历史阶段,改革者采取几乎没有限制的方式,更加强调以放松法治层面的要求为代价来改造生产和社会关系。这一方面是由于在国家建设时期延续了战争年代的管治思维,客观上消解了法律的权威性,另一方面,这一现象在当时也有社会条件的制约。然而,在从"对立论""附随论"转变

---

[1] 参见封丽霞:《中央与地方立法关系法治化研究》,北京大学出版社2008年版,第337—343页。

到"引领论"的过程中,法治和改革之间的本质区别得到逐渐明确和细化,即认为改革只是达到目的的手段,而法治则既是手段又是目的。改革本身并不是目的,不能为改革而进行改革;中国目前正在推动的所有经济、行政和司法改革都是为了实现治理现代化,以期建立一个法治的国家、政府和社会。一方面,许多法治的工具是实现良好的改革所必须加以利用的;另一方面,法治作为目标本身也意味着在改革过程中必须尊重和坚持某些法治要素。这主要分为形式和内容两个方面。形式方面,主要强调改革要尊重法治,要在改革过程中贯彻法治的思维和方式,改革要"于法有据""依法变法",维护法治权威,保护私权,限制公权,防止人治思维;内容方面,明确强调应坚持法治的价值,通过改革实现法治中固有的正义、人权、秩序、自由等价值。在立法层面,改革者必须通过立法、修法和废法促进法治,而不是破坏法治。这意味着,改革既要勇敢作为,也要适当保守;法律既要及时更新以适应、引领情势,也要坚守普遍性价值。法治中国建设背景下的改革必须明确哪些事项是不可轻易变更的。它们主要包括那些建立国家基本制度、保护公民基本权利的法律,调整私人之间法律关系的法律,以及强调法治的基本价值和现代精神的法律。

总的来说,"法治改革观"意味着"立法必须先于改革",改革内容必须写入法律,改革决策必须依法实施,要实现这一要求,必须妥善运用立法规划方法,使改革与立法决策能够有效衔接。作出改革决定首先要通过有关立法机关制定科学的立法规划,明确法律名称、法律内容、法律制度,以及相应的立法时间表,把改革政策转化为可实施的立法项目。此外,立法者还可以根据改革紧迫性的优先顺序和目标时限等因素,编制长期、中期和短期计划。较长期的宏观改革决策需要长期、全面的立法计划,而及时的微观改革决策则需要短期、专门的针对性立法计划。此外,可以在立法规划工作中建立"负面清单",事先列出"改革所必须保留"的内容,并规定不能以改革为由随意设立、修改或废除这些事项。在过去,"法治附随改革"的模式通常意味着改革的政策优先,法律不过在事后对其进行确认,这实际上是与现代法治的原则和精神相违背的。然而,在现实中,行政部门是改革的主要推动者,并且它们也确实在时限方面需要一定的自主权。这就是为何一方面我们必须尊重行政和立法之间的分权原则,以避免行政部门篡夺立法部门之权,另一方面我们又必须在法治框架内给予行政部门适当的改革自主权。为此,需要制定专门、具体的授权法案。在法治与改革的关系中,授权立法的技术可以分为两类情况:法定授权立法和特别授权立法。法定授权立法指立法机关通过法律明确授权特定主体在特定领域或特定问题上进行改革,具体的改革内容和改革方式则由法律规定的改革主体自行决定;特别授权立法指立法机关通过决议、通知、决定或命令等形式授权特定的改革主体在特定领域或特定问题上进行改革。当然,所有授权立法的范围都要受到"改革所必须保留"条款的限制。

三、立法内容:"政策法律化"倾向明显

先有政策而后有法律是中国立法的一个显著特征,因此中国的立法在很长一段时期内存在"政策法律化"的倾向。一般来说,过去侧重国家管制的行政法、经济法和社会法领域的法律条文带有较为浓厚的政策性条款色彩,而总则部分也存在较多的"倡导性条款",这些条款往往体现着政策的价值判断。而在实践中,除了立法机关的成文法律,司法解释、行政法规等具有司法拘束力的规范性法律文件,也在不同程度上体现出"政策法律化"的倾向。"政策法律化"所带来的问题是法律或法律解释强调法律的政治属性而非规范书写,并以国家对某些特定议题的判断和立场作为法律规制的价值先导,从而忽视构成要件的规范内涵,也有可能导致以阶层和形式化分析为特色的法律解释和法律分析方案得不到有效的实践反馈,从而消解法治的权威。为此,这里选取网络谣言治理、网络空间净化、环境公益诉讼、国家经济规划四个内容来讨论立法的"政策法律化"所展现出的国家主义法治观。

(一)网络谣言的立法规制

谣言是"世界上最古老的传播媒介"[1],随着信息传播方式的演变,网络时代的谣言不断变化,对谣言的规制也就成为网络言论法律规制的关键部分。从时序的角度看,网络谣言的法律规制研究可以溯至对传媒与法治关系的研究,有学者从舆论监督、新闻自由等角度对这个问题展开过讨论。[2]随着互联网时代的到来,网络谣言及其规制逐渐成为学术热点,2013 年最高人民法院、最高人民检察院联合发布《关于办理利用信息网络实施诽谤等刑事案件适用法律若干问题的解释》确认将网络谣言入刑后,掀起了一个网络谣言法律规制研究的小高潮。[3] 2020 年新冠疫情暴发后,各类谣言甚

---

[1] [法]让-诺埃尔·卡普费雷:《谣言:世界最古老的传媒》,郑若麟译,上海人民出版社 2018 年版,第 1 页。

[2] 参见张志铭:《传媒与司法的关系——从制度原理分析》,《中外法学》2000 年第 1 期。

[3] 参见孙万怀、卢恒飞:《刑法应当理性应对网络谣言——对网络造谣司法解释的实证评估》,《法学》2013 年第 11 期;马长山:《法律的空间"穿越"及其风险——从两高办理网络诽谤等刑事案件的司法解释出发》,《苏州大学学报(法学版)》2014 年第 1 期。

嚣尘上,国家出台了一系列法规加强对网络谣言的规制,而实践中也出现了过度规制网络谣言的现象,这些因素都刺激了网络谣言法律规制的学术研究快速增长。从逻辑角度出发,上述所有研究可以主要归结为三个层面。第一,网络谣言的概念及其可规制性。这些研究探讨什么是谣言,网络谣言有什么特殊性,什么样的谣言具有规制的必要。第二,谣言规制的限度。谣言应当惩治,但谣言规制又会引发一定程度的寒蝉效应,对言论自由(表达权)产生威胁,因此这些研究着眼于谣言规制与言论自由(表达权)之间的平衡关系。第三,谣言规制的法律及其实践。这些研究将谣言作为规制对象,从不同角度具体研究法律如何规制谣言。

从事实层面看,谣言是虚假的和未经证实的消息。个体心理中的锚定效应、偏颇吸收和社会心理上的社会流瀑、群体极化以及"信息茧房"等因素导致人们会轻信谣言[1],而网络时代的互联网、社交媒体、人工智能和大数据等新兴技术在客观上助推了谣言的制造和传播过程[2],使得网络谣言具备了虚拟性、匿名性、广泛性、传播模式的非线性、互动过程的自生成性等特点。[3] 许多研究从心理学、传播学、信息科学等角度切入,考察网络时代谣言的形成、传播和演化[4],为谣言的规制研究提供了前提条件。但显然,并非所有虚假的或未经证实的消息都需要法律规制,神话传说、宗教信仰、寓言和科学假说等言论同样是虚假的或未经证实的,因此谣言的定义并非全然是事实问题,而更多是一个价值层面的问题。[5] 有的学者认为,谣言在价值层面具有政治性,甚至全然是政治的产物,谣言不一定是虚假的,但一定是非官方的,它是对官方事实的一种怀疑,是一种反权力行为。[6] "谣言/辟谣"的二元符码预设了将官方信息当作真实性的保证,而谣言可以被视为一种社会抗议。[7] 这种观点的前提是,任何可靠性都是相对的,真实与被相

---

[1] 参见[美]卡斯·桑斯坦:《谣言》,张楠迪扬译,中信出版社2010年版,第8—9页。
[2] 参见左亦鲁:《假新闻:是什么?为什么?怎么办?》,《中外法学》2021年第2期。
[3] 参见郭春镇:《自媒体时代网络传言的法律治理研究》,厦门大学出版社2021年版,第44—47页。
[4] 参见赵静梅、何欣、吴风云:《中国股市谣言研究:传谣、辟谣及其对股价的冲击》,《管理世界》2010年第11期;隋岩、唐忠敏:《网络叙事的生成机制及其群体传播的互文性》,《中国社会科学》2020年第10期。
[5] 参见周安平:《谣言可规范概念的探讨》,《政法论丛》2015年第6期。
[6] 参见[法]让-诺埃尔·卡普费雷:《谣言:世界最古老的传媒》,郑若麟译,上海人民出版社2018年版,第287页。
[7] 参见胡泳:《谣言作为一种社会抗议》,《传播与社会学刊》2009年第3期。

信是一回事①,其强调了政府规制谣言的主体性,但对谣言的事实层面缺乏关照,尤其忽视了健康谣言、商业谣言等非政治性谣言的存在。绝大多数学者从谣言在公共领域内的有害性的角度来界定谣言的价值层面,认为国家只能对可能导致或已经导致公共领域内的损害的谣言进行公法规制,而私人领域内的谣言一般通过名誉权、欺诈诉讼等民事途径解决,不会引发损害和恐慌的虚假信息则根本不值得法律规制②,动用刑事手段进行规制的谣言范围应当被进一步限缩③。

总体上讲,对网络谣言要从事实和价值两个层面加以把握。在事实维度上,网络谣言既是虚假的或未经核实的信息,又符合网络传播的一般特征,即它们是在网上广泛传播的事实信息,而没有经过权威人士证实。④ 在价值维度上,它们对社会有害,可能或已经造成公众恐慌或实际伤害。

有鉴于此,中国自 2013 年起开始重点打击网络谣言行为,并开始从法律体系中最具国家强制属性的刑法领域着手规制网络谣言。2013 年,最高人民法院、最高人民检察院联合发布《关于办理利用信息网络实施诽谤等刑事案件适用法律若干问题的解释》(简称《解释》)。⑤ 从内容上看,《解释》更细致地规范了网络言论是否构成谣言以及如何以刑法追诉的问题,特别是明确提出利用网络言论实施扰乱社会秩序、经济秩序和进行敲诈勒索的行为将分别构成寻衅滋事罪、非法经营罪和敲诈勒索罪,同时进一步细化网络谣言构成诽谤罪时采取公诉方式追究刑事责任的具体适用标准。⑥ 该司法解释出台后即引发学界的热烈讨论。例如有学者认为针对网络言论的刑法规制可能导致网络的言论自由边界受限,也有学者认为相关规定未能体现国家在面对社会舆论时的尊重、礼让与克制,可能使法律的规范性效力消解而法律的工具属性陡增。

从这个角度来说,针对网络谣言进行刑法规制的做法,的确符合"政策法律化"的模式,也体现出国家主义法治观的内涵。一般认为,有害的网络谣言应当受到规制,但规制本身可能引发寒蝉效应,有害于人们的言论自由

---

① 参见[法]让-诺埃尔·卡普费雷:《谣言:世界最古老的传媒》,郑若麟译,上海人民出版社 2018 年版,第 289 页。
② 参见周安平:《谣言可规范概念的探讨》,《政法论丛》2015 年第 6 期。
③ 参见孙万怀、卢恒飞:《刑法应当理性应对网络谣言——对网络造谣司法解释的实证评估》,《法学》2013 年第 11 期;王平、徐永伟:《涉众型网络谣言刑事治理的规范逻辑与责任边界》,《宁夏社会科学》2022 年第 3 期。
④ 参见林华:《网络谣言概念的解构与重构》,《网络信息法学研究》2017 年第 2 期。
⑤ 这一司法解释根据《中华人民共和国刑法》做出,是对刑法典相关条文的细化和解释,可视为广义上的实体法。
⑥ 参见李会彬:《网络言论的刑法规制范围》,《法治研究》2014 年第 3 期。

（表达权），因此言论自由保护为网络言论规制划定了边界。言论自由是宪法的基本价值，对于言论自由的价值，存在着"思想市场-真理""自治-民主"和"自主-自我实现"三种理论①，它们从不同的角度强调了言论自由对社会和个人的重要性。随着信息技术的发展，网络时代的言论自由不再遵循政治言论、媒介无涉和"政府-个人"关系的"街角发言者"范式，而是走向内容多元化、以互联网作为媒介和"政府-企业-个人"三角关系的新模式。②这要求国家不仅不能侵犯公民的言论自由，还应当采取积极措施弥合数据鸿沟，规制网络平台，保障公民的表达权。③ 这就为网络谣言的规制划定了界线。对此，学者主要提出以避免事前审查、言论分类和比例原则等方式减少对国家对不实言论的过度干预。首先，由于事前审查的主观性和审查成本对信息时效性的损害，应当避免通过平台对谣言进行事前审查，防止赋予审查机关过大的自由裁量权④，限缩平台作为网络服务提供者对谣言的不作为责任⑤。其次，言论自由要求对不同类型的谣言采取不同的规制强度。⑥ 对于涉及选举、监督等事项的政治性谣言，其虽然也可能对公共秩序造成损害，但是由于其本身就关涉重大公共利益，而"在自由辩论中，错误陈述是不可避免的，要使言论自由具有必要的呼吸空间，这类错误就必须受到容忍"⑦，一般认为应当采取"真实恶意"规则，即必须以行为人明知信息虚假或对于信息未核实具有重大过失为前提进行规制。⑧ 但是，对于有关疫情、险情等严重影响公共秩序的谣言，其本身就足以引发明显且即刻的危害，除非当事人对于信息内容存在相当的理由在主观上确信，否则需受惩罚。⑨ 最后，对网络谣言的规制应当遵循比例原则，采取最小损害且具有相当性的手段。例如在"合众国诉阿尔瓦雷兹案"（U.S. v. Alvarez）中，当事人虚假地宣称他获得过国会荣誉勋章，多数意见将这一不实信息作为一种言

---

① 参见郭春镇：《自媒体时代网络传言的法律治理研究》，厦门大学出版社 2021 年版，第 85—90 页。
② 参见左亦鲁：《告别"街头发言者"——美国网络言论自由二十年》，《中外法学》2015 年第 2 期。
③ 参见郭春镇：《作为中国政法话语的表达权》，《法学家》2021 年第 5 期。
④ 参见郭春镇：《自媒体时代网络传言的法律治理研究》，厦门大学出版社 2021 年版，第 111—112 页。
⑤ 参见刘艳红：《网络时代言论自由的刑法边界》，《中国社会科学》2016 年第 10 期。
⑥ 参见杨智杰：《美国不实言论之言论自由保障》，《中正大学法学集刊》2021 年第 71 期。
⑦ N.Y. Times Co. v. Sullivan 376 U.S. 279(1964).
⑧ 参见郭春镇：《公共人物理论视角下网络谣言的规制》，《法学研究》2014 年第 4 期；郑晓剑：《公众人物理论与真实恶意规则之检讨》，《比较法研究》2015 年第 3 期。
⑨ 参见刘艳红：《网络时代言论自由的刑法边界》，《中国社会科学》2016 年第 10 期。

论的类型进行审查,并认为可以采取澄清信息等"其他同样有效,但对言论限制最小"①的手段,即认为对涉案谣言的规制违反了比例原则中的最小损害原则。国内也有不少学者提出,规制谣言的最佳手段是进行多渠道、多元化、全面的信息公开,澄清事实。②

从网络谣言法律规制的应然状态回归实然运行,许多学者从法律文本和实践出发,研究中国当前网络谣言法律规制的实践状态。这些研究可以分为三部分:一是总体上把握网络谣言规制的法律模式和法律体系;二是围绕网络谣言的部门法(主要是行政法和刑法)进行研究;三是围绕具体类型(如突发公共卫生事件)的网络谣言进行研究。从总体上看,网络谣言规制是网络社会治理的组成部分,需要新的法治治理理论、制度与实践相结合的网络社会治理范式,③但是中国网络谣言规制仍然面临着规定网络谣言规制的法律法规的位阶、内容和体系化程度与言论自由保障目标不匹配,以及相较于互联网快速发展和谣言规制市场化的现实,法律规范内容相对滞后等问题④,亟须吸收国外社交平台言论管制的经验⑤,纳入网络言论规制的平台维度和市场机制,实现国家与社会的协同治理⑥。在具体的网络言论规制实践中呈现出行政法和刑法二元规制的图景。有学者指出,在行政法规制中,普遍存在未能有效界定谣言范围、某些规制手段合法性存疑、规制程序黑箱化、平台规制缺乏救济,以及信息公开辟谣机制不足,难以预防谣言传播等问题。⑦ 而在行政规制的司法监督中,部分司法机关的"秩序至上主义"导致其未能坚持违法构成"三要件",对网络谣言和公共秩序进行了扩大解释,不当限缩言论自由的范围。⑧ 而在网络谣言的刑法规制中则出现了谣言规制的预防模式与言论自由存在张力⑨、法律推定运用过度⑩等问题,应当在"网络言论不被轻易犯罪化"的宪法法理指引下,采取客观真实

---

① See U.S. v. Alvarez, 567 U.S. 729 (2012).
② 参见李大勇:《谣言、言论自由与法律规制》,《法学》2014 年第 1 期。
③ 参见徐汉明、张新平:《网络社会治理的法治模式》,《中国社会科学》2018 年第 2 期。
④ 参见林华:《网络谣言治理法律体系的完善进路》,《行政法学研究》2021 年第 4 期。
⑤ 参见左亦鲁:《社交平台公共性及其规制——美国经验及其启示》,《清华法学》2022 年第 4 期。
⑥ 参见林华:《网络谣言治理市场机制的构造》,《行政法学研究》2020 年第 1 期;李大勇:《大数据时代网络谣言的合作规制》,《行政法学研究》2021 年第 1 期。
⑦ 参见张新宇:《网络谣言的行政规制及其完善》,《法商研究》2016 年第 3 期。
⑧ 参见孟凡壮:《网络谣言扰乱公共秩序的认定》,《政治与法律》2020 年第 4 期。
⑨ 参见姜涛:《网络谣言的刑法治理:从宪法的视角》,《中国法学》2021 年第 3 期。
⑩ 参见陈小彪:《网络谣言犯罪证明困境及其出路——兼论否定性命题之司法证明》,《河南社会科学》2021 年第 4 期。

与主观真实的二元论,引入实质恶意、比例原则等规则,对网络谣言的刑法规制进行限缩。① 最后,还有一些学者围绕重大公共卫生事件中的涉医谣言等具体的谣言类型进行研究②,探讨不同类型谣言的规制路径,试图对网络谣言规制进行种类上的细化。

上述关于网络谣言规制的三个层面研究呈现递进关系,网络谣言的概念研究为谣言规制的限度研究提供基础,即什么样的谣言是值得规制的,谣言规制的限度研究又为谣言规制的法律实践在应然上划定边界。总体上讲,中国目前关于网络谣言的法律规制研究兼顾网络谣言的概念、谣言规制与言论自由(表达权)的紧张关系,以及网络谣言规制的法律实践等多个侧面,呈现出规范与实践相结合、领域和内容多元化的特点。但是也必须看到,目前的研究还有一些力有不逮之处,例如,对部分真实的谣言如何进行界定缺乏研究,对谣言规制限度的研究尚不够细化,对平台等社会力量对于网络谣言的规制状态及其问题关照还很不足,等等。对这些问题的深入讨论,不仅有利于在法律层面更好地深化网络谣言治理的研究,也有助于深入探讨国家主义法治观下立法的政策表达与社会治理法治化的妥善平衡之道。

(二)"饭圈文化"的立法规制

近年来,以治理"饭圈文化"为代表的网络环境净化规制成为中国立法体现国家政策的重要面向。"饭圈"(fandom)指的是某个明星或偶像的粉丝组成的具有一定组织化程度的亚文化群体。③ 从"粉丝"(fans)到"饭圈",并不是简单的从一到多的过程,而是从无组织、去中心化的个体集合转向有组织、圈层化的集体的过程,并蕴含着平台资本主义和国家规制的双重视角。④ "饭圈"虽然仍然主要由个体粉丝组成,但在平台资本主义的推动和艺人及其工作室的引领下,已经呈现出明显的组织性和目的性,具备了舆论搅动、社会动员乃至文化对抗的能力。⑤ 这种能力虽然可以通过爱国主义话语等产生正面价值,但仍然更多地导致了"饭圈乱象",这在言论领域表现为"互撕谩骂、拉踩引战、挑动对立、侮辱诽谤、造谣攻击、恶意营销等各类有

---

① 参见刘艳红:《网络时代言论自由的刑法边界》,《中国社会科学》2016 年第 10 期;姜涛:《网络谣言的刑法治理:从宪法的视角》,《中国法学》2021 年第 3 期。
② 参见谢惠加、陈柳汐:《突发公共卫生事件网络谣言的法律规制》,《当代传播》2021 年第 1 期。
③ 参见吴炜华、张海超:《社会治理视阈下的"饭圈"乱象与文化批判》,《当代电视》2021 年第 10 期。
④⑤ 参见蔡竺言、刘楚君:《从"追星族"到"饭圈":中国粉丝研究的核心概念与框架变迁》,《新闻记者》2022 年第 4 期。

害信息"①。因此,"饭圈文化"治理包含网络言论规制的维度。

既有的"饭圈文化"及其治理研究从样态、特点、原因等层次对"饭圈文化"中的言论进行了多角度的研究。首先必须强调的是,乱象并不是"饭圈文化"的全部,绝大多数"饭圈"活动仍然以对偶像的热爱为核心进行表达,并努力建构社群内部的规范,实现文化的再生产,并试图反向作用于意识形态和商业活动。② 许多学者借助詹金斯的参与式文化理论分析这种粉丝文化资本的再生产过程,并乐观地认为这种参与式媒体文化可以转向参与式政治文化,最终促进社会进步,他们考察的对象包括公益活动③、爱国主义行动④等。但是,也必须看到,部分"饭圈"陷入了相互攻击、频繁举报的"反黑"当中,乃至演化为谩骂和网络暴力,违背社会主义核心价值观和法律法规。⑤ 在"偶像失格、群体非理性和道德恐慌"⑥等个体层面的正当化理据背后,是监管缺失下平台资本主义基于流量经济的需要进行推波助澜的行为。商业资本将明星的流量视为商业价值的体现,而相互攻讦的"黑"与"反黑"过程本身就创造了流量,因此其倾向于放任这种现象,资本的意愿通过严密分工组织的"饭圈"体系作用于个体粉丝,表现为谩骂、造谣、攻击、举报等有害行为。⑦ 而网络社交平台作为信息的载体,具有内容监管的功能,但平台本身也通过流量获取广告、营销号等利润,在一定程度上与商业资本形成共谋,这导致其不仅不积极履行内容监管的义务,反而时有跟风炒作之举。⑧ 最后,点赞、话题标签、榜单、超话、热搜等网络社交平台的技术手段,为有害信息的涌现和"破圈"提供了可能,客观上放大了"饭圈"乱象。⑨ 根据既有研究,"饭圈"文化中的不当言论既包括一部分违法言论,也包括虽不违法但有悖于公序良俗的言论。违法言论主要包括:不实言论,即关于他人的谣言和虚假举报;"人肉搜索"言论,即侵犯他人隐私权和个人信息权的

---

① 参见《整治"饭圈"乱象,清朗网络空间》,《人民日报》2021年8月12日。
② 参见王艺璇:《建构与赋权:网络粉丝社群的文化再生产——基于鹿晗网络粉丝社群的实证研究》,《学术界》2019年第11期。
③ 参见孟威:《"饭圈"文化的成长与省思》,《人民论坛·学术前沿》2020年第19期。
④ 参见刘海龙:《像爱护豆一样爱国:新媒体与"粉丝民族主义"的诞生》,《现代传播(中国传媒大学学报)》2017年第2期。
⑤ 参见郝铁川、吴美玲:《依据法治和德治相结合原则治理"饭圈"乱象》,《青少年犯罪问题》2022年第2期。
⑥⑦ 秦璇、陈曦:《偶像失格、群体非理性和道德恐慌:粉丝群体互相攻击中的举报策略与诱因》,《新闻记者》2021年第10期。
⑧ 参见张世超、胡岑岑:《粉丝、平台、资本与国家:多元互动视角下的饭圈反黑及其治理》,《学习与实践》2021年第7期。
⑨ 参见马中红、胡良益:《无限连接:网络平台技术逻辑下的亚文化"出圈"现象》,《新闻与写作》2021年第6期。

言论;侮辱性言论,即进行网络暴力、侮辱和谩骂他人的言论。有悖于公序良俗的言论主要包括"拉踩引战"、挑动对立等,以及上述类型的言论中尚不构成违法的部分。这些不当言论的生成过程,呈现出"饭圈"、网络社交平台、资本、国家共同作用,技术化倾向明显的特点,但其中也存在网络言论侵害性较为隐秘、不易被发现,网络言论具有社会危害性但难以惩治的问题。

从言论自由的角度看,这些言论基本上属于低价值言论,可以进行基于内容的规制。[1] 从研究中看,争论焦点也并非是否应当进行规制,而是如何进行规制。[2] 针对"饭圈文化"中易产生不当言论的特点,目前学界对"饭圈文化"的网络言论治理形成了不少独到的见解。例如有学者认为,应当坚持法治和德治相结合,加强对明星艺人的监督性报道,做好对明星与追星活动正确认识的宣传教育,并辅以相应的法治措施治理"饭圈"乱象。[3] 有学者提出,应当重视优质偶像的生产,强调偶像的专业素质和道德素质,寻找军人、科学家、教师等演艺界之外的优质偶像,发挥其榜样力量。[4] 也有学者主要从法律的视角指出,应当合理确定网络社交平台公共责任,赋予其内容管理义务并要求其优化算法,明确明星工作室等文娱资本、"饭圈"组织者等各方责任等。[5] 还有学者结合"饭圈""反黑"中的恶意举报现象指出,网络社交平台在规制"饭圈"失范现象时,不应当过度依赖举报,而应当积极承担社会责任,进行实质审查,行政机关则应当进一步明确不当言论的裁判标准,打击恶意举报现象。[6]

针对"饭圈文化"日益带来的网络言论极端化、低俗化的现象,并结合学者的研究成果,中央网信办于2021年8月25日发布了《关于进一步加强"饭圈"乱象治理的通知》(简称《通知》)。《通知》主要从切断流量与资本的转化、加强网络社交平台内容监管责任、加强对"饭圈"组织的控制、限制相关技术手段、加强对未成年人的特殊保护等方面规制"饭圈"不当言论,对

---

[1] 参见左亦鲁:《社交平台公共性及其规制——美国经验及其启示》,《清华法学》2022年第4期。
[2] 参见蔡竺言、刘楚君:《从"追星族"到"饭圈":中国粉丝研究的核心概念与框架变迁》,《新闻记者》2022年第4期。
[3] 参见郝铁川、吴美玲:《依据法治和德治相结合原则治理"饭圈"乱象》,《青少年犯罪问题》2022年第2期。
[4] 参见吴炜华、张海超:《社会治理视阈下的"饭圈"乱象与文化批判》,《当代电视》2021年第10期。
[5] 参见李媛:《论"饭圈"的法律规制》,《现代法学》2022年第1期。
[6] 参见张世超、胡岑岑:《粉丝、平台、资本与国家:多元互动视角下的饭圈反黑及其治理》,《学习与实践》2021年第7期。

网络空间的清朗起到积极作用。① 但从内容来看,强调以平台问责为特色的网络行为治理模式,实际上可以被认为是"压实主体责任"这一网络治理政策的法律化延伸,在体现较为浓厚的国家主义色彩时,也折射出当前中国网络言论规制中的某些痼疾。

首先,目前的法律治理方案未能进一步区分"饭圈"的不当言论治理与言论自由的界限。一方面,"饭圈"言论也是一种言论,追星同样是公民行使表达权的方式,因此对于"饭圈"言论何时构成"不当言论"以及以何种手段进行规制方能确保公民的言论自由不受侵害,目前并没有一个较为精细化、具有良好操作性的方案。另一方面,表达权的范式在发生转变,网络时代的言论自由不再能够为"街角发言者"的传统范式所覆盖,内容多元化、以互联网作为媒介和"政府-企业-个人"三角关系成为网络时代言论自由的新模式。② "饭圈"言论作为一种新兴的网络言论,对于反思言论自由范式的转变有着重要意义,反过来表明在立法层面强化治理"饭圈"不当言论与维护网络言论自由的规范设计工作,已经具备现实紧迫意义。此外,《通知》没有对恶意举报行为的属性及其后果进行规定,这可能是因为"饭圈"举报表面上与规制目的并不冲突;相反,针对"饭圈"不当言论的举报行为,还构成了对社会主流价值观和行政管制力量的不断强调与确认。然而,举报特别是"怨毒者告密"式的恶意举报行为作为一种道德化、反多元化的民粹主义行为,③会侵占网络公共参与的空间,不利于多元社会的发展④。同时,这种行为也会导致网络社交平台丧失对举报进行实质性核查的可能,限缩网络言论空间。

其次,单纯强调"压实主体责任"的政策并以此建构网络言论治理的法律方案,可能会导致平台权力的隐微式扩张。虽然"饭圈"不当言论治理需要多方主体共同努力,但网络社交平台仍是治理的核心,平台为网络言论提供了发表的场域和技术手段,为"饭圈"组织者和文娱资本提供了连接点,同时其又具有内容监管的功能,有能力放大或删除某种言论,甚至于行政部门在管理互联网时,也不得不通过网络社交平台进行间接规制。因此,网络社交平台对"饭圈"不当言论的管制最可能对网络言论自

---

① 参见《中央网信办秘书局关于进一步加强"饭圈"乱象治理的通知》,2021年8月25日发布。
② 参见左亦鲁:《告别"街头发言者"——美国网络言论自由二十年》,《中外法学》2015年第2期。
③ 参见[德]扬-维尔纳·米勒:《什么是民粹主义?》,钱静远译,译林出版社2020年版,第128—129页。
④ 参见秦璇、陈曦:《偶像失格、群体非理性和道德恐慌:粉丝群体互相攻击中的举报策略与诱因》,《新闻记者》2021年第10期。

由产生影响。有学者指出,网络时代社交平台通过黑箱化的技术手段和垄断地位实质上取得了控制某种言论能否发布的权力,人们也期待平台不仅保持绝对内容中立,而且为避免仇恨言论和假新闻积极作为。[1] 但是,对于通过平台的言论控制,行政机关暂时还缺乏有效的手段进行规制,容易诱使平台打着治理网络言论的旗号实际上却根据自身利益进行言论控制,从而扭曲网络言论治理的问责模式,还可能造成对言论自由的控制有余、保护不足。[2] 同时,网络社交平台并不属于公权力,公民在行政规制中的听取陈述和申辩、说明理由等程序性和实体性权利均付诸阙如,平台实质上可以单方面处分公民的基本权利而不受公法约束、缺乏合理救济,为此有必要要求平台在行使权力时遵循比例原则、公开透明原则、说明理由、公众参与和申诉救济等公法的基本原理,并接受基本权利第三人效力的检验。[3]

上述分析说明,"饭圈文化"中的不当言论规制可谓旧背景下的新问题、大背景下的小问题。"饭圈文化"的不当言论来自"饭圈"自身、网络社交平台和文娱资本的共同作用,并呈现出技术化的倾向。因此,对于"饭圈文化"中不当言论的规制,需要从"饭圈"集体、平台、资本和技术方面多管齐下,但也需要国家提出更符合网络治理规律的法律原则和治理理念,使国家意志不因网络治理的复杂性和技术性而遭受不当的扭曲。

(三)国家守护公共利益的公益诉讼

除了在实体法上体现出国家主义法治观的制度设置与实践特色,国家主义法治观也在程序法上得到较为明显的体现,以检察机关主导的公益诉讼就是典型。在制度上,公益诉讼起源于罗马法。在中国,对公益诉讼的研究源于20世纪90年代,主要针对的是域外的环境公益诉讼制度、行政公益诉讼制度、民事公益诉讼制度以及与之相关的实验性诉讼、团体诉讼和公民诉讼等制度。[4] 也有学者在此基础上论证公益诉讼实体法规范、突破传统民事诉讼和行政诉讼对原告的限制、公益诉讼制度应注意保护公众参与执法与监督的积极性等。[5] 1999年重庆綦江"彩虹桥"倒塌案后,有论者开

---

[1] 参见左亦鲁:《社交平台公共性及其规制——美国经验及其启示》,《清华法学》2022年第4期。
[2] 参见许玉镇、肖成俊:《网络言论失范及其多中心治理》,《当代法学》2016年第3期。
[3] 参见李延枫:《网络平台内容治理的公法规制》,《甘肃政法大学学报》2022年第2期。
[4] 参见陶红英:《美国环境法中的公民诉讼制度》,《法学评论》1990年第2期。
[5] 参见李艳芳:《美国的公民诉讼制度及其启示——关于建立中国公益诉讼制度的借鉴性思考》,《中国人民大学学报》2003年第2期。

始倡导建立公益诉讼制度并作为公民参与国家事务管理的新型渠道。① 而2012年《民事诉讼法》的修改，则意味着对这一诉求、呼吁一定程度的回应。②

梳理目前中国既有的公益诉讼实践可以发现：（1）不同于诉讼原告的制度设计上为检察院和其他法定公共组织，现实中则几乎只有检察院行使该职权；（2）检察机关的公益诉讼内容主要体现为环境保护和英烈名誉维护两个方面，其他方面则相对占比很低。这是一种国家法律检察机关守护社会公共利益的主导型模式。首先，当私权的滥用侵害了社会公共利益，危及公法秩序的安宁时，由公共利益的代言人——检察院或行政机关代表国家进行追诉，是中国公益诉讼制度的重要特征。③ 不过也有学者提出，在环境公益诉讼方面，环境保护机关是提起环境公益诉讼的更佳主体，这是因为，环境保护机关提起公益诉讼更符合现行宪法和法律的规定，更符合检察机关与环境保护部门的职权划分，更能应对环境纠纷解决的专业性。与之相对，尽管检察机关在民事公益环境诉讼中存在角色定位不明的问题④，但从实践效果来看，检察机关是目前较为适合的公益诉讼提起主体⑤。

然而，在理论上，检察机关的公益诉讼主体资格，却不具有当然的理论正当性，事实上仍存在不小的争议。反对者主要认为这一资格缺乏既有有效法律体系中的直接法律依据，只是一种"司法实验"，从而面临着合法性危机。⑥ 还有学者从中国检察机关的司法权性质出发，认为行政机关的法律监督才是其职权的应有之义。⑦ 总的来看，主要是由于检察机关作为民事公益诉讼的原告缺失正当性、合理性和合法性，其法律监督者的身份将打破民事诉讼角色分配格局、制约民事诉讼当事人处分原则的运用、弱化民事诉

---

① 参见韩志红:《公益诉讼制度：公民参加国家事务管理的新途径——从重庆綦江"彩虹桥"倒塌案说开去》,《中国律师》1999年第10—12期。

② 修订后的《民事诉讼法》确立公益诉讼的原则框架，但规定，对污染环境、侵害众多消费者合法权益等损害社会公共利益的行为，法律规定的机关和有关组织可以向人民法院提起诉讼。因此目前的公益诉讼主要是针对环境保护和维护社会核心价值等公共利益的案件。

③ 参见肖建国:《民事公益诉讼的基本模式研究——以中、美、德三国为中心的比较法考察》,《中国法学》2007年第5期。

④ 参见吕忠梅:《环境司法理性不能止于"天价"赔偿：泰州环境公益诉讼案评析》,《中国法学》2016年第3期。

⑤ 参见吕忠梅:《环境公益诉讼辨析》,《法商研究》2008年第6期。

⑥ 参见韩波:《公益诉讼制度的力量组合》,《当代法学》2013年第1期。

⑦ 参见林莉红:《论检察机关提起民事公益诉讼的制度空间》,《行政法学研究》2018年第6期。

讼权利义务对等原则、违背民事诉讼原被告地位平等原则,可能会削弱程序正义,并引发检察机关职权的不当扩张。① 基于公益诉讼一般性原理和域外实践经验,公益诉讼的设置主要是鼓励公民参与公共事务和社会管理,而非单纯地体现国家以公益诉讼的方式来维护公共利益。因此有学者提出,检察机关是启动公益诉讼的第三位序主体,应排在公民与社会组织,行政机关之后。② 也有学者提出,尽管从检察机关的专业性和法律规范定位来看,检察机关有其职能定位、法律实践技能方面的优势,但公益诉讼应当是鼓励民众参与的诉讼活动,而非由某一国家机关直接包揽。③ 因此,检察机关提起公益诉讼,应当是某种立法上的权宜之计,是最后的法律救济手段,而非法律维护公共利益的首要步骤。④

根据上述分析,在公益诉讼的制度设计方面,立法选择由检察机关提起公益诉讼,主要是考虑到检察机关作为"公共利益守护者"这一抽象的职能定位,而非进行了相对成熟的理论论证,事实上也和鼓励公民参与社会治理的公益诉讼制度设置初衷相去甚远,这反映出立法者更注重从国家主动有为的立场来设计公益诉讼制度和推进制度实施。

(四)体现国家立法意图的规划纲要

中国的国民经济和社会发展规划纲要是对计划经济时期国民经济计划的继承和发展。在计划经济体制时期,经济计划直接调整各项社会资源的分配,并直接改变公民间的经济关系,关涉公民生活的方方面面。这无疑具有代替法律的规范约束力,可以概括为以政策代替法律的阶段。在社会主义市场经济建立后,规划纲要的指令性色彩逐渐褪去,其法律属性也开始出现理论上的疑问。⑤ 首先,从制定程序上看,规划纲要由中共中央提出纲领性建议,由国务院组织起草,全国人大审议通过,与立法法中规定的法律制定程序不尽相符。其次,从规范结构上看,规划纲要的内容呈现"目的-手段"结构,整体上,第一篇明确国家面临的发展环境,列举规划期间的发展目标,以下各编对实现各项目标进行规定;其具体的每一章也呈现这一结构。

---

① 参见王蓉、陈世寅:《关于检察机关不应作为环境民事公益诉讼原告的法理分析》,《法学杂志》2010年第6期;章礼明:《检察机关不宜作为环境公益诉讼的原告》,《法学》2011年第6期。
② 参见韩波:《公益诉讼制度的力量组合》,《当代法学》2013年第1期。
③ 参见肖建国:《民事公益诉讼的基本模式研究——以中、美、德三国为中心的比较法考察》,《中国法学》2007年第5期。
④ 参见陈瑞华:《论检察机关的法律职能》,《政法论坛》2018年第1期。
⑤ 参见郝铁川:《中国国民经济和社会发展规划具有法律约束力吗?》,《学习与探索》2007年第2期;徐孟洲:《论经济社会发展规划与规划法制建设》,《法学家》2012年第2期。

以《中华人民共和国国民经济和社会发展第十四个五年规划和2035年远景目标纲要》(以下简称《纲要》)第四章为例,该章首先明确增强国家战略科技实力的目标是"健全社会主义市场经济条件下新型举国体制,打好关键核心技术攻坚战,提高创新链整体效能",继而按照"优化科技资源配置""加强原创性引领性科技攻关""持之以恒加强基础研究""建设重大科技创新平台"四个方面的内容展开细化阐述。与此相对,法律的规范结构则呈现"假定条件-行为模式-法律后果"的模式,虽然二者都要求相应主体为或不为一定行为,但规划纲要旨在实现发展目的,而法律旨在提供行为规范。最后,从法的本质和特征的角度讲,规划的普遍约束力也存有疑问。规划纲要并非仅仅设定一些约束性指标和任务,与那些需要确保按时完成的约束性指标、公共服务、生态环保、安全保障等领域任务不同,规划纲要所提出的预期性指标和产业发展、结构调整等领域任务并未被强制约束完成,因此规划纲要并非全文具有约束力。同时,规划纲要中具有约束力的指标和任务,虽然以政府部门和社会公众为对象,但仅对前者具有约束力。

尽管如此,《纲要》明确要"将党中央、国务院关于统一规划体系建设和国家发展规划的规定、要求和行之有效的经验做法以法律形式固定下来",表明规划纲要尽管在应然层面不再具有法律地位(身份),但就规划纲要的历史发展及其内容和体例而言,它仍然在实质层面体现出国家的政策实施和法律制定的意图,并可以被视为法律制定环节中的基础规范之一,因此其法律属性仍然得到肯定。

网络谣言规制、网络空间净化以及公益诉讼的制度设计说明了政策对法律内容产生的影响,与此相对,经济社会发展规划纲要的法律属性则体现出法律形式本身有时亦可作为一种国家贯彻政策要求的工具而存在。赋予政策以法律属性,无疑有利于通过法律约束力促进政策实施落地;将政策执行的后果法律化也有利于加强政府自身的法治建设,减少恣意性。但是,法律和政策之分殊仍然存在,法律化的政策也不免其弊。赋予规划纲要法律属性,首先与立法法设定的立法程序存在冲突,而作为特别法的"发展规划法"尚未制定。其次,作为政策的规划纲要对行为的规定是概括性、宜粗不宜细的,不能对政府行为进行有效约束。再次,如前所述,规划纲要的逻辑结构决定其对于法律后果的规定尚属缺位,所以如何通过法律约束政府行为,也不能仅仅通过赋予规划纲要法律属性的过程完成。最后,与"法律的政策化"一样,"政策的法律化"也呈现出浓厚的法律工具主义特点,在思想上不利于法治国家的建设。因此,正视法律与政策的分殊,警惕法律与政策的耦合,也许是重申法律在内容层面的自主性、审视国家与法律和法治关系的核心所在。

第二节 国家主义法治观在执法活动中的体现

法律是国家意志的体现,执法是法律实施的重要环节,国家主义法治观深刻影响着法律从文本向实践的转化,在执法依据和执法方式上均展现出国家主义法治观的立场。具言之,执法依据主要就是广义上的法律,在国家权力紧急行使、官僚科层制和国家权力分散化等情况下,中国执法依据的诸多样态中都体现了较强的国家意志。执法方式是指执法主体依照法定职权在管理和服务活动中所展现出的执法方法和形态。中国行政执法有着选择性执法和指标考核相结合、灵活应对的双向度执法、执法方式技术化等多种特点。在这些执法方式中,国家主义话语时常进入执法场景,并对执法结果和过程产生影响。透过对行政执法的渗入,国家主义话语在一定程度上可能增强作为"依据"的法律的效用,而消解作为"规范"的法律的权威。在这种情况下,法律更多是一种增强执法正当性与合理性的手段,而非实现法治和规则治理的必要基础。在中国法治建设发展的过程中,为何会在行政执法中形成这样的现象,是有待学理解释的重要问题。本节将探究国家主义法治观在执法活动中的体现,分析中国行政执法依据和执法方式的特点,释明国家主义法治观在执法活动中的表现、缘由。

一、国家主义法治观视野下的执法依据

行政法治必然要求依法执法,因此执法依据毫无疑问是行政执法研究中最为关键的部分之一。然而,执法依据所指为何、在执法依据中是否存在着不同的层次或样式,这些问题却并非一目了然。尤其在实际执法场景中,常常难以判断究竟是哪份规范性文件在当下执法活动中发挥了最为实质的作用。因此,这里将首先界定中国行政执法的依据,进而以此为基础分析国家主义法治观在这些执法依据中的具体体现。

(一)执法依据的界定

法律是执法最重要的依据。这里的法律采广义,包括狭义的法律、行政法规、规章、地方性法规以及能够被司法机关在诉讼中审查的各类型规范,甚至包括某些未曾言明的执法惯例和不成文的执法规则。在行政法学领域

中,有一个实证意味浓厚且颇值得深思的现象,即规范的位阶与其效力的位阶是成反比的。这就是说,在现实执法情形尤其是基层执法情形中,规章以下的各类低层级的规定要比更高层级的法律、法规有更强的实行力,尤其是基层执法者,往往不太关注法律的具体规定,也不愿意去补法条的课,而更多是依靠行政机关在执法过程中的内部规定、上级要求、领导指令乃至执法指标项目。① 就中国行政执法和司法审查现状而言,即便行政执法依据违背了上位法规定,其司法纠正成本也偏高。更高层级的规范性文件则脱逃了司法审查,成为行政机关自省自查的对象,因而行政相对人即便对执法结果不满意,也常以沉默的方式对待。

法律作为行政机关执法的后盾("依法办事"),同时在行政机关执法中再现为一项微观层面上的统治权力。这种法律在实际操作中变换为授予行政机关执法权的现象,不仅契合了中国行政法学界对行政法的"授权法"而非"限权法"的定位,在法社会学的层面也契合了福柯对权力的观感。在福柯的笔下,权力处处算计、不留余地、精致无比,而法律只不过是为权力的运作盖上合法的标签,直至成为权力的化身。② 对这种惩罚社会学而言,一旦权力表现出要策划某些"策略",并宣称自己的目标必须达到而且必定达到时,就要警惕权力即将冲破制度的笼子。③ 然而,对福柯的权力观评价也存在某些反向的解读,比如朱晓阳就认为妖魔化权力的观念是"新福柯病"的体现。④ 这意味着在不加实证考察和经验总结的情况下套用某一理论分析框架,极易产生误读的风险,因此首先要关注的是现象描述。这里就是在行政执法的具体过程中,法律的耗散和再造发生在各类规章和内部规定的制定过程以及法律借助各级行政机关进行传递的过程中。因而,我们要回顾和梳理法律的传递过程及相关理论,来观察官僚科层制将如何通过多元化、多层级的执法依据来影响执法过程。

(二)执法依据的层次化和多样化分析

执法依据所呈现的多层级和多样性,是高层级的国家意志在向下逐级传递的过程中发生的动态效应。法教义学认为,这种现象是法律具有不同

---

① 有学者就以公安派出所为例,展示了基层执法人员法律知识的匮乏。参见吴小兵:《公安派出所与法》,载吴敬琏、江平主编:《洪范评论》(第11辑),生活·读书·新知三联书店2009年版,第140—155页。

② 参见[英]马克·尼奥克里斯:《管理市民社会:国家权力理论探讨》,陈小文译,商务印书馆2008年版,第95—96页。

③ 参见[美]大卫·葛兰:《惩罚与现代社会》,刘宗为、黄煜文译,商周出版2006年版,第259页。

④ 参见朱晓阳:《小村故事:罪过与惩罚(1931—1997)》,法律出版社2011年版,第18—20页。

位阶所导致的必然结果。上位法通过授权的方式限定下位法的具体范围，并形成某个逻辑自洽的法律体系。伴随而来的问题是法律位阶理论运用在执法过程中的正当性问题。一般而言，下位法通过对上位法进行细化来切合执法现实，使上位法的内容与立法精神及现实相协调。"细化"和"协调"建立于下级机关对上位法内容和精神的领悟以及对现实执法情况的考量，因而"细化"能与"实质性变更"相伴，"协调"能与"妥协"共处。尤其在依靠行政机关内部自查的情况下，上级行政机关监督的行政规定和内部指令大量存在且成为执法的重要依据。这些规定和指令又缺乏统一的规范化指引，它们是否严格按照上位法的要求进行细化，是否真正做到不打折扣地落实国家意志和法律精神，是否切实成为地方执法实践和国家意志统一的产物？

从现实来看，加大执法力度、推崇自上而下的高压往往是执法主体在面对执法不力时的主要态度。这里以某工商执法为例展开论述。[①] 2007 年，由于产品质量问题频发，国家决定开展产品质量和食品安全生产专项整治执法。首先，国务院出台《关于加强食品等产品安全监督管理的特别规定》，这部行政法规明确市场主体须接受工商行政管理部门更严格的监管，同时赋予行政机关更大的执法权，以行政考核的方式督促执法主体完成工作任务，并要求法律无明文规定的，须以此规范为执法准则。紧接着，国家工商行政管理总局制定《全国工商行政管理系统流通环节产品质量和食品安全专项整治行动方案》，提出了明确具体的量化任务。中央认为专项整治能否取得突破性成效关键在于基层执法，对此要加强对基层整治行动的指导、督促和检查，并充分调动基层执法工作积极性。基层则根据中央的指令，结合地方的实际，制定执法细则并负责落实。如上海某区工商分局对此提出要"力争""应当""争取""基本解决"相关的工作目标。整个执法活动的基本脉络呈现为：执法环境严峻导致国家加大执法力度，于是中央提出具体执法目标并鼓励、动员和领导基层执法，进而由基层制定细则，负责具体执法。问题是中央层面原本的指令性计划被基层带有弹性的"力争""争取""基本解决"等语词所取代，国家硬性的量化指标被基层的执法依据所化解。可以说，中央的规定更多是一种在短时间内单纯依靠执法信念所制定出来的高标准执法体系。面对这一执法依据，官僚科层制必须依据职责向下传递，并积极回应上级诉求；同时结合现实落实好来自更高层

---

① 对此案例的详细梳理，参见王波：《执法过程的性质：法律在一个城市工商所的现实运作》，法律出版社 2011 年版，第 31—60 页。

级的执法意志,这为层层制定新的执法依据创造了条件。这种新的执法依据的实现往往是上下级执法机关之间相互通气、相互谈判的结果,主要包括三种类型。

一是默许选择性执法内容的规范性指引。"选择性执法"是执法痼疾,是执法"合理不合法"的表现。如何平衡上级意志与执法现状、保障执法要求充分落实和防止执法任务过于繁重,成为基层执法首先考虑的问题。执法机关更关注保障基层执法单位的执法愿望,而非现实存在的执法需求。这样的权衡结果,就是选择性执法,在发生监管事故时采取雷厉风行的处罚和严厉的制裁。尽管这些突发性事件处理得尤其严厉,但由于现实执法手段和所提要求相距甚远,执法过程中的选择性执法和普遍违法共存被长时间默许。在此情况下,基层执法的难处被更高层级的国家意志所默认,并确认了选择性执法的规范标准。①

二是日常执法单位内部形成的执法指令和执法精神。在一项执法内容自上而下传递的过程中,允许执法主体相机处理各类执法需求是中国行政执法中的惯例。具体到执法依据中,就是允许执法主体的领导行使自由裁量权,按照基层执法的现状来理解上级意志,并以基层执法队伍所能承受的执法力度推进执法工作。在此情况下,各执法单位的内部规定和执法指令乃至执法精神就成了现实中基层执法最有力的依据。

三是上级单位为下级执法单位所确立的执法指标。设立执法指标是国内外行政执法的惯用手段。由于科层制带来的层级隔阂,上级机关很难直接掌握基层的真实情况,基层执法单位便能通过各种手段来消解上级单位的管控能力,并在缺乏足够监督的情况下掌管执法的依据、尺度、对象及方式。② 在此情况下,上级机关利用指标作为基层单位执法的依据,不仅减轻上级督导的压力,还通过指标考核实现对基层执法现状的评估和研判,并对执法中存在的问题进行上报汇总,实现对基层的有效控制。指标的设定还将工作量与工作津贴等经济激励措施挂钩,像计件工资一样督促、激励基层执法单位按照上级意志落实执法需要。

(三)国家主义法治观在执法依据中的体现

在国家权力紧急行使、官僚科层制和国家权力分散化的多种面孔下,国家主义法治观得以显露在执法依据的诸多样态中。

---

① 参见王波:《执法过程的性质:法律在一个城市工商所的现实运作》,法律出版社2011年版,第41—50页。
② 参见宋华琳:《基层行政执法裁量权研究》,《清华法学》2009年第3期。

首先,国家主义法治观体现在国家权力在应对社会危机时所采取的紧急行使的样式。例如在产品质量和食品安全执法中,国务院《关于加强食品等产品安全监督管理的特别规定》的出台拉开了专项整治的序幕并宣告了所要实现的目标,这一目标不仅起点高,而且扩张了执法机关的执法权,其目光也从个案追责一直延伸到制度建构。通过高标准的指令、广泛的处罚权和明确的制度设计试图实现对产品质量和食品安全领域体制的改造。从制度经济学的代理理论看,这就是由于作为委托人的立法者已经合理预测到具体执法中所出现的执法打折扣的局面,因此在一开始就以高标准来对冲将来的执法困窘。[1] 国务院还通过迅速传达的机制将国家主义话语向下传递,通过迅速的商议筹划来制定细化目标。因此,在执法依据中,高强度的国家主义话语和雷厉风行的运动式治理是维护政府公信力、保障国家主义话语在社会上畅通无阻的一个手段,试图以较少的执法成本获得较大的社会效益。

其次,基层执法单位通过内部规定和执法精神的方式重构上级机关的执法内容,在官僚科层制下完成了分散的国家权力对国家主义话语的重释。在上级指令向下传递的过程中,科层制对于上级意志的迟滞和范式的转换使上级机关不得不依赖分散的国家权力来实现国家意志,这就为下级机关重塑执法依据、重释国家主义话语提供了制度基础,也因此佐证了国家主义法治观的立场。由于科层制下官僚体制存在明确的分工,上级执法机关无法直接对下级以至基层的执法情况进行领导,而不得不依靠各种伴随着科层制的、分散的国家权力来实现相关的执法。在这种体制下,各级执法机关都有相应的自由裁量权,在上级意志允许的范围内能够灵活结合自身现实,重新对上级意志做出符合自身情况的释读。

最后,通过官僚科层制的架构以及设定指标、绩效考核等方式,上下级执法单位在意见的交互中实现执法依据的量化要求,将抽象的国家主义法治观具象化。由于上级执法单位不能直接管理基层事务,于是通过科层制及档案制度,上级以设定执法指标、量化绩效考核等方式引导基层执法单位落实上级的执法诉求。对上级执法单位来说,执法指标就是一种能让下级单位充分完成、工作节奏适宜、年度考核过关的质量体系;对下级执法单位来说,执法指标就是基准工资和计件工资的集合体,通过执法指标所指示的执法依据来完成相应的工作量,并能在工作中获得经济激励。在指标考核具体内容的设定中,上下级执法单位能借助内部往来实现协商和谈判,并通

---

[1] 参见徐昕:《论私力救济》,中国政法大学出版社2005年版,第247—249页。

过指令与计划并存的方式确定具体的指标数量和指标类型,以此将国家主义法治观的要求展示在指标中。

(四) 执法依据中国家主义立场的合理性解释

中国执法活动中存在多层次、多元化的执法依据这一现状是如何形成的? 在国家主义法治观指导下形成的这一执法特点是否具有合理性? 科层制和分散化的国家权力为多元化的执法依据创造了前提。多元化的执法依据与中国行政机关的层级密切相关。执法依据以行政法规、部委规章、地方政府规章,以及政府部门内部的行政规定等为主,其中政府部门内部的行政规定又是一个高度概括的依据种类,既可以是形成正式文件的会议纪要、纲要、规定等,又可以是内部会议精神甚至是未成明文的执法惯例。在执法实践中,层级越低的执法依据具有越强的执法实效,这是由于科层制及其背后的分散化权力所致。在中国,官僚科层制要求各级执法部门都有相应执法职权,尽管上级可以领导下级执法活动,下级也可以就执法问题请示上级,但一般来说,上下级之间的执法活动均按照既定的职权划分和执法习惯进行,互不干预。职权的划分就必然导致原本整体的执法权按照层级被划分成多层次的执法权能,从而分散了相应的执法权力。[①] 对执法机关来说,其所拥有的执法职权是开展执法活动的根本,在法律允许的范围内能够依此制定执法依据、开展执法活动,从而享有较大的执法自由空间。

强调中央集权与地方回应的政治运作模式为执法依据的传递和再造提供了现实土壤。中国政治运作模式既强调中央集权,国家掌握重大事项的决策权,又提倡地方依据中央的决策精神,不打折扣、因地制宜地落实相应决策,这就形成了中央权力向下传递,地方权力积极回应并进一步向下再传递权力的基本过程。中央的决策是一种宏观的政策走向,其目的在于加强政府治理能力,确保国家治理秩序,促进社会经济发展。面对这些要求,地方政府的思路是"抓关键",抓住中央决策精神与地方治理实际的最佳平衡点,在以高姿态积极向上级反馈自身落实政策的同时,又在化抽象为具体、变宏观为微观的过程中重新阐释了相关的侧重点和依据。在这一背景下,就不难理解执法依据的传递和再造过程:在执法依据层层传递的过程中,不同层级的执法机关依照工作模式积极向上反映学习和落实情况,另一方

[①] 有学者指出,中国政府间关系体现为多层级权力关系下以属地管理为基础的行政逐级发包制,或者说政府内部的发包制,简称"行政发包制",以区别于韦伯意义上的官僚科层制。行政发包制使得上下级政府的事权不是分工协作关系,而是层层发包和逐级监督的关系,政府间职责高度重叠和覆盖。参见周黎安:《转型中的地方政府:官员激励与治理》,格致出版社 2017 年版,第 29—48 页。

面在寻找最佳平衡点的过程中,结合地方实际,对相应的执法依据做出重释,这就形成不打折扣、因地制宜落实国家政策的执法外观,为自身的执法活动获得来自国家的正当性支持。

二、国家主义法治观视野下的执法方式

除在执法依据中有所体现外,国家主义法治观也在执法方式上有所体现。中国执法方式的一大特点在于类型多样,实际执法活动糅合规则性话语与非规则性话语,其中存在较大的自由裁量空间和浓厚的人格化因素。正是通过这些自由裁量空间、人格化因素,国家主义法治观得以体现在执法场景之中,并影响着执法的过程与结果。

(一)执法方式的界定

执法方式指在法律授权的系统框架下,执法主体依法定职权在管理和服务社会主体过程中所展现的执法方法和形态。执法方式可划分为单向度的执法方式和双向度的执法方式。单向度的执法方式指法律规定执法方式中的种类、幅度、期限等内容,执法主体依法律规定执法,执法相对人无法参与执法活动。双向度的执法方式指法律在规定执法的相关内容时同时赋予执法主体自由裁量权,执法主体有权相机处理执法中的细节,执法相对人能就执法的细节与执法主体商谈。现实生活中,双向度的执法似乎更普遍,也更多出现在基层执法中。然而,双向度的执法方式更多是一种执法活动中"只做不说"的样态,因为它允许相对人与执法机关之间就执法的力度和种类进行谈判,这就在单纯的执法活动中注入社会和文化因素,而存在选择性执法的可能。从现实来看,选择性执法与执法指标考核相配套,构成当前执法方式之一。执法活动是否收获成效,不仅要看执法主体的决心及执法能力,也要考虑执法对象的承受能力以及执法对象是否愿意配合执法活动。这就要求在法律允许的范围内,执法主体灵活运用自由裁量权,将法律规定与现实情况相统一,使执法主体与执法对象进行商谈成为可能,而最终的执法结果也往往是双方达成的某种共识。

(二)执法方式多样性的类型化分析

在当前的执法方式中,规则性话语与非规则性话语相互糅合的执法样态在基层执法活动中普遍存在,因此产生了多类型的执法方式。

1. 选择性执法和指标考核相结合的执法方式

从制度经济学的视角来看,选择性执法意味着要结合具体执法活动的具体场合,由执法者自行决定在执法时应当采取哪些执法方式、应当在何时何地从严或从宽执法,或者是对于同样的执法内容,在何时进行执法或不进

行执法。可见,选择性执法是在执法自由裁量权基础上的进一步放宽,是利用行政机关在执法中所拥有的"剩余执法权"来使执法和当地的政治、经济与社会目标相结合的现象,也是确保执法与当地社会需要相统一的手段。[1]甚至可以认为,国家授予执法主体以自由裁量权,并倡导"过罚相当""轻微违法不处罚"等执法理念,是为了给执法机构在特定时期、特定地区有选择性地执法创造条件和提供执法支持。这里存在三种选择性执法方式:一是国家允许执法主体在其自由裁量范围内自由进行执法活动,执法的种类、数量和幅度主要依靠各级执法主体的执法经验和地方要素;二是上级执法机关以设立执法基准的方式明确应当执法的类型,并同时限定执法活动的下限,要求下级执法机关在执法中就特定事项执法,并实现规定的执法数量和执法幅度,即指标考核的执法方式;三是根据上级执法机关乃至国家意志进行明确的安排部署,在特定的时间段内集中注意力和大量执法资源,就某一类具体的违法行为进行全面、严格、突破常规式的执法处置,即"运动式治理"的执法方式。

第一种选择性执法方式,主要依靠各级执法主体的领导者对法律法规的理解和对上级执法精神的领悟,同时结合地方执法实际和普遍违法情况,在平衡各种利益的情况下执法。当执法内容自上而下传递时,科层制和分散化的权力体制使执法机关有了对执法内容进行筛选的权力。执法不仅考虑法律规定、上级要求,还要考虑执法的预期效应、社会反响,以及执法队伍自身的执法欲望和执法承受能力。这时选择性执法应运而生,对一些法律严格要求、上级直接命令、地方呼声强烈的违法现象,执法者就以迅猛的执法速度、高压的执法态势、严格的执法幅度和强硬的执法姿态执法,力求在最短时期内恢复社会运作秩序;对于法律概括要求、上级模糊希望、地方反响冷淡的违法现象,执法者在执法活动中就会讲求时机尺度,在执法活动中显示出较大弹性。同时,执法不仅会消耗人力、资金等执法资源,在制度不健全的情形下,部分执法活动还有可能为执法者带来一定私利收益。受逐利因素驱动,即使不考虑可能的违法操作,执法机关也当然倾向于能够"创收"的执法活动,而对其他违法行为不够重视,对于不同的处理方式也倾向于罚款、没收等做法。反过来,执法成效不明显、需投入人力物力较多的违法行为常常受到忽视。

第二种选择性执法方式,是上级单位为下级单位拟定执法指标。执法指标是上级机关管理下级机关执法、掌握执法主动权的有效手段,与行政机

---

[1] 参见戴治勇:《选择性执法》,《法学研究》2008年第4期。

关的压力型体制密不可分。压力型体制被用来描述中国行政机关的运行方式,其关键在于将任务进行数量化的分解,并采取物质化的多层次评价体系。① 执法指标就是通过类似计件工资般的执法激励措施来实现的。对下级机关而言,执法指标作为执法依据的同时,也是一种更典型的执法方式,执法指标对应的激励措施,从立功受奖到"一票否决"又为这些执法指标背书。执法指标已经规定了执法的种类、数量和幅度,是执法活动的基准,因其易于认知和便于量化的优点,最能直观地反映当地执法的基本要求和实现情况,也最能让执法者意识到执法重点与难点。比如带有"一票否决"效果的执法指标,就是强制性必须完成的执法要求;而对于只有基本底线的执法指标,则一般只需按时按量完成即可。对执法者而言,执法指标提醒他们在执法中的重难点,同时自行屏蔽执法指标未纳入而社会中存在着的违法现象。

第三种选择性执法方式是"运动式治理"。它与第二种方式虽然都强调贯彻上级行政机关的意志,但常规的执法指标只是执法活动的基准,上级行政机关不直接领导和组织,而是根据下级机关的执法能力进行执法活动;而在运动式治理方式下,上级行政机关不仅直接指明执法对象,也直接领导执法活动并为之调集执法资源,下级机关的灵活性空间明显减少。一般而言,运动式治理往往将违法行为持续时间长、违法行为影响较大且利益错综复杂的行为视为执法对象,这些违法行为主要存在于因部门权责错位而执法不到位或长期欠缺有效执法的领域。如 2018—2020 年"扫黑除恶专项行动"的治理对象,就是自 20 世纪 90 年代以来对基层社会进行渗透甚至导致乡村社会"灰色化"的各类不法势力。② 在过去较长的一段时期内,由于执法能力不足、存在"保护伞"等原因,尽管国家始终在推进针对这些不法势力的法律治理,但并未能收获较好的效果。从这一点来看,运动式治理有其作用。不过,运动式治理也存在治标不治本、矫枉过正和资源空耗等难题。

2. 灵活应对的双向度执法

双向度执法是一个执法谈判的过程:执法者在执法中,先给出执法种类和力度的说明,随后与执法对象谈判;在谈判的过程中,其他相关或不相关的因素(如人情、关系、面子)③加入进来;经过商谈,最终在法律允许的框架和执法者自由裁量权的边界内,执法者和执法对象得出双方都能接受的

---

① 参见杨雪冬:《压力型体制:一个概念的简明史》,《社会科学》2012 年第 11 期。
② 参见陈柏峰:《乡村江湖、基层政权与"扫黑除恶"》,《中国法律评论》2018 年第 4 期。
③ 关于中国社会重视人情、关系和面子的问题,参见黄光国等:《人情与面子:中国人的权力游戏》,中国人民大学出版社 2010 年版,第 1—33 页。

执法结果。这种讲究"人情"和"关系"的执法方式，是"关系社会"现象在中国公共治理体制中极具特色的实践反映。

第一，普遍违法和执法指标共同导向选择性执法，并产生双向度执法。普遍违法让执法者产生无法消灭违法现象的错觉。既然上级已规定执法指标，绩效考核也与执法指标挂钩，这便促使执法者进行功利计算，以最高效的查处类型作为执法种类。对执法机关来说，普遍存在的执法难题不是适用法律，而是如何落实执法的问题，这就为双向度执法提供了契机。单从法律上说，执法者在执法中并不需要留给对方空间，仅承担执法中的法定义务即可。但国家同时要求执法活动须以稳定社会秩序、保障社会和谐为前提。对执法单位来说，从部门利益出发，减少执法纠纷、规避行政复议和司法审查风险是体现执法成效的重要指标。因此，将纠纷和执法争议解决在萌芽状态，尽可能防止执法纠纷发生，是维护部门利益的最好方法。在这种思维的指引下，执法者将执法指标和法律法规的底线作为执法的最低目标。执法者在其自由裁量范围内先提出高于底线的执法要求，客观上给予执法对象充足的空间、时间，使其能动用各种社会力量，直接或间接地向执法者提出反向要求，从而拉开执法谈判的序幕。

第二，执法谈判一旦展开，"人情""关系""面子"等非正式要素有可能参与到执法谈判中。当下中国基层行政体系，执法机关之间以及执法者和党政机关工作人员之间存在着错综复杂的联系。他们可能是领导与被领导的关系，可能是老乡、战友、同学、师生，甚至有血缘和姻亲关系，这使公权力的执法活动与私人的交往活动相混淆。这种情况下，对执法活动的认知，就不仅取决于执法对象的违法情况和社会影响，也掺杂了其他非正式因素。

第三，综合考虑非正式要素的参与和双方的实际地位后，执法者与执法对象达成执法共识而结束谈判。非正式要素的参与起到"和事佬"作用，将原本并不熟悉、抽象的执法者和执法对象具体化、生活化，通过相互间传递信息，把双方置于同一平面，缓和双方因执法所激发的矛盾，让其开展执法谈判，并在谈判过程中相互熟悉和协调，尽可能在短时间内完成谈判。执法对象并不清楚执法者的底线和执法者希望达到的执法效果，所以才需要以借助在场的其他非正式要素的方式探明对方要求。而执法者早已明晰自身的执法要求和底线，在没有更具排他性权威在场的情况下，掌握着执法谈判主动权，其所要做的是借助法律权威和其他在场的非正式要素，通过各种谈判手段来引导对方接受自己的条件，或通过在场其他非正式要素的参与，双方逐步了解对方要求，在商谈中达成共识。

3. 因地制宜、因人而异,塑造执法权威

执法者与执法对象间地位不平等,一方面源于信息不对称,另一方面执法者仰仗法律和公权力的权威,给执法对象以压力,更易实现执法结果。这一过程中,执法者不仅在外观上重塑法律权威,也以一种丰富的政治面谱出现。执法谈判仅展示了执法者在营造权威上的某种内在化尝试,而在营造执法权威的过程中,执法者往往因地制宜,因人而异,将这种营造执法权威的行为演变为重要的执法方式。

第一,沿袭工作传统,提出案例典型。编选年度案例、刊登政府公报、宣传执法活动中的典型事例,并通过确立工作案例典型来提取执法规律、扩大执法可预期性、保障执法效率、营造执法权威,是行政执法中的常用方式。这种方式也是革命时期以来党的工作习惯,并影响新中国成立后行政机关的工作传统。执法者还善于将所希望营造的执法权威凝聚在执法理念中,并以极简的执法口号方式表达出来。"口号-典型"的表述方式是中国行政执法机关常用的营造权威的方式。各级行政机关都有提出相对应口号的权能,且这种口号会伴随着科层制依次向下传递,而下级行政机关在吸收上级机关的治理口号时,也会以自身诉求去改造并重塑相关口号,并在这些口号的指导下确立相关的案例典型和先进事迹,从而形成上下级之间就口号治理样态的互动。[1] 这一方面对内塑造上级机关的权威,另一方面对外营造执法机关上下一心、依法办事、执法为民的良好姿态,从而塑造出执法机关的权威。

第二,密切联系群众,贯彻群众路线。群众路线是党的基本工作路线,也是行政机关的基本活动准则。在行政执法中,贯彻群众路线也成为执法机关对外营造执法权威的重要手段和执法方式。如公安机关以警力下沉的姿态深入社区,通过加强派出所警力、警察走访、法制讲座等方式加强与当地社区和农村的互动。[2] 又如工商行政管理部门以维护消费者权益为出发点,在村委会、居委会以及学校等基层社区建立维权联络点,通过深入巡查、逐一归档的方式保护消费者权益。[3] 这提高了执法效率,缩小了社会群体与执法机关之间的物理距离,让社会群体能看到标榜服务群众、密切联系群众、贯彻群众路线的执法机关,从而营造执法权威。只是这一实践存在诸多困难,与公安机关的警力配置不同,诸如税务、工商等执法机关的机构设置

---

[1] 参见王波:《执法过程的性质:法律在一个城市工商所的现实运作》,法律出版社2011年版,第108—109页。
[2] 参见刘宏斌:《中国社区警务发展的新趋势》,《中国人民公安大学学报》2004年第4期。
[3] 参见《乡村建起投诉站农民维权不出村》,《人民日报》2016年4月7日。

就天然限制了他们试图走近群众以营造执法权威的努力。从职权划分上看,执法机关同时承担着多重任务,但在走进基层社区的过程中,却把原先集约化的权力分散行使,增大了执法成本。从执法层级来看,相关职能部门没有为走进社区的行动配备足够的编制,因此相应的站点要么从基层职能部门抽调人手,要么利用经费聘请编制外人员,要么请求基层社区工作人员兼任相关职务。作为深入基层社区的执法站点,实际上并不具备相应职权,相关事项的执法工作仍需基层执法单位实施,这就限制了基层执法站点的功能,甚至导致执法站点形同虚设。执法机关主动深入基层的尝试,其目的更类似于发动群众打击违法行为的弥散化惩罚机制,其目的在于通过个体经验的重建来服务于国家的意识形态。[1]

第三,针锋相对、有的放矢,促使执法对象配合执法活动以营造执法权威。由于单向度的执法面临诸多困境,执法并非仅停留在法律程序,还是一个在现实中需要对方配合才能落实的持续性过程。因此,营造执法权威的最好的办法是充分展示执法者促使执法对象配合执法的过程,以及执法者所付出的努力。在这种将法律权威转化为"执法游戏"的过程中,执法权威的营造、执法活动的推进都被化约成执法者与执法对象之间的心理学游戏,就是要在执法对象面前学会"智斗"[2],还要仔细分析执法对象的心理状态,并通过类型化分析来指出相应的执法样态,从而因人而异地推进执法活动[3]。这种执法技艺与正式的法律权威相互映衬,成为依法推进执法活动可以纳入考量的人格化因素。对基层执法者来说,在适用法律并不是执法核心问题的情况下,如何促使执法对象配合执法才是最重要的问题。为了达到这一目的,有的放矢地针对执法对象进行执法活动,与"执法谈判"如出一辙,都是在法律允许的范围内借助各种人格化因素实现执法目的的方式。

4. 执法方式的技术化

在执法过程中,执法者所能投入的资源总是有限的,常常无法覆盖所有的违法行为,而在具体的执法中,执法者的具体操作也对执法效果具有明显影响,因此,执法的方式存在技术化的趋向。执法是一种权力运作的模式,当然存在运作得好与坏的区别,故而需要一定的权力技术作为辅助,从而利用有限的执法资源达到更佳的社会效果。这些技术既可能是执法机关主动

---

[1] 参见强世功:《惩罚与法治:当代法治的兴起(1976—1981)》,法律出版社2009年版,第36页。
[2] 参见王波:《执法过程的性质:法律在一个城市工商所的现实运作》,法律出版社2011年版,第96—99页。
[3] 参见孙仲永:《如何攻克当事人的心理防线》,《中国工商报》2006年11月30日。

革新而来的,也可能自上而下地铺开,却广泛存在着基层执法者与上级行政机关的博弈和共谋。

执法者主动引入新的执法技术的原因是客观条件的限制,例如执法资源缺乏、执法矛盾凸显等,引入新技术的目的是维持执法活动的正常进行,实现最低限度的执法目的。例如,乡镇派出所在乡村纠纷日渐增加、执法资源匮乏的情况下,采取"治安联防""线人"等专门工作,以维护乡村社会秩序。① 又如,城管部门为了应对执法冲突频发、深陷负面舆情的状态,主动佩戴执法记录仪进行录音录像。这类技术自下而上地产生,并常常存在于灰色地带,因此不断受到上级行政机关的约束乃至禁止,但又在执法资源的限制下再演变成新的技术形式。与此相对,在当前的执法方式比较有效的情形下,执法者也可能主动地引入新的执法技术以提高执法的效能,例如利用卫星探查进行自然资源执法等信息技术手段,以及网格化治理等权力技术。这些技术在试点后自上而下地进行推广,并逐渐被纳入执法常态。它们一般能够有效提升执法效能,但始终面临着政府职能过重、行政成本过高、社会空间发育不足等问题。②

(三)国家主义法治观在执法方式中的体现

出于稳定社会秩序的需要,执法领域存在双向度执法方式。执法者还利用推出案例典型、密切联系群众、主动"装腔作势"等方式营造法律权威,从而间接协助执法。这些方式中都有着浓厚的人格化和非正式因素,在法律赋予执法者以自由裁量权的范围内,国家主义话语通过这些人格化因素进入执法场景,并对执法结果和执法过程产生影响。

第一,各类权力以非正式因素的身份深度参与执法过程。如在"执法谈判"中,谈判的发动往往是执法机关依据执法指标选择性执法的结果。在谈判过程中,各类权力将公共权力执法活动变成了尊重差序格局、讲求人际关系的样式,变成权力商谈与妥协的过程。在此,国家主义话语依托各种人格化的角色和因素渗透到执法中,并通过各种因素影响执法者对违法性质和违法程度的判断,从而影响执法者自由裁量权的行使。这都说明国家主义话语的渗透是执法体制和国家治理体系制度供应不足的产物。执法中原本单纯依靠良善法律和高素质执法队伍便可充分解决的执法难题无法通过正常渠道解决。一旦出现执法对象不配合、社会反应强烈的执法难题,执法机

---

① 参见陈柏峰:《群众路线三十年(1978—2008)——以乡村治安工作为中心》,《北大法律评论》2011年第1辑。
② 参见渠敬东、周飞舟、应星:《从总体支配到技术治理——基于中国30年改革经验的社会学分析》,《中国社会科学》2009年第6期。

关首先考虑的不是依法办事,而是执法难题是否会导致社会反弹,是否会影响社会稳定或产生负面影响。这种思维下,执法者可能想到息事宁人,这就从反面给予执法对象以执法者软弱怕事的错觉,以"闹事"的手段将原本属于法律领域的执法问题诉诸非正式和人格化要素,通过"示弱"把问题引入社会道德、舆论环境之中。执法机关捡起了与执法对象相同的舆论和道德武器,也通过"示弱"的方式试图揭穿对方抗拒执法的本质。

第二,力求稳定社会秩序,默许消解法律权威的执法活动。如在执法谈判中,国家试图强力稳定现行秩序的努力是其顺利进行的前提。在此问题上,国家维护社会稳定和治理秩序的决心居于主导地位,消解一部分法律权威以实现社会的稳定有时是可容忍的。因此,执法谈判的方式与其说是面对普遍违法而短时间内无力纠正、不得不采取的变通的现实执法方式,毋宁说是国家治理手段出现短板、治理能力不足以应对社会需要时所运用的一种策略。这种治理思路的后果很可能会破坏法律规范背后所蕴含的制度性要素,将整体性的法律规范系统分解为若干因素,并代入其他治理系统,长远看可能不利于法治事业的顺利进行。

第三,在执法方式中融入集约化、弥散化、运动化因素。执法机关通过各种方式营造执法权威,间接地将营造执法权威的行为评价为执法方式。对执法者来说,这种执法方式既可以是集约化的口号治理和精心筛选的案例典型,也可以是密切联系群众、主动延伸职能、鼓励发动群众协助执法,还可以通过个案执法中的因人而定的各类非人格化因素来推进执法。这些方式都是国家主义的体现,因为它们要么是国家默认,要么是国家在宣传上给予支持,要么是国家对自由裁量权的行使尺度采取了类似"空白授权"的做法,默许了执法者动用各类非正式要素实现执法。从这个方面来说,国家主义并不一定是强力的化身;国家主义也可以成为执法主体无形中强制执法对象、引导执法对象服从公共权力的直接动力。

这些掺杂诸多非正式要素而宣示国家主义话语的执法方式,一定程度上是转型时期中国治理体制供应短缺的产物,是从关系社会走向规则社会、从集权走向社会自治过程中的可容忍现象,也在一定程度上取得了积极效果。但这些执法方式却或多或少地削弱了法律权威,增强了执法者和执法对象规避法律风险、排除法律适用的机会主义心态。尽管法律也同样是国家意志的体现,但这种国家意志是规范的、不易变化的,也是个人、社会与国家达成共识的产物,有别于短期的、持续变化的其他国家意志。法治体系的建设是为了保障法律的顺利运行,使这种体制不因领导人及其注意力的变化而变化。但在国家主义影响下,社会成员认为法律于己而言是社会强加的而非自己生活所需,它的目的无非是压迫和限制人们,人们守法就成了迫不得已的行为。人们时刻想着远离和规避法律。① 因此,执法者所需要的是在执法的过程中确立真正符合法律要求的执法方式,并通过这种明确可期的执法方式向外界传递依法办事的理念,消除执法违法乱象,并以此提升执法者的执法水平和法治素养、提高社会公众遵守法律的意识,从而树立法律的权威。

(四)执法方式中国家主义立场的合理性解释

从现实来看,除去执法中可能存在的权力寻租现象,普遍违法和选择性执法的二元共存是中国社会转型期治理体系制度短板所导致的必然结果。改革开放的历史显示从国家放松对市场的经济管制、允许市场自由交易,到鼓励发展商品经济并最终形成社会主义市场经济、发挥市场在资源配置中的决定性作用这一过程来看,"摸着石头过河"的改革思维曾长期占据中心地位,这就是鼓励地方解放思想、先行先试,允许搁置意识形态之争而鼓励地方搞活经济的基本背景。这同时也是国家放松市场管制、弱化市场监督、在政府职能尚未完全转变之时允许地方经济力量超越国家监管而发展的过程。因此,市场化的过程一般是从默认"违法现象"开始,继而国家检视现状、改革政府职能,最终将"违法现象"变成"合法现象"。在这一过程中,国家保护对经济和社会发展有利的"违法现象",取缔影响经济和社会发展的"违法行为"。应当承认,市场化改革的初步成功,与这种改革思维密切相关。但在加强顶层设计的语境下,这种普遍违法和选择性执法的现状就迅速蜕变为国家治理能力不足、治理制度供应不足的结果。在普遍违法的情况下,现有的执法能力无力从整体上消除普遍违法的现实,就只能在各类违法现象中"抓大放小",从而导致选择性执法现象长期存在。

国家善于运用运动式执法的方式,试图通过高调的执法和严厉的执法要求改造社会,同时也重塑统治正当性的话语。运动式执法是中国在社会治理中的重要手段。这种强度高、力度大的执法模式,一般出现在局部社会秩序失范、社会反响严重的情况下。国家通过高调的执法方式和迅猛的执法话语来试图改革特定领域的政府执法体制。这些情况客观上指向缓和舆论压力、营造舆论氛围,并重新塑造国家统治正当性的话语体系,防止因社会秩序的混乱而导致对统治正当性的消解。但这种思维并不能解决执法体制落后、执法力量薄弱的问题,也并未改革相应的配套制度,这就容易使相关的努力流于形式。而且,一旦就此形成路径依赖,将在无形中加大地方执

---

① 参见姚建宗:《信仰:法治的精神意蕴》,《吉林大学社会科学学报》1997年第2期。

法难度,激化地方执法力量与执法对象之间的紧张关系,甚至导致暴力执法和暴力抗法的现象发生。

借助经济激励和指标考核的措施来调动执法者积极性,诱使执法者在执法活动中高度重视部门利益。执法指标与绩效考核是认识执法成果最直观的依据,也是上级执法部门管理下级执法活动的主要手段。但对下级执法部门来说,执法指标在很大程度上是指挥棒,执法指标让执法者以功利计算作为执法的出发点,为了完成执法指标,他们会迅速地履行执法职责。当完成执法指标或执法指标未做要求的时候,执法活动就变成了某种工作的消遣行为。而且,当面对上级指标中对规避执法风险、防止执法纠纷的要求时,执法者往往从自身的部门利益出发,试图通过各种方式实现这些要求,而这些方式是否属于符合法律规定、是否符合执法程序、是否依循法治思维,则非首要考虑的问题。

在执法中,维护社会秩序稳定和追求法律效果与社会效果相统一的政治话语,将对执法活动的顺利推进营造某些变数。执法中难免会出现执法对象存在执法异议、希望诉诸行政和司法救济的情况,或是出现执法对象不配合甚至抗拒执法的现象。在这种情况下,是坚持依法办事、尊重执法对象行使诉权,还是强调息事宁人、尽快平息执法纠纷,取决于执法部门领导者的意志,更取决于当时的主流政治话语。如在指标考核中,如果以实现法律效果与社会效果统一为名义设立指标,要求减少行政复议和行政诉讼案件的数量,那么面对这种不问过程、只看结果的指标考核,执法者就会想方设法确保执法的和平与安宁,确保执法对象最终配合执法活动。在法定执法方式缺乏的情况下,执法人员就会借助各种非正式因素,请求各类人格化的公共权力介入执法活动,同时也默许执法对象以同样的方式参与执法过程,将单向度落实法律规定与申请救济的执法活动变成双方可以讨价还价的双向度执法过程,将规范的法律实现活动变成多元化的关系运作,在达到执法目的、完成执法指标时,原本执法者赖以依靠的法律权威乃至公共权威被消解了,甚至使执法演变为身披公共权力外衣的私力救济。

第三节 国家主义法治观在司法活动中的体现

在国家主义法治观之下,国家需要积极引导社会和个人依据国家的理念从事法治建设,在某种程度上,社会活动的判断标准就会从社会主体对特定事物的主观认知转变为国家在法律中所规定的客观理念,可能会出现社会"附属"国家的结果。① 这种情况将会影响到对司法权属性的认知。司法权的性质决定了司法职能的内容与司法运作的组织结构。对司法权的不同认识,会影响对司法职能核心定位和行使规律的理解,进而影响司法功能与结构的配置与实践。

关于司法权到底是国家权力还是社会权力,理论界一直存在争议。在当下中国,司法无法自外于政治,甚至有学者直接将司法看作政治的继续。② 司法权无疑是一项重要的国家权力。不过从"国家-社会二分结构"的视角看,司法权具有双重属性:既是一种国家权力也是一种社会权力。不过,这里或许还有"第三条道路",即承认司法权兼具国家权力与社会权力的双重属性,并统一在司法权仅代表法律利益的范畴下。如此界定可以让我们更容易从事物本身出发,分析国家权力与社会权力对司法职能转变的影响,认识实际的司法职能与司法组织架构。

在承认司法权双重属性的基础上区分司法职能与司法组织架构的进路,有助于从方法论国家主义视角对中国的司法制度发展进行描述性分析,展示国家主义法治观对司法活动的影响。这种描述性分析,是解决司法权性质学术争议的研究前提。据此,中国司法审判的理论构想与实践现状、司法的人民性与专业性等方面所具有的复杂关联,深刻体现了国家主义法治观的某种内在张力,并因此体现出国家主义法治观的痕迹。

一、国家主义法治观视野下的司法职能

司法可能拥有不同职能,司法按照什么样的原则行使司法权,它的职能中就可能会体现出怎样的立场。无论是回应型政府还是能动型政府,司法的根本职能都是居中裁判,但在国家主义思想的影响下,司法不能只是坚持居中裁判的原则,还需要服从国家意志、服务国家大局等。在不同情形下,司法居中裁判的实现程度也可能存在差异。这里首先对司法的职能作整体把握,然后分析国家主义法治观对中国司法职能的全面影响。

(一)司法职能的内容体系

司法功能/职能的类型具有多样性,面对实践中的多元形态,学界一直

---

① 有学者通过对普法和法盲的研究,指出普法使国家权力向社会深入并通过司法对现实进行格式化,同时出现的是社会对国家权力的溶解以及法盲对司法的"反格式化"。因此说社会是国家的附庸并非绝对意义上的,二者间的张力和互动使得力量差距得到一定的消解,但当代中国国家权力远强于社会权力则是不争的事实。参见凌斌:《法治的中国道路》,北京大学出版社2013年版,第148页。

② 参见崔永东:《司法与社会之关系研究》,人民出版社2020年版,第49页。

在对其进行体系化的建构。而立基于司法权性质与司法规律原理的法律功能与社会功能二分法是一种具有相当共识性、合理性的分类方法。其中,孙笑侠教授所建构的司法功能体系尤其具有代表性,也相当细致,其理论以裁判功能为中心"由内而外"确定不同司法功能之间的层次性,非常具有启发性。① 只是,太过于细致的划分可能会使得对司法功能的概括与对司法行为内容的总结混淆在一起。简单来说,就是对功能的划分过于具体细致,存在把具体的行为内容也上升到功能层面的可能。例如,将司法的法理功能划分为判断、决定与调整三个方面,实际上判断与决定不过是对法官裁判功能的分解,而各个具体功能的划分,如辨别是非、释法补漏、定分止争、维护权益、控权审规、定罪量刑等,更宜界定为司法行为的内容,而非司法的功能。

从这一主流思路出发,我们以司法权的核心即审判权为出发点,将司法的法律功能概括为:审判(裁判)功能、维护法律统一功能与公共政策创制功能。司法权是针对案件解释适用法律,做出权威性决定的法律判断权、审判权。正如孙笑侠教授所言,对法庭案件的处理是司法功能发挥的着力点,因此审判功能是司法最为核心的功能。由此往外延伸,则是通过各级法院统一适用法律、建立审级制度、指导性案例制度以及最高法院通过公布司法解释,发挥其维护法律统一功能。在此基础上,再向外延伸,则是法院在审判案件、发布司法解释过程中进行"造法",发挥公共政策创制功能。这一功能在国外主要通过"法官造法"、创造判例以及违宪审查来实现;而在中国,这一功能还很有限,只能通过法律解释等方法有限地替代,当然也不排除以后中国司法这一功能的成熟。

"由内而外"继续延伸,从法院通过审理案件所发挥的法律功能扩展到"审判之外的功能"。这里首先遭遇到的是政治功能,具体包括权利救济功能、权力制衡功能与政治制度化功能(在现代特别包括政治制度法治化)。这是因为:其一,政治功能的发挥并非仅依靠法院的审判制度,而是依靠法院多种现代化司法制度共同发挥作用;其二,政治功能首要的是在政治系统中发挥作用,并且对整个现代化政治体制来说是必不可少的,然后是社会功能,这是司法功能从其所在的政治系统继续向外扩展到整个宏观的社会系统中而产生的功能,包括缓解社会矛盾、建构社会秩序、促进社会经济、引领社会风气等。

---

① 参见孙笑侠:《论司法多元功能的逻辑关系——兼论司法功能有限主义》,《清华法学》2016年第6期。

不过,"功能"是一个内涵丰富的语词,社会学分析中的"功能"最初来源于对生物科学的借用,是指维持社会有机体"生命"所承担的功能。① 默顿指出,功能并非系统中行动者的主观目的,而是一种可观察的"客观后果",是一种"功能后果"。② 此外,塞尔在他的社会哲学理论中提出了另一种"功能"的意义,即"地位功能"。他认为,社会实在所独有的特征就是人类有能力对物和人赋予功能,并且功能的发挥要求相应的人和物具有集体承认的地位;通过对"地位功能"的宣告,人们创建、维持了制度性实在的存在。③ 也就是说,一个制度在运行过程中所产生的客观效果,是该制度在整个结构中不能忽视的重要因素,同时作为人类社会所建构的制度性实在,一个制度被赋予的"地位功能"也是该制度创立或维持存在的内在的构成性要素之一。

上述主流思路,只是从"功能效果"这一个角度进行的分析,如果考虑到"地位功能"的视角,司法的审判功能就不仅仅是司法的核心功能效果,而且是司法制度的构成性要素,司法制度的建构首先是为了审判功能的发挥,正是因为一个制度实际发挥着审判功能,该制度才称得上是真正的司法制度。而在司法现代化语境中,人们从现代政治结构出发,认为在一个现代性的政治结构中,司法系统应当能发挥出权利保护与权力制衡的功能,否则该政治制度就不是现代性的。但是,审判功能是对司法制度本体的影响,而司法政治功能只是对政治结构属性的影响,两者之间,只有审判功能称得上是司法制度的地位功能。值得讨论的是,司法的其他法律功能,即维护法律统一功能与公共政策功能是否属于法律的地位功能。在现代西方司法制度中,这些功能都是通过法院裁判与审判功能共同实现的;但是在中国有所不同的是,司法功能的主体不仅包括法官,还包括法院,维护法律统一功能与公共政策功能更多的是由法院中的其他机构承担。

(二)能动司法:司法职能的实践定位

法官在司法裁判以及判决文书中,对司法功能发挥的形态持有一种怎样的态度?是能动、扩张地行使司法权,轻视有关司法权的限制,还是进行自我克制,稳健地行使司法权,尊重、坚持有关司法权的限制?长期以来,这

---

① 参见[美]乔纳森·H. 特纳:《社会学理论的结构》,邱泽奇、张茂元等译,华夏出版社2006年版,第22—23页。
② 参见[美]默顿:《社会理论和社会结构》,唐少杰、齐心等译,译林出版社2015年版,第152—153页。
③ 参见[美]约翰·塞尔:《人类文明的结构:社会世界的构造》,文学平、盈俐译,中国人民大学出版社2015年版,第5—6、9—11页。

两种不同态度背后,蕴含并体现出不同的司法意识形态与司法哲学理念,由此形成了两种不同的司法功能形态:司法能动主义与司法克制主义。不可否认,司法能动主义与司法克制主义的理论脉络产生发展自西方尤其是美国的司法语境,其"界定与其所处具体社会和法律的关系很密切"。例如,英国没有授权法官审查法律的合宪性,但在美国却是焦点问题,美国更重视制宪者的"原初理解",德国则赋予"原初理解"较小的权重。① 这种原理上的认识是梳理、厘清中国"能动司法"实践的重要参照系。

我们可以从技术、制度与理念三个维度界定"司法能动主义"。② 第一,从技术维度来说,奉行司法能动主义的法官在运用自由裁量权时,更倾向于以宽泛的解释作为裁定的基础,倾向于客观目的解释③,有时会突破"先例"或"法官造法",并且倾向于减少程序上的阻碍,提出新的措施与救济手段保护他所承认的权利。第二,从制度维度看,由于认可法官"立法"的正当性,并重视司法公共政策创制功能的发挥,法院会突破政治结构的限制,对其他政治机关(立法机关、行政机关等)的决策进行审查,或主动对相关问题做出决策。第三,从理念维度看,司法能动主义以实用主义、现实主义法律哲学为基础,重视对外部社会目标的追求,认为司法裁量的每一次运用都必须在社会所承认的价值当中进行,从而展示社会的基本立场④;主张司法适应社会的发展,通过充分激活司法机制来回应社会需要,综合、全面地平衡社会利益诉求,妥善处理各类价值冲突⑤。在这个过程中,技术层面的要求是最为基础的,也就是说,无论是司法能动还是司法克制,都是针对个案展开的,对于司法能动主义,即使要进行制度上的突破、理念上的追求,也只能在"送上门"的审判案件中展开,法官必须在审判权发挥过程中,运用相应的技术手段,体现、实现司法能动主义。

对于"司法克制主义"的理论总结,必须以明确其与"司法能动主义"的关系为前提。首先,这两种司法意识形态是法官和法院在行使司法权功能的过程中形成的,因此,二者都是对司法权的使用,都是以尊重司法权基本性质、基本规律为前提的。如果直接将司法权的中立性、被动性以及司法规律等同于"司法克制",似乎是不妥当的。同时,虽然司法能动主义确实在某

---

① 参见[以]巴拉克:《民主国家的法官》,毕洪海译,法律出版社 2011 年版,第 242 页。
② 参见李辉:《论司法能动主义》,中国法制出版社 2012 年版,第 126—185 页。
③ "司法能动主义与客观解释存在天然的联系,因为社会的价值不会凝固于时间当中,而是随着社会的变化而变化。"参见[以]巴拉克:《民主国家的法官》,毕洪海译,法律出版社 2011 年版,第 249 页。
④ 参见[以]巴拉克:《民主国家的法官》,毕洪海译,法律出版社 2011 年版,第 247—248 页。
⑤ 参见顾培东:《能动司法若干问题研究》,《中国法学》2010 年第 4 期。

种程度上突破了司法权的谦抑性,但是也不能反过来将司法权的谦抑性与"司法克制"相等同。其次,能动主义与克制主义是在司法正当性的界限内发挥作用的,因而司法能动主义并不适用于所有改变法律或创造新法律(无论是否正当)的案件和情形。在有些情形下,改变法律是非法的,任何法官都无权这样做。① 因此,并不是只有奉行司法克制的法官才会尊重法律规则、对法律忠诚,克己守法、廉洁自律,这是所有法官与司法行为的应有之义,与能动或是克制的态度无关。最后,对于司法能动主义与司法克制主义,都应当在司法现代性的语境下去把握,将其放置在现代政治结构、民主制度与法治框架中去思考。虽然各国法治发展阶段与现实国情有所不同,但是从原理上来说,两者都是现代司法制度功能发挥的产物,都是依循法治原则的,没有某一方是应该反法治的。

综上,笔者还是将"司法克制主义"作为现代司法功能形态中"司法能动主义"的对立面来理解,两者的区分只是程度上的而非类型上的,没有法官总是能动主义者或克制主义者,两者都以自由裁量权的行使为前提,以现代民主政治制度为结构语境,以实现宪法原则、法治精神与正义理念为基本要求。

中国语境中讨论司法功能形态问题的重要概念为"能动司法",它最初的提出是作为一个政治性概念,对中国司法工作提出理念上、政策上的要求。在此之前,学界已经尝试着将司法能动主义理论引入中国,并应用、分析中国的司法实践问题。结合中国语境,学者放大了司法能动主义的部分内容,也添加了新的内容。当能动司法这个概念正式提出后,学界在与司法能动主义进行参照、对话的过程中,逐渐将其发展为一个中国语境下的具有新内涵的理论概念。如果把能动司法理论的源流延长至中国学者对司法能动主义理论的理解,就会发现,它的发展既受到西方司法能动主义的影响,也源自对司法能动性的现实需求。但是,能动司法理论并不是对司法能动主义理论的继受与发展,两者并没有处在同一谱系脉络之中。实际上,从能动司法概念的正式提出就能发现,它有着专门的政治、现实语境,有着自己的问题意识与理论使命。准确地说,它是先由官方基于司法实践提出的一个理论概念,然后慢慢地由学界分辨、充实、建构其理论内涵,而不是像司法能动主义一样,先有相应司法实践以及相关的司法意识,然后才有学界总结、建构出相应的司法哲学。我们甚至可以发现,对能动司法的讨论,实际上中断了中国法学界对司法能动主义的引介与应用性研究,后来的讨论越

---

① 参见[以]巴拉克:《民主国家的法官》,毕洪海译,法律出版社2011年版,第247页。

来越明确区分两者,并基本上都聚焦于对能动司法的讨论。此外,能动司法这一概念表达,也并不一定是从司法能动主义这一学术概念直接转换而来的,更可能是对"能动的司法"这一偏正短语的概括,"能动的司法""司法的能动性"其实是中国法学界和司法实务界一直都有的提法。据此,"能动司法"与"司法能动主义",在两者关系的定位上,无论是语词表达还是概念内涵都没有继承发展的关系,本质上是相异的。不过,两者确实在语词表达上有相似之处,在理论内涵上有重叠之处,是属于同一类型的理论概念,因此,将两者定位为"家族相似性"关系是恰当的,即同类不同质的关系。

正如前文分析,能动司法概念的理论建构与对它和司法能动主义的关系定位密切相关,如果将两者的关系定位为"家族相似性"关系,则意味着不再将其与司法能动主义纠葛在一起,而应当立足于其提出的"本土性"语境和理论需求来总结其内涵。首先,从主体上来说,不同于司法能动主义,能动司法不仅包括法官,还有法院。其次,理念上来看,能动司法主要是体现、落实党和国家的路线、方针、政策,包括:(1)积极、主动、灵活地开展司法审判工作;(2)司法为民,回应民众需求;(3)参与社会治理;(4)倾向于实用主义理念,关注裁判后果,强调"案结事了",实现法律效果与社会效果的统一。[1] 再次,能动司法的客体,既包括案件审理时的司法工作,也涉及法院相应的宏观、微观制度机制建设。[2] 这说明,其一,司法功能的发挥及其形态问题只是能动司法的内容之一;其二,司法能动是理念在先,通过理念去推行相应的内容建设,因此,需要建设相应的制度机制予以落实、保障。最后,司法能动的内容包括:(1)智慧司法、衡平司法,追求以结果为导向;(2)注重不同的社会规则与价值观念在司法审判中的作用;(3)重视调解等多元纠纷解决机制;(4)送法下乡、送法上门;(5)推动司法调研工作的开展;(6)运用司法解释与指导性案例,统一法律适用,解释补漏立法;(7)健全司法与其他政府部门的工作联系、配合机制,参与社会综合治理。[3]

(三)居中裁判的司法职能定位

能动司法的司法职能实践定位,进一步强化了司法机关"社会纠纷裁判中心"的制度定位。当前在对司法权功能体系(职能体系)进行理性建构的

---

[1] 参见吴英姿:《司法的限度:在司法能动与司法克制之间》,《法学研究》2009年第5期;顾培东:《能动司法若干问题研究》,《中国法学》2010年第4期;公丕祥:《当代中国能动司法的意义分析》,《江苏社会科学》2010年第5期。

[2] 参见姚莉:《当代中国语境下的"能动司法"界说》,《法商研究》2011年第1期。

[3] 参见侯淑雯:《司法衡平艺术与司法能动主义》,《法学研究》2007年第1期;杨建军:《"司法能动"在中国的展开》,《法律科学》2010年第1期;顾培东:《能动司法若干问题研究》,《中国法学》2010年第4期。

过程中,学界已经建立了相当的理论共识,即认可司法机构"社会纠纷裁判中心"的制度定位,强调法院司法裁判功能的本职属性①,把审判功能作为司法权的直接功能②、原初功能③、核心功能④、基本功能⑤。究其缘由,上述学者都认可司法权的本质为法律适用权、判断权,法官针对案件事实对法律进行适用、以审判为中心组织司法制度,是基本的司法规律。以这一标准为基础,一方面,审判功能被赋予了更为基础性的地位,另一方面,通过审判而间接发挥出来的功能则与之相区分,构成另一部分功能。在公权力积极能动的情况下,司法权主要因国家需要而启动,司法在注重保障个人权利、解决纠纷的同时,也非常看重落实国家政策的功能。据此,"司法从来都不是政治中立性的,从来都具有明确的政治导向"⑥。这种对司法的认知虽然揭示了司法在现实中的面貌,却有可能会对司法机关独立行使职权的定位带来困扰。而在逻辑层面,司法的居中裁判职能还可以吸收其他的司法职能。例如司法借助裁判文书释法说理展示其宣传教育职能,通过公正程序来实现维护秩序职能。据此,司法的其他职能都源于司法居中裁判的职能。因此,就需要在承认政治影响司法的同时,坚持政治要以规则化和程序化的方式渗透进司法,按照司法规律的要求来加以运作,不能牺牲司法的居中裁判职能,盲目地将司法政治化。⑦

（四）国家主义法治观对司法职能的影响

理论界和实务界已经把司法居中裁判视作司法的根本职能。但受苏联司法程序影响的中国司法,仍不可避免地留有苏联司法模式的痕迹。同时,中国司法模式在持续推进理性化改革的同时,也非常注重革命法制以及实质正义的内涵,从而在司法改革的过程中体现出来自国家主义法治观的影响。

在目前,司法职权行使过程中的"三角形机制"和诉讼程序的"流水线"模式仍然处于某种微妙的平衡之中,国家机关在诉讼程序中相互监督、相互制约、相互配合的工作机制中仍然存在不少亟待理论澄清之处。例如有学

---

① 参见丁以升、孙丽娟:《论中国法院纠纷裁判功能的理性建构》,《法商研究》2005年第2期。
② 参见左卫民、周长军:《变迁与改革:法院制度现代化研究》,法律出版社、2000年版,第87—105页。
③ 参见蒋红珍、李学尧:《论司法的原初与衍生功能》,《法学论坛》2004年第2期。
④ 参见孙笑侠、吴彦:《论司法的法理功能与社会功能》,《中国法律评论》2016年第4期。
⑤ 参见蒋银华:《论司法的功能体系及其优化》,《法学论坛》2017年第3期。
⑥ 孔祥俊:《司法哲学与裁判方法》,人民法院出版社2010年版,第63页。
⑦ 参见崔永东:《司法与社会之关系研究》,人民出版社2020年版,第55页。

者指出,司法改革的应然目标与长期形成的办案思维存在矛盾,"流水线"模式仍在一些情况下存在着,从而影响了刑事司法程序的运行质量。① 常态下司法审判的三角机制处于不稳定的平衡状态,但自上而下、全面动员的"运动式治理"则会打破这种平衡状态。例如在"严打"当中,法院在刑事政策上受"决不能把法律条文的含义和量刑的幅度硬往有利于罪犯而不利于人民的方面去解释"②的限制;在裁判依据上受到缩短上诉期限、可在最高刑以上判处刑罚的相关规定的影响;在裁判尺度上受到"可判可不判的,坚决判"③这种口号的压力;在裁判过程中还受到公安机关为主、政法机关综合治理的要求,这就不得不要求司法者在裁判中只能从严、从快进行裁判,也必然导致对被告人的合法权利及于其有利证据的轻视乃至无视,从而严重背离居中裁判的司法职能,并导致冤假错案。经过几十年的法治建设,司法机关的办案自主性虽显著提高,但仍无法在"运动式治理"中维持司法三角机制的平衡关系。在"扫黑除恶专项斗争"中,从"宽严有据、罚当其罪""充分保障当事人、诉讼参与人的各项诉讼权利"④的表述中可以发现,法院在司法政策和裁判依据层面受到的影响已经明显减少。但是,运动式治理仍然可能影响司法的居中裁判职能的全部实现。

除了运动式治理外,还存在某些可能影响司法居中裁判职能实现的因素。例如中国司法强调要实现"法律效果"和"社会效果"的有机统一。在实践中,这种提法反而容易激发司法的政治属性与专业属性之间的内在张力。中国司法服务社会发展大局的理念表明,中国的司法不能只局限于裁判案件、给出结论,而是要通过司法审判深挖经济社会发展中存在的问题,为社会治理提供智力支持。此时,司法裁判既要满足法律规范的要求,切实做到依法裁判,又要积极回应社会现实,使司法裁判与政策实施保持一致,促使案件审理取得良好的法律效果和社会效果。不过,这种思维就有可能消解司法居中裁判的被动机制,可能会在个案审判中影响法律规范的完全实现。

此外,司法强调政治性和人民性,也体现出司法注重调解的一面。人民司法、便利诉讼、解决纠纷,是人民司法有别于传统中国司法形态的关键因

---

① 参见《学者称中国"流水线"办案模式是错案产生原因》,《法制晚报》2013年5月8日。
② 《人民民主专政理论的新发展——重温邓小平同志有关"严打"斗争的论述》,《人民公安》1996年第11期。
③ 参见陶盈:《1983年"严打":非常时期的非常手段》,《文史参考》2010年第20期。
④ 最高人民法院、最高人民检察院、公安部、司法部《关于办理恶势力刑事案件若干问题的意见》(法发〔2019〕10号)。

素,因此走入田间地头、摆脱"坐堂问案"的精英官僚形象,是司法人民性的重要体现,"马背上的法庭""送法下乡"等现象,是中国司法"风景独好"的体现。① 而在法院系统专业化建设和法律职业共同体建构的背景下,走群众路线和司法精英化相结合的思路开始成为司法改革的主流,以健全法官职业威仪增强司法权威和地位、以高素质的专业法官人才来提高法官队伍素质,是司法改革的重要内容。但是,司法走群众路线,往往意味着司法需要积极能动,从一开始就要加入纠纷争执的第一线,并以积极作为和发现客观真相为主要目的。② 据此,实地调查、发现真相、追求客观真实的司法方针,也在某种程度上和司法的居中裁判职能存在内在紧张关系。

总而言之,国家主义法治观在司法职能中体现得较为丰富。第一,司法一方面强调居中裁判,另一方面也较为强调政策实施,主张司法需要服务国家大局、推出能动司法、注重与调解的结合。第二,司法的居中裁判地位在个案中的贯彻仍有待进一步增强。例如在刑事司法中,控、辩、审的"等边三角形"地位并不稳固。第三,在坚持司法机关以审判为主、调解为主要辅助性纠纷解决模式的问题上,不易把握审判与调解之间的关系,容易偏离司法居中裁判的职能,而且可能存在超职权主义的回潮,削弱司法改革所取得的成效。因此,虽然司法具有的居中裁判职能并无异议,但这种共识必须在具体的实践中一以贯之地落实,才能够持续巩固司法改革的成果、更好实现个案正义。

二、国家主义法治观视野下的司法组织构造

司法的"组织构造",可以从内部和外部两个角度来简要定义。所谓的外部组织构造,指司法机关作为一个整体,它在国家机关中的地位以及由此形成的权力运行模式;而内部组织构造则指司法机关及其人员在各自职权范围内所具有的地位以及由此形成的职权行使模式。据此,司法的居中裁判职能将可以延展出司法组织构造的自主性。首先,司法的居中裁判,要求司法组织构造保持自主、独立,不受其他公权力机关的影响。其次,司法的居中裁判要求上下级法院之间必须以法律说事,从而杜绝了官僚科层制对司法权运作模式的侵蚀。最后,司法居中裁判要求法官对案件审判质量负

---

① 参见苏力:《崇山峻岭中的中国法治——从电影〈马背上的法庭〉透视》,《清华法学》2008年第3期。
② 有学者曾对人民司法与群众路线和当前司法制度和司法职能之间的内在张力问题进行了精彩的论述。参见李斯特:《人民司法群众路线的谱系》,载苏力主编:《法律和社会科学》(第一卷),法律出版社2006年版,第285—316页。

责,确保案件的审理符合法律的要求。

司法组织构造的自主性,对确保完整实现司法居中裁判职能以及保障司法公正、提升司法权威地位具有重要意义。孟德斯鸠认为:"司法权如果不与立法权和行政权分置,自由也就不复存在。"①恩格斯认为,司法权和行政权"这两种权力的混合势必导致无法解决的混乱;这种混合的必然结果就是让人一身兼任警察局长、侦查员和审判官"②。孟德斯鸠和恩格斯对司法权的定义,都是着眼于司法组织构造的自主性和权力运行的自主性。这其实很清楚地指出了司法权的正常行使必须依赖组织架构中的独立空间,这一方面是因为独立建构的司法权能够不受掣肘地监督、制约其他权力组织、权力行使主体;另一方面则是因为独立行使能够在一定程度上保证自身不偏不倚、保持中立,从而公平公正地保障公民权利的实现,这反过来又会促进整个权力结构与社会之间形成良性互动。

(一) 中国的司法组织构造形态

司法组织构造的独立性,主要指司法机关在外部的组织构造。中国宪法规定,法院依照法律规定独立行使审判权,不受行政机关、社会团体和个人的干涉。宪法和《人民法院组织法》则具体规定独立运转的司法机构的产生机制。这一机制的形成与发展,是较长时间内的司法实践和制度探索的结果。例如在改革开放前,党委具有审批案件的职责,司法机关在审理刑事案件时,需要将部分重大案件(如判处死刑案件)以及案件中的部分重要环节(如批捕、审判)的权力交由党委行使。③ 直到1979年中共中央发布《关于坚决保证刑法、刑事诉讼法切实实施的指示》以及1982年宪法实施后,党对司法的绝对领导逐渐从具体的案件审理转变为从思想、组织、政治上进行领导,为司法组织构造的自主性建设奠定了基础。

司法组织构造的自主性,还应体现为积极破除"司法机关行政化"的现象,这也是中国当前法院组织构造改革的重要着力点。④ 在实践中,案件请示、主审法官会议或审判委员会讨论决定的程序制度化、规范化,保障了案件审判质量,不过却始终存在某种"行政化"的痕迹。而在司法队伍的管理上,司法官员除了拥有法官级别外,其职务待遇和福利保障往往参照行政机关公务员的标准,导致法官在某种程度上未能体现出自身在组织构造上的

---

① [法]孟德斯鸠:《论法的精神》(上卷),许明龙译,商务印书馆2012年版,第187页。
② [德]恩格斯:《〈刑法报〉停刊》,载《马克思恩格斯全集》(第41卷),人民出版社1982年版,第321页。
③ 参见陈卫东:《司法机关依法独立行使职权研究》,《中国法学》2014年第2期。
④ 参见《关于健全完善人民法院主审法官会议工作机制的指导意见(试行)》(法发〔2018〕21号)。

自主特征。

(二) 国家主义法治观影响司法组织构造的体现

在中国,司法改革主要依赖于党和国家的顶层设计和全局谋划,国家确立司法改革的总体基调、改革走向以及改革推进的具体路径,因此,国家主义法治观将会通过司法改革,持续深度塑造司法组织构造。这种影响包括两个维度,即普遍性的、弥散性的影响,和具体性的、事本主义的影响。

司法组织构造是司法改革的重要谋划内容,其目的在于确保司法构造服务于司法专业化、职业化建设。党和国家清醒认识到健全司法组织机构的重要性。例如《人民法院第一个五年改革纲要》就以破除司法地方化、司法行政化作为主要目标,其目的在于明确增强法院组织构造的自主性。最高人民法院也在一段时期内积极推出强化合议庭职责、规范庭长和审判委员会职责等旨在增强组织构造自主性的各自改革措施,并在持续的司法改革中延续了增强组织构造自主性的理念。

从实践与理论的双重维度来看,国家主义对中国司法组织构造的自主性问题具有较为普遍、弥散的影响。[①] 司法机关具有组织构造的自主性,坚持党的领导与依法独立行使职权并行不悖,接受人大监督和检察机关的法律监督并不影响法院的组织构造自主性。不过在过去的一些实践中,确曾出现了干扰、影响司法构造自主性的事项,例如某些地方曾出现的人大代表对司法机关的"个案监督"。这些情况表明,在法律缺乏细致规定时,权力机关对司法机关的监督,有可能会从外部干扰司法机关独立行使职权,从而削弱司法组织构造的自主性。

在具体的实践中,司法组织构造中的国家主义因素也不可忽视。在实现国家主导的现代化过程中,司法组织需要在综合治理的背景下对具体问题做出回应,涉诉信访的化解是其典例。在社会转型过程中,一些纠纷是社会基础性矛盾的体现[②],或由某些政策原因和历史原因所引起,或对经济社会发展具有显著影响,因此不可能由法院裁判化解,而是需要政府进行统筹协调和组织解决;而涉诉信访又与"维稳"压力紧密相关,因此,法院必须对涉诉信访进行回应。这种回应在组织架构上,就体现为强调院庭长管理责任和包保责任制的责任机制重构,以及加强领导、协调和整合力量的组织运行机制重构。[③] 无疑,这种具体事项中的国家主义因素有利于法院回应社

[①] 参见苏力:《中国司法中的政党》,《法律和社会科学》2006年第1辑。
[②] 参见顾培东:《能动司法若干问题研究》,《中国法学》2010年第4期。
[③] 参见刘磊:《维稳压力对基层法院组织形态的形塑》,《交大法学》2021年第1期。

会变革、推进综合治理,但与"审判中心主义"为核心的司法职能不尽相符。有学者认为,尽管法治意味着法律规则的"统治",但法律规则无非是众多规则之一种,而且这种规则不会过多考虑其他社会规则所注重的道德理念和政治要求。① 司法裁判的形式性正是其精要所在;同时,在中国国家主导的法制转轨过程中,过度强调法律对社会现实的回应,可能反而不利于法治建设。② 因此,在通过司法组织构造回应具体国家主义诉求时,仍不应忽视司法居中裁判的核心职能,以及与其密切相关的司法组织的独立性。换言之,司法权力的运行,需要实现一种理念上的结合,即司法人员自身对法律的认知以及法律所代表的国家意志之间相互协调、相互融贯。就此,司法改革,既要坚持自上而下的全盘谋划,也要兼顾自下而上的经验吸收,从而巩固法院组织在构造上的自主性,夯实法院独立行使审判权的制度基础。

小　　结

通过方法论国家主义的二阶分析视角,本章从立法、执法、司法三个维度探索了国家主义法治观在中国法治体系中的制度及其实践表达。运用这一分析视角,我们确实发现了国家这一维度在中国法治体系发展过程中的重要作用,据此可以揭示出中国法治体系的内在逻辑。但是,国家在法治建设中并不是绝对强势的,法治的内在逻辑也在影响国家与法律、国家与社会的互动模式。在方法论国家主义视角下,这种现象可以被认为是一种国家主义法治观的新发展。在此,我们将在总结本章内容的基础上简要描述国家主义法治观的新发展,并在本书的后续内容中仔细具体分析、阐释这种新发展的形态。

首先,在国家主义法治观视野下,立法表现出一种国家自上而下延展权力的路径特征,也由于立法的支持,国家的权威获得了法律的支持,在现代民主政治的背景下,立法成为表现国家行为合法性的重要面向;但同时也给予了法治规训国家权力、保护公民合法权益的空间。从制度设计的角度看,立法是国家事权,自然是权力意志贯彻到现实生活中的工具;但是,国家在立法时,自然需要考虑社会成员的利益,也要适当地借助立法实现国家利益

---

① 参见[英]罗杰·科特威尔:《法律社会学导论》,潘大松等译,华夏出版社1989年版,第182页。
② 参见于浩:《迈向回应型法:转型社会与中国观点》,《东北大学学报(社会科学版)》2015年第2期。

和社会利益的协调。正是在这样的背景下,基于历史正当性的国家主义获得了尊重和认同,但社会成员也期盼国家能够为社会自主让渡更多空间。反映在立法问题上,就呈现出知识群体与立法者在立法模式、立法内容、立法机制等方面的相互协调与合作,从而在贯彻国家意图的前提下为社会成员的自主活动赢取信任。但现实也表明,国家主义的法制建设实践使得立法者形成了一种依赖理性、注重效率但略显忽视精细化规范设计的立法路径,政策法律化、立法实用主义等模式事实上仍在维系。[①] 权力话语渗透进中国立法工作的诸方面,在强力推进依法治国的同时产生了其他影响。易言之,正是在国家主义的支持下,立法机关得以迅速恢复到正常的制度建设之中,并且在很短的时间内初步完成了法律体系的建设。但是由于国家在这方面的强势话语地位,立法在具体的实践中出现了一些问题。国家主义法治观与立法之间的关系,将会在现实和学术界持续引发讨论。

其次,在中国的执法机制建设中,同样体现出国家主义法治观的深刻痕迹,这种痕迹往往并不显著,但极具中国社会治理的传统特色,也就是通过号召来设置较高的执法要求,并要求下级行政执法力量对此作出积极回应和行动。在这个过程中,国家主义法治观在官僚科层制的国家意志传递中得到充分体现。但在实践中,上级执法者往往认可下级执法者采取多种形式来落实这些执法要求,甚至允许执法者为实现执法要求而采取非正式的、非规范的执法行为。[②] 于是,执法依据被不断地结构、重构,执法过程也变成了相机处置、抓大放小、塑造典型等多种执法机制交替运用的过程。同时,规范的执法依据的实现,需要不同的正式或非正式的、人格化与非人格化的因素的辅助,从而演化出多种多样的执法形态。尽管这样的执法过程,在某种程度上很难认为是一种一以贯之的"执法"机制,但却非常直观地体现出国家主义法治观对执法的底线要求,也就是要求执法者尽可能地在具体的执法过程中实现法律效果与政策效果的有机结合。然而,这种底线要求可能会损坏法律与法治的权威,因此,需要逐步更新执法中的国家主义立场,进一步吸纳社会的多元力量,体现现代法治兼容并蓄的价值理念,并以此塑造更具理论与实践包容性的国家主义法治观。

最后,与通常情况下司法仅仅扮演居中裁判的角色不同,中国司法非常

---

① 参见叶传星:《转型社会中的法律治理——当代中国法治进程的理论检讨》,法律出版社2012年版,第107—118页。
② 就现状看,这种国家越位管理的思维不只存在于行政执法层面,在法院执法的活动中也存在明显的痕迹。参见唐应茂:《法院执行为什么难:转型国家中的政府、市场和法院》,北京大学出版社2009年版,第21页。

强调司法参与社会治理,甚至社会治理一度成为司法的"中心工作"。① 改革开放以来,中国所选择的法治道路以及法治化治理模式,不仅促成了多元、包容的社会形态形成,也使得社会的多元价值得到充分尊重。依托法律的社会治理成为国家治理体系中的重要环节。在这个过程中,中国的司法工作既体现出司法的普遍特征,又显露出中国的治理新形态,为重新塑造国家主义法治观的内涵创造了条件。此外,随着中国法治化治理、全面依法治国的提出,在司法领域也进一步要求法治思维、法律思维的运用和司法规律的内在遵从。这突出表现为法律方法在司法实践中不断被重视和自觉运用,从而提高了法治化治理的精细化水平,为落实法治理念,特别是良法善治奠定实践基础。因此,微观层面的法治化治理活动强调严格、恰当运用法律方法,并通过广泛吸收西方法律方法研究的有益成果来为完善中国的法律方法体系提供镜鉴,进而为形成具有中国风格的法律方法方案创造理论条件。在技术方面,法律的滞后性、规范语词的模糊性以及规范的表达确定性等问题,都是长期以来需要持续回应的难题。提出法律方法必须围绕法律的确定性和妥当性问题,秉持交谈合理性的指导原则,将法律方法看作各种解释要素间平衡协商的程序性过程,提出实践导向、问题导向、融贯中西和具备鲜明中国法律实践特色的法律解释技术方案。这实际上已经在司法技术层面为国家主义法治观注入了更多的形式化、理性化因素,促进了国家主义法治观的新发展。

---

① 也有学者指出,由于中国法院在政治体制中相对弱势的地位,迫使法院通过采取一定策略,如通过推进政府职能转变、促进公共政策调整以及敦促预防这三种方式参与并助力于社会管理创新。参见郑智航:《法院如何参与社会管理创新——以法院司法建议为分析对象》,《法商研究》2017 年第 2 期。

第四章　当代中国国家主义法治观新发展：吸纳社会

改革开放后，无论是在中央还是地方，立法、执法、司法工作都得到了全面支持和推进，法治建设的进步与成果得到明显体现，国家与社会之间所使用的话语体系逐渐由政治性转变为法治性。[1] 中国已经步入法治化建设的快车道，法治成为当下治国理政的不二选择。党的二十大报告提出，全面依法治国是国家治理的一场深刻革命，关系党执政兴国，关系人民幸福安康，关系党和国家长治久安，因此必须更好发挥法治固根本、稳预期、利长远的保障作用，在法治轨道上全面建设社会主义现代化国家。[2] 这为深化理解国家与法治间的关系命题、理解国家主义法治观的新发展奠定了总体基调。

当代中国的国家主义法治观，体现出一种以高度包容性为特征的价值论国家主义理念。首先，这种理念以讲好中国当代法治故事为主要使命，阐述当代中国法治成就对人类法治文明所具有的不可忽视的贡献，为推动构建人类命运共同体、创造人类法治文明新形态提供中国智慧。其次，这种理念承认现代社会的共建共治共享治理进路，认可现代法治理念的权利理念和开放心态，在对国家、社会和个体之间的关系问题上采取更开明、理性、面向未来的姿态。国家不再以自身的强制力和意志来体现其治理权威，而是以创制典范的法治化治理形态来为社会治理和个人自主留下空间。

随着推进全面依法治国的步伐加快，国家借助法治话语体系的建构，积极搭建与社会合理对话的平台，达到国家与社会"和谐共治"的状态，这种治

---

[1] 参见朱晓阳：《"语言混乱"与法律人类学的整体论进路》，《中国社会科学》2007年第2期；董磊明、陈柏峰、聂良波：《结构混乱与迎法下乡——河南宋村法律实践的解读》，《中国社会科学》2008年第5期。

[2] 参见习近平：《高举中国特色社会主义伟大旗帜　为全面建设社会主义现代化国家而团结奋斗——在中国共产党第二十次全国代表大会上的报告》，《人民日报》2022年10月26日。

理方式相较于单纯的"依法而治"具有不言而喻的优势。通过本土化的非正式规范与国家主义指导下的正式规范的融会贯通,将会极大地降低法治成本,在国家治理方面达到事半功倍的效果。"枫桥经验"便是国家、社会和个人良性配合的结果:它依靠国家把社会中不同层次的活动者吸纳统合起来,共同参与到社会活动的管理中,体现了明显的国家主义立场。[1] 国家权威向基层渗透,为地方提供治理的大方向,同时充分发挥基层个体的能动性,达到国家与个人共建共治共享的状态。这背后蕴含着"国家与社会相互赋权"的特征,国家与社会相互促进、相互赋能,而非此消彼长、零和博弈[2],最终形成人人有责、人人尽责、人人享有的社会治理共同体[3]。是故,完善社会治理体系,健全共建共治共享的社会治理制度,提升社会治理效能是新时代的重要任务,也是国家主义法治观指导法治建设的重点。

近年来,国家主义法治观在指导中国的法治建设方面,逐渐显现出一些新的实践特征,一些植根于中国文化的深厚土壤、充分吸收传统中国与西方法律文化有益因素的法律制度实践,逐渐成为新时代国家推进社会治理法治化的重要象征。[4] 法人类学的研究表明,一个国家的地理环境、人口和民族构成、社会经济结构、文化传统、民俗风情、现实机遇等因素形塑了特定历史时期特定国家的"法的精神"与制度实践。[5] 中国当前的社会治理法治化实践一方面在不同程度上受到既有的国家主义立场影响,展示出有别于西方法律实践的鲜明特点,另一方面,国家也需要有序调整治理政策,社会治理的法治化进程表现出面向社会、协同共治的维度。

从方法论国家主义的视角看,这并不是国家主义法治观的消解,而应认为是法治化治理背景下国家主义法治观的新发展,展示出其"吸纳社会"的一面,也就是积极认可社会在参与建构法治秩序中的积极意义,吸纳社会力量进入国家建设法治的队列之中。本章将以运用"枫桥经验"的中国基层司法治理制度和寻求法治化改革方向的信访制度这两个制度实践为例,通过分析和评介这两个具有创造性的制度实践,揭示出它们的内在逻辑与制度

---

[1] 参见田凯、黄金:《国外治理理论研究:进程与争鸣》,《政治学研究》2015年第6期。
[2] 参见林曦:《国家与社会相互赋权:中国社区治理的新型路径分析》,《东南学术》2019年第6期。
[3] 参见习近平:《高举中国特色社会主义伟大旗帜 为全面建设社会主义现代化国家而团结奋斗——在中国共产党第二十次全国人民代表大会上的报告》,《人民日报》2022年10月26日。
[4] 有学者指出,当下中国法律体系展示着三种传统,即来自西方的移植、古代的传统和现代的革命传统的混合。参见黄宗智:《中西法律如何融合?道德、权利与实用》,《中外法学》2010年第5期。
[5] 参见强世功:《立法者的法理学》,生活·读书·新知三联书店2007年版,第25页。

贡献,分析国家在其中的作用和功能变化,说明国家主义法治观的新发展。基层司法治理制度与信访制度源自国家自上而下的建构与推行,但新时代背景下,这些制度的良好运行却越来越依赖国家对社会民众力量的动员,也越来越依赖于社会力量的积极性,国家与社会协同推动治理,逐渐成为法治化治理的重要环节。

第一节 运用"枫桥经验"的中国基层司法治理实践

作为带有中国特色社会主义属性的基层治理新方策,"枫桥经验"展现出了在国家权威与社会治理之间寻找新思路的现实可能。一方面,"枫桥经验"自身带有国家主义的属性特征,它的制度渊源可以追溯到基层自发经验,但对它的确立和推广却是自上而下的,它属于国家司法正式制度的一部分;另一方面,"枫桥经验"强调要发动和依靠群众,旨在创造一种公权力机关与私权主体之间互相配合、合作治理的良善机制。事实上,在原来的治理机制下,基层司法与有效治理之间的张力关系往往趋于紧张,原本权利与权利之间的冲突每每因司法活动而转化为权利与权力之间的矛盾,这不仅令原来的纠纷无法得到有效化解,更是产生了许多本不必要的治理难题。致力于提升国家治理水平和效果的"枫桥经验"因而呈现出与众不同的制度优越性。

与此同时,这一治理机制本身与国家主义传统出现了一定程度的剥离。依托于弥散性治理机制的"枫桥经验"在实践中不仅在策略上展现出商谈理性的色彩,更在价值上实现了对绝对的或刚性的国家主义的超越。对传统司法模式的批判性发展,一方面意味着单纯倚重强力效率而不顾纠纷实质解决的国家主导模式已然趋向转型,另一方面旨在重新寻找高效途径以处理国家与民众的关系问题,而这不仅要求维护国家的利益,更要求将社会民众的利益置于首位。易言之,在基层治理中将社会民众视为有力资源和纠纷化解的主战场,首先有助于将纠纷就地化解,提升纠纷解决的自愿性和有效性,真正提升国家治理水平的效能;同时也有助于真正将民主价值贯彻于国家治理过程当中,真正做到权为民所系、利为民所谋。

一、"枫桥经验"与基层司法治理

"枫桥经验"是中国共产党长期在政法实践中积累下来并坚持传承的基

层治理经验,它起源于1963年浙江省诸暨县枫桥区的社会主义教育运动经验①,在经过毛泽东批示后推广发展至全国②,迄今已60余年。③ 它的主要内容是"发动和依靠群众,坚持矛盾不上交,就地解决,实现捕人少、治安好",即通过发起、动员群众进行就地批判、监督,教育、挽救和改造当地的"四类分子",巩固党的基层统治基础。应该说,起初"枫桥经验"只是用于改进地方公安工作而被总结推广的实践经验,但在当下的社会治理中,它的内涵要更为丰富,包括强化基层组织和政权建设、增强基层民主政治建设和民众综合素质、充分调动群众在打击犯罪、维护社会稳定和推进社会治理中的积极性,等等。④ 也就是说,新时期"枫桥经验"已经从单纯的治安工作实践总结转变为促进基层治理活动有序化、科学化的工作方法,从过去只强调阶级斗争向服务群众、促进社会和谐转变。在党多次重申发扬群众路线精神的背景下,深度发掘"枫桥经验"的精神内涵,无疑具有重要的现实意义。

充分发动群众,借助群众智慧,加强和改进基层治理,是"枫桥经验"一以贯之的核心命题。目前关于"枫桥经验"的研究,都是围绕着这一点展开,或总结现实经验,或进行理论提炼,大致包括以下几个方面:一是宏观归纳"枫桥经验"自身的发展⑤;二是系统发掘和总结"枫桥经验"在社会治安管理中的心得⑥;三是关注官民共建共治的基层治理新秩序⑦;四是寻找解决官民矛盾、民间矛盾的社会资源⑧;五是探索法治秩序与群众路线之间的理论脉络⑨;六是思索"枫桥经验"与多元纠纷解决机制之间的意

---

① 参见中共浙江省委工作队、中共诸暨县委:《诸暨县枫桥区社会主义教育运动中开展对敌斗争的经验》,《人民公安》1964年第1期。
② 参见《关于公安工作问题的两个批语》(一九六四年一月一日、二月十五日),载《建国以来毛泽东文稿》(第十一册),中央文献出版社1996年版,第1—3页。
③ 关于"枫桥经验"的产生过程,参见吕剑光:《"枫桥经验"的前前后后》,《人民公安》1997年第19期。
④ 参见习近平:《创新"枫桥经验"维护社会稳定》,《法制日报》2004年2月8日。
⑤ 参见卢芳霞:《"枫桥经验":成效、困惑与转型——基于社会管理现代化的分析视角》,《浙江社会科学》2013年第11期;刘翔:《"枫桥经验"创新发展的经验、价值与路径研究》,《观察与思考》2013年第10期。
⑥ 参见向春玲:《"枫桥经验":回归社会管理的本质》,《公安学刊》2013年第3期。
⑦ 参见卢芳霞:《从"社会管理"走向"社会治理"——浙江"枫桥经验"十年回顾与展望》,《中共浙江省委党校学报》2015年第6期;余钊飞、罗雪贵:《"枫桥经验"视野下的乡镇政府管理与村民自治良性互动研究》,《山东科技大学学报(社会科学版)》2017年第6期。
⑧ 参见韩永红:《本土资源与民间法的生长——基于浙江"枫桥经验"的实证分析》,《中共浙江省委党校学报》2008年第4期;董青梅:《"枫桥经验"中的多元法治图景》,《山东科技大学学报(社会科学版)》2018年第1期。
⑨ 参见孙会岩:《群众路线与法治思维的融合——"枫桥经验"再探讨》,《党政论坛》2014年第1期;周望:《"枫桥经验"与群众路线法治化》,《中国浦东干部学院学报》2014年第4期。

义关联①。总的来说,这些观点可以被进一步化约为"群众"和"基层治理"两个关键词。

以此观察有关成果,需要肯定的是,尽管目前对"枫桥经验"的研究已形成一定规模,但是由于地域和治理覆盖面的限制,多数的研究和经验介绍都是围绕着枫桥当地的后续实践经验以及当地公安工作进行的,不乏存在政策宣传多于学术追索的情况,由此对基层治理命题的经验总结不免显得较为狭隘。②毫无疑问,"枫桥经验"因一地的阶级斗争而形成,侧重社会治安和公安工作本是无可厚非③,但对"枫桥经验"核心内涵及重要意义的解读却不应局限于此。进言之,今天我们有必要在更为普遍的意义上发掘"枫桥经验"的命题意涵及其实践价值,以便跳出地域限制(枫桥一地)和实践内容(公安工作)的思维约束,从更宏观的视角去观察"枫桥经验"如何在实践上连结"群众"和"基层治理"这两个关键词。这样一来,包括法院在内的司法机关都可以成为拓宽"枫桥经验"研究范畴的实践主体。

在法治社会中,司法无疑是法律运行系统的核心环节,是化解社会矛盾冲突、维持社会秩序的基石和底线。司法运作需要遵循国家法律,严格按照法律所规定的程序进行,这使每个利用司法制度的人都受到严格约束,使司法一方面可以限制国家权力,另一方面也可以限制民众表达他们的不满和诉求的方式,以此维系良好的社会秩序。在德沃金的描述里,法院是法律帝国的首都,法官则是法律帝国的君王。④没有人会反对纠纷解决是法院最为基本的任务之一,解决争议是法院的"理所当然的"角色要求。⑤从社会理论的角度看,法院是维持社会对法律之预期的重要工具。"法院制度作为人类回应社会生活复杂性的一种基本策略,不仅具有内在的形成机制,而且必须嵌入国家与社会的关系之中,与特定的历史、文化、政治制度相关联。"⑥可以说,还

---

① 参见杨燮蛟:《转型期社会矛盾纠纷多元化解决机制研究——以浙江"枫桥经验"为视点》,《西南农业大学学报(社会科学版)》2010年第5期;汪世荣:《"枫桥经验"视野下的基层社会治理制度供给研究》,《中国法学》2018年第6期。
② 参见谌洪果:《"枫桥经验"与中国特色的法治生成模式》,《法律科学》2009年第1期。
③ 1965年6月11日至7月6日在北京召开的第十四次全国公安会议的主要议题就是总结执行中共中央、毛泽东同志关于依靠群众专政、少捕、不要把矛盾都上交的指示的情况。而"枫桥经验"在警政方面得以全面推广,是对"警力有限、民力无穷"的正确认识以及对群众路线的坚持。参见陆永:《当代中国警政与现代国家成长》,江苏人民出版社2015年版,第55、65页。
④ 参见[美]德沃金:《法律帝国》,李冠宜译,时英出版社2002年版,第415页。
⑤ 参见[美]马丁·夏皮罗:《法院:比较法上和政治学上的分析》,张生、李彤译,中国政法大学出版社2005年版,第25页。
⑥ 赖波军:《司法运作与国家治理的嬗变:基于对四川省级地方法院的考察》,北京大学出版社2015年版,第2页。

没有任何一个现实社会中的法院是绝对脱离于所在政治体制中的其他方面的。① 中国的历史传统、政治体制以及现实国情等多重因素共同塑造了与西方传统完全不同的中国司法,中国的司法机关并非权力分立格局中一支独立的力量,而是秉持着权力分工的原则,与其他机关部门共同发挥协作治理的作用。同时,党领导司法是当代中国必须坚持的一个规范命题,中国共产党的宗旨是全心全意为人民服务,人民法院同样主张司法为民,因而只有坚持和加强党的全面领导,才能更好地满足人民群众多元司法的需求。司法裁判工作不仅要符合法律,还要经受得住社会和历史的检验。法院作为政法战线的重要一环,在工作中也要重视说服教育、摆平理顺,确保真正解决问题,促使法律效果和社会效果相统一。

由此可见,中国司法的鲜明特征就是政法分工和齐抓共管,法院在中国社会的基层治理中占有不可或缺的重要地位。一方面,"人民法院是国家的审判机关,人民法院的工作要依靠党、依靠群众……人民法院必须在依靠群众的基础上,搞好自己的专业工作,充分发挥专门机关的作用"②;另一方面,"遇事只靠法律、只靠人民法院通过审判活动解决"③又是不够的。这意味着,法院参与基层社会治理既有一般性,也有特殊性。所谓一般性,就是法院作为国家机关和政法战线的重要力量,要在党组织的统一领导下,协调包括检察院和司法行政机关在内的其他公权力机关,以及各类群众性社会组织,使司法裁判工作服务于党在基层治理问题上的中心工作。所谓特殊性,则是指法院要充分发挥纠纷解决和贯彻规则治理的独特功能,通过自身的司法活动定分止争,使社会矛盾尽可能地在基层得到最为充分的解决;同时也为社会主体确立行为预期,使依法、守法的观念深入人心。

就此而言,从法院的视角看待"枫桥经验"所指引的基层治理问题,会转化为法院如何通过发动群众和贯彻法定职能来加强基层治理。与"法院参与基层社会治理"的命题相比,这一情况更加侧重法院依靠司法活动来实现基层社会治理的既定目的,因此我们将法院的这种努力命名为"基层司法治理",以便在概念上突出法院在基层治理中的特殊功能,并以此区分相对笼统的"基层治理"或"基层社会治理"的概念。它也是法院坚持问题导向,在参与社会综合治理的同时充分发挥专门技能,促进源头治理的重要体现,有助于我们在经验观察上找到立足点,同时为凝聚实践精华和提升理

---

① 参见[美]马丁·夏皮罗:《法院:比较法上和政治学上的分析》,张生、李彤译,中国政法大学出版社2005年版,第2页。
② 江华:《江华司法文集》,人民法院出版社1989年版,第2—18页。
③ 参见江华:《江华司法文集》,人民法院出版社1989年版,第66页。

论水平提供基准。① 如此一来,我们就能通过基层司法治理的命题,结合法院的司法活动,从新的视角观察和评判"枫桥经验"对基层治理的理论与实践意义。

职是之故,我们将首先结合"枫桥经验"的内涵,提炼出它与基层司法治理的意义关联与基本命题,这些命题会导向基层司法治理所遭遇的现实困境。继而以此为契机,立足于"枫桥经验",为超越基层司法治理的困境提出相应的建议。

二、"枫桥经验"与基层司法治理的意义关联

"枫桥经验"在改革开放后逐步转换为强调发动和依靠群众加强社会综合治理、化解社会矛盾,在公共安全和社会治理领域实现公权力与私权利之间的功能性合作。② 这一内涵揭示出"枫桥经验"与基层司法治理的两个意义关联。

(一)弥散性治理机制

党政干部走群众路线的政治信条,意味着治理的整体秩序及其决策机制的正当性基础在于民众的认可。同时也意味着,治理秩序所依赖的执行过程需要充分动员民众的力量,即"发挥民众的主体精神"。在这里,一种集中决策和弥散执行的意志实现程序若隐若现地潜藏在基层治理当中,其核心是通过民众的广泛参与来增强政策在社会治理中的正当性和实效性。"枫桥经验"就是这种弥散性治理机制的代表。受治理模式的影响,"枫桥经验"的内涵也从弥散性惩罚转向了弥散性治理。而且,有别于过去的弥散性惩罚,这里的弥散性治理强调的是社会主体对国家意志的反思性整合,从而使国家间接地实现社会治理的目的。

就此观察"枫桥经验"的当下实践,可以明确,当前落实政策和国家法令的主体不是党政机关,而是各类社会组织和基层民主自治组织,它们分散在社会的不同角落,共同为实现特定的治理目标而协力合作。这既是权力组织化的过程,也是权力弥散化的过程。政治路线确定后,干部就是决定因素。在这里,起决定因素的不是公权力机关的权力决断和令行禁止,而是不特定民间主体的政治信念、主体直觉性和社会能力。同时,这也是一个与利益互惠或相互忍让相伴随,以及充满着"权利-权力"话语交涉的过程。这种

---

① 参见《习近平就加强和创新社会治理作出重要指示强调 完善中国特色社会主义社会治理体系 努力建设更高水平的平安中国》,《人民日报》2016 年 10 月 13 日。
② 参见吴锦良:《"枫桥经验"演进与基层治理创新》,《浙江社会科学》2010 年第 7 期。

关系结构网络中的互动机制构成了弥散性治理的反思性整合机制的核心：民间社会主体承继国家意志，并对其加以适当演绎，从而成为国家意志在基层的代理人。① 与此同时，这些基层代理人实事求是地采取各种方法贯彻落实国家法律，有效促进了国家意志和民众意愿的统一。正是在这种弥散性治理中，国家通过在社会寻找代理人而完成了权力的向下渗透。也正是在这种从正式规则到非正式机制的反思性整合过程中，国家法律和政府政策的内容被附加了更加充实饱满，也更适应于地方性语境的意义，并最终取得较好的治理效果。就此而言，基层法院在日常司法活动中发挥其主观能动性，追求社会效果和法律效果相统一，许多案件通过调解而非审判方式加以解决，"让当事人满意、让政府满意"，也就鼓励了非法律因素合理合法制度性地进入司法治理中，这恰恰是此一弥散性治理机制的题中应有之义。②

（二）适切基层治理的公私合作治理机制

"枫桥经验"的核心功能是在地方实践中统一国家权力与民众意愿。那么，其经验的精髓和特殊性也恰恰落脚在此种统一如何可能的问题上。由于最终的社会治理效果取决于国家和民众两个方面，因此一种公权力与私权利的合作治理机制呼之欲出。这种合作治理机制也可以被称为"政社合作"。在公共管理学中，政社合作的概念被专门用于广义上的政府即公权力机关和社会主体因实现某个共同认可的目标而形成的相互依存关系，它是超越权力边界的多主体合作模式。公权力机关与社会主体之间在组织形态上是独立的，在服务内容上以公权力机关的意志为核心，为基层治理和实现公共利益提供具体规划和纲要，并由其承担治理绩效主体责任。同时，它又体现公权力机关和私权主体之间深度合作的关系，包括信息、资源、生产力和合法性等内容都可以成为合作的标的，且期限可长可短，合作层级可以从单次契约、窗口指导到分享社会控制力和自由裁量权。③

在社会基层治理的问题上，这种公权力与私权主体之间的合作治理有其特色。首先，不同于公共管理学上公私主体在实质地位上较为平等的理论起点，基层司法治理不强调公私主体地位是否平等的问题，而是突出结构

---

① 这里的概念借用了黄宗智"基层代理人"的表述。参见黄宗智：《华北的小农经济与社会变迁》，中华书局 2000 年版，第 251 页。
② 参见汪庆华：《政治中的司法：中国行政诉讼的法律社会学考察》，清华大学出版社 2011 年版，第 39—40 页。
③ 参见敬乂嘉：《从购买服务到合作治理——政社合作的形态与发展》，《中国行政管理》2014 年第 7 期。

上双方的相互嵌入。由于司法机关控制社会、实现社会有效治理的手段呈现出被动的、规范的特征，其难免存在制度供给不足的困境。此时，在特定地方性场域下依靠私权主体进行合作治理，通过相关的道德信条、政治信念、经济激励，辅之以一定的自由裁量权和社会资源控制权，允许其发挥主观能动性，有助于实现共享治理和化解治理风险。其次，现实中的公私合作治理机制多涉及政府购买公共服务等内容，本质上是为公共产品供应不足时寻找替代政府服务的力量，以此促使公权力机关特别是行政机关的简政放权。但在此处，基层司法治理的公共产品供给不仅仅指向被动的司法裁判，而是在一定程度上要求法院工作人员以积极的司法能动主义为基础，心怀主动服务意识，通过规范和功能双管齐下的方式，为多元纠纷解决机制提供规范、策略和技术上的指导，使他们能够以丰富的民间资源来解决当地矛盾，实现规则治理与纠纷解决的有机统一。最后，这种在基层司法治理中引入公私合作治理模式的做法，是社会法治化治理中开放、包容的国家主义立场使然。在立法场域，封闭的国家主义立场之于法治建设的弊端已然显现，忽视非正式规则或规范协同的重要价值可能会陷入规则中心主义的窘境；对司法裁判中的国家主义也应有所关注，当代中国司法权的面向主要是国家权力，而社会对审判权力的分享恰恰是保障民主、实现司法为民的有效手段。第一，从概念模型来看，国家与社会相区分的二元立场突出的是只有国家机关可以行使强制力，但并不反对社会主体参加公共治理活动。与其说它是弥散性惩罚的现代翻版，毋宁说在基层司法治理中，司法机关承担的是解决社会纠纷的底线功能，而非终局性的司法权。第二，公私合作治理的机制并未取消社会组织和私主体的自主性，而是更加尊重其主体独立，其目的是实现公私主体之间互补的治理功能。①

（三）"枫桥经验"开放的基层司法治理基本命题

当代中国的司法带有很强的政治色彩，其功能除了西方经典司法理论所描绘的纠纷解决及规则确定，还是现代民族国家建立的重要组成部分。② 在中国，基层法院是基层社会治理中的一支重要力量，它通过各种不同方式将不断涌现出来的基层治理难题纳入法制轨道，然而，"纳入法制轨道并不意味着这些问题一定要通过诉讼方式解决，事实上，解决方式是综合性的，在技术上承继了中国共产党从革命时期到建设时期一系列做群众工作的方法，并与某些司法技术有机结合，从而形成一整套独特的

---

① 参见徐庭祥：《论合作国家的规范性及行政法展开》，《福建行政学院学报》2015年第2期。
② 参见苏力：《送法下乡：中国基层司法制度研究》，中国政法大学出版社2000年版，第53页。

技术图式。"①"枫桥经验"所贡献的基层司法治理经验就是这一图式的具体展开。我们可以将其归结为"一个中心"和"两个基本点"。所谓"一个中心",指的是共建共治共享的基层司法治理秩序。② 司法机关在社会治理体系中的定位和法治在社会治理体制中的保障作用说明,巩固共建共治共享的基层司法治理秩序,要解决好"治什么""谁来治""怎样治"的问题,就要关注以下内容。"治什么"的问题要求法院要通过协调法治与德治的关系,在建立和完善社会组织与社区平台和社会综合治理机制上发挥兜底作用。"谁来治"的问题要求法院承担起相关责任,在业务范围内承担起落实司法政策、指导多元纠纷解决、组织日常业务、增强司法效率与维护公平正义的功能。"怎么治"的问题则诉诸法院通过与社会组织以及私人主体之间在司法程序过程中实现功能上的权力再分配,从源头上消除产生社会矛盾和纠纷的可能因素。③ "两个基本点"则是注重司法治理效用和充分发掘民间资源。基层司法治理命题的关键在于治理成本与治理收益之比,即司法治理在现实社会中所取得的具体功效和作用。而民间资源是在基层司法治理中私主体所运用的重要因素,它本身需要获得来自司法机关和法律权威的背书。只有经过法院认可的民间因素,才能使基层司法治理产生功能预期,弥补规范制度的供给不足缺陷。这种治理的思路要求调动一切资源来解决实存的制约司法裁判的问题。然而,法院更倾向于实行调适规范与事实间裂缝的规范导向范式,这也是司法作为法律适用过程的核心命题。于是围绕着治理问题,在基层司法的场域中衍生出司法与基层治理之间的双重矛盾。

三、规范导向还是问题导向：基层司法治理的双重困境

有别于西方经典司法理论对于司法的认识,中国的司法运作深受政治逻辑的形塑,历经了从革命化司法模式到治理化司法模式的转变。中国基层法院奉行的主要是一种"通过法律的治理"的路线。法院要积极作为,要立足国家治理及社会发展的需要,在服务大局的理念下努力履行司法职能,便是这一路线在当代中国语境下的形象表达,也是基层司法治理的核心命题。④ 这种路线是司法-治理理性的集中体现,它继承了中国共产党的"人

---

① 赵晓力：《通过法律的治理：农村基层法院研究》，北京大学1999年博士学位论文，第4页。
② 参见马长山：《法治中国建设的"共建共享"路径与策略》，《中国法学》2016年第6期。
③ 参见李菁怡：《准确把握新时代"打造共建共治共享的社会治理格局"内涵》，《中共南京市委党校学报》2017年第6期。
④ 参见张志铭、于浩：《转型中国的法治化治理》，法律出版社2018年版，第176页。

民司法"谱系,其开始于革命根据地建设时期,强调司法要走群众路线,司法应当为人民服务。法官是国家干部,因此其工作也包括执行治理任务,法官与其他干部的区别只在于其运用的是审判权,故而裁判个案并非法官工作的最终目的。法官要做的是通过裁判平息纠纷、理顺关系,从而完成社会治理的任务。在司法技术方面,有关选择也不仅仅局限于司法的专门属性,而是灵活选择各种门类技术,强调实用性。①"群众路线"与"为中心工作服务"共同构成了中国司法工作的两大传统。围绕着"群众路线"和"中心工作",当代中国形成了数量非常可观的司法话语。董必武就曾在讲话中指出:"服从党的领导、贯彻群众路线、结合生产劳动、为党和国家的中心工作服务。这十分鲜明地概括了我们人民政法工作的优良传统。"②现实中,基层司法治理需要国家法律提供的规范指引和司法机关的制度辅助,从而有效利用那些来自民间的非正式制度;也需要在司法机关的集中统筹下开展大量自治性、契约性的治理实验,加快反思性整合的机制速度。这种正式制度与非正式制度、顶层设计与基层实验之间的有效结合,是基层司法治理能取得成效的关键。然而,由于基层司法治理属于社会综合治理的末尾环节,因此它本质上是以问题为导向的,它的根本立足点是有效解决现实司法难题,提升基层治理的水平和效率。这种问题导向的性质,使得在基层司法治理与那种以规范导向为核心的法律适用过程之间,好像始终存在一种近似实然与应然的对立紧张状态,很容易使基层司法治理中相互结合的正式制度与非正式制度、顶层设计与基层实验之间展露出潜藏的困境。

(一)正式制度与非正式制度的竞争困境

对当代中国而言,国家主要依靠法律的"正式制度"和"非正式制度"来实现各种整合机制和制度安排。一般认为,依靠普遍的、正式的强制力保证实现的规则即"正式制度",包括法律、契约、政策、章程等;而依靠特殊的、关系的、道义心态予以保障的就是"非正式制度",包括习惯、风俗、道德、惯例、意识形态等内容。③ 因此,正式制度的产生主要是凭借自上而下的建构理性主义,即国家为了建立某种秩序抑或是实现某些特定目标而制定和实施的法律等正式规范;非正式制度的产生则主要依赖一种自下而上的经验理性主义,它或者植根于某种传统,或者来自人们在长期的日常生活中形成的

---

① 参见赵晓力:《通过法律的治理:农村基层法院研究》,北京大学 1999 年博士学位论文,第 61—63 页。
② 董必武:《董必武政治法律文集》,法律出版社 1986 年版,第 546 页。
③ 参见燕继荣:《政治学十五讲》,北京大学出版社 2004 年版,第 189 页。

特定惯习。在很大程度上,之所以会有非正式制度的形成,恰恰在于某些时候正式制度或正式权力资源有所匮乏。因此,正式制度与非正式制度之间是存在一定相互对抗的,但同时它们也不乏相互耦合之处。一方面,某些非正式制度的存在可能会导致法律失败,因为这些非正式制度的产生本身就是为了对抗法律[①];另一方面,如国家法律等正式制度,又必须依托非正式的制度才可能真正得到实践。[②]

这一理论模式揭示了正式制度与非正式制度互动的两个连接点。第一,通过充分的制度竞争实现正式制度与非正式制度的相互转化,从而提升资源的利用效率,实现社会资源的优化配置。第二,现代社会的治理秩序本质上是制度,特别是信任机制的建构与重建的过程。对基层司法治理而言,这两点也是成立的。首先,正式制度与非正式制度的竞争依赖普遍信任机制,即有社会强制力保障的意思自治,典型代表就是各类契约。司法治理正是在确认和维护各类公私契约甚至是关系型契约的过程当中树立起自身的权威的,反过来又以这种权威来提升基层司法治理的水平。其次,基层司法治理的水平提升,在一定程度上也依赖于非正式制度对法院工作的支持与认可。由于基层司法直接面对的是具体的社会生活情境,法律不可避免地与这些情境的诸要素之间形成相互嵌入的格局。此时法律的规范性与实效性会在一定程度发生分离,法律的实效性依赖非正式制度的背书。在某种意义上,这也是司法裁判公开、裁判文书说理和所谓"阳光司法"建设所追求的目的。

此处恰好会发生正式制度与非正式制度之间的矛盾。第一个矛盾是,法律不参与制度竞争和法官要求法律参与制度竞争。一方面,法律作为一种强规范的正式制度,它自身是社会规范预期的稳定器,不会轻易参与非正式制度的制度竞争,而是监督制度竞争的制度。但在基层司法治理中,法律会成为制度竞争的被动参与者。法律时常需要接受来自道德、习惯等的非正式制度的挑战,却受限于自身严格的法律解释技术而无法进行充分的制度竞争。另一方面,法院又是司法系统的核心,解决问题的现实压力促使法官必须对这种制度竞争做出符合当时时空条件的裁判。也就是说,法院会令原本不能充分参加制度竞争的法律充分地参与竞争。这一过程难免存在消解法律权威的嫌疑。第二个矛盾是,实现判决所需的高昂正式制度成本

---

① 参见王启梁:《迈向深嵌在社会与文化中的法律》,中国法制出版社 2010 年版,第 19—21 页。

② 参见狄金华:《被困的治理:河镇的复合治理与农户策略(1980—2009)》,生活·读书·新知三联书店 2015 年版,第 11 页。

会促使法院转向非正式制度的实现途径,使正式制度与非正式制度合流。正式制度的实施往往是成本高昂的过程,除司法程序中所需的各类费用和资源投放外,实现最终的判决结果更是最具挑战性的现实难题。对法院而言,执行判决才是真正实现定分止争的最终步骤,但"执行难"一直是中国司法中的顽疾,甚至严重影响到了司法在广大人民群众心中的权威和效力。[①]对此,法院的做法无外乎两种。一是在正式制度的实施过程中运用作为非正式制度的权威,降低执行的难度。例如通过反复向当事人释明诉讼请求变更的价值,使最终的裁判结果能够被顺利执行。二是借助非正式制度向被执行人施加社会压力,例如公布失信人信息,限制其高消费和差旅行程、信贷活动甚至是劳动就业等,亦即借助社会关系网络的集体惩罚机制和道德伦理等非正式制度来逼迫被执行人履行判决。然而这种做法又容易招致来自正式制度的质疑,认为通过与非正式制度的合作,削减甚至取消了正式制度具备的那种权威和信任,容易使得司法决策变得短期化、策略化而忽视了程序上的正义,长远来看可能会有损司法的公正性。

(二)顶层司法制度设计与基层司法治理实验的矛盾

20世纪以来,中国社会的发展突出一个特征,即改革总是由上往下推动的。高层领导者也会根据社会的需求做出相应的反应,但是他们一般都是基于过去的经验或教训作出权威性决策。改革开放以来,中国的治理改革路径,在很长一段时期内都表现出以"摸着石头过河"为主的地方竞争性试验特色,但国家主义依然居于主导地位。这是一种没有经验时的选择策略。简单来说,"摸着石头过河"是一种自下而上的经验性总结过程,要求基层的竞争性治理试验立足于客观事实,从现有条件出发,在决策者的可控范围内通过小规模试点来检验效果、积累经验,进而层层归纳,最后进行全面实践。这种改革的方法着眼于基层和地方,以绩效最大化作为治理试验的激励机制,在提升现代治理水平的同时尽可能降低试错成本。

但这种方法同样存在不少局限。第一,它作为一种小范围的、实验性质的改革措施,处理的是较小的利益重新分配问题。但这种经验被重重归纳后能否成为具有普遍意义的举措以应对复杂程度大幅提高的改革局面,是存有疑问的。第二,它作为自下而上形成的改革策略,在利益和风险分配的问题上极具地方性特色。但当层级提升后,这种带有地方特色的损益分配机制能否应对更高级别的治理问题,在很大程度上是无法预见的,而只能继

[①] 参见景汉朝、卢子娟:《"执行难"及其对策》,《法学研究》2000年第5期。

续在实践中加以检验。同时,各地实践所面对的风险也是不确定的。这种双重不确定状态大大提升了治理试验的试错成本。第三,基层治理尽管在各地有所差异,但作为正式制度应当具有内在的制度共通性。"摸着石头过河"这种极富实用主义品质的改革策略,很容易对正式制度的内在关联造成破坏,损害治理试验的理性水平。但同时,由于这种治理思路在一定程度上对司法的规范导向性质有所忽视,也引发了某些司法地方保护主义等弊端现象。

为此,重申司法权的国家属性和中央事权的功能定位,在顶层设计中统筹考量司法改革,成为对基层司法治理进行拨乱反正的强有力举措。这种强调顶层设计与基层试验相结合的改革举措,试图在此前地方基层司法治理实验的基础上,补充一些自上而下的整体性协调机制,从而调动提升中央和地方的积极性。目前开展的那些致力于提升司法权威、增强裁判效率、完善司法队伍、改革案件管理制度的司法改革,也都是建立在地方司法改革试点经验的基础之上的,它们试图回应并解决制约司法治理水平进一步提升的一些系统性难题。[1]

从改革的意图和预期来看,这种强调顶层设计与基层试验相结合的改革方向,的确意识到过去基层司法治理中存在的碎片化和权威性缺乏难题。"老大难,老大出手就不难",它在治理环节中概括性地引入中央权力,把顶层设计作为基层治理实验的正当性来源,有利于法官依法裁判,最大限度地减少体制阻力,降低治理风险。但同时,也需要直面顶层设计吸收基层试验所带来的风险转移和重塑激励机制的矛盾。问题导向的基层司法治理要求的是司法通过裁判解决治理难题,真正实现解决纠纷的功能。

如果说传统的司法是只懂得拔出箭矢的外科医生,那么司法治理就要求司法作为全科医生,不仅仅要拔出箭,还需要疗愈伤痕。但在此种治理思路之下,法院的权责关系是混沌的,裁判决策所依赖的正式制度资源是不足以支撑其实现上述目的的,而运用非正式资源又有滥用职权的嫌疑,极易触发问责机制。这时,基层司法机关往往选择求助于党政机关或上级司法机关,通过弱化自身独立的裁判功能来实现裁判风险的转移。例如,在当代中国的司法生态中,党的政法委员会具有非同一般的地位和作用,其在协调政法工作方面拥有法院所不具备的权力优势,但这种现实又凸显出在应然法治状态和实然"维稳"需求之间存在的隔阂与碰撞。但是,这并非顶层设计对司法治理的要求;相反,它是以强指令导向、重塑激励机制和强化问责来

---

[1] 参见王喜峰:《论改革中的顶层设计与试点探索》,《湖南社会科学》2017年第5期。

回应基层司法治理呈现出的难题的：它不鼓励司法机关弱化自身的规范定位。也正因如此，司法机关以法庭为中心解决裁判问题，以正式制度和非正式制度来解决执行问题，也在相当大的程度上影响了原本的整体性社会治理的动态秩序。不难发现，现有针对司法的顶层设计在很大程度上重新强调了司法应当具有的规范本色，在一定程度上理顺了司法机关与政府、中国共产党和其他社会组织、个人之间的规范化分工秩序，却没有正面回答基层司法治理需要解决的问题，基层治理因此极易产生空缺。

这一现象意味着，基层司法治理所依赖的规范工具，在面对现实问题时颇有力不从心之感。作为法律系统中心的法院，在基层司法治理的过程当中常常要应对超越裁判功能的治理困境，需要借助非正式制度来应对现实问题，而这些非正式规则的使用又可能消除司法机关的规范特征。换言之，司法治理需要依赖基层实验的惯性与智识，但这种实践经验在顶层设计的框架中似乎略显进退失据。就这一点而言，应当承认基层法院具有更强的纠纷解决功能，甚至可能还需要对基层司法治理中潜藏的"法律工具主义"持有某种容忍态度。这固然有实用主义方面的考量，可能还会有某种投机或强制的成分在内，但对基层司法治理来说，在实践中促成法律规范与生活事实的同化，以实践发展法律规则的实效性，进而通过法律效果实现案件裁判的社会效果，是基层法院在面对各类纠纷诉求时的基本立场，也是法律发展的重要手段。基层司法治理所关注的也许并非单向度的"送法下乡"，而是法律规则与其他规范相互寻找"功能等价物"的过程。就此而言，纠纷解决不意味着拒绝规则之治，也绝非在纠纷解决中消解规则之治的规范性基础；相反，规则之治蕴藏着纠纷解决的契机，呈现出司法不断发现法律规范的例外状态和解决例外状态的实践图景。[①] 当然，这里面也存在自由裁量的空间和相机处理的制度缝隙，因而需要法官主动行使职权来推进司法治理工作。此时，紧紧围绕着司法的规范属性，强调司法的适度有为，发掘正式制度与非正式制度、顶层设计与基层实验这两对内在困境之间的可用因素，将成为超越司法治理困境的新的契机。

四、国家与社会之间：基层司法治理困境的超越

应当承认，当前基层司法治理所面临的双重困境，在一定程度上是治理技术和治理理念所导致的，在另一方面，也与司法的规范特征及其功能密切

[①] 参见苏力：《送法下乡：中国基层司法制度研究》，中国政法大学出版社2000年版，第181—189页。

相关。就前者而言,目前的治理策略是充分发动群众,联通党政部门,各部门分工明确,重在齐抓共治。而后者则关注司法的效率与公正、规范与功能等问题。它们之间通过正式的司法技术和非正式规则来相互衔接,并在分散的基层实验中促进顶层设计。结合前述"枫桥经验"为基层司法治理带来的命题以及基层司法治理的双重矛盾,可以明确,改进基层司法治理,突破口就是如何更好地解决多元规范的供给问题和提升基层实验的普遍意义。

(一)以司法的程序竞技场扩展普遍信任机制的适用

社会冲突解决由"私力救济"转向"公力救济"的标志是诉讼的出现。当代中国诉讼活动中的国家主义色彩尤为鲜明。第一,作为裁判依据的只能是国家法。未经国家制定或认可的规则不能成为裁判者作出法律决定的大前提。"即便是冲突主体之间利他性的认同与和解,通常都必须在符合法律规则的前提下得到承认。"[1]然而,近世以来,人们基于对理性主义的反思,愈发清醒地认识到法律的功能并非如期许中那般无可限量,语言的空缺结构、社会的极速发展等法律的局限性都可以构成仅凭国家法解决社会冲突的绝对障碍,且无法规避。第二,裁判结果通过国家强制力或其背后的威胁而得到实现。"胜败皆服"之于诉讼当然是更高的目的追求,在国家或隐或现的暴力之下,冲突主体最为经济的选择理应是放弃裁判者所否定的利益或者承担裁判者所要求的义务。缠访、闹访、"以访压法"等做法不断减损着司法和法律的权威。一言以蔽之,司法是现代法治的重要环节,狭义的司法,即诉讼,可以充分表明国家的态度,阐释作为裁判依据的具体社会规则和要求,并借助司法公开、媒体监督等形式,产生警示教育作用,增强社会主体对这些规则和要求的认识。

基层司法治理的最大难题是如何在承认多元规范并存的前提下依旧做到坚持依法裁判。在一定程度上,这也是"法治"与"本土资源"之间的难解关系。[2] 对此,一方面要坚持通过法律程序实现对权利和理念的"反思性均衡",另一方面则要通过司法程序有效提升普遍信任机制的效益。首先,法律的地位是作为社会关系的中介,它能够在诸多复杂的社会关系中间担当沟通的媒介。因此它必须满足一定的抽象性,并且有着极强的包容性,最终体现为以形式正义为核心的法律程序。正是由于司法需要妥善协调多元的社会价值,司法程序要能够对社会利益进行合乎情理的安排,法律程序本身

---

[1] 顾培东:《社会冲突与诉讼机制》,法律出版社2016年版,第43页。
[2] 苏力:《法治及其本土资源》,中国政法大学出版社2004年版,第14页。

必须处在各类实质性价值之外,才能为这些利益和价值的博弈提供齐平化的竞技场。就此而言,它的存在就是正当的。① 这意味着,基层司法治理必须以法律为核心规范,在法律的辩论过程中吸收道德、习俗等非正式规则,为司法裁判获得社会认可提供裁判依据上的前提。其次,坚持以程序司法为利益之间相互交涉、博弈和对话提供有效渠道,使所有的利益博弈都在司法程序中进行。受益于法院在法律系统中的核心地位,法律程序也因自身的价值无涉和形式特性,在现代的司法治理机制中赢得了核心地位。在基层司法治理中,杜绝庭审走过场和场外利益交换等腐败和权力寻租现象的关键正是提升法律程序在司法裁判活动中的地位,也只有在形式正义的法律程序面前,所有深度参加法律程序的当事人才能够准确衡量自身利益可能实现的程度,使理性的反思均衡机制得以运转。有鉴于此,推进以审判为中心的司法改革,尤其是在刑事诉讼中改变以侦查为中心的诉讼构造具有重要意义。

诚如一些学者所言,在变动不居、犬牙交错的多义的社会现实中,程序具有重要的价值,如对于恣意的限制、理性选择的保证、"作茧自缚"的效应以及反思性整合等。② 法律程序的形式性和包容性,为多元的社会规则和法律规则的互动,以及多元利益的博弈和共识提供了基层司法治理的制度保障。如在民事案件中允许当事人协商处置案件事实中可以分割的部分,并在判决中予以承认,并将程序选择权赋予当事人,而法院需要在其作出选择前告知利弊,以此提升司法权威,落实司法便民的理念。然而,要想提升基层司法治理的理性程度,以法律程序扩展普遍信任机制的覆盖范围,同样是一项紧迫的任务。在功能上,普遍的信任机制能够促使社会成员和群体产生集体行动,提升社会形成共识的可能。它同时也是降低社会沟通成本的重要因素。③ 前述对法治信任机制的阐述说明,普遍信任的非正式制度是推动和支撑法治现代化的积极力量,表现为契约和相互尊重的伦理认同。④ 在复杂的社会网络下,维持社会秩序和稳定社会预期的关键是有效减少因信息、资源和风险分配不均所导致的短期行为和盲目非理性行动。为此,借助司法强化基层的普遍信任机制,就需要用形式的、隔离了无关因素的法律程序为契约和信用机制提供保护盾,防止其他实质强力对契约和

---

① 参见季卫东:《论法律意识形态》,《中国社会科学》2015 年第 11 期。
② 参见季卫东:《法治秩序的建构》,商务印书馆 2014 年版,第 14—21 页。
③ 参见慈勤英、赵彬:《论社会建设中的信任机制问题》,《湖南社会科学》2014 年第 5 期。
④ 参见范逢春:《地方政府社会治理:正式制度与非正式制度》,《甘肃社会科学》2015 年第 3 期。

信用机制的冲击和毁坏。

（二）以"基层设计"提升基层司法治理的普遍意义

顶层设计与基层实验的矛盾说明，顶层设计对基层实验的矫正作用，以及问责机制愈发严密的情况，都在不同程度上限制了基层治理的试错积极性。在治理机制牵一发动全身的背景下，试错空间也被进一步压缩了。固然，顶层设计的重要性不言而喻，但又不可全然抛弃基层实验的积极意义，否则传统治理的惯性和惧怕问责所带来的"懒政""怠政"现象就会死灰复燃。在基层司法治理中，这种立场也容易束缚法院的手脚，使之不敢在裁判中灵活运用非正式规则来填补规则漏洞或解释原则，也难以有效应对和解决执行难的问题。

为此，可以关注"基层设计"的概念，它意在同时兼顾基层实验与顶层设计两方面因素。从概念来说，"基层设计"是指从基层视角，由下往上地分析那些可能制约未来改革发展、影响社会管理的关键问题，在进行基层的实验探索与方法总结上提出整体性思路，并作为后续制定具体政策的依据。① 不难发现，"基层设计"本身就是为了避免顶层设计的概念泛化和基层实验被消解而提出的，它回应的是顶层设计无法全面兼顾地方治理秩序的重建问题。

"基层设计"是在多元治理实践的基础上形成的新思路，它有以下几个要点。第一，避免基层实验的无序化倾向，通过划定治理的底线要求，既充分保证地方治理实验在可控范围内，也充分提高了基层政权强化治理的积极主动性。第二，为社会组织参加基层治理拓宽准入渠道，有利于巩固社会组织在社会综合治理机制中的角色地位，长远看有助于提升民众的法治意识，推进治理转型。第三，确保基层治理主体的主人翁意识，既能够调动其积极性，又能够通过提升治理机制的可预期性，确保社会稳定。

对基层司法治理而言，司法机关也同样可以在这几个方面推进治理技术。首先，坚持以事实为依据、以法律为准绳，切实以法律程序提升司法公平感。基层司法治理本质上是以司法过程解决法律问题，因此法院应当强化司法程序的作用，使进入司法的利益纠纷和社会矛盾都能通过法律程序获得化解，使双方当事人在程序的推进中体验到司法的形式公正，提升其制度公平感。其次，通过建章立制，理顺依法裁判与问责机制之间的关系，鼓

---

① 参见潘桂媚、黄宗勇：《基层设计：政治体制改革的新视角》，《中共云南省委党校学报》2014年第3期。

励法官更加详细地以正式规则或非正式规则来澄清法律内涵和法律推理过程,用民众熟悉的语言来表达"法言法语"承载的内涵,取得民众的理解、支持与认可,即法官将内心确信的过程与当事人的认知进行沟通,以营造一种理性的诉讼氛围。此举不仅可以用法律教育民众,为民众确立法律规范的预期,还可以确保法院尊重民众意愿,实现与民意的合理互动,同时防止民意裹挟司法的现象出现。① 最后,鼓励和支持各类社会组织开展相应的多元纠纷解决活动。社会治理主体的多元化以及各主体良性协同已成为当下所必需。② 以法官或法院为主体,实现司法机关与多元纠纷解决组织的有效衔接,既可以满足普法需要和司法需求,又可以有效减轻法院的办案压力,提高司法效率,进而有利于维持稳定的基层社会秩序。如2008年陕西省陇县法院首创的"一村一法官"机制,就是巡回审判和诉讼替代机制有机结合的产物,是"国家-民间互动型司法"的典型,而实践也证明,该机制已成为深化基层法治化治理的重要推手。③

第二节　信访改革的法治化与社会动员: 以应对重大突发公共事件为例

中国的信访制度具有鲜明的中国特色,与世界范围内其他相似的制度相比,常常有种说不清道不明的独特意味。在信访法治化改革的大方向下,信访制度无疑属于当代中国十分重要的一项法律制度实践。根据2022年中共中央、国务院联合发布的《信访工作条例》第17条,信访是指公民、法人或者其他组织可以采用信息网络、书信、电话、传真、走访等形式,向各级机关、单位反映情况,提出建议、意见或者投诉请求,有关机关、单位应当依规依法处理的活动。信访工作是党的群众工作的重要组成部分,是党和政府了解民情、集中民智、维护民利、凝聚民心的一项重要工作,是各级机关、单位及其领导干部、工作人员接受群众监督、改进工作作风的重要途径。为克服中国信访制度在实际运行中遭遇的诸多难题,自2014年《中共中央关于全面推进依法治国若干重大问题的决定》提出"把信访纳入法治化轨道,保障合理合法诉求依照法律规定和程序就能得到合理合法的结果"起,中国就

---

① 参见于浩:《传媒与司法关系的重构》,《国家检察官学院学报》2014年第3期。
② 参见姚海涛:《新时代"枫桥经验"在市域治理中的司法实践与创新路径》,《中国应用法学》2023年第2期。
③ 参见潘怀平:《城市化与乡土化:基层司法权力运行机制实证研究》,《法学》2013年第9期。

正式确立并开启了信访法治化改革的道路。2022年2月,中共中央、国务院联合发布《信访工作条例》,取代过去由国务院单独制定的《信访条例》,标志着中国信访工作迈向新的历史阶段。

截至目前,尽管围绕信访案件的受理范围、处理程序以及终结机制等方面,国家已经推行了系列改革举措,但信访法治化改革仍旧存在困境。当前信访的法治化改革主要侧重于完善、优化信访工作的冲突化解面向,致力于使信访的冲突化解功能妥善地融合在现代法治所具有的定分止争功能之中。而由于法治主要依赖于国家强制,因此信访的冲突化解功能也就相应地带有国家主义的印记。当代中国国家主义法治观新发展的一个表现,就是在信访法治化改革中更加关注信访的社会动员功能,力求通过信访工作来帮助国家吸纳社会力量。由此出发,本节拟从重大突发公共事件应对中的信访工作切入,总结出其中的信访实践逻辑,以反哺日常信访制度运行以及社会治理模式,从而为进一步反思信访法治化改革、完善社会治理体制机制提供参考。

一、重大突发公共事件应对与信访工作:以社会动员为联结

信访工作对应对重大突发公共事件的实践贡献本身并非可以直接分析研究的学术理论,它并未提供重大突发公共事件应对与信访工作之间关系的准确说明。事实上,我们认为两者的关系在很大程度上是由"社会动员"所联结的。这是因为重大突发公共事件涉及面广,波及范围大,有效应对突发公共事件往往需要进行广泛的社会动员,而信访工作则被认为具有社会动员的功能。此即两者的联结所在。这里将以信访的社会动员功能为联结,界定重大突发公共事件应对与信访工作的基本关系。

(一)重大突发公共事件中的信访工作

中国信访制度面临着严峻挑战,信访法治化改革也屡遭瓶颈、陷入困境。有学者将中国信访法治化改革困境区分为内部困境和外部困境两类。其中,中国信访法治化改革的内部困境包括:行政信访救济的法律规范效力层级低,行政信访权利救济的实际范围大于法定范围,行政信访权利救济机制仅有程序处理权限而无实质处理权限,行政信访权利救济存在不确定性和非程序性。而中国信访法治化改革的外部困境主要是指,相较于行政诉讼和行政复议的案件数量,作为它们的补充和过滤机制的行政信访救济的数量过高,行政信访权利救济机制在现实中一直承载着沉重的纠纷解决负担。[1] 另有

---

[1] 参见宋明:《行政信访救济法治化改革的困境与出路》,《法商研究》2019年第4期。

学者指出,中国信访法治化改革过程始终存在群众路线与法治主义之间的制度张力:一方面,信访制度建基于党的群众路线,群众路线被普遍视为解读信访制度的关键密码①;另一方面,信访制度又具有法治化的面向,其主要围绕着冲突化解与权利救济这类现代法治话语展开,而群众路线作为政治原则在现实中又高于基于程序主义的法治原则,这就使得国家基于纠纷解决目的设立的各种法定程序装置往往与群众路线这一更具政治拘束力的意识形态路线相抵触。这种围绕信访法治化改革之上的群众话语与法治主义的复合架构,导致法治主义建制很可能被群众路线的政治要求架空,此即信访法治化改革的难解困境所在。②

综上,无论何种观点,学者定义中国信访法治化改革困境的前提都在于将中国信访制度主要视为一项权利救济和冲突化解机制。然而问题在于,发生重大突发公共事件以后,中国信访工作似乎不再仅仅发挥权利救济和冲突化解的制度功能,而是明显增加了社会动员方面的职能履行,甚至在非常时期中国信访工作的社会动员功能与冲突化解功能相比可能要占据更为主要的地位。在重大突发公共事件应对中,中国信访工作尽管仍然在纠纷处理方面发挥着作用,但由于社会动员在其中大量存在,信访制度不再被视为与法治主义相抵触,而是受到政府、社会与公民各方的高度肯定,极为有效地帮助应对了重大突发公共事件。非常时期国家信访工作的运作给予我们反思信访法治化改革的珍贵视角和重要素材,引发我们追问在重大突发公共事件发生后中国信访制度何以能够化解平常时期遭遇的诸多棘手难题,促使我们重新定义信访法治化改革存在的困境。

(二)重大突发公共事件应对具有社会动员需求

"动员"一词源于军事领域,最初意指在战争来临前做好准备、完成战备工作。随着时代的变迁发展,"动员"一词在其他与军事无关的领域也得到了广泛的应用。如今一般认为动员指一种开展工作的方法或原则,多是指为实现特定目标而开展的具体宣传呼吁和组织动员工作。广义上讲,社会动员一般指通过各种形式的密集宣传、动员和组织,塑造或改变特定目标群体的价值观、立场和想法,以实现特定目标,产生群众的持续参与或其他行动的过程。③

而政府管理危机一般指在社会中突然发生某些事件,对公共秩序造成

---

① 参见林华:《信访性质的溯源性追问》,《中国政法大学学报》2011年第6期。
② 参见卢超:《行政信访法治化改革及其制度悖论》,《华东政法大学学报》2018年第2期。
③ 参见龙太江:《从"对社会动员"到"由社会动员"——危机管理中的动员问题》,《政治与法律》2005年第2期。

严重破坏,对公共生活、财产和正常生活造成重大伤害。重大突发公共事件的发生具有突发性、不可预见性,发生重大突发公共事件往往意味着政府需要启动危机管理。发生危机后,整个社会处于一种紧急状态,此时仅仅依靠政府的力量难以应对危机,必须开展广泛有效的社会动员。对于重大突发公共事件的有效应对而言,社会动员具有以下几方面意义。首先,成功的社会动员能够避免或减轻民众的心理恐慌,抑制危机扩散。突发公共事件对社会造成的不仅是物质上的损害,还会给社会公众带来心理冲击,甚至心灵创伤。缺少对突发公共事件产生原因、发展态势等情况的了解,可能会因信息缺失而引起集体恐慌。通过社会动员,民众能够增加对发生危机的认识,在其中可以增强社会对政府的信任与战胜困境的信心。其次,有效的社会动员能够引导社会良好配合政府危机应对工作。当发生重大突发公共事件,例如发生重大疫情时,政府必须根据疫情减少社会上的人员流动,并强化对确诊病人、疑似病人的身心监控,如果缺少及时有效的社会动员,政府与社会之间的配合就难以形成,政府危机应对的方法就无法正常开展。最后,社会动员是连接政府力量与社会力量的桥梁和纽带,能将作为主导力量的政府与作为主体力量的社会民众串联起来,共同投入到危机应对中去。现代政府是有限政府,具有资源与能力上的有限性,因此在重大突发公共事件应对中必须依赖被调动起的社会力量来战胜困难。① 在危机时期,有效的社会动员是加强国家、民族和整个社会集体力量的重要方式,危机下的社会动员也被学者称作"应急社会动员",即指一个国家为成功预防和应对非战争状态下的公共危机而有效地调动各方面人力、物力、财力与智力等资源的活动。② 要而言之,重大突发公共事件应对具有强烈的社会动员需求,应急社会动员对于政府危机管理而言不可或缺。

(三) 中国信访工作具有社会动员功能

应星教授将中华人民共和国成立后中国信访制度的发展演进历程分为三个阶段,即大众动员型信访、拨乱反正型信访以及安定团结型信访。其中,大众动员型信访指的是信访制度主要与当时的政治运动相关联。具体而言,每次在政治运动开始后,群众的来访和来信都急剧增加,主要是举报和揭露他人的问题,而在运动末期,反映政治运动问题或要求执行既定政策的来访和来信又有所增加。谴责和要求平反是信访活动中交替出现的两大主题,这两种活动看似矛盾,其实只是从不同角度为群众动员

---

① 参见龙太江:《社会动员与危机管理》,《华中科技大学学报(社会科学版)》2004 年第 1 期。
② 参见郝晓宁、薄涛:《突发事件应急社会动员机制研究》,《中国行政管理》2010 年第 7 期。

的要求服务。① 冯仕政教授进而总结出国家信访工作的冲突化解与社会动员两种取向,前者涉及解决人们因个人利益而产生的不满与纠纷,而后者则主要关注激励和动员人们参与与国家工作部署相关的公共事务。具体而言,国家信访工作的社会动员取向具有三个方面的特点。首先,从人们上访活动的特点来看,信访的社会动员取向认为信访是人们具有热情的政治参与意识和强烈的公共服务精神的体现,积极信访体现了党和政府密切联系群众的特点,体现了人们对党和政府的支持与拥护。其次,从对信访活动的期望来看,信访活动的社会动员取向希望人们进行信访是将公共利益置于优先地位的,由于公共利益一般被视为国家工作的体现,人们的信访活动就往往被要求服从和服务于国家在特定时期的工作目标。质言之,信访工作的社会动员取向强调国家政治目标在国家社会关系中的优先性。最后,在开展信访工作的方式上,信访工作的社会动员取向将以鼓励、欢迎而非抵触、防卫的姿态面对来信来访,信访工作相对处于主动、求取的地位。②

信访制度是按照党的群众路线建立的,群众路线决定了信访的基本工作内容。在群众路线中,存在两个对立统一的方面。一方面,由于党的利益与群众的利益始终是统一的,因此党应当成为人民群众的忠实代表、全心全意为人民服务;另一方面,党又代表着最广大人民群众的根本利益和长远利益,有时会与群众现下的直接利益相违背,这样,在党和群众之间,就可能会出现发达和不发达、长远和当下、普遍和局部等方面的对立关系。与党的群众路线相对应,国家信访工作的社会动员内容与冲突化解内容也应当是既对立又统一的,既不能只要社会动员,不要冲突化解,犯命令主义错误,也不能只要冲突化解,不要社会动员,犯尾巴主义错误。改革开放之后,国家信访观念从社会动员取向转为冲突化解取向,当前信访制度已被普遍视为一种单纯的冲突化解机制。然而即便如此,国家信访工作仍然具有发挥社会动员功能的制度储备,这是由党的群众路线所决定的。例如,《信访工作条例》第 29 条规定,信访人反映的情况、提出的建议意见,对国民经济和社会发展或者对改进工作以及保护社会公共利益有贡献的,应当按照有关规定给予奖励。这些规定表明,虽然国家不再积极推动信访制度发挥社会动员功能,但并不妨碍人们利用信访制度开展动员活动,当重大突发公共事件发

---

① 参见应星:《作为特殊行政救济的信访救济》,《法学研究》2004 年第 3 期。
② 参见冯仕政:《国家政权建设与新中国信访制度的形成及演变》,《社会学研究》2012 年第 4 期。

生以后,国家信访工作就可立即发挥其社会动员功能。

(四)重大突发公共事件应对与信访工作的基本关系

应对国家重大突发事件需要强有力的社会动员,而中国的信访工作一直具有社会动员功能,所以社会动员自然而然地成为应对国家重大突发事件和信访工作的纽带媒介。对有效应对重大突发公共事件而言,国家信访工作的主要意义在于,以社会动员为联结,通过信访工作的社会动员功能良好对接重大突发公共事件应对的社会动员需求。具体而言,国家信访工作虽具有社会动员功能,但是信访工作如何能够在应对重大突发公共事件中发挥出、发挥好其社会动员功能是不确定的,这就要求我们集中关注国家信访工作在有效应对重大突发公共事件中的地位问题,积极探寻信访工作在其中的作用,理性构建信访工作在其中的机制。对国家信访工作而言,研究重大突发公共事件应对中信访工作情况的主要意义在于,以非常时期信访工作的开展情况回馈信访法治化改革研究。如前所述,在当下中国,国家信访制度改革主要围绕其冲突化解功能而展开,信访工作的社会动员内容已微乎其微。在这一背景之下,国家信访工作在重大突发公共事件应对中表现出的社会动员取向的强烈回归,提供了研究信访改革问题的珍贵素材。分析重大突发公共事件应对中的信访工作特点,总结其中的"变与不变",并以非常时期的信访制度运作逻辑回馈平常时期的信访制度运行困境,这是研究重大突发公共事件应对中信访实践对于国家信访工作改革的重大意义所在。

需要说明的是,国家信访工作除社会动员外还具有冲突化解取向,并且冲突化解被普遍认为是目前国家信访工作的主要内容。毋庸置疑,信访工作的冲突化解功能势必会体现在国家应对重大突发公共事件的活动之中,但一方面,由于国家信访工作的冲突化解功能在平常时期就扮演着主要角色,其对重大突发公共事件应对而言并无明显特殊之处,故而缺少专门研究的必要;另一方面,我们认为国家信访工作的冲突化解功能更多是作为国家应对重大突发公共事件的基础而体现的,而对有效应对重大突发公共事件而言,更为重要的是信访工作的社会动员功能,故而其更值得关注。不仅如此,在重大突发公共事件的应对中,国家信访工作的冲突化解功能与其社会动员的功能部分重合,信访工作的冲突化解功能在一定程度上被社会动员功能所吸纳。职是之故,关于国家信访工作在重大突发公共事件应对中的冲突化解功能,我们虽予以肯定,但并不专门展开,对于信访工作在有效应对重大突发公共事件中的地位、作用及机制研究,下文将从信访工作的社会动员取向切入。

二、信访工作在应对重大突发公共事件中的地位

有效应对重大突发公共事件要求进行社会动员,以全面发动社会的人力、物力、财力等各种有用资源,形成有生力量。对于在政府应急管理中的资源动员,中国已依托既有组织体系建立了一套实用高效的动员机制,能够在发生突发公共事件时及时调动政府所需资源。总体而言,中国目前在资源动员组织体系与运行机制方面的建设已初具成效,资源动员的制度规范渐趋完善,应急能力储备不断加强,应急联动机制逐步完善,社会动员机制建设逐步健全,非营利组织的功能也在不断强化。[①] 然而不可否认的是,在重大突发公共事件应对中的社会动员方面,中国在资源动员组织体系以及运行机制方面仍然存在不可忽视的突出问题,主要包括以下两方面。

一是,中国应急社会动员开展手段较为短缺。《中华人民共和国突发事件应对法》第六条规定,国家建立有效的社会动员机制,增强全民公共安全和风险防范意识,提高全社会的避险救助能力。《国家突发公共事件总体应急预案》同样规定,要充分动员和发挥乡镇、社区、企事业单位、社会团体和志愿者队伍的作用,依靠公众力量,形成统一指挥、反应灵敏、功能齐全、协调有序、运转高效的应急管理机制。中国对于重大突发公共事件应对中社会动员的重要意义已有明显认识,但对于社会动员的具体手段则缺少进一步的细致规定。从以往实践来看,政府对于社会动员的目的、对象、流程、方法等要求普遍不甚明确,实际开展过程中往往依赖行政动员,而其他社会动员的手段与机制则相对缺乏。这里以保险制度为例,由于财力有限,重大突发公共事件发生后政府救助常常无法满足受害者的全部需要,而中国相对西方国家又缺乏对民众参与保险来增加抵御风险能力的支持和鼓励,因此这种情况下散布市场中的资源就难以被有效地动员起来应对危机。[②] 二是,中国应急社会动员的法治化程度不足。根据以往经验,在发生重大突发公共事件后,政府为应对危机而开展社会动员经常会引发一些法律问题,呈现出应急社会动员法治化程度不足的状况。例如,当危机发生后政府组织进行专业救援时,由于政府自身力量不足,许多地方的抢险救援队伍实际上是由一些大型国有企业组建的。而政府有限的经费常常难以覆盖这些抢险救援活动的实际支出。此外,在政府危机应对的其他方面,由于缺少法定征

---

① 参见马怀德主编:《法治背景下的社会预警机制和应急管理体系研究》,法律出版社 2010 年版,第 132—135 页。

② 参见马怀德主编:《法治背景下的社会预警机制和应急管理体系研究》,法律出版社 2010 年版,第 132—137 页。

用程序的设置和合理补偿标准的设计等相关法律规定,政府的一些征用征收行为容易引发法律纠纷。再加上中国在应对重大突发公共事件时习惯采用政治动员模式来组织调动社会资源,这就更使得社会动员常常只服务于政治目标、只服从于上级指令而几乎不受法律规制,应急社会动员极易超出公民权利保障的底线。①

中国在重大突发公共事件应急社会动员开展中所面临的上述困难,严重阻碍了危急状态下社会动员的效果与效率,对有效应对和化解危机造成了巨大影响。在此背景下,国家信访工作凭借其社会动员功能以及自身工作机制,恰好能够纾解、缓和政府应急社会动员的压力,其在有效应对重大突发公共事件中的地位如下。

(一) 信访工作是开展社会动员的有效方式

重大突发公共事件应对中的社会动员具有两个主要目的,一是稳定社会情绪、避免社会恐慌,二是集聚社会资源、动员社会参与。② 信访工作能够直接反映公民的权利诉求,回应信访人最为关心的现实利益问题,因而信访活动从其基本表征来看,总是表现为信访人对自身权益进行主张、维护或是要求救济的个体或群体行为。③ 信访制度所提供的权益主张渠道能够稳定公民情绪,并在危机管理中减轻公民恐慌。进一步在公共政策视野范围内予以考量可以发现,信访工作实际上还协调了公民私人利益与社会公共利益之间的关系,"我的主张"通过信访工作转化为"我们的主张"。④ 正因如此,国家信访工作为政府与公民互动提供了重要场域,信访活动在其中展现了一个策略性互动与相互博弈的过程,看似对立的信访者私益与社会公益通过信访工作完成了统一。由此可见,在发生重大突发公共事件之后,无论公民是通过信访活动提出意见建议抑或表达权利诉求,均体现了政治参与的特质,它是一种政治行为,表达了公民的意愿,影响了政府的决策,限制了政府的权力,体现了由下至上的民主精神。⑤ 政治学家罗伯特说过,民主国家的一个重要特征就是政府会不断地响应公民的偏好,这就要求公民必须充分拥有明确阐述其偏好的机会。⑥ 国家信访工作承担的就是国家与社

---

① 参见张晓磊:《突发事件应对、政治动员与行政应急法治》,《中国行政管理》2008 年第 7 期。
② 参见郝晓宁、薄涛:《突发事件应急社会动员机制研究》,《中国行政管理》2010 年第 7 期。
③ 参见王浦劬:《行政信访的公共政策功能分析》,《政治学研究》2012 年第 2 期。
④ 参见王侃:《民主与民生关系的政治学分析——基于杭州市城市民主管理模式的实证研究》,《浙江社会科学》2011 年第 2 期。
⑤ 参见魏星河等:《当代中国公民有序政治参与研究》,人民出版社 2007 年版,第 32 页。
⑥ See Robert A. Dahl, *Polyarchy: Participation and Opposition*, Yale University Press, 1971, p. 1.

会之间桥梁的作用,通过信访工作,政府能够在重大突发公共事件应对中集聚民间智力资源,动员群众参与政治生活。

(二) 信访工作是应急法治动员的重要凭借

中国面对突发公共事件的常规应对方法是采用综合统一动员模式,这种模式受到法律法规约束较小,相关规范在内容上往往较为概括和抽象,这就使得该动员模式运行起来不存在太大障碍。概括而言,综合统一动员模式"追求的是效率,力争在最短的时间内集中最充分的力量,最快地应对某一类紧急事件"①。综合统一动员模式契合中国国体和政体,具有自身优点,在过去相当长一段时间内都在中国重大突发公共事件应对中发挥着主导作用。然而,不受法律约束的综合统一动员模式必然有其明显弊端,一旦国家组织动员的权力缺乏有效控制,法治国家甚至可能会遭受颠覆。② 中国正在全面依法治国、建设社会主义法治国家,法治建设应当成为社会各方面运行的最高目标,在法治建设的指引下,综合统一动员模式需要在新时期转化为法治动员。自20世纪90年代开始,国家便推行了一系列信访制度改革,将国家信访工作逐步向法治化轨道推进,2014年中共中央和国务院发布的《关于创新群众工作方法解决信访突出问题的意见》以及中央政法委出台的《关于建立涉法涉诉信访事项导入法律程序工作机制的意见》更是在制度层面明确宣告中国信访制度改革已经步入法治化道路。信访制度的法制基础与法治化改革路径,是国家信访工作发挥社会动员功能的规范保障,也是发生重大突发公共事件条件下综合统一动员模式向法治动员模式转化的制度保证。

(三) 信访工作是政府危机应对的关键前提

应对重大突发公共事件需要采用统一治理模式,其中一个重要的方面便是国家力量和社会力量的统一。在发生重大突发公共事件后,国家自身的力量很可能并不充分,因而需要广大社会公众积极参与其中并提供协助。③ 社会动员是沟通国家与社会的一个重要手段,这种方式早在淮河水患、海城大地震等国家危机治理中得到过充分运用,但如何通过合适的社会动员方法高效调动公众参与重大突发公共事件应对则是另一个必须予以考量的问题,也是政府能否有效应对危机的前提问题。

信访活动具有政治参与和权力监督的功能。④ 其中,信访工作的政治

---

① 孟涛:《中国非常法律研究》,清华大学出版社2012年版,第245页。
② 参见黄俊杰:《国家紧急权之历史经验》,台湾传文文化事业有限公司1997年版,第58—66页。
③ 参见孟涛:《中国非常法律研究》,清华大学出版社2012年版,第229页。
④ 参见孙大雄:《信访制度功能的扭曲与理性回归》,《法商研究》2011年第4期。

参与功能也可称为信访的意见表达和综合功能,通过信访活动,民意民情得以被自下而上地反映,信访机关一方面深入群众听取其意见和建议,另一方面也负有将这些意见和建议进一步向有关政府部门反映的法定职责。从表面上看,国家信访工作仅仅属于应急社会动员的一种类型,通过信访工作国家能够在危机发生之后集聚社会的智力资源。然而更为重要的是,信访工作作为直接的智力资源动员活动,能够在动员社会智力资源的过程中为政府进行其他方面资源的动员工作提供巨大助益,并在此意义上增加了应急社会动员的效能。具体而言,当一些事关公民重大利益的决策进行之时,政府可以广开言路,用信访来征求意见,以主动信访代替被动信访,以事前或事中信访代替事后信访,听取多方意见,兼顾各方利益,从而减少决策可能波及的各主体间的矛盾,提升应急决策的科学性、民主性。例如,在面临重大突发事件发生后是否征用一些私有财产的问题时,公民通过信访渠道反映的社情民意能够为政府部门参考,合理的意见能够被吸纳,进而规范政府的应急管理权限,减少政府对社会资源的不合理、不合法使用。信访工作的权力监督功能指人民群众可以借助信访活动向党和政府检举、揭发各级党政机关工作人员的违法失职行为。重大突发公共事件发生之后,政府工作人员需要在非常时期进行应急决策,该过程常常充满利益争端,因此国家工作人员也容易为利益驱使而滥用国家权力,信访制度为公民在非常时期监督国家工作人员依法行使权力提供了监督渠道。健全和稳定的信访监督机制能够加强政府危机管理的合法性,有利于提升非常时期政府社会动员的质量。

除此之外,国家信访工作作为社会动员方式,能够促成社会动员主体多元化局面的形成,有利于广泛调动社会自发参与政府危机应对的积极性。动员势必存在"谁来动员"与"动员谁"的问题,而与此一致,应急社会动员的运行实际上包含了两个过程:一是社会动员主体制定动员目标,运用各种动员策略、方法影响动员客体;二是动员客体在相应动员策略与方法的影响之下作出反应。一般而言,在重大突发公共事件发生以后,党政机关是动员主体,社会与个人是动员客体,此时的社会动员即对应着我们通常所称的"对社会动员"。与此相对,由于国家信访工作意在为党和国家与社会之间搭起沟通桥梁,群众通过信访活动能够与政府共享危机应对的重要信息,在许多方面就能够自发响应政府号召,从自身出发动员周边组织或个体,即信访工作能够促进社会动员模式从对社会动员更多转变为由社会动员,大大增加社会动员主体的多元性。而在危机管理中,由社会动员或称社会自主动员是十分必要的,其至少在三方面具有不可替代的意义。首先,现代政府的有限性决定了动员主体应当由单一的政府扩展至多元的社会主体,由此克服政府自身在资源禀赋、组织体系与人员结构等方面的先天局限。[1] 其次,社会自主动员在某些方面和情况下往往可以获得政府动员所难以获得的效果。例如群众在调动和激发周围民众战胜危机的潜力方面,往往会起到超出预期的效果。最后,社会自主动员有利于建立应急管理沟通机制。在沟通渠道上既重视政府的正式沟通,也注意民间非正式沟通,将社区、社会单位、个人等作为党和政府与群众之间的媒介,能够促进重大突发公共事件应对中各方主体之间的有效沟通。[2]

三、信访工作在应对重大突发公共事件中的作用

在有效应对重大突发公共事件中,信访工作的作用与其地位紧密关联。首先,信访工作作为开展应急社会动员的有效方式,能够高效调动起民众对突发公共事件应对的投入积极性,主要体现在民众智力资源支持上。其次,信访工作作为应急法治动员的重要凭借,能够帮助形成政府危机管理的法治氛围,有利于推动行政应急法治。最后,信访工作作为政府危机应对的关键前提,承担着在危急状态下维护社会秩序的重要作用。概言之,在有效应对重大突发公共事件中,国家信访工作具有提供民间智力支持、推动行政应急法治以及维护社会秩序稳定三个方面的主要作用。

(一) 信访工作能够提供民间智力支持

重大突发公共事件应对是一个多环节紧密相连的综合体。[3] 无论在哪一环节,应急决策总是占据着危机管理中最为重要的地位。应急决策指应急管理指挥机构或决策制定主体为了达到应对突发公共事件、减少突发公共事件危害的目的,借助科学手段与合理方法,从数个可行方案中选择或合成一个最优方案并将其付诸实践的过程。及时准确的应急决策是重大突发公共事件应对成功的前提与关键所在。目前中国应急决策体系是按照"统一领导、分工明确"的原则形成的。在该应急决策体系之下,党委和政府分别履行领导职能和主导作用,并由各政府职能部门分工负责各领域的危机应对,而在这种决策背景之下,政府应急决策容易存在智力支持不足的弊病。具体而言,虽然近年来党和政府越发重视应急决策咨询机制建设,在进

---

[1] 参见薛澜等:《危机管理——转型期中国面临的挑战》,清华大学出版社2003年版,第135页。
[2] 参见龙太江:《社会动员与危机管理》,《华中科技大学学报(社会科学版)》2004年第1期。
[3] 具体包括应急指挥、预防与应急准备、监测与预警、应急处置与救援、事后恢复与重建等多个部分。

一步加强系统内决策咨询机构(如各级各类政策研究室)建设的同时,还支持鼓励半官方及民间的政策研究与咨询组织的建设,但总体而言,中国应急决策的智力支持系统较为薄弱,专家作用未能充分发挥,政府仍然存在着浓厚的经验决策色彩。[1] 在重大突发公共事件应对的决策支持上,中国更加倚赖专业政策研究和咨询机构的判断,而相对忽视一般民间社会组织与公民所提供的智力支持。

事实上,在政府应急决策过程中,专业政策研究和咨询机构与一般民间社会组织和公民所能提供的智力支持及其发挥的积极作用是完全不同的,专业研究机构的研究结论常常需要由群众反映检验,民间智力支持往往也能够为专业研究机构提供珍贵的现实样本或研究启发。在此意义上,重大突发公共事件应对中来自民间的智力支持无疑能够对政府应急决策科学性的提升起到无可替代的作用。依据相关法律政策,信访过程中各级机关都应当倾听人民群众建议、意见和要求,当它们被信访部门收集进而移转至政府有关职能部门时,就能为政府应急决策、国家重大突发公共事件有效应对提供助益。

(二)信访工作能够推动行政应急法治

行政应急法治,是在应急状态下对国家应急管理的法治化要求。有学者指出,在政府危机应对中,要求行政应急管理法治化是出于以下原因。第一,应急法治化是人类社会法治化、全球化的趋势所在。第二,应急法治化是人类对正义、稳定秩序的渴求所要求的。第三,应急管理的现代化要求行政应急管理法治化。第四,保障和救济公民基本权利要求行政应急管理法治化。第五,对国家应急权力的合理规范内含行政应急管理法治化的要求。第六,社会和公民力量参与危机应对要求行政应急管理实现法治化。[2] 一般而言,从过去的有突发事件无应急到有应急无法治,至今日,将公共应急管理纳入法治化轨道、实现行政应急法治已逐渐成为当代各国共识。

首先,在行政应急法治建设过程中,应加强对公民基本权利的保障,加强对公民权利救济措施的落实。在平常,国家信访工作具有法律和政策的协商作用,即将许多正式纠纷解决机制无法解决的案件纳入信访渠道,使信访制度实际上成为政府与各方利益主体相协商的平台,这也可以看作信访工作冲突化解、社会动员两个取向的一种融合。与之相似,在应急状态下,

---

[1] 参见马怀德主编:《法治背景下的社会预警机制和应急管理体系研究》,法律出版社2010年版,第125—127页。

[2] 参见马怀德主编:《法治背景下的社会预警机制和应急管理体系研究》,法律出版社2010年版,第70—81页。

国家信访工作的社会动员功能在许多情况下都是通过公民向有关部门提出权利救济事项而得以实现的。其中,不少事项属于具有普遍性的特定类型问题,涉及法律和政策本身,信访行为就是对法律和政策提出协商,要求改变旧规则并确立新规则,包括法律和政策推进的协商以及法律和政策执行的协商两个部分。① 换言之,在信访工作履行其社会动员职能的同时,信访制度也为公民在应急状态下保护、救济自身权利提供了保障。

其次,在行政应急法治建设过程中,应加强程序建设。在应急状态下国家权力通常会有一定程度的扩张,而应急权力的行使常常对应着政府为了国家利益或公共利益而对公民权利予以一定限制或削减,而此时就需要以法治手段合理制约国家应急权力。客观中立的程序就扮演着制约与限制国家在应急管理过程中存在的自由裁量权的角色。如学者所言,要实现有节度的自由、有组织的民主、有保障的人权、有制约的权威与有进取的保守,就必须将程序作为最重要的制度基石。② 社会动员是国家实现特定时期特定目标的一种手段,在一定意义上可以被视为国家实现特定目标的必经程序,这主要体现在政府应急决策方面。具体而言,履行社会动员职能的国家信访工作能够集聚社会智力资源,使政府应急决策建立在听取广大民众意见的基础之上,从而增加应急决策的合法性基础,"以治理民主实现社会民生"③。

(三) 信访工作能够维护社会秩序稳定

社会在不断运动变化,社会矛盾也在所难免。发生重大突发公共事件后,政府决策过程往往具有封闭性,政府与社会之间容易产生隔阂。国家信访工作既是对民间智力资源的采集,同时也是对民众意见、建议和要求的回应,其与公民的互动交流,能够起到"社会安全阀"④的作用。⑤ 当社会不公累积到一定程度,而发泄不满的社会渠道又遭遇淤塞时,社会矛盾就容易激化,社会冲突就可能发生。⑥ 中国信访机构具有社会安全阀功

---

① 参见陈柏峰:《信访制度的功能及其法治化改革》,《中外法学》2016年第5期。
② 参见季卫东:《法律程序的意义——对中国法制建设的另一种思考》,中国法制出版社2004年版,第15—16页。
③ 王浦劬:《以治理民主实现社会民生——中国行政信访制度政治属性解读》,《北京大学学报(哲学社会科学版)》2011年第6期。
④ 社会安全阀理论是美国著名社会冲突理论学家刘易斯·科塞在冲突理论上的重大贡献,参见[美] 刘易斯·科塞:《社会冲突的功能》,孙立平等译,华夏出版社1989年版,第24—34页。
⑤ 邓小平说过:"群众有气就要出,我们的办法就是使群众有出气的地方,有说话的地方,有申诉的地方。"《邓小平文选》(第一卷),人民出版社1994年版,第273页。
⑥ 参见肖萍:《信访制度的功能定位研究》,《政法论丛》2006年第6期。

能,在重大突发公共事件发生后,社会的不满情绪通过信访制度得以排遣,政治系统核心所面临的压力也能够因此减轻。[①] 信访工作在了解群众问题、履行社会动员职能的同时能够发挥社会安全阀作用,有利于维护社会秩序稳定。

四、国家与社会之间:信访法治化改革的反思与推进

围绕信访工作的社会动员取向,国家信访工作以其特定地位、作用与运行机制在应急时期帮助应对重大突发公共事件,对于国家有效应对重大突发公共事件意义重大。与非常时期信访工作表现出的对社会动员功能的倚重不同,平常时期国家信访工作主要围绕其冲突化解功能展开,社会动员内容则微乎其微。在这一背景之下,中国信访制度面临着严峻挑战,信访法治化改革也屡遭瓶颈,陷入困境。重大突发公共事件发生以后,中国信访工作发生了由冲突化解功能向社会动员功能的转向,冲突化解与社会动员二者间不再是相互排斥,而是共同作用于重大突发公共事件信访工作的应对。可以发现,国家信访工作两种取向在非常时期实现了党的群众路线所要求的对立统一,从而减少了因信访制度存在而生出的各种矛盾与弊病。这就使得以非常时期的信访制度运作逻辑回馈平常时期的信访制度运行困境成为可能,有助于帮助我们反思和推进中国信访法治化改革。

(一)中国信访法治化改革困境再定义

无论何种观点,学者定义中国信访法治化改革困境的前提都在于将中国信访制度主要视为一项权利救济和冲突化解机制。然而问题在于,在发生重大突发公共事件以后,中国信访工作不再是仅仅发挥着权利救济和冲突化解的制度功能,而是明显增加了社会动员方面的职能履行,甚至在非常时期中国信访工作的社会动员功能与冲突化解功能相比占据着更为主要的地位。在重大突发公共事件应对中,尽管中国信访工作仍然在纠纷处理方面发挥着作用,但由于社会动员在其中大量存在,信访制度不再被视为与法治主义相抵触,而是极为有效地帮助应对了重大突发公共事件。非常时期国家信访工作的运作为我们提供了反思信访法治化改革的珍贵视角和重要素材,引发我们追问在重大突发公共事件发生后中国信访制度何以能够化解平常时期遭遇的诸多棘手难题,促使我们重新定义信访法治化改革存在的困境。

---

① 参见王学军:《中国信访体制的功能、问题和改革思路》,《湖北社会科学》2003 年第 1 期。

中国信访制度的根本目标是调整国家与社会的关系,信访制度的基础可以归纳为国家和政府需求以及社会和公民需求这两个辩证联系的基本方面。① 对民众而言,国家信访制度相当于一个政治机会结构,民众利用该结构可以提出政治参与要求与利益表达诉求。对国家而言,其同样可以通过信访制度履行社会动员职能或冲突化解职能。在信访制度实践过程中,国家选择与社会选择常常可能发生矛盾。例如当国家希望基于国家利益而将信访制度视为社会动员机制时,社会可能会选择基于社会利益与个人利益而更多地视信访制度为冲突化解机制。由此可见,国家需求与社会需求的情况直接影响中国信访制度的功能定位,其背后则是一套由国家利益与社会利益(包括个人利益)之间的合作或冲突关系来决定信访制度功能定位的逻辑。

有学者根据中华人民共和国成立以来在信访制度定位上"国家选择"和"社会选择"的区分将中国信访矛盾分为四种基本类型,分别为"社会动员-利益诉求型""冲突化解-利益诉求型""冲突化解-政治参与型"以及"社会动员-政治参与型"。② 大致而言,1951—1978年中国信访矛盾形态主要表现为"社会动员-利益诉求型",在此阶段实现国家利益的主要方式体现为通过政治运动揭发他人问题、开展阶级斗争、巩固新生政权,国家将信访制度主要视为社会动员机制。这一时期,国家和政府的强势表现使得个人利益和社会利益几乎沦为政治从属与附庸,信访工作的社会动员取向明显主导了中国信访制度的发展。在此之后即1978—2000年,国家和政府吸取"文化大革命"教训,逐步将实现国家利益与保障个人利益和社会利益相联结,信访矛盾形态相应地表现为"冲突化解-利益诉求型"。由于在国家利益与社会利益之间不存在根本性分歧,在这一阶段中国基本实现持续稳健地推进信访制度科层化。进入21世纪以来,中国渐次拉开了住房、医疗、教育等民生攸关领域的系列改革,国家进入社会转型阶段,大量社会矛盾随着改革逐步步入深水区而涌入信访渠道。此时由于国家社会处于转型时期,反映个人利益与社会利益直观情况的社会矛盾不再仅仅属于民生问题,而是逐渐演变为政治问题,这就要求国家从政治角度探索并处理这些矛盾,但政府似乎具有一种将所有社会问题都仅仅视为经济问题并使用经济手段去解决的错误倾向,这使得中国信访矛盾类型转变为"冲突化解-政治参与型",无

---

① 参见王浦劬:《以治理民主实现社会民生——中国行政信访制度政治属性解读》,《北京大学学报(哲学社会科学版)》2011年第6期。
② 参见冯仕政:《国家政权建设与新中国信访制度的形成及演变》,《社会学研究》2012年第4期。

法有效实现社会利益格局的深层调整。

　　上述中国信访矛盾类型的三个历史阶段较为清晰地展示了信访制度效能与国家利益和社会利益之间存在的紧密联系,每当国家利益和社会利益存在重大冲突,中国信访工作便无法有效开展,信访制度往往会遇到大量现实挑战。关于中国国家利益和社会利益之间的关系,可以从党的群众路线出发来观察。如前所述,群众路线包含对立统一的两个方面。一方面,国家利益始终与社会利益相统一;另一方面,由于国家利益常常会着眼根本和长远,国家利益也就经常表现为与社会利益相违背,二者时常存在先进与落后、长远与暂时、整体与局部等多方面的对立。这就解释了为何在中华人民共和国成立后多个历史时期,中国国家利益与社会利益常常存在着多方面冲突,信访制度的实施会遇到诸多阻碍。当发生重大突发公共事件以后,国家与社会进入非常时期,在应急状态下,政府采取的应急措施与民众出现的应急反应都是为了尽快度过危急困难时期,恢复正常生活秩序,故在某种程度上,此时中国国家利益与社会利益高度契合,国家信访工作因此能够帮助有效应对重大突发公共事件。① 非常时期的信访制度运作逻辑表现出的最主要特征便是国家利益与社会利益在特殊时期实现了高度重合,此时政府方面希望通过信访工作进行社会动员,社会和公民方面希望通过信访活动实现政治参与,其中虽然也有冲突化解与权利救济的需求,但其同样以间接方式反映出重大突发公共事件发生后存在的社会问题并致力于应对这些问题,它们的最终目标仍是度过危机困难时期与恢复正常生活秩序。由此可以得出结论,以"国家利益－社会利益"为分析框架可以有效解释中国信访制度的实践情形,成功推进信访改革的关键在于探索当代中国国家与社会的共同利益,寻求平常时期国家与社会的共同目标,并以之为基础进行相关制度设计。

　　现代社会的多元主体分享着多元价值,各方利益又具有短期和长期、先进与落后、整体与局部之分,这就使得在同一历史时期难以在国家与社会之间确立明确的利益共识。但从长远来看,对当代中国而言,无论是国家利益还是社会利益都应当以法治作为基础,在法秩序中实现各方利益最大化。信访制度是调整国家与社会关系的总体性机制,信访制度改革要把它与未来一段时期内中国应当和可能建构一种怎样的国家与社会关系这个战略性

---

① 根据《中华人民共和国突发事件应对法》第一条,该法律的制定目的为"预防和减少突发事件的发生,控制、减轻和消除突发事件引起的严重社会危害,规范突发事件应对活动,保护人民生命财产安全,维护国家安全、公共安全、环境安全和社会秩序"。

问题勾连起来,避免仅仅就信访而谈信访。① 在当今中国,法治已经成为国家与社会追求的共同目标,法治秩序也被视为国家与社会共同利益的最高表征。职是之故,中国信访法治化改革应当坚持将法治作为最高价值目标,信访改革应当围绕法治秩序构造而展开。在理想的法治秩序中,信访制度应当被精准定位为国家与社会间的一项沟通联系机制,在群众路线的指导下,围绕其沟通联系本质,发挥其多项制度功能。对于国家和政府而言,一方面可以运用信访工作的社会动员面向,强化社会成员的政治认同,深化政府治理的政治合法性;另一方面也可以运用信访工作的冲突化解面向,化解社会矛盾和冲突,维护社会政治稳定,加强政府治理的有效性。对于社会和公民而言,信访制度同时为其提供了迎合私人权利救济的民生需求与实现公民政治参与的政治权利要求。

在当代中国,理解信访制度必须以理解党的群众路线为基础。群众路线所蕴含的党和政府利益与社会利益、群众利益之间的对立统一关系,决定了国家信访工作必然同时具有社会动员和冲突化解两个面向,在任何历史时期都不能仅仅因受到处于强势地位的国家利益或社会利益一方的影响而只强调其中一个面向,否则现实需求超过制度负载势必使得制度效能无法达到社会预期,信访制度随之将会遭遇诸多实践难题。程序是法律的中心,具有限制恣意、保证理性选择等重要价值,②法治主义在一定程度上就是一种程序主义。对于信访制度而言,群众路线是一项国家开展信访工作时应当注意的工作原则,而法治主义则可以视为国家开展信访工作时必须遵循的工作程序。由此观之,群众路线与法治主义之间并非并列关系,而是分别作为信访工作原则与工作程序,原则指导程序的总体设计,程序又制约着原则的具体运用,二者之间并不存在所谓的制度张力。根据群众路线创立的信访制度之所以在当代中国遭遇制度困境,并非法治要求所致,否则无法解释为何在中华人民共和国成立之初信访制度同样存在无法有效回应群众利益需求的问题。事实上,法治作为当今中国国家与社会追求的共同目标,能够容纳作为群众路线体现的信访制度,并为信访发挥其沟通联系作用提供程序框架。中国目前正处于社会转型时期,一方面面临着医疗、教育、经济各领域频发的矛盾冲突,另一方面又尚未健全有效处理矛盾冲突的体制机制,这使得信访制度作为一项沟通联系机制,必须在事实上同时承担大量社

---

① 参见冯仕政:《国家政权建设与新中国信访制度的形成及演变》,《社会学研究》2012年第4期。

② 参见季卫东:《法治秩序的建构》,商务印书馆2014年版,第14—21页。

会动员与冲突化解的职能,这就明显超出了中国信访制度的功能负载,无理上访、谋利上访等现象也随之产生。

中国信访法治化改革至今,其面临的困境实际上并不在于信访制度的功能错位,也不在于信访制度内嵌着群众路线与法治主义的张力。实际上,中国信访法治化改革的困境,一方面在于改革过程中法治价值的正当性遭受质疑,表现为在国家主张推行信访法治化改革的同时,理论界一直不断检讨信访法治化的可能性,这就使得信访制度的定位不准确、信访改革的效果不明显;另一方面在于中国目前处于社会转型时期,在社会矛盾井喷的情况下并不具备相应的处理社会问题的完备法制体系和完善法治体系,这就使得信访制度的作用发挥有限且时常超过功能负载,信访改革任务重、难度高,在短期内不容易看到改革成效,而这反过来又导致人们质疑信访改革的法治前提,"法治在多大程度上构成衡量信访之是非去留的标识"[1]不断被学者提出和申辩。

(二)推进信访法治化改革:围绕转型中国的法治秩序

中国信访法治化改革存在的两方面困境,要求在信访法治化改革过程中既要重视重塑法治的价值正当性,并以法治秩序作为信访制度理论定位和实践运作的根本标尺,又要认识到中国正处于社会转型之中,信访改革必须在注意社会问题复杂性的基础上以过渡性、渐进式的方式展开,并且要注重与国家其他制度的协同配合,不可急于求成。中国的法治化治理与法秩序构造要求构建国家统治、社会自治与个人自主三者协同的治理格局,中国信访法治化改革应当相应地围绕转型中国的法治秩序,从国家治理、社会自治与个人自主三个侧面展开。

国家与法治的关系密不可分,从国家治理的侧面出发,中国信访法治化改革要求在战略层面确立信访制度为转型中国法治秩序中一项国家和社会间沟通联系机制的地位,在理念观念上将信访工作由表层汇总型转变为深层剖析型,由实务操作型转变为理论研究型,由参与保障型转变为服务决策型,以适应时代潮流和社会需要。[2] 在改革方向上,应当着眼于国家制度建设完备和国家治理权能提升两个方面。国家通过法治实践构筑法治秩序的一个重要体现便是法治建设。如前所述,中国的法律体系虽然较为完备,但在具体条文和法律衔接之间还遗留许多细节问题。[3] 目前,中国关于信访

---

[1] 冯仕政:《老问题、新视野:信访研究回顾与再出发》,《学海》2016年第2期。
[2] 参见薄钢:《信访改革视角下的国家治理能力现代化研究》,载张宗林、王凯主编:《信访与治理》,人民出版社2014年版,第95页。
[3] 参见马长山:《国家"构建主义"法治的误区与出路》,《法学评论》2016年第4期。

制度的法律法规设置尚不完备,存在诸多可待完善之处。对于信访制度本身而言,需要在现有的《信访工作条例》的基础上进一步增强党规国法在信访法治化治理领域的规范协同程度,解决现有信访规范体系存在的一些既有问题,明确信访制度的性质和规范定位,保障信访机制的良性运转。① 对于信访相关制度而言,要不断发展完善多元纠纷解决制度,以对转型时期社会出现的大多数矛盾进行分流,同时也要注意确保《信访工作条例》与《行政复议法》《行政诉讼法》以及其他相关法律、规范之间良好衔接。例如要准确规定信访事项的受理范围、受理程序、处理意见的规范效力,科学界定信访制度与其他相关制度之间的界限。在国家治理权能方面,从 20 世纪 90 年代以来,中国基层政府在治理群众无理上访行为方面投入不少成本,但治理成效仍亟待提升。为此,有效规范信访制度运行的重要举措,是加强基层的治理能力建设,在基层行政机关有效实施治理的同时,兼顾实现民众的权利。为此,需要同步开展治理的话语体系建设,实现治理话语和权利话语的有机统一。②

与信访法治化改革中国家统治侧面强调国家责任不同,社会自治与个人自主两个侧面关心的则是社会组织和公民个人的行动逻辑,关注二者在信访法治化改革过程中所起的能动作用。如前所述,落实信访法治化改革、规范信访制度运行需要加强基层治权建设。据学者研究,中国的社会治理模式转向法治化治理模式,表明国家权力在实施的过程中需要积极吸纳新型权威资源,来增强权力实施的效果。这一方面要求具备较为完善的公共规则体系,另一方面也要求公民具有较高的参与公共生活的能力和意愿。但是,在当前的实践中,虽然立法已经较为充分、完善,但具体的实践却差强人意。这便导致基层社会治理中出现权威性资源匮乏的局面,因为新的权威性资源"用不上",旧有权威性资源"不能用"。③ 为了解决这一难题,国家应力主加强基层治权建设,社会与个人也应当有所改变。

就社会自治侧面而言,面对社会矛盾和社会纠纷大量存在的现状和政府权威性资源流失的情形,应当加强各种社会组织参与社会治理的能力,使社会力量更多参与到现实冲突化解和纠纷处理的过程当中,充分发挥社会矛盾自我消化机制的功能,弥补转型时期国家冲突化解功能负载过重的不足。就个人自主侧面而言,在信访法治化改革过程中,个人既要加强群众意识,避免被权利话语裹挟,又要注重提升公民意识,加强公共规则的建立。

---

① 参见张宗林、郑广森主编:《信访与法治》,人民出版社 2014 年版,第 159—165 页。
②③ 参见陈柏峰:《无理上访与基层法治》,《中外法学》2011 年第 2 期。

在西方的理论中,"公民"的概念是较为特殊的,这个概念规定了"权利本位"要以"权利优先"为核心特征,团体之中每一分子的地位都是相等的,每一个人既不可以侵犯团体的权利,团体也不能抹杀掉其中单个的人,仅仅可以在个人自愿交出的权利上控制个人。[1] 与公民概念所带有的浓厚个人主义色彩不同,中国的群众概念则具有较强的集体(群体)色彩。国家对待公民与群众概念的态度表征了宏观政治风向与治理理念,它们不可避免地会渗透到信访制度之中,影响着信访制度支配逻辑的演变。根据学者的研究,在改革开放之前中国信访制度遵循"群众"逻辑,具有较强政治色彩,发挥着重要的政治功能。改革开放之后,在"公民"政治逻辑之下,信访制度逐渐淡化政治色彩而强化了其行政色彩与权利救济功能。在公民政治逻辑之下,人们张扬个体权利致使权利话语泛滥,而潜藏在公民身份背后的公民责任和公民义务面向却不被重视,公共利益因此遭到忽视和破坏。[2] 中国信访行为逻辑的相应变迁表现为从"维权型上访"转变为"谋利型上访",在此基础上甚至涌现了一批"上访专业户"。[3] 这些无理上访的存在极大地破坏了中国信访制度效能的实现,为此个人应当注重在公民政治逻辑之下找回群众意识所内含的集体意识和国家意识,避免被狭隘的权利话语裹挟。另一方面,信访法治化改革不仅要求减少信访制度的冲突化解负载,还要求提升其社会动员功能发挥效益,实现两种制度功能的有机统一。这就意味着个人自主还要求个体充分提高自身的公民意识与公民素质,积极参与建立公共规则与制定政府政策,通过信访活动实现自身政治参与,通过信访将自身对政治社会的表达和回应嵌入政治过程的各个环节,从而进一步促进全过程人民民主的实现。[4]

小　　结

改革开放40余年来,中国的法治建设取得了举世瞩目的成就。一方面,国家转变社会治理模式,积极调动社会主体的积极性,为释放社会活力、

---

[1] 参见费孝通:《乡土中国:生育制度》,北京大学出版社1998年版,第28页。
[2] 参见郭忠华编著:《变动社会中的公民身份——与吉登斯基恩等人的对话》,广东人民出版社2011年版,第144—154页。
[3] 参见田先红:《从维权到谋利——农民上访行为逻辑变迁的一个解释框架》,《开放时代》2010年第6期。
[4] 参见郭坚刚:《人民信访制度与全过程人民民主的彰显》,《浙江学刊》2023年第2期。

促进社会发展提供了充分的制度与实践空间。另一方面,中国正在积极构建社会主义法治体系,同时积极塑造与之相匹配的道德规范体系与制度体系。① 至此,中国的多元利益形态已经初步成形,国家利益、集体利益和个人利益相互协调、互益共存的格局进入世人眼前。这种国家治理、社会自治、个人自主的协同发展格局有助于更充分地实现美好生活。② 其中,国家依靠法治来塑造、巩固社会秩序,并以司法维护社会公平正义、增强制度权威,从而体现国家治理的合法性要求。③ 在法治化治理的背景下,国家仍然是最重要的制度推动者与利益表达者,但运用"枫桥经验"的中国基层司法治理制度和寻求正确法治化改革方向的信访制度这两个实例,已经表达出国家治理从一元化统治向动员社会、吸纳社会治理力量的系统性转变。也许这种变化源于某种效用主义的考量,但从方法论国家主义的视角看,这种变化发展无疑也是关于国家、基于国家主义的,是国家主义法治观的新发展。

首先,法治化治理要求以加强顶层设计为重点规划,同时也要尊重基层实践的创造意义。在这个背景下,我们需要重新理解"枫桥经验"在改进基层治理、完善基层能力建设中的重要性。"枫桥经验"对司法实践特别是通过司法所实现的社会治理而言,是将"面向个体的治理"作为出发点,将民间智慧吸纳到司法实践之中,以此推进司法的多元纠纷解决机制建设,同时为丰富和完善合作治理创造了条件,使得一种以共建共治共享的基层司法治理秩序成为可能。当然,这种治理形态和思维,与法律人所熟悉的以规范为导向的司法活动之间确实存在某种内部张力。反过来,这种治理思维有可能会消解司法机关的规范性权威,也有可能会导致司法机关在解决纠纷时养成依赖地方政府和地方力量的惰性,固化司法的地方保护念头,这便对司法机关和司法工作者提出了更高的要求。为此,需要进一步强化法律程序的作用,以此来消除审判之外的权力寻租,同时将程序改造为吸纳社会规则、调整社会利益的工具,进一步夯实法治化治理的规范基础。

其次,立足于"走群众路线"的信访制度,是沟通民意、加强国家与人民联系的重要方式,在实践中发挥着纠纷解决机制的替代、法律和政策的协商

---

① 参见林尚立:《当代中国政治:基础与发展》,中国大百科全书出版社 2017 年版,第 374—377 页。
② 参见蔡定剑:《历史与变革:新中国法制建设的历程》,中国政法大学出版社 1999 年版,第 316 页。
③ 参见丁卫:《秦窑法庭:基层司法的实践逻辑》,生活·读书·新知三联书店 2014 年版,第 11 页。

与社会剩余事务的兜底等多种功能。2014年《中共中央关于全面推进依法治国若干重大问题的决定》中正式明确信访制度的法治化改革总体要求。然而关于如何"把信访纳入法治化轨道",仍然值得探讨斟酌。推进信访法治化改革,首要任务是正确认识当今改革困境所在。通过对重大突发公共事件应对中信访工作的研究可以发现,中国信访制度效能与国家利益和社会利益关系之间存在紧密联系,以"国家利益-社会利益"为分析框架可以有效解释中国信访制度的实践情形,成功推进信访改革的关键在于探索当代中国国家和社会的共同利益,寻求平常时期国家和社会的共同目标。在当代中国,无论是国家利益还是社会利益都应当将法治作为基础,在法秩序中实现国家利益与社会利益是各方主体的共同认识。中国信访法治化改革的真正困境在于:一方面,法治价值的正当性在改革过程中屡屡遭受质疑,使得信访制度定位不准确、信访改革效果不明显;另一方面,中国目前处于社会转型时期,并不完备的法制体系与并不完善的法治体系难以有效处理井喷式的社会矛盾与冲突,使得信访制度作用发挥有限而且时常超过功能负载。未来信访法治化改革应当围绕转型中国的法治秩序,将法治秩序作为信访制度理论定位和实践运作的根本标尺,以过渡性和渐进式的方式,从国家治理、社会自治与个人自主这三个侧面展开。

第五章 当代中国国家主义法治观新发展：国家限权

国家在推行法治建设的过程中，不仅在治理上重视吸纳社会、社会协同治理，同时还逐渐对国家权力进行规范化、对国家力量进行限制。这是因为，中国的法治建设传统虽然在价值上体现出一种国家主义立场，但除非是一种强的价值论国家主义立场，否则国家主义法治观并不主张国家至上、国家权力不可限制。相反，依据前文方法论国家主义视角的分析可以发现，当代中国国家主义法治观新发展的一个重要面向在于国家权力逐渐自我限制。这既是一种与法治内在逻辑互动过程中的"潜移默化"，也是国家推动改革与法治建设过程中的自我革新。本章首先基于国家治理法治化的发展逻辑，揭示其与国家限权的内在关联；其次，以社会主义核心价值观的司法实践为例，分析国家权力行使的德性根基，阐述执政党尊重司法规律的立场对国家限权的意义；最后，通过政法队伍建设中党规与国法之间的协同问题，进一步说明国家主义法治观发展过程中的国家限权的内涵。

第一节 法治化治理与国家限权

深刻理解中国的法治建设特征必须把握两项重要的背景性条件。其一，应认识到国家能力在选择法治建设道路过程中的重要性。在法治中国建设的历程中，国家与生俱来的权威维持着法律规范自身的权威本质，国家主持和带动着自身的法律制度变革并推动着该国的法治进程。但国家权力所具有的自我扩张和自我定义特征，会使以确保国家意志顺利实现、减少国家意志运行阻力的国家主义立场试图拥有优先于法律的地位，试图减小法律对权力的约束作用，可能在帮助国家法律获得更高地位的同时削弱以法律为基础、社会规范协同共治的法治国家、法治政府、法治社会一体建设模式。其二，必须认识到中国法治建设的社会背景。要理解和认同中国法治建设道路,最主要、最关键的是理解中国全面推进依法治国、实施法治化治理的基本逻辑。在改革开放背景下,法制作为国家公共生活的基本规范体系,法治作为党治国理政的基本方式,早已获得全社会的一致认可。在加强民主的制度化、法律化,全面推进国家各方面工作法治化的要求下,国家持续强调依靠法律所具有的规范性权威来实施改革开放所具有的正当性,法律权威得到了极大提高。这里将进一步理解法治以及依靠法治实施的国家与社会治理,理解作为治国理念和生活方式的法治如何渗透到社会中的方方面面以及对国家制度改革实践的影响,进而解释其中国家角色、国家主义立场发生的变化。

一、法治化治理中的国家限权实践

法治化治理必须落在制度设计和实践中。在具体的制度建设中,法治如何在实践中建构其秩序、体现法治的内在品质、满足民众的合法性预期、实现法治的应然价值,是法治化治理实践的关键。中国法治建设对现代法治理念的接受潜在包含着国家自我限权的过程,这是一种国家主义逻辑与法治逻辑互动过程中国家自我革新、自我完善的过程。对此,可以从立法、司法和法律职业的角度来关注法治实践现状,以此观察国家主义立场与现代法治理念之间的互动,以及法治化过程中蕴含的对国家限权的潜在需求和要求。

(一)立法角度:法律体系的完备性设计

在当代法学理论的知识图景中,立法通常处在一个被遮蔽的位置,少有学者关注。[1] 自"依法治国"条款被写入宪法以来,过去"缺什么补什么"的实用主义立法思路以及由此导致的立法碎片化现象逐步式微,伴随着立法的逐步成型,以成体系的立法规划和建构更完备的"法律体系"为目标的制度设计成为立法者的主要用力点。《中华人民共和国民法典》的成功编纂就是这种立法思路的经典体现。在中国特色社会主义法律体系建成、中国特色社会主义法治体系建设稳步推进的当下,关于立法的研究重点也需要从分析和描述整体的法律制度及其立法特色转向关注国家对"立法"这一事业的整体认知以及所采取的立法技术特征的分析,以此展开立法与社会之间的互动过程,表现社会需求与立法回应之间的动态场景。[2]

---

[1] 参见裴洪辉:《规范性立法法理学:理论空间与基本结构》,《环球法律评论》2022 年第 4 期。

[2] 参见杨鹏:《立法技术的现状与愿景》,《行政法学研究》2021 年第 3 期。

在较长一段时间的立法实践中,立法者强调以立法的科学性为基础,按照立法体系的内在结构需要和不同法律之间的内在差异,将法律体系拆分成若干个相对独立但内部结构和谐的法律部门,继而按照法律规范、法律部门、法律体系的层级来分门别类,层层推进立法工作。这种结构的特征是简洁明晰,能够有效避免立法工作出现重复劳动现象,也有利于立法工作充分获取实务界和学界的智识资源。在此基础上,中国立法者形成了一套旨在确保立法科学性、与中国法治建设相呼应以及体现国家深刻民族文化特性的立法风格。①

第一,"理性主义"是指立法者事先明确立法目标,并且明确其必定能够完成该立法工作,表现出一种有规划、有目的、有确定性、有意志性的立法目标实现。改革开放以来,中国立法从恢复到初步形成中国特色社会主义法律体系,基本上是在接近四十年的时间内完成的。1997年,党的十五大提出"到2010年形成有中国特色的社会主义法律体系"的目标,如果以此为国家设定立法体系建设目标的起始点,那么距离初步达成立法者的法律体系建构目标不过短短十余年。在这个时间范围内所形成的法律体系要"保质保量"地为中国特色社会主义法治国家建设提供基准依据,"保量"意味着各个门类的法律都要制定完备,数量齐全,"保质"则意味着体系内各个法律间协调融贯、衔接顺畅。在这一思路下,立法者非常重视立法规划,采取提前规划、按部就班、分门别类推进的方式实施立法工作。

第二,"国家主义"是指立法强调国家主导,通过压缩"法律"的概念内涵来使法律成为国家意志的纯粹供给物。在这个过程中,国家并没有关注到社会规则上升为法律的有效路径,有时还以"国家立法"的名义弱化甚至取消社会基于自身习惯所形成法律规则的可行性,只有在极个别的领域,如民商事领域保留了允许当事人按照商业习惯进行民商事活动的惯例。尽管这种思路是为了确保国家的现代转型相较中国传统的法律文化和社会秩序始终处于优势地位,但这种立法模式容易导致国家法令与所谓"民间法"之间的对立,这种对立既意味着"大传统"与"小传统"之间的冲突可能性,也意味着社会生活习惯等在整体规范体系中的失落、失语。

第三,"立法中心-行政辅助"是指立法主要规定具体领域法律制度的基本结构、基本原则和主要规范,而将诸多细化规定交由行政机关处置,通常是按照各行政机关的职权范围和主管领域进行块状划分。例如由国务院制

---

① 关于当下中国法律体系建构中的特征,参见张志铭:《转型中国的法律体系建构》,《中国法学》2009年第2期。

定较为细致的行政法规,继而由国务院各部委负责在领域内制定更为详细的部门规章,最后在地方实施中由地方政府制定规章,从而构成地方执法的直接依据。在一定程度上,"司法解释"与法律的地位与此风格有着耐人寻味的内在关联。

第四,"简约主义"是指立法采取同一体例、同一标准或同一尺度,更关注立法过程中具体的法律文本在整体法律体系中的地位,而非法律文本内部各条文之间是否统一协调,也就是侧重以解决现实问题为立法理念。[1]

以上四种体现出国家主义或与国家主义有关的立法风格[2],可以认为是中国立法者自发形成的、以立法权的正确行使来完善国家法制的重要体现,迈出了国家以法律实施自我限权的第一步。也因此,这种立法风格存在不少需要继续改进之处。

首先,"理性主义"的立法思路较为推崇立法者的规划理性而忽视了司法经验与社会需求,难免给人一种"粗线条"和立法与实践脱节的印象。客观上,虽然法律体系已经形成,但具体的法律条文之间、相近的法律文本之间的内容衔接方面还存在或多或少的问题;不少法律制定出台之后缺乏必要的操作空间,不少法律条文是简单的政策的转化,也有不少的法律条文在制定时有意"留白",而把具体的操作细则制定权交给了行政机关,或者是把解释具体法律规则的权力交给了司法机关,在某种程度上造成了司法解释"尾大不掉",授权立法变成"空白授权"的现状。[3] 为此,需要强调立法与社会实际需求相结合,防止在立法过程中出现脱离实际的情况,造成立法与社会现实发展不相符合的局面,否则有可能导致法律被实质废止,民众守法信念无从形成。

其次,国家在立法中的中心地位是在中国立法中发挥了积极作用的,"国家主义"的立法理念在有序规划、快速推进中国立法建设等方面发挥了核心的作用,这种中心地位和重要作用是不能被忽视的。但中心地位不意味着绝对地位,重要作用不意味着要忽视社会主体互动过程中形成的习惯或民间性规范,这些规范需要国家立法的认可。同时,这种认可需要规范化、制度化,也就是通过专门的制度性渠道来赋予社会规则必要的地位。

再次,在"立法中心-行政辅助"模式上,我们应当发现并重视司法层面的法律诠释,特别是重视司法和执法过程中对于法律内涵的更新与来自社

---

[1] 有学者提出,简约主义是一项仍有现实意义的国家治理模式。参见任建涛:《国家治理的简约主义》,《开放时代》2010年第7期。
[2] 即"理性主义""国家主义""立法中心-行政辅助"和"简约主义"四种立法风格。
[3] 参见马长山:《国家"构建主义"法治的误区与出路》,《法学评论》2016年第4期。

会不同群体对于法律的不同解读,避免立法走向自我封闭而失去与社会互动的能力,当然也需要避免法律在简单的"闭门造法"中引发部门利益侵入法律规则,导致立法的利益分配机制失去活力。

最后,在关于立法的"简约主义"风格问题上,尽管仍然需要强调国家立法的结构性基础地位,但实践表明,法律并不是单纯由国家立法主权生成,而是国家与社会共同塑造的结果。因此,立法者应当采取更加包容的态度对待社会生活中长期存在、行之有效并且能够反映社会主义核心价值观的规则模式,并采取更开放的态度来对待这些社会规范,使立法更能符合国家的意志,也能反映社会民众的道德观念和行为习惯。

中国立法者显然已经注意到了上述问题。目前,中国的立法工作已经不再局限于"有法可依"的法律之有无问题,也不只是单纯为了约束公权力机关对权力使用方面所存在的恣意嫌疑,更重要的是强调立法的"高质量",也就是强调法律的内容完备、体例清晰、价值正确,使法律能够更切合民众权利保护的实际需要、体现改革开放的实践需要、维护市场经济体制改革的成果、促进国家治理体系和治理能力的现代化,由此成为展现中国法治的代表性成就。①

(二)司法角度:积极进取的制度与理念改革

自 20 世纪 90 年代以来,司法改革就一直是中国推进依法治国和推动社会治理的法治化转型的重要部分,也因此充分体现出国家依法实现自我限权的意味。中国所进行的司法改革,宏观上需要面对和回应相关的理论论辩与道路选择问题(突出表现为司法改革中国情话语与司法规律普适性之间的立场之争);中观上需要面对领导干预案件、上下级请示、司法地方化甚至司法队伍腐败等具体制度性难题②;微观上存在诸多司法惯习、司法风气、司法实践特征带来的问题③。可以说,牵涉全局性,事关体制机制重大问题,因而司法改革的每一个举措都在考验着改革者的智慧。

在历时性维度上,中国的司法改革在重建法制、恢复司法的改革语境下展开,意在通过规范化、形式化、理性化的制度改革来落实司法权力运行规律,切实依据宪法独立行使审判权:在程序上,逐步完善审判流程,改进司法审判体系规则、坚持法院独立审判案件;在专业技能上,不断提升法官的职业水平与职业门槛,推进职业化进程。同时,也致力于破除可能影响司法

---

① 参见梁治平:《"中国特色"的法治如何可能?》,《文化纵横》2011 年第 3 期。
② 参见刘忠:《司法地方保护主义话语批评》,《法制与社会发展》2016 年第 6 期。
③ 具体表现为司法解释泛化、法条主义强盛、法官司法惰性等实践问题,以及"实事求是""有错必纠"司法原则与"程序真实"之间的实践张力等问题。

权力运作规范、科学、合法的"司法地方化""司法行政化"痼疾。具体来看,中国的司法改革在客观上取得了以下成效。

第一,清晰界定了"司法"的概念。中国的"司法"概念一直存在规范与学理上的争论。"司法"至少有四个具体实践代表性、话语支持性和理论依据性的含义,四个概念的范围由大到小分别是:"政法""公检法司""法检"和"审判。"其中,"政法"和"公检法司"是执政党在司法领域对"司法"概念所做出的广义理解,是表示党对政法领域实施全面领导过程中所涉及的具体部门;"法检"即"法院、检察院",这是中国宪法以及宪法性法律对"司法"概念的把握,可以认为是中国对"司法"概念的规范性认知;"审判"则是中国学者较为主张的"司法"认识,这种对"司法"概念采取最为狭义的理解和域外对"司法"的理解较为贴合。而从国际一般性认识来说,"司法"主要是指法院专享的职权①,因此,虽然我们不能直接为"司法"下一个权威性、排他性、公认性的定义,但在很大程度上,"司法=审判"这一最狭窄的定义较能确定"司法"的专业含义。近年来,中国法院系统已经能够自主地侧重从"审判权"的角度来理解"司法"概念并推进具体的制度变革。②

第二,确定了"积极司法"的功能形态。③ 在较长的一段时期内,中国的司法改革始终在争议与困难中前行,很大程度上是因为不能清晰明确自身的功能形态。中国司法强调司法活动要"接地气",要实现法律效果,也要实现司法审判的政治效果、社会效果,这是中国司法审判规律中的重要内容。为此,司法改革必须在以审判为中心、强调法院判案积极进取的情况下全方位展开司法制度内容设定和改革的顶层设计,以实现司法权威和个案智识的结合。

积极司法的功能形态,澄清了法院在法治化治理中的基本定位,能够对微观层面的司法操作提供智力支持,尤其是能够帮助法院在司法活动中更精准地把握法律适用与效果之间的"手段—目的"关系。例如,积极司法的功能形态能够更好协助法院平衡诉讼与调解之间的关系,使二者在各自合适的范围内发挥纠纷解决的作用。④ 又如,法院为贯彻维持社会稳定和促

---

① 例如《公民权利和政治权利国家公约》就采取了这一立场。
② 例如,在全面深化司法体制综合配套改革中,最高人民法院按照"让审理者裁判、由裁判者负责"的改革精神,取消案件审批制,充分尊重法定审判组织办案主体地位。与此同时,不断推进以审判为中心的刑事诉讼制度改革,推进庭审实质化。参见丁珈:《司法体制改革:加快推进审判体系和审判能力现代化》,《人民法院报》2023年3月5日。
③ 参见张志铭:《中国司法的功能形态:能动司法还是积极司法?》,《中国人民大学学报》2009年第6期。
④ 参见张卫平:《诉讼调解:时下势态的分析与思考》,《法学》2007年第5期。

进社会和谐的理念,在解释法律规范时就可能存在偏差。例如在过去的司法实践中长期存在滥用公平责任的情况,又如以个案而不是类案为基础的结果导向,使得正当防卫案件中对紧迫性要件的事实判定采取了过于严格的判断立场[1],最终使得正当防卫条款在一定程度上被悬置。不过,近年来司法机关显然已经充分认识到上述问题,在司法审判中开始大力强调杜绝"和稀泥"式的审判结果,并旗帜鲜明地通过准确把握正当防卫条款的适用来鼓励公民敢于维护自己的合法权益。在"昆山反杀案""电梯劝烟案二审"等一系列取得法律效果和社会效果有机统一的司法判决中[2],司法机关合理运用后果裁量,不仅正确适用法律、维护法律尊严,也维系了社会的良好风尚,有利于社会和谐的实现。

中国以"积极司法"为主要司法形态的特色也表明,法院在进行审判活动时非常注意司法与社会大众之间的关系,和媒体之间存在较为特殊的相互合作与相互博弈的机会。一般认为,媒体和司法之间的既合作又对立的关系,在两个职业系统的新闻自由价值与司法公平价值之间产生了张力和博弈。这两种价值对社会而言同等重要,但的确存在相互冲突的可能。从价值的根本取向来说,新闻自由与公平审判的价值共同促进社会正义的实现,这是司法与媒体之间形成友好关系的基础,但司法与媒体的服务对象以及对客观事件的分析角度存在差异,使它们之间也容易引发各类冲突。是故,有必要结合规则治理的需要和法治理念的要求,实现司法与媒体的关系平衡,充分尊重媒体的社会监督权力,巩固司法权的自我限制基础。

从全局角度擘画司法权自我限制的核心力量来自中国共产党。近年来,执政党高度重视司法改革在中国政治体制改革和法治化治理中的作用。在党的十八届三中全会中,司法改革在全会议题中占有重要地位;党的十八届四中全会专门讨论全面推进依法治国议题,司法改革又是其中的重中之重。事实上,改革开放以来,特别是20世纪90年代中国宣布建设社会主义市场经济以来,司法改革从法院系统内部走向司法机关协同合作,再从司法机关的合作逐渐成为影响党和国家整体执政方略和治理模式全局的重大议题。在这个过程中,中国司法改革的各类举措丰富多元,借鉴了诸多国家和地区的有益经验,学者对司法改革的理念、制度设计甚至具体的机构名称设

---

[1] 参见陈璇:《正当防卫、维稳优先与结果导向——以"于欢故意伤害案"为契机展开的法理思考》,《法律科学》2018年第3期。
[2] 参见廖永安、王聪:《法院如何执行公共政策:一种实用主义与程序理性有机结合的裁判进路——以"电梯内劝阻吸烟案"为切入点》,《政治与法律》2019年第12期。

定等问题都投入了大量的时间和智力支持。司法改革的积极进取及改革所取得的丰硕成果，成为中国国家自我限制权力的有力注脚。

（三）法律职业角度：共同体伦理的重塑

立法和司法都是法治运转的重要环节，推动、实施法治运转的法律职业者则是促成法治运转的必不可少的要件。法律职业伦理是推进法治治理模式实现、规则治理实现的重要前提。① 这里所提到的"法律职业者"主要包括法官、律师、检察官，他们在法治系统中承担着不同的职业分工，秉承共同的职业规范道德与价值伦理；他们也许在具体程序中彼此对抗与制衡，但没有利益上的冲突，也因此有了"法律职业共同体"的概念表达。②

在中国，国家以法治推动自我限权，在很大程度上体现在尊重法律职业伦理、为法律工作者的规范执业提供制度空间。以作为"法治见证人"角色的律师为例，这种职业关系实践就孕育于司法自治与公权力博弈的互动空间之内。尤其在 2007 年《律师法》修订后，律师的定位从 1980 年《律师暂行条例》中的"国家的法律工作者"转变为"为当事人提供法律服务的执业人员"。这一转变意味着，对律师而言，职业伦理的精髓在于通过为客户服务的方式来实现和维护社会公益以及正义。③ 律师职业伦理不再是单纯维护国家利益，而是明显含有限制国家权力不当行使的意味。律师职业既是治理法治化的促动者，也是法治化治理的对象。对此，国家在尊重律师的职业伦理的基础上培养律师的社会认同感、职业共同感，鼓励律师与法官、检察官形成"职业共同体"意识。就法官而言，国家制定并切实加强实施《法官法》，并积极通过横向对比、借鉴国外的相关司法经验做法加强法官职业培训，力求培养出一支既具有专业素质又符合人民群众要求的法官队伍。④ 同样，对检察官而言，需要平衡好国际通行的检察官职业伦理与中国检察官制度现实之间的关系，并将两者的有机统一作为中国检察官职业共同体建构的切入点。⑤

---

① 有学者就职业主义与法治的问题进行过有益的讨论。参见凌斌：《立法与法治：一个职业主义视角》，《北大法律评论》2004 年第 1 辑。
② 法官、律师、检察官具有职业共性，即要求恪守法律，因此他们可以构成法律职业共同体，但这并不意味着法律职业伦理一定是"统一"的。主要原因在于，不同法律人在法律实践中扮演的角色是不同的。律师和检察官在法律实践中必须要"选边站"，他们必须和自己的当事人或国家站在一起，而法官却被要求在法律实践中保持"中立"，以公正审判作为自身的价值追求。参见陈景辉：《法律的"职业"伦理：一个补强论证》，《浙江社会科学》2021 年第 1 期。
③ 参见季卫东：《律师的重新定位与职业伦理》，《中国律师》2008 年第 1 期。
④ 参见霍宪丹：《法律职业与法律人才培养》，《法学研究》2003 年第 4 期。
⑤ 参见张志铭、于浩：《国际检察官职业伦理评析》，《国家检察官学院学报》2014 年第 1 期。

二、以法律方法、法治思维和法治方式实现国家权力的自我限制

在当代中国的治理实践中,按照法治的理念推进立法、执法、司法和法律职业等宏观领域的体制机制完善,是法治化治理的题中应有之义。这在微观层面就要求加强法律方法的运用,提高法治化治理的精细化水平,为落实法治理念特别是良法善治奠定实践基础。法治化治理是以法律方法技术为载体,将法治所强调的依规则办事、依程序办事的理念渗入国家治理、日常生活中,将法律所秉持的理性、客观、公正理念向全社会展示,从而使法律更好地被社会认可,推动塑造社会的法治信仰。现代法治理念所蕴含的国家限权要素,要想在现实生活中不被随意架空、去除,就必须依靠法治思维和法治方式,严格运用法律方法。

(一)法律方法理论的中国路径

微观层面的法治化治理活动首先要强调严格、恰当运用法律方法,并通过广泛吸收西方法律方法研究的有益成果来为中国的法律方法体系提供镜鉴,进而为形成具有中国风格的法律方法方案创造理论条件。

1. 法律解释的路径与认知结构

法律解释的"操作性"定义为:法律解释是对法律文本含义的解释和说明,亦即解释主体以某种特定的方式表达自身对法律文本的理解。一般认为,法律解释与场合、主体、对象、目的、理论模式五个方面有关。其中,理论模式是法律解释技术研究中的核心问题,也是学界仍然存在诸多论争的内容。法律解释的理论模式在根本上关乎对法律解释的认知,并和解释者对法律文本的理解有关。[①]

法律解释的路径可以被概括为原意说、文本说和解释主体说三种类型,其理论依据在于对解释活动中三个不同的基本要素的侧重,即解释文本的创制者、解释文本本身以及进行实践解释活动、进行解释的主体;在法律中这三个要素分别对应着立法者、法律条文以及进行法律解释的法官。面对这三种解释路径,不同的选择可能会导致不同解释结果的出现。但必须强调的是,并不是法律解释路径的多样性导致了这种解释结果的多样性、不确定性,恰恰相反,其实是解释活动本身的复杂性,解释结果内生的不确定性导致人们为了追求确定性而建构出不同的解释路径。立法者本身的意图需要语言进行表达,而我们的语言并不是百分之百精确的,立法者的意图也不是一定能够准确传达的,即使能够准确传达出来,也需要解释者寻求足够的

---

① 参见张志铭:《法律解释学》,中国人民大学出版社2015年版,第8—23页。

证据证明这一意图的真实性。最后,解释者与文本之间同样存在"鸿沟",可能面临字面的意思与现实客观变化之间的冲突。

对于这种情况,解释者必须形成自己的认知结构,完成解释路径选择、解释结果确定性实现的自我建构。总的来说,法律解释活动中解释主体的认知结构可以分为:统一模式、选择模式、融合模式三类。其中融合模式主张立法原意、法律语义和解释者的理解(即前理解)是三种不同的"视域",法律解释就是在立法者、法律文本和解释者三个视角中不断往返,最后所实现的"视界融合"。① 实际上,当解释主体在法律制度的背景下寻求对法律文本进行自己的理解和解释时,他们就是不断地在回答法律解释正当性的问题。确定性和妥当性是这种法律解释必须考量的两个维度。这两者的重要性不言而喻,虽然彼此之间具有一种内在的紧张关系,但也具有一种整体性,不可偏废。此时,应当秉持交谈合理性的指导原则,将法律解释看作各种解释要素间平衡协商的程序性过程,尽量在法律文本、立法者和解释者之间维持可能的解释张力。② 也可以认为:法律解释需要以坚持法律文本的确定性作为首要标准,因为法律文本的确定性表征法律自身的形式稳定性,维护了法律在社会公众行为预期方面所具有的合理期待。

在司法裁判方面,法律的确定性问题经常在疑难案件中被提出。传统的法律学说通常假设法律是足够完备和确定的,但在复杂疑难案件中,会出现与不确定性有关的诸多语言、方法和价值问题,这些都会迫使解释主体重新考虑摆在他面前的法律文本。法官只能从几个规范中选择较优的,或根据其他要素评估案件,或通过谈判和修辞努力达成共识。这些选择看起来非此即彼,事实上它们都只是一些理想的情形。在现实中,对法律解释的考虑还不至于如此零碎、割裂:复杂疑难的案件仍然是少数,在大多数情况下,立法机构的原意、法律文本的语义和解释者的自我理解往往是共通的,可以通过各方均同意的解释方法阐明。这就把关于法律确定性的争议变成了一个关于法律解释技术应用的问题,而法律职业人员的伦理道德立场确保了有合理路径依赖的法律解释技术之存在。

法律解释方法不仅仅是一种理论上的推演与论证,更具有实践上的意义,它对于职业法律人的实践而言,既是一种专业技能,也是实现法治化治理的工具。回顾当代法律解释、法律方法理论的发展,可以发现,法律解释的对象不仅仅包括文字语言的语义,也包括语句在语境中的使用。这种对

---

① 参见张志铭:《法律解释学》,中国人民大学出版社 2015 年版,第 8—23 页。
② 参见刘亦艾:《论法律的确定性、妥当性与交谈合理性》,《法律方法》2021 年第 3 辑。

语用学的发现,也是我们所主张的"大范围经验"的一个落脚点。因此,法律适用既需要语义的逻辑判断,又需要基于语境的经验总结;既要坚持一种"逻辑理性主义",又始终需要一种"经验理性主义"。法律解释是一个具体的行动过程,与特定的社会环境密切相关,法律总是为有争议的社会纠纷提供答案,而这些答案往往比人们想象的更有创造性。

2. 法律解释与法律推理的内在关联

一般认为,法律解释必须进入法律推理的活动之中才能够获得生命力。也正是在法律推理中,法律解释从单纯的"技术"升华为可供执法者和司法者在日常活动中依法办事的一整套技术方案。正是在这个意义上,"法律解释"与"法律推理"都是法治化治理中必不可少的基础要素,也是讲述中国法治故事的方法论基础。因此,我们有必要进一步阐明"法律解释"与"法律推理"之间的内在关联。

"推理"(reason)一词在《牛津法律大辞典》中的定义是:辨别、评判和认识真理以及使自己的行为适应特定目标的能力;在《韦氏新大学词典》中的定义是:(1)从逻辑上推理,根据论据或前提得出结论或决定;(2)通过论证、解释或推理来支持、说服或推进。《牛津哲学词典》中,"论证"(argument)一词的意思是:旨在支持一个结论的理由陈述。一个论证指的要么是一个过程(在这个过程中,论证可能得到加强或强调),要么是一个结果,如一组命题(假设)、一种推论模式和得出的结论。一个论证可以是有效的演绎,结论可以是由前提得出的,也可以是由其他而获得说服力。[①]

《新华字典》中,"推理"的定义是:思维的基本形式之一,是指从一个或多个已知的命题(假设)中得出新的命题(结论)的过程。可见,中国语境下推理通常指一个逻辑的、形式的思维过程,或一个从判断(前提)到判断(结论)的推导过程。《现代汉语词典》(第七版)对"论证"的解释是:(1)逻辑学中通过运用论据来证明论题真实性的过程,它是一种用论据推导论题时使用的推理形式;(2)论述并证明;(3)立论的基础。相比之下,西方对推理的定义更广,不仅包括逻辑的推导关系,也突出了一种说明、论证、说服的过程与效果。而取后一个意思时,推理和论证某种程度上是作为同义词使用的。而在中国语境中,论证在逻辑学意义上被使用是作为一种推理的形式,两者是一种包含与被包含的关系;但并不像西方一样,推理与论证在说服、使信服这个层面上有同义使用的情况。

正是因为"推理"与"论证"这两个词在中西方的差异,当"法律论证"

---

① 参见焦宝乾:《论证、法律论证及相关名词辨析》,《法律方法》2006年总第5卷。

(legal argument)这个词进入中国语境时,就需要做出一个明确的界定。在西方,推理被分为理论推理和实践推理,法律论证是在被作为实践推理的理论基础上发展起来的,因此,在某些场合,"法律推理"(legal reasoning)与"法律论证"是作为同义词来使用的。在中国,人们一般认为法律推理是司法结论的推导和形成过程的一部分,是纯逻辑的;而法律论证则侧重于证明法律推理结论的正确性和合理性,不仅限于逻辑。[1]

基于中国语言传统和语境,法律推理和法律论证是两个不同的概念,不能混同。目前在中国的法律研究中,法律推理(随着非形式逻辑研究的兴起)并不限于纯粹逻辑的推理,但总体上侧重于由前提到结论的思维推导、形成、跃迁的过程。对于法律论证的界定,一般包括三个要素:(1)命题,法律论证是对一个规范性命题或陈述的论证;(2)方法、过程,法律论证的方法不限于逻辑的方法,也包括对话、修辞等非逻辑的方法,是通过主体之间采用多元的方法提出论据、理由进行论证的;(3)结论,法律论证不是追求结论的真理性,而是结论的正当性、充分性、可接受性。因此,也可以认为,法律论证要使用法律推理,一个复杂的法律论证中的子命题需要运用法律推理来得出结论。法律论证理论所研究的问题就是:论证主体是如何对一个规范性命题或陈述进行论证,使之具有正当性和可接受性,从而得出具有普遍性的结论。或者是,法律论证的结论如何可以被论证进而具有合理性与可接受性。因此,法律论证理论的研究核心就是法律命题或陈述的证成问题,也就是为某人的行为或论述出具合法的或充分的理由。[2]在这个意义上,法律解释就是司法者为当事人的行为做出评价,继而给出具体行为理由,法律推理就是阐明这个行为理由的生成过程。

3. 法律论证的基本结构及其实践意义

法律推理本质上是运用法律解释技术,讲明法律逻辑和法律规范内涵以获取民众对法律解释结果认可的过程。在实践中,法律解释的结果以及法律实施结果的生成过程取决于法律规范的内在要素,而如何使这种结果以民众能接受与认可的方式表达出来,成为执法者与司法者在日常法律活动中的重要内容。简言之,只有在论述法律解释过程的基础上阐明法律实施结果的合理性,法律实施结果才能够被人们信服,也才能够满足人民群众对公平正义的价值追求。在理论上,这种法律解释技术方案被称为法律论证。

在早期,法律论证与法律推理高度重合。在法律论证的构建活动中,最

---

[1][2] 参见焦宝乾:《论证、法律论证及相关名词辨析》,《法律方法》2006年总第5卷。

先形成了司法三段论的推理形式,它来源于亚里士多德的三段论,是演绎推理的一种。但是,司法三段论并不总是一种严格的形式上的三段论。有学者提出,亚里士多德的三段论中只含有概念词,而没有个体词。把前述推理当作三段论,就是把三段论规则作为判断推理是否正确的标准。在传统逻辑的三段论规则中,词项的周延性是一个核心概念。但是,如果三段论中出现个体词,那么以词项周延性为基础的推理规则可能不再成立。例如,老张是小张的爸爸;老张是一名教师;因此,小张的爸爸是一名教师。这是一个正确的推理,但是如果根据三段论规则核查,却将发现出现词项不周延的问题,换言之,单纯从三段论规则出发,将得出该推理是错误的这一结论。[①] 另一方面,司法三段论中每个前提的真、有效性都必须涉及实质性的判断,此外其推导过程也要涉及一个实质性的判断,因此,从传统三段论的形式有效性的角度很难判断出一个法律论证的正当性与可接受性。形式的有效性并不能完全保证实质的有效性。

按照纯粹的司法三段论的分析,获取法律解释结果和法律实施结果的第一步是查明事实,也就是"小前提"的构建。在这一阶段要对案件事实的真伪进行判断,并进行司法归类。而证据的搜集与认定过程,实际上是一个认识论、方法论、价值论统一的过程[②]:从认识论上讲,人的认识能力是有限的,由于司法查证是一个事后行为,对于已经发生的行为,很难百分之百还原;从方法论上讲,证据的搜集、真相的查明依靠一定的方法手段,方法的有限性限制了对案情百分之百的认识;而司法证明的过程中,会出现法律价值与伦理价值、经济价值的冲突,也会出现法律本身的价值之间的冲突(如实体正义与程序正义等),同时个人价值也会掺入,因此,对一些案件事实的查证并不能保证绝对的真实,也就是说这一"小前提"的构建也可能就是一个"建伪"的过程。法律论证的第二个步骤是对法律条款的使用,也就是构建"大前提"的过程。在这一构建中,则会出现"法律解释"的问题。之所以会出现法律解释的问题,阿列克西归结为以下几个原因:(1)法律使用的语言存在不清晰性;(2)各种规范之间存在矛盾冲突的可能性;(3)在某些情况下,没有法律上有效的规范来约束某些案件;(4)在特定案件中,所做出的裁判可能背离规范的条文原义。[③] 因此,法律在解释的过程中,也是一个

[①] 参见孔红:《司法论证的逻辑模式》,《政法论丛》2008年第2期。
[②] 对于证据法理论基础的论述,可参见何家弘、刘品新:《证据法学》,法律出版社2008年版,第38—75页。
[③] 参见[德]罗伯特·阿列克西:《法律论证理论——作为法律证立理论的理性论辩理论》,舒国滢译,中国法制出版社2002年版,第2页。

实质意义上的问题,并且是一个具体的需要判断的行为,对同一个法条,主体之间往往会做出不同的解释,这就决定了"大前提"的相对性。法律论证的第三个步骤是导出结论的过程。从形式逻辑的角度来看,前提正确,就可以从形式有效性中推出正确的结论,但是对于"司法三段论"来说,即使它是符合逻辑上"三段论"的形式有效性而且它的前提的构建是绝对正确的,也推不出绝对的唯一的结论,法律论证本身留给了裁判者(论证者)自由裁量的空间,以平衡形式正义与实质正义,除了法庭论证,其他法律论证中不同的论证主体更是有可能会在一个确定的范围内得出不同的认识。

以司法三段论为基础的法律论证方案,是经典的形式逻辑方案,它主要通过严格适用法律解释技术来确保法律实施的严谨性,从而确保小前提与结论的正确性。不过随着现代逻辑的发展,命题逻辑、谓词逻辑和规范逻辑等新的逻辑语言与逻辑系统开始出现。[①] 这些新的逻辑运用到司法中将会扩大司法三段论的外延,使得逻辑语言对法律论证的分析有了一个全新的发展。同时,现代逻辑的发展也表明了传统逻辑特别是形式逻辑在实践中的危机。传统逻辑方法的正确性依赖于形式的有效性与前提的盖然性。逻辑的方法可以将法律论述过程中的语言重构为形式化的逻辑语言,将其中隐含的信息明晰化,使得我们可以更好地分析法律命题。此外,逻辑方法提供了法律论证过程中基本的论证模式,即由前提到结论的论证模式,无论何种论证都必须是在事实的法律前提中推导出来的,这是法律论证无论如何也绕不过去的基本模式。随着规范逻辑、谓词逻辑的发展,逻辑方法的推理结构基本上包括了所有的推理形式。而数理逻辑的兴起,使得人工化语言可以更为直观、便利地对日常论述进行清晰的分析。

就此而言,以司法三段论为基础的法律论证方案逐渐弱化成为判断一个推论形式有效性的必要手段,也就是确保法律论证结果正确的必要不充分条件。正是在此基础上,法律论证需要关注法律实施结果的日常生活意义。这是中国学者近年来普遍关注的图尔敏论证理论、阿列克西的"特殊实践命题"等论证方案的基础[②],也是中国学者积极提出或倡导"后果主义"导

[①] 参见刘社军:《通识逻辑学》,武汉大学出版社2010年版,第267页;孔红:《司法论证的逻辑模式》,《政法论丛》2008年第2期。

[②] 参见[荷]伊芙琳·T.菲特丽丝:《法律论证原理:司法裁决之证立理论概览》,张其山、焦宝乾、夏贞鹏译,商务印书馆2005年版,第45、62—62页;[德]罗伯特·阿列克西:《法律论证理论——作为法律证立理论的理性论辩理论》,舒国滢译,中国法制出版社2002年版,第150—151、359页。

向裁判思维的前提。① 这些理论研究与拓展极大地丰富了中国法律方法的理论领域,并将进一步夯实中国的法治化治理基础。

(二)依靠法治思维和法治方式执法

除了增强法律方法的科学适用提高司法行为的科学性,国家以法治实现自我限权的重要场域,是国家强调依靠法治思维和法治方式执法。一方面,法治思维强调权力行使应受特定规范和相应程序的约束与指引,强调权力行使不能任意而是必须受到约束,是一种趋于实现公平、正义,保护权利、自由的思维。法治方式则是运用法治思维行事,两者没有质的区别,法治思维影响和决定法治方式。② 可见,在法治建设中强调法治思维和法治方式,本身就含有浓厚的限制国家权力的意味。另一方面,行政执法是国家权力直接作用于人们的环节。考察法治建设中的国家限权面向,最重要的就是考察行政执法环节是否充分运用了法治思维和法治方式,是否完整地体现了自我限权的意识。

在中国的法治建设中,执法可以被认为是最能考验国家公职人员是否真切依靠法治思维实施法律的场合。这是因为的行政执法,特别是在基层执法中,执法人员时刻面临着诸多可能影响执法效果的因素,这些因素有些是可以通过法律规范事先预知的,但也有不少因素是非理性的,可能会损害执法的公正权威。例如,在执法依据不明的情况下进行执法,将使执法本身缺乏充足的透明度,也不利于被执法者维护自己的利益;执法过程中涉及的地方利益和部门利益考虑,有可能使执法变成维护部门利益的工具;执法过程中存在的执法者与被执法者之间的互动和博弈,可能会使执法者的自由裁量权行使变成依据"人情""关系"等非理性要素进行执法的外衣,让选择性执法、非理性执法成为执法中的"常规操作",从而进一步加剧执法的合法性与合理性拷问。可见,行政执法的难题在于执法者面临复杂的社会情境时不能够坚持法治思维和法治方式,转而采取讲究策略、讲作为公职人员的"腔调",试图用权力而不是法律来执法,从而导致权力挣脱法律制度的笼子的情形。因此,有必要重申依靠法治思维与法治方式执法的理念,使执法的法律效果与社会效果实现有机统一。

与传统社会不同,现代社会是利益多元、价值多元、主体多元的社会形态,是一个需要时时刻刻寻求"重叠共识"的社会。在现代社会,法治被认为

---

① 参见王彬:《司法裁决中的"顺推法"与"逆推法"》,《法制与社会发展》2014 年第 1 期;杨知文:《司法裁决的后果主义论证》,《法律科学》2009 年第 3 期。
② 参见陈金钊:《对"法治思维和法治方式"的诠释》,《国家检察官学院学报》2013 年第 2 期。

是寻找"重叠共识"的最佳方案,是形成共识的基本途径;法治甚至是"重叠共识"的组成部分,也就是所有社会成员均认可的基础价值。这是因为,法治以"法律的统治"为基础,以限制公权力来保障私主体的行为自由,从而能够获得绝大多数社会成员的支持。在技术层面,法治限制公权力的主要做法是严格要求公权力机关依法办事。在中国,这一点又进一步体现在执政党强调领导干部应当形成法治思维,依据法治要求进行决策,善于运用法治思维执法。

坚持以法治思维和法治方式执法,是改变中国公权力行使不规范、执法中存在大量非国家理性因素的重要举措,尤其是在基层,这种现象更为明显。在全面依法治国背景下,深化行政执法体制改革应该作为以法治思维和法治方式行政执法的必要前提。《全面推进依法治国若干重大问题的决定》要求合理配置执法资源,全面推进综合执法,严格执法准入,加强执法协作,这为深化行政执法体制改革提供了全面思路。在这个过程中,执法部门应当力求在现有的法律制度背景下,尽可能实现执法公开化、透明化,确保行政相对人的可预见性,充分保护相对人的知情权。

在依靠法治思维和法治方式执法方面,可以把深化城管执法体制改革作为范例。城管执法领域是贯彻以法治思维、法治方式执法的难点,也是必须解决的重点。这是因为,在中国的行政执法活动中,城管执法是最贴近民众日常生活的,是国家权力与百姓日常生活直接接触的环节,城管执法在相当大的程度上代表了中国行政执法的最真实情况,也体现着中国执法者的基本素养和执法能力。就此而言,以法治思维推动城管执法体制改革,增强城管执法人员的法治意识既是执法综合体制改革的重要组成部分,也反映着执政党不断倡导的法治思维和法治理念在指导完善城管执法体制过程中发挥的积极作用,有利于增强执法部门的自信心,也能增进人民群众对执法部门的支持和信任。此外,城管执法体制改革还体现了目前行政机关正在积极推进的行政处罚权相对集中行使的机制改革,此举能够有效整合基层行政执法力量,缓解绩效考核给基层执法者所带来的"运动式治理"和"选择性执法"刺激,继而避免多头执法、重复执法等弊端,减少行政相对人因执法所导致的额外负担,使执法者的执法体现法律实施所具备的法律的理性和社会的温度,并最终对提高执法质量、完善执法机制等起到重要作用。这个问题在过去的地方实验中已经得到了证实,所以应该予以确认和保留,并在适当的时候充分总结相关经验,为立法收集更多的现实素材。

建设法治政府,推进依法行政,严格规范公正文明执法,是全面依法治国的必然要求。《全面推进依法治国若干重大问题的决定》提出要建立行政裁量权基准制度,虽然这是一个行政立法层面而非执法层面的问题,但在实践中,也可以准许地方基层先行进行相关的制度试验,在法律许可的范围内由其行使地方自主裁量权设置裁量基准,从而在更充分地规范基层执法部门行使自由裁量权的同时,帮助立法部门充分吸取基层地方执法部门的有效经验,为提炼执法规则、完善执法方案创造条件,并最终有效反哺国家层面的执法规则体系建构工作。从执法与立法机制衔接的角度来说,行政执法裁量权基准制度改革也是体现着以法治思维指引执法、以法治方式改进立法的重要制度媒介,能够更好地实现执法与立法之间的相互协作,共同推动中国全面依法治国事业的发展,助力国家自我限权目标的进一步实现。

第二节 国家权力行使的德性限定:以社会主义核心价值观的司法实践为例

2016 年,与加强推进全面依法治国的要求相适应,中共中央办公厅、国务院办公厅联合印发《关于进一步把社会主义核心价值观融入法治建设的指导意见》,正式提出"把社会主义核心价值观融入法治建设"的命题,要求"各地区各部门积极运用法治思维和法治方式,推动以富强、民主、文明、和谐、自由、平等、公正、法治、爱国、敬业、诚信、友善为主要内容的社会主义核心价值观建设"①。在性质上,社会主义核心价值观是国家提炼和总结的全国各族人民价值共识的最大公约数,并且随着社会主义核心价值观被明确写入宪法和诸多法律之中,它已不只是道德准则,也是具有效力的法律原则。② 这表明,在国家主义立场的指导下,中国法治建设的一个重要特点便在于它内含价值关怀,权力的行使只能满足这些价值目标要求,而不能有任何的部门利益或狭隘的利益考虑。这体现在立法、执法、司法等法治的各个环节之中。

在司法领域,这一点体现得尤甚。近年来,司法裁判应考量和适用社会主义核心价值观这一点越发得到强调,对于社会主义核心价值观司法适用的实践探索和理论分析已成为当代中国特色法律制度研究不容忽视的一环。在司法中贯彻社会主义核心价值观契合了法治中国建设的重大实践需求,其在司法实践中取得的良好效果,充分说明了国家主义与法治完全可以同向而行、相

---

① 《中办国办印发〈关于进一步把社会主义核心价值观融入法治建设的指导意见〉》,《人民日报》2016 年 12 月 26 日。
② 参见雷磊:《社会主义核心价值观融入司法裁判的方法论反思》,《法学研究》2023 年第 1 期。

互增益。同时,国家积极主动要求法治建设增加对社会(自由、平等、公正、法治)、个人(爱国、敬业、诚信、友善)的价值关切、对国家目标的具体限定(即建设富强、民主、文明、和谐的国家),均表明当代中国法治建设并非无原则地增进国家权威和利益,而是希望通过各种方式将国家的权力限制在必要的范围之内。这就是社会主义核心价值观的司法实践所蕴含的国家自我限权意味。

一、社会主义核心价值观及其司法实践

在加强全面依法治国、推进社会主义核心价值观融入法治建设的顶层设计中,最高人民法院无疑扮演着至关重要的角色。从时间轴来看,最高人民法院先后于2015年、2018年和2021年通过《关于在人民法院工作中培育和践行社会主义核心价值观的若干意见》《关于在司法解释中全面贯彻社会主义核心价值观的工作规划(2018—2023)》《关于深入推进社会主义核心价值观融入裁判文书释法说理的指导意见》,为法院系统在案件审判与司法解释制定工作中全面贯彻社会主义核心价值观提供了基本思路。与此同时,最高人民法院自2016年起共计6次发布弘扬社会主义核心价值观典型案例,希望通过典型案例阐述社会主义核心价值观的叙事方式,把推进案例指导制度与发挥社会主义核心价值观的价值引领功能结合起来,以此作为法院系统响应党和国家号召,发挥法律塑造社会预期、引领社会风尚、回应社会需要等基本功能的重要举措。

把研究的着力点从宏观的制度构思与蓝图描绘转变到具体的案例研究中,试图通过个案的法律教义学分析[1]、法律适用与价值判断相匹配的法律社会学分析[2]以及司法审判与公共政策实施相结合的法律政策学分析[3]来阐述社会主义核心价值观在审判中的适用途径并评估具体效果[4],成为学界在司法层面贯彻和弘扬社会主义核心价值观时的理论抱负。除此之外,在方法论的维度对社会主义核心价值观入法及其司法适用的问题予以法律教义学、法律社会学或法律政策学层面的评判,进而提出相应的裁判策略改

---

[1] 例如刘艳红、刘浩:《社会主义核心价值观对指导性案例形成的作用——侧重以刑事指导性案例为视角》,《法学家》2020年第1期。

[2] 例如李成斌:《论社会主义核心价值观对民事司法的影响》,《法律适用》2018年第19期。

[3] 例如吴增礼、王梦琪:《社会主义核心价值观入法的理论逻辑与现实省思》,《学习与实践》2019年第10期;孟融:《中国法院如何通过司法裁判执行公共政策——以法院贯彻"社会主义核心价值观"的案例为分析对象》,《法学评论》2018年第3期。

[4] 例如杨彩霞、张立波:《社会主义核心价值观融入刑事裁判文书的适用研究——基于2014—2019年刑事裁判文书的实证分析》,《法律适用》2020年第16期;李祖军、王娱瑗:《社会主义核心价值观在裁判文书说理中的运用与规制》,《江西师范大学学报(哲学社会科学版)》2020年第4期。

进建议,则是学界在这个主题上所作出的进一步思考,并且这种方法日渐成为该领域研究的主要路径之一。[①] 从问题意识上,这些研究关注社会主义核心价值观如何指引裁判者更好地在司法审判中适用法律,同时旨在描述法官与法院如何在司法实践中理解其内涵。因而,"社会主义核心价值观的司法认知"可以用来归纳这种问题意识。而在研究路径上,这些研究大体上可以归结为方法论上的"研究精致化"和本体论上的"视野精细化"倾向。其中,"研究的精致化"指深入到个别案例的规范适用层面,通过构成要件层面的规范分析来细化法律解释学的论证思路,尤其是借助形式逻辑的逻辑符号分析来提炼出具有一般意义的法律推理与论证的路径,从中探索如何让社会主义核心价值观在法律适用的方法论层面发挥纲领性作用。"视野的精细化"则是指在很大程度上放弃了原有从宏观的制度建构和中层的机制设计维度来推进社会主义核心价值观司法适用的构思,把目光聚焦到以法官为中心的庭审辩论场合,根据法官在庭审中适用法律的具体情境来探求可能影响裁判结论的法律因素和法外因素,并从中归纳出社会主义核心价值观司法适用在理论层面的具体逻辑。换言之,方法论的"研究精致化"和本体论上的"视野精细化"相结合的研究思路,已成为目前学界在研究社会主义核心价值观司法适用问题上的经典模式。

然而,目前该领域的研究尽管从数量上看进展喜人,但从具体情况来看仍然不容乐观。在一定程度上,致力于实践推进的研究仍然停留在对现象的表层描述与分析上,其论述未能力透纸背;而侧重理论更新的研究则明显受制于社会主义核心价值观的权威解读、公共政策的内涵和实在法的边界,无法对日趋钝化的概念命题进行更为深入的阐述与理论拓展。归纳起来就是,视野的精细化并未如人意地带来研究的精致化,研究的精致化也未能对视野的精细化起到充分的推动作用。造成这种情况的原因很复杂,其中固然有方法论更新所导致的前后研究间发生断裂,但更为重要的也许是并未真正找到把"研究的精致化"和"视野的精细化"两个研究路径有机结合起来的方法,从而只能在表面的议题上徘徊,未能真正触及社会主义核心价值观"怎样"实现司法适用以及司法"如何"认知社会主义核心价值观的问题。

---

① 例如刘艳红、刘浩:《社会主义核心价值观对指导性案例形成的作用——侧重以刑事指导性案例为视角》,《法学家》2020年1期;于洋:《论社会主义核心价值观的司法适用》,《法学》2019年第5期;周尚君、邵珠同:《核心价值观的司法适用实证研究——以276份民事裁判文书为分析样本》,《浙江社会科学》2019年第3期;廖永安、王聪:《路径与目标:社会主义核心价值观如何融入司法——基于352份裁判文书的实证分析》,《新疆师范大学学报(哲学社会科学版)》2019年第1期;陈金钊:《"社会主义核心价值观融入法治建设"的方法论诠释》,《当代世界与社会主义》2017年第4期。

这样不仅无法为理论建构提供实践资源,也无法为进一步提升司法适用的实践水平提供理论镜鉴。从根源上说,造成这种研究现状的原因既不是方法论上的无力,毕竟这种针对微观层面的精细化的规范分析以及对规范适用的社会变量的考察,本身也是当前法学研究范式创新的应有之义[①];也不是因为法治话语的定格化表达所诱发的问题意识的钝化,来自政治权威的法治话语与问题意识本身就是持续推进中国特色哲学社会科学研究的理论缺省值。真正的问题是,如何能够不断地从趋于稳定的法治话语中持续发掘出适用于具体法律运作场景的概念内涵,通过深入的文本分析和学术理论的往返比较,把提纲挈领的权威界定转译为具操作性、可检验性与可复制性的学术话语,一方面以此作为检视实务做法的理论坐标,另一方面反过来萃取和提纯实践经验以反哺理论,从而真正在理论与实践辩证统一的高度来阐述社会主义核心价值观的司法认知问题。

为解决这一问题,首先,需要从现有的权威解读、政策文件和学术研究成果中进一步阐发社会主义核心价值观的理论内涵,并且将其转化为适用于法学研究领域的学术话语,探索社会主义核心价值观在司法适用问题上的基础样态,并将其归纳为可以进行学术对话的类型。在此意义上,社会主义核心价值观可以表达为"党对政法工作的绝对领导"和"通过司法促进社会治理法治化"两个方面。其次,在此基础上对既有的司法适用现象进行类型化解读,从中探索出社会主义核心价值观司法适用的一般规律与可能存在的问题。总体而言,法院适用社会主义核心价值观,以服务党和国家工作大局为基本立场,以公正审判为职能中心,以社会治理为职能外延,涵盖发布典型案例、裁判释法说理、调解参与治理、制定司法政策等多种实践类型,而后续的实践改进与认知纠偏都应以此为基础展开。

尽管目前有关何为"社会主义核心价值观"的法学研究可谓汗牛充栋,但为准确探求司法认知视野中的社会主义核心价值观,我们仍然有必要根据权威解读来梳理社会主义核心价值观的基本内涵[②],观察社会主义核心价值观在司法实践中将指向和包容哪些更具象化的价值理念。进而,更细

---

① 参见谢海定:《法学研究进路的分化与合作——基于社科法学与法教义学的考察》,《法商研究》2014 年第 5 期。
② 根据社会主义核心价值观的权威表述即"倡导富强、民主、文明、和谐,倡导自由、平等、公正、法治,倡导爱国、敬业、诚信、友善,积极培育和践行社会主义核心价值观"。习近平:《青年要自觉践行社会主义核心价值观——在北京大学师生座谈会上的讲话》,《人民教育》2014 年第 10 期。这"三个倡导"分别从国家战略、社会规范和个人要求的层面明确培育和践行社会主义核心价值观的基本价值取向。参见王永贵:《社会主义核心价值观培育的目标指向和实现路径》,《思想理论教育》2013 年第 3 期。

致地辨析社会主义核心价值观在不同层面上的特殊内涵,析出那些与法学学理和实践联系密切、具备法律规范分析与可操作特征的、更具体的价值理念,最终将这些价值理念确立为分析社会主义核心价值观在法律适用中的基准。

(一)国家层面:司法权力运行的价值标定

社会主义核心价值观在国家层面倡导"富强、民主、文明、和谐",旨在回答"建设什么样的国家"的问题。① 可以认为,富强指向的是经济基础,民主解决的是民主政治,文明着眼于文化软实力,和谐对应的是社会秩序稳定健康。其中,富强是分量最重、地位最高、意义最为重大的,因为只有实现国富民强,民主政治才能充分落实,文化软实力才能有效提升,社会和谐才能长久实现。所以从社会主义核心价值观的位阶排序看,在国家层面倡导"富强、民主、文明、和谐"核心价值观,其重点在实现国家的"富强"。

作为具有历时性维度的价值理念,实现国家富强是自清末以来有识之士以及人民群众所致力实现的目标。② 在共时性维度上,富强本身作为增强国家与民族自尊自信的物质基础,还应当被视为重塑国族认同以及体现道路自信、理论自信、制度自信、文化自信的充分条件。③ 这意味着,强调富强在社会主义核心价值观中的基础性地位,意在强调国家所具有的组织、动员、统筹和支配社会资源的能力。富强因此与国家能力和国家主义关联,强调国家在凝聚国族共识、提升国家能力、促进社会发展和进步等方面的作用。

落脚到司法审判,"富强、民主、文明、和谐"的社会主义核心价值观,决定了司法活动应当追求的最高价值。在组织上,这种价值取向要求法院坚守"政法单位"④属性,接受执政党的绝对领导⑤,在审判工作中服务党和国

---

① 它们"是中国社会主义现代化国家的建设目标,也是从价值目标层面对社会主义核心价值观基本理念的凝练,在社会主义核心价值观中居于最高层次,对其他层次的价值理念具有统领作用。"吴潜涛:《深刻理解社会主义核心价值观的内涵和意义》,《人民日报》2013年5月22日。
② 参见王人博:《宪政的中国语境》,《法学研究》2001年第2期。
③ 参见许纪霖:《从寻求富强到文明自觉——清末民初强国梦的历史嬗变》,《复旦学报(社会科学版)》2010年第4期。
④ 《中国共产党政法工作条例》第三条规定:"政法单位是党领导下从事政法工作的专门力量,主要包括审判机关、检察机关、公安机关、国家安全机关、司法行政机关等单位。"
⑤ 例如《中国共产党政法工作条例》第一条明确本条例的立法目的是:"坚持和加强党对政法工作的绝对领导",第七条进一步把执政党对政法工作实施绝对领导的主体明确为党中央。与之相适应,第五条明确政法工作的主要任务是:"在以习近平同志为核心的党中央坚强领导下开展工作,推进平安中国、法治中国建设,推动政法领域全面深化改革,加强过硬队伍建设,深化智能化建设,严格执法、公正司法,履行维护国家政治安全、确保社会大局稳定、促进社会公平正义、保障人民安居乐业的主要职责,创造安全的政治环境、稳定的社会环境、公正的法治环境、优质的服务环境,增强人民群众获得感、幸福感、安全感。"

家工作大局。司法的"服务大局"思想意识是社会主义核心价值观在国家层面对司法提出的重要要求,包括法院在内的所有政法单位都需要以此作为本单位工作的基本着力点。

(二) 社会与个人层面:通过司法促进社会治理法治化

1. 社会主义核心价值观的"美好生活"意涵

"自由、平等、公正、法治"可以总结为社会主义核心价值观在社会层面的要求,它们体现出了中国人民对"美好生活"的理念,也反映出了中国特色社会主义的内在追求,是党领导人民建设美好中国之价值追求的生动表述。[①] 这充分反映了社会主义核心价值观在社会层面的作用是整合社会意识、充分表征人民对美好生活的向往,并能够为公民个人层面贯彻"爱国、敬业、诚信、友善"的价值观念奠定社会实践基础。

同时,从价值引领的法治转化来说,公民层面的"爱国、敬业、诚信、友善",指向的是"培育什么样的公民"的问题,囊括公民在日常社会生活中有关国家(爱国)、职业(敬业)、社会交往(诚信、友善)等方面的行动准则,是公民在日常生活中应当遵循和践行的道德标准。[②] 公民层面的价值要求与社会层面的价值要求互为表里、相得益彰,并且更为深刻地指向了社会建设的应然状态以及公民所追求的社会生活的理想形态,即"美好生活"。

从理论层次来说,"人民对美好生活的向往"这个命题更为凝练地体现了自由、平等、公正、法治等社会主义核心价值观在社会层面的价值目标,也使得我们对于如何从法理角度更进一步认识和把握自由、平等、公正、法治的价值内涵有了更为扎实的理论切入点。因此,作为政治话语的"美好生活"在社会主义核心价值观的内容体系中具有连通国家层面与社会层面的价值观念的功能,而这与"和谐"的价值要求紧密相关。[③] 可见,社会主义核心价值观的基本任务之一是整合多元社会的价值观念和社会意识,也就是寻找各社会意识之间的"重叠共识"。在整合社会意识的过程中,"和谐"无疑承担着承上启下的作用,它尽管属于国家层面的价值追求,却直接作用于社会层面,并且成为指引社会建设的支柱理念之一。在发展的过程中,"和

---

①② 吴潜涛:《深刻理解社会主义核心价值观的内涵和意义》,《人民日报》2013 年 5 月 22 日。

③ 习近平总书记在十八届中央政治局第十三次集体学习时指出:"培育和弘扬核心价值观,有效整合社会意识,是社会系统得以正常运转、社会秩序得以有效维护的重要途径,也是国家治理体系和治理能力的重要方面。"习近平:《习近平谈治国理政》,外文出版社 2014 年版,第 163 页。

谐"作为社会发展过程中的应然状态,能够成为理解中国社会发展当中出现的种种现象、协调不同群体、不同层次和不同领域之间的利益冲突的核心关键词,并能因此而持续开放出有针对性的社会秩序完善和制度建设策略。① 据此,"人民对美好生活的向往"本质上反映的是以人民为主体、以发展为中心的幸福观,也就是借助人的全面发展、生产力和社会的持续发展来实现美好而幸福的生活。② 因此,"人民对美好生活的向往"这一命题把马克思主义的发展观与幸福观统一起来③,不仅要求物质生产的迅速发展,更要求尽快增强精神层面的获得感、幸福感、安全感,是人民群众在社会生活当中所获得的主观幸福感与客观幸福尺度的最大公约数,为自由、平等、公正、法治等要素奠定更高层面的实质价值基础。

2."善治"的社会治理价值替代项

"美好生活"的政治话语以及和谐理念所指向的社会建设的应然形态表明,实现良好社会秩序的重点与难点将会是如何把实现"自由、平等、公正、法治"的社会主义核心价值观与美好生活的价值关怀联系起来。在讨论在社会层面如何培育和践行社会主义核心价值观时,必须在遵循服务国家建设的价值理念的同时凸显社会建设的价值引领功能,因此需要在学理层面探索整合多元社会价值观的路径可能性,以及分析相应的具体整合方法。

在既有的研究中,"善治"(good governance)概念与之关系最为密切。在学理上,"善治"作为讨论社会治理(social governance)的重要标准,要求国家权力在管治社会的同时认可和吸纳社会力量参与社会建设,并且将那些为国家与社会公认或者说多元力量共同认可与接受的"重叠共识"作为推进社会建设的基本理念,从而使包括社会力量在内的多元主体以各自的权威实现相互间的合作,在维持社会秩序、增进社会福利的基础上满足公共利益最大化的要求。④ 与强调国家依法、高效、廉洁地管理社会公共事务的"善政"概念不同,"善治"更强调社会力量与个人依托契约式的管理手段来参与社会公共事务,政府与社会力量在应对和处理社会公共事务时的默契程度达到一个相对理想的状态,并因此形成良善的社会秩序,社会治理更符

---

① 参见中国社会科学院课题组:《努力构建社会主义和谐社会》,《中国社会科学》2005年第3期。
② 参见郭栋:《美好生活的法理观照:一个方法论上的追问》,《苏州大学学报(法学版)》2019年第4期。
③ 参见项久雨:《新时代美好生活的样态变革及价值引领》,《中国社会科学》2019年第11期。
④ 参见俞可平:《治理和善治:一种新的政治分析框架》,《南京社会科学》2001年第9期。

合现代社会的伦理价值、道德规范和法律体系的基本要求。①

从"善治"的概念及其学理研究来看,它能够进一步在社会领域转化"人民对美好生活的向往"的命题。其理由:首先,它寓意着三个方面的内容:一是社会治理价值与现代伦理价值和道德理念相一致的"理念之善";二是满足程序正义、实质平等、审议民主和权利救济等要求的"制度之善";三是公共权力、公民以及其他社会主体的行为都能满足或至少不违背伦理道德与法律要求的"行为之善"。② 其次,"善治"具有合法性、透明性、责任性、法治、回应、有效六项要素③,意味着社会利益能够在全体社会成员之间得到合理分配,并且这种利益的分配同时蕴含着权利平等、分配合理、机会均等和司法公正等多重维度。再次,"善治"要求公共权力通过与社会力量的合作治理来维护和凸显社会主流价值观念,发挥这些价值在推进社会治理趋向善治过程中所起到的诸如凝聚意志、增强信心、鼓舞人心等方面的重要作用。最后,"善治"还强调用法律程序设计来畅通社会利益表达和纠纷解决的机制和渠道,从而使公共决策能更积极而全面地回应社会需要。

3. 善治与社会治理法治化

为了贯彻和落实上述原则、实现社会善治的目标,就必须继续加强制度完善和秩序建构,因此也需要更加重视法治的作用。相应地,在新的历史形势下,法治作为"四个全面"战略布局中的一环,其发展所面临的主要矛盾也就是人民群众对于法治体系日渐增强的需要以及法治供给与法治发展不平衡、不充分之间的矛盾。④ 换言之,不断地在社会治理的过程中全面推进依法治国的步伐,在实践中不断培育和践行法治理念、不断解决法治发展过程中涌现出的各类新问题、不断把法治理念注入社会发展的各个领域,就成为在法学领域弘扬和培育社会主义核心价值观、不断解决社会基本矛盾和实现美好生活的基本出发点。

法治是一项兼具形式与实质价值的制度和秩序形态。随着社会的发展和权利意识的增强,法治的实质价值越发重要。因此,把善治作为法治的重要价值追求,不仅可以彰显法治所具有的实质内涵,也能通过价值的同一性把法治与社会治理捆绑起来,并在更深层次上使法治与善治互为充分条件。

---

①② 参见刘旺洪:《社会管理创新与社会治理的法治化》,《法学》2011年第10期。
③ 参见俞可平:《治理和善治引论》,《马克思主义与现实》1999年第5期。
④ 参见姚建宗:《新时代中国社会主要矛盾的法学意涵》,《法学论坛》2019年第1期。

从法治的秩序价值来看,它本身就是社会治理趋于善治的题中应有之义。在强调完善社会治理、实现国家治理体系和治理能力现代化的背景下,法治作为社会主义核心价值观的重要组成部分,它的价值内涵所具有的行为指引和价值引领功能将进一步提升,这是由法治的基本逻辑形态决定的。具体来说,法治的基本逻辑形态能够简单区分为"规则之治""法律主治"与"良法之治"三个类型。其中,"规则之治"和"法律主治"主要解决的是国家在治理社会、鼓励社会主体参与社会公共管理时的规则与制度供给问题,因此更侧重形式意义的法治问题;"良法之治"主要解决社会治理所依据的法律本身所承载的规范价值及其所蕴含的道德判断问题,尤其是强调法律与正义以及"道德权利"等的底线关联,使得法律在内容上包容社会的主流价值观念,并成为弘扬和践行社会主义核心价值观、引导社会群体树立价值预期和行为期待的重要途径。[①] 因此,社会治理与法治之间相向而行并实现社会治理的法治化就成为社会治理的重要议题,而法治在善治理念中的地位也进一步提升。

二、服务党和国家工作大局:法院作为政法机关的政治站位

为准确表达社会主义核心价值观的司法认知,需要立足于中国法院的政治站位以及司法运行规律来勾勒出社会主义核心价值观在司法认知中的面貌。如前所述,"司法"在当代中国主要是在"审判"的含义下使用,也就是指法院的审判活动。总体而言,法院适用社会主义核心价值观以服务党和国家工作大局为基本立场。法院首先是政法机关,服务党和国家工作大局正是法院应有的政治站位。这里将先介绍"服务大局"的基本意识,分析在理论和实践上中国司法机关是如何主动服务党和国家工作大局的。而法院将服务党和国家工作大局作为自身立场,意味着它要为这个目标提供实践保障,这如何可能以及如何进行,同样是这里要予以分析和展开的。

(一)"服务大局"的基本意识

社会主义核心价值观在国家层面强调执政党对政法机关的绝对领导,而在实践中,司法机关主要通过主动服务党和国家工作大局,也就是"服务大局"的价值理念,来进一步提练政法工作基本任务的目标要求,并准确把握和全面贯彻执政党意志。"服务大局"是中国法院长期以来致力追求的目

---

① 参见张志铭、于浩:《现代法治释义》,《政法论丛》2015年第1期。

标之一①,它不仅是司法机关服务于中国特色社会主义事业的重要体现,也是司法服务社会治理,满足经济增长、社会稳定、民生保障等社会效用以及回应法律职业与其他社会活动的基本需要②。

从时间角度看,"服务大局"最早作为社会主义法治理念的主要部分而被法院所积极吸收和贯彻,并由此衍生出借助"能动司法"来实现司法"服务大局"的命题。这一命题通过诉讼力量前置和增强司法调解力度等方式,参与并谋求建立囊括人民调解与行政调解的"大调解"格局。③它可以被认为是继"实现法律效果与社会效果的有机统一"司法政策之后,另一项由中国法院系统提出的、对于中国司法实践与司法理论产生重大影响的原创性理念④,它试图同时完成司法职业化与中国式司法能动化的双重任务⑤。

然而,"能动司法"本身在学理上就存在争议:一方面,它作为美国法律现实主义的理论成果之一,很容易招致削弱规范效力并导致规范隐退的指责⑥;另一方面,它作为"司法克制"的对立面,主要用来解决司法审判过于保守、消极回应社会需求的问题,因此这种"能动"是建立在消极行使司法权力的基础之上的。而且,由于"能动司法"的中西语境、制度与实践均存在明显的不同,"能动司法"的提法在实践与学术研究中存在操作层面上的争议。⑦ 例如,"能动司法"是否侧重解决现实问题而忽视通过司法建立规则的制度设计、模糊司法权力与行政权力的边界、削弱司法程序的公开与可视化要求⑧,容易诱发审判与调解的制度关系失衡,继而影响纠纷解决的激励机制的进一步完善。⑨

对此,司法机关的解释是,"能动司法"强调的是法院通过发挥审判职能来支持和保障党和国家工作大局,包括主动调整司法政策、正确行使自由裁量权、降低诉讼成本、提高审判效率、发挥诉讼在深化司法制定公共政策、引导行为预期和完善社会治理等方面的职能。⑩ 这比较清晰地反映出司法机关对"能动司法"的自我界定,也就是更好地发挥审判职能,服务和保障党和国家工作大

---

① 参见胡云腾:《构建人民法院服务大局观》,《法制日报》2008年8月17日。
② 参见喻中:《服务大局的司法:一个基于功能理论的解释》,《法学论坛》2012年第5期。
③⑧ 参见龙宗智:《关于"大调解"和"能动司法"的思考》,《政法论坛》2010年第4期。
④ 参见公丕祥:《当代中国能动司法的意义分析》,《江苏社会科学》2010年第5期。
⑤ 参见杨建军:《"司法能动"在中国的展开》,《法律科学》2010年第1期。
⑥ 参见陈金钊:《法律人思维中的规范隐退》,《中国法学》2012年第1期。
⑦ 参见顾培东:《能动司法若干问题研究》,《中国法学》2010年第4期。
⑨ 参见苏力:《关于能动司法与大调解》,《中国法学》2010年第1期。
⑩ 参见江必新:《能动司法:依据、空间和限度——关于能动司法的若干思考和体会》,《人民司法》2010年第1期。

局。具体来说,就是以"服务大局"为主要的问题意识,采取问题导向和实践导向思维,依托更好发挥审判职能来实现法律效果与社会效果的有机统一,满足"让人民群众在每一个司法案件中都能感受到公平正义"[①]的价值判断。

司法机关对于"能动司法"的这种解读,一方面把"能动司法"与"更好发挥审判职能"相等同,另一方面重申了中国的司法审判工作与"服务大局"之间的"手段-目的"关系,这与长期以来的司法实践传统和工作重心是一脉相承的。与这种司法认知相匹配的司法程序被称为"政策实施型",也就是司法程序侧重于实施既定的国家政策,而非仅仅局限于解决纠纷。同时,由于在权力组织运行方面存在职业化、等级制和规范导向的"科层式"和非职业化、平行分配权力和实质指向的"协作式"两种类型,因此当政策实施型的司法程序与"科层式"的权力组织模式结合后,司法程序本身也能够成为制定国家政策或者为政策设计提出建议的机制之一。当然,这种针对司法类型的分析仅仅是一种理想类型,政策实施与纠纷解决完全可以在同一司法程序中体现,但它的理论意义在于较为清晰地说明了司法程序能够具备政策实施功能,也因此表明司法机关即法院确实可以具备制定司法政策和完善公共政策的职能。

此外,以公共政策为导向的司法程序除了受到权力组织形式的因素影响,还与司法对于实质正义的追求限度以及司法实践所处的社会环境紧密相关。有学者指出,中国的司法程序之所以被视为具备典型的公共政策导向,是因为司法机关对于纠纷解决的真正关怀在于"实事求是"与客观真实之上的"案结事了",而不仅仅是诉讼程序的终结。这种对"案结事了"的极致追求,又在根本层面上反映了中国社会重视情理法相结合以及社会处于变迁时期的现实情况。[②] 因此可以认为,纠纷解决与政策实施之间在本质上并不存在无法调和的实践空间,因为从确立行为预期和引领价值判断的角度来看,在纠纷解决中落实司法政策以及反过来根据司法政策的需要来解决纠纷,都是司法审判服务于社会治理事业的重要表现。

(二) 司法作为社会治理法治化的实践保障

服务党和国家工作大局作为法院的实践出发点之一,意味着法院需要为社会治理体制建设提供充分的实践保障,确保以实现美好生活为基调的

---

① 《习近平就做好新形势下政法工作作出重要指示强调 顺应人民对公共安全司法公正权益保障的新期待 全力推进平安中国法治中国过硬队伍建设 努力让人民群众在每一个司法案件中都能感受到公平正义》,《人民日报》2013年1月8日。
② 参见李清伟:《司法克制抑或司法能动——兼论公共政策导向下的中国司法能动》,《法商研究》2012年第3期。

良善社会治理新形态的充分实现。同时,司法在纠纷解决机制中所扮演的终局性角色又决定了它最能直观地体现法治满足人民群众对实现公平正义的迫切要求。

首先,司法作为法律从纸面走向行动的平台,势必要在具体的制度设计中充分诠释"人民对美好生活的向往"命题的内涵,并使其体现在具体的政策安排中,由此与中国法院的司法政策与事实功能相匹配。它作为实现美好生活的制度、精神和思维方法的保障渠道,能够切实维护社会公平和正义,确保人们在法律面前获得平等的地位、资格与条件,使人民群众在更加充分地共享社会发展成果的同时,在心灵层面感受到来自法律的权威、理性、良善、公正和应有的温度。反过来,社会主体将在自由表达和参与政治、经济、文化、社会和生态活动的过程中找准权利与行动的边界,从而为不断完善司法实践和法律制度创造实践土壤。

其次,善治角度下,司法审判中的法律程序成为不能忽视的一环。在实质面向上,法律程序必须在社会主义核心价值观的引领之下才能够依托其自身的理性与实践智慧来确保社会充满活力、民众享有充足自由、生产要素充分流动,才能通过评价体制机制改革与制度设计来实现社会的分配正义,进而在法治框架下确保权利平等、机会平等、规则适用平等,也才有可能通过公正司法来提高和满足民众在每一个案件中感受到公平正义的价值追求,并最终转化为人民群众在社会实践中日渐增强的幸福感与获得感。

最后,司法承担着制度保障、价值维持和思维导向的功能,是彰显国家治理体系和治理能力法治化的实践意蕴的重要制度抓手,也是倡导社会主义核心价值观的重要渠道。同时,为增强社会治理效能,也要更充分地发挥"依法治国"与"以德治国"在社会治理中的治理合力,通过强化法律与道德约束来规范社会行为,塑造社会预期。可见,在社会主义核心价值观引领下,秩序、公正、人权、效率、和谐等法治所具有的"良法"属性被进一步强调,[①]法治与德治相互融合的价值取向成为法治实践的新动向。[②] 这不仅揭示了法治在加强社会治理方面所具有的制度保障功能,更彰显了通过司法的价值引领功能推进社会治理法治化的现实紧迫性。

不难发现,无论是出于制度设计还是实践需要的考虑,司法都被赋予了

---

① 参见张文显:《法治与国家治理现代化》,《中国法学》2014年第4期。
② 参见张文显:《中国法治40年:历程、轨迹和经验》,《吉林大学社会科学学报》2018年第5期。

转化、弘扬和守护社会主义核心价值观的基本职能。司法对于社会主义核心价值观的认知,在很大程度上影响甚至决定着社会公众对于社会主义核心价值观的认识。为此,有必要更加关注司法机关即法院如何在司法实践中践行它对于社会主义核心价值观的基本认知,进而分析司法在实践中理解和阐发社会主义核心价值观的具体制度建构及其实践途径。

具体而言,依法审判、公正司法的理念决定了法院必须切实根据司法审判工作规律,在法律范围内以社会主义核心价值观为标准用好自由裁量权;同时,法院作为政法机关的定位,又表明它需要以中国现实国情为基础,将审判权运行机制纳入司法参与社会治理的范畴,在积极实施既定公共政策的同时拓展司法权运行的范围。换句话说,可以从"审判中心"与"职能外延"两个维度来分析法院践行社会主义核心价值观的现实举措。

三、审判中心:以公正司法为内核的裁判实践

通过审判来贯彻社会主义核心价值观、发挥司法的价值引领功能,进而全面而深刻地向社会公众传递社会主义核心价值观的实践意蕴,敦促民众主动以社会主义核心价值观来指引自身的社会活动,促成社会治理的法治化与善治的实现,是法院培育、弘扬和践行社会主义核心价值观的最主要的实践渠道。就目前的司法实践来看,法院一方面通过确定典型案例的方式来阐发判决所蕴含的社会主义核心价值观,另一方面正在积极探索将社会主义核心价值观融入裁判文书释法说理之中。

(一)发布、宣示典型案例确立符合社会主义核心价值观的行为预期

从社会主义核心价值观的法治价值转化来看,可以进一步在法律维度将其浓缩和提炼为公民在法律上所承担的守法义务,并因此引申出在司法中孜孜以求的法律确定性和法治信仰的问题。对司法而言,借助司法审判来增强法律的确定性,可以通过司法所具有的指引性功能来引导社会公众的行为预期。在当前的司法实践中,司法主要通过发挥经典案例的价值引领功能来获取裁判的社会效果。借助典型案例来增强裁判的价值引领功能,是案例指导制度在司法实践中的合理延伸,并且受到了法院系统强调裁判文书释法说理机制建设的重要影响。从最高人民法院公布的案例来看,这些典型案例可以分为两种类型。

一种是专门以弘扬社会主义核心价值观为主题的典型案例。从现有的实践来看,最高人民法院是发布此类典型案例的主要力量,并逐渐形成每次发布十起左右典型案例的司法习惯。自2016年开始,最高人民法院已先后

六次发布"弘扬社会主义核心价值观"的典型案例。从案件类型来看,相关案例涵盖民法、刑法、教育法、行政法、知识产权法等领域,并且这些案例主要都指向"诚实信用""公序良俗"等法律基本原则。① 此外,各地方法院也曾多次不定期发布弘扬社会主义核心价值观的案例。

另一种是明确表达培育和践行社会主义核心价值观内涵的指导性案例。在指导性案例中,明确涉及社会主义核心价值观的案例是指导案例99号"葛长生诉洪振快名誉权、荣誉权纠纷案"与检例第51号"曾云侵害英烈名誉案"。指导案例99号即著名的"狼牙山五壮士案"②,北京市第二中级人民法院经审理认为,洪振快在没有充分证据的情况下作出多处似是而非的推测、质疑乃至评价,已经构成损害他人名誉和荣誉权益的侵权行为,并且洪振快理应认识这也会对其近亲属造成情感和精神上的伤害,更会损害到社会公共利益,但他并未采取措施减少文章可能造成的损害后果,在主观上显然存在过错,故判决洪振快败诉。③

从上述指导性案例的内容来看,最高人民法院在确立该案的指导性案例地位时,更加看重的是该案对于维护英雄烈士名誉所具有的社会效果,也因此相对超然于该案原判决的个案裁判说理。不过,从指导性案例的制度设计宗旨及其尝试为同类案件提供相对抽象的裁判指引来说,这种裁判理念上的提升显然是必要的,并因此可以被视为在中国加强英雄烈士名誉保护,并以此为基础加强人格权益保护的司法先导。

---

① 例如最高人民法院公布的多起弘扬社会主义核心价值观典型案例如"刘某诉刘某某、周某某共有房屋分割案""杨某诉某财产保险股份有限公司意外伤害保险合同纠纷案""高某诉上海某大学不授予学位案""'北燕云依'诉某派出所拒绝办理户口登记案"等。此外,在最高人民法院发布的2016年十大知产案件之一的"'乔丹'系列商标行政案"中,也可以看出社会主义核心价值观的价值引领作用。

② 该案基本案情是:2013年,洪振快发表《"狼牙山五壮士"的细节分歧》一文,该文分为"在何处跳崖""跳崖是怎么跳的""敌我双方战斗伤亡""'五壮士'是否拔了群众的萝卜"等部分,通过援引不同来源、不同内容、不同时期的报刊资料等,对"狼牙山五壮士"事迹中的细节提出质疑,从而引发五壮士之一葛振林后人葛长生的不满,认为该文以历史细节考据、学术研究为幌子,通过探讨所谓"细节"来否定英雄事迹,企图抹黑"狼牙山五壮士"的英雄形象和名誉,遂将洪振快诉至法院,请求法院判令洪振快停止侵权、公开道歉、消除影响。

③ 最高人民法院随后把该案确立为指导案例99号,并给出该案的裁判要点。第一,对侵害英雄烈士名誉、荣誉等行为,英雄烈士的近亲属依法向人民法院提起诉讼的,人民法院应予受理。第二,英雄烈士事迹和精神是中华民族的共同历史记忆和社会主义核心价值观的重要体现,英雄烈士的名誉、荣誉等受法律保护。人民法院审理侵害英雄烈士名誉、荣誉等案件,不仅要依法保护相关个人权益,还应发挥司法彰显公共价值功能,维护社会公共利益。第三,任何组织和个人以细节考据、观点争鸣等名义对英雄烈士的事迹和精神进行污蔑和贬损,属于歪曲、丑化、亵渎、否定英雄烈士事迹和精神的行为,应当依法承担法律责任。

（二）社会主义核心价值观融入裁判文书释法说理

值得注意的是,在法院系统弘扬和培育社会主义核心价值观的实践中,出现了一类虽未明确以弘扬社会主义核心价值观为主题,但案件选取与裁判要点明显具有弘扬社会主义核心价值观要素的指导性案例。①

尽管从裁判技术和法律适用角度看并不具有理论创新意义,但从客观的社会效果来说,该案不仅重申了民事受害人自甘风险理论的法律适用,也表明了依法裁判本身就是培育、弘扬和践行社会主义核心价值观的有力武器。在过去一段时间以来,受困于中国社会传统的"死者为大"理念和维稳需要,法院通常对于存在人员死亡的民事纠纷采取一定的策略性裁判立场。这种裁判立场不仅模糊了法律适用的应然面貌,而且给社会舆论带来"爱哭的孩子有糖吃"等不良影响,长期来看将损害司法的公信力。从这个角度来说,该案的判决实属拨乱反正之举。

值得一提的是,这种虽然并未明确提及"社会主义核心价值观"的表述,但通过裁判文书释法说理来彰显社会主义核心价值观的做法,逐渐成为各地法院弘扬和培育社会主义核心价值观的实践主流。例如在"田九菊诉杨帆生命权、健康权、身体权纠纷案"中,二审法院认定杨帆在电梯里劝阻他人吸烟的行为明确为维护社会秩序和公共道德的举动,而且在法律上杨帆主观上无过错,其行为与案中死者的死亡无因果关系,继而改判其无须承担任何法律责任。尽管就该案的程序问题存在争议,但从判决的实体效果来看,法院对该案的改判也的确是具有重申社会主义核心价值观、明确维护公序良俗的行为不受道德谴责和法律消极评价的作用,因此成为当地弘扬社会主义核心价值观的典型案例。② 在另外一起和社会主义核心价值观密切相关的"梁信诉中央芭蕾舞剧团著作权纠纷案"(即"红色娘子军案")中,法院

---

① 例如指导案例140号"李秋月等诉广州市花都区梯面镇红山村村民委员会违反安全保障义务责任纠纷案"。该案基本案情是:2017年5月19日下午,红山村村民吴某私自上树采摘杨梅,不慎从树上跌落受伤,后因抢救无效于当天死亡。其配偶、子女向法院起诉,主张红山村村民委员会未尽到安全保障义务,在本案事故发生前后未采取及时和必要的救助措施,应对吴某的死亡承担责任。广东省广州市中级人民法院于2020年1月20日作出(2019)粤01民再273号民事判决,认为红山村村民委员会一方面没有违反针对游客所设定的安全保障义务,另一方面从爱护公物、文明出行的角度而言,村民或游客均不应私自爬树采摘杨梅,而吴某作为本村村民,应当充分预见攀爬杨梅树采摘杨梅的危险性并自觉规避此类危险行为,因此吴某的坠亡系其私自爬树采摘杨梅所致。最高人民法院将该案的裁判要点归纳为:公共场所经营管理者的安全保障义务,应限于合理限度范围内,与其管理和控制能力相适应。完全民事行为能力人因私自攀爬景区内果树采摘果实而不慎跌落致其自身损害,主张经营管理者承担赔偿责任的,人民法院不予支持。

② 参见《"电梯劝阻吸烟猝死案"审判纪实》,《人民法院报》2018年2月5日。

的判决一方面认可了梁信属于剧本《红色娘子军》的著作权人,认为中央芭蕾舞团演出改编作品《红色娘子军》芭蕾舞剧的行为需要向梁信支付报酬,另一方面认为,在梁信没有明确表示反对的前提下,仅因梁信未许可而禁演芭蕾舞剧《红色娘子军》,将"不利于红色经典作品的传播及弘扬"①,因此驳回了梁信相关的诉讼请求。此外,在2021年1月19日,最高人民法院印发《关于深入推进社会主义核心价值观融入裁判文书释法说理的指导意见》,明确借助典型案例指导各级法院正确适用法律,通过释法说理来弘扬社会主义核心价值观。社会主义核心价值观作为说明性理由,能够强化裁判说理,增强判决的合理性、公正性和透明性,以更好地让当事人和社会公众接受裁判结果。② 无疑,此举将成为最高人民法院在认知社会主义核心价值观及其法律适用问题上的新思路。

四、职能外延:贯彻司法的社会治理保障职能

在社会治理法治化的背景下,除了审判这一经典渠道,法院还通过积极延伸审判权运行边界,在完善司法参与社会治理的制度建设中培育、弘扬和践行社会主义核心价值观,阐发社会主义核心价值观对社会发展所具有的实践内涵。这包括通过调解整合引领社会意识和强化司法政策的制定与实施工作这两个主要方面。这些并非一般意义上的司法核心职能,但作为司法职能的外延,它们毫无疑问很好地补充贯彻了司法的社会治理保障职能。

(一)深化通过调解整合和引领社会意识的司法治理功能

在审判业务中,法院除了把审判的过程确立为贯彻和弘扬社会主义核心价值观的平台之外,还持续地以审判为中心拓展司法权的运作边界,并由此把调解纳入司法权的运作范围中并将其作为引领社会价值、推进司法治理的重要内容。

在社会实践中,司法解决纠纷的过程也是司法调适情理与法理的过程,因此司法整合与引领社会意识的过程在很大程度上体现着社会情理与法理相互碰撞、相互冲击、相互协调进而实现相互融合与共同促进的过程。有学者认为,在新时代社会治理的宏大背景下,解决纠纷需要更为准确地关注"法律与情感"的关系问题,尤其是要在拒绝把"法律"与"情感"、"人情社会"与"法治社会"相互对立的前提下,注重情感在纠纷解决中所具有的重

---

① "梁信与中央芭蕾舞团侵犯著作权纠纷上诉案",北京知识产权法院(2015)京知民终字第1147号民事判决书。
② 参见孙海波:《社会主义核心价值观融入司法的原则及界限》,《人民法院报》2021年3月22日。

要作用,由此把研究的重心深入到社会日常生活当中,把研究的视角转向多元纠纷解决机制的本土实践与基础理论上。① 从多元纠纷解决机制的概念界定与研究成果来看,纠纷解决问题中的多元机制主要强调纠纷解决的"非诉讼"特征,也就是不借助司法机关或者不借助审判职能来实现解决纠纷与"案结事了"的目的,因此纠纷解决与司法审判的"目的-手段"关系就呈现得尤为明显。从这个角度来说,司法在实践中发挥整合与引领社会意识的治理职能,本质上也是因为它自觉地承担起了问题导向和实践导向的纠纷解决功能,以"服判息诉"和"案结事了"而非诉讼程序的终止为其制度设计的深层次逻辑。②

在"服判息诉"和"案结事了"的价值指引下,传统的司法程序需要主动对接其他客观存在的纠纷解决机制,此时司法程序就会展示出以下特征。第一,在纠纷解决问题上呈现出国家权力与社会权力相互配合、形成合力的制度设计,尤其是司法的触角开始向社会化的纠纷解决机制延伸,试图以法律和司法权力作为指引乃至介入其他纠纷解决机制的有力武器。第二,司法程序成为社会化纠纷解决机制的兜底机制:一方面,其他社会纠纷解决机制在客观上成为司法程序的前置程序;另一方面,司法也会把非诉讼的纠纷解决程序纳入自身权力调节的范畴,实质性地承担起在案件审判与纠纷解决过程中输出社会主义核心价值观并以此对社会行为进行价值判断的职能,最终把多元纠纷解决机制纳入"法治社会"的范畴之中,由此与"法治国家"与"法治政府"并驾齐驱。这也是为什么有学者认为,原本试图"替代"诉讼的纠纷解决机制成为与诉讼融会贯通、互通有无的制度化、整体性的纠纷解决制度系统。③ 总而言之,司法要想一方面整合和引领社会意识,另一方面坚实地承担起社会治理的职责,就必须以审判为中心拓展司法权的运作边界,从而在宏观的制度设计和微观的案件裁判中体现司法的社会治理保障功能。因此,注重调解就成为司法参与社会治理,尤其是基层治理网络,为社会治理提供法治保障的重要支撑点。

在这个问题上,人民调解及其法制化问题,成为司法在社会治理,尤其是基层社会治理中发挥作用的一项重要议题。一般认为,调解制度构成司法与多元纠纷解决机制的制度关联点,其中人民调解是与司法诉讼调解"一母所生"但相互间功能形态和制度设置高度差异的机制,它的法制化和可诉

---

①③ 参见廖奕:《面向美好生活的纠纷解决——一种"法律与情感"研究框架》,《法学》2019年第6期。
② 参见岳彩领、杜月秋:《从依法审判到案结事了——审视当下中国实用主义司法哲学观》,《学海》2014年第2期。

化相应地成为司法参与社会治理的重要议题。在制度理念上，无论是司法调解还是人民调解，都旨在发掘诉讼所需的社会资源和民间知识，并通过制度化的诉讼程序或纠纷解决机制来引导这些社会资源和民间知识与法律规范相互融合，从而在修复社会惯习的同时有效实现"案结事了"的实体性价值追求。但是，随着司法调解逐渐成为调解的主流制度，人民调解制度的隐退正在成为不争的事实，与其高度的政治与历史评价不相称。① 同时，由于调解满足了司法的"人民性"政治话语，司法机关一度热衷于依靠"调解优先"的司法政策来彰显人民司法理念，在学术层面曾引发相应的理论争执。② 而《人民调解法》的制定，进一步引发人民调解与司法调解的制度衔接问题，其中重要的议题在于如何通过增强人民调解的法制化水平来实现调解的实效化。③

除人民调解的法制化议题外，更应当引起实践和理论关注的是司法与调解在新时代"枫桥经验"指引下的一系列实践。从司法的角度来看，新时代"枫桥经验"侧重的是如何通过在社会基层治理中走群众路线的方式来学习满足人民群众需要的科学的工作方法，以此提高治理效能、加强和改进基层治理体系建设。所以，其关键点就在于通过司法机关与其他政法机关的良性互动来实现司法走群众路线④，充分发挥中国司法所具有的实践导向、政策指引、政法分工和齐抓共管的制度特色，在服务于党的基层治理事业的同时充分立足自身职能，发挥纠纷解决和落实规则之治的功能，借助多元纠纷解决机制尤其是强调司法机关主导下的调解机制来增强社会治安管理、实现"矛盾不上交"的治理效果。除此之外，中央全面深化改革委员会第十八次会议强调，要强化非诉讼纠纷解决机制的建设，着力于加强矛盾纠纷源头预防、前端化解、关口把控，实现法治建设"抓前端、治未病"的效果。⑤

从理论角度观察司法与新时代"枫桥经验"的关系，可以明确，司法一方面是法律实施中的重要环节，另一方面也是法律在社会基层治理实践中接受实效性检验的重要场域。

首先，以司法机关践行新时代"枫桥经验"的经验为基础，可以进一步

---

① 参见刘加良：《论人民调解制度的实效化》，《法商研究》2013年第4期。
② 参见李喜莲：《法院调解优先的冷思考》，《法律科学》2010年第2期。
③ 参见于浩：《人民调解法制化：可能及限度》，《法学论坛》2020年第6期。
④ 参见孙会岩：《群众路线与法治思维的融合——"枫桥经验"再探讨》，《党政论坛》2014年第1期。
⑤ 参见《习近平主持召开中央全面深化改革委员会第十八次会议并发表重要讲话》，《人民日报》2021年2月20日。

观察社会主义核心价值观引导司法机关参与基层社会治理并最终生成基层司法治理理念的途径。具体来说,由于传统意义上的弥散性治理机制一直存在于基层社会治理的实践中,也就是必须充分实施社会动员来组织起社会治理的力量队伍,并以此作为完善、强化和改进社会治理的关键要素,因此,社会主体在实践中如何反哺社会治理机制、督促社会治理满足社会需要,成为积极参与社会治理的司法机关同样需要关注的中心议题。所以,借助社会力量促进司法权力向基层延伸,通过这些社会代理机制来传递核心价值观念,一方面可以强化司法权力的社会属性,另一方面使得社会对于价值传导体系建设的不同意见可以被倾听并作为改进和调整价值传递机制的重要渠道。所以,基层法院在日常司法活动中积极通过调解来导入社会力量对法律的地方性理解,不仅可以鼓励社会道德因素协助解决纠纷,还可以更进一步地通过司法这个平台,把社会主义核心价值观与法律适用结合起来,从而彰显司法的政策宣示和引导功能。

其次,司法的实效性除了要由法律的规范效力予以保障外,更重要的是必须同时与国家权力运行体系和社会运作的机制相符合,还要在实践中反映对于特定历史、文化与实践方式的认可与遵循。① 因此,司法参与社会基层治理的另一项核心工作,就是促成基层治理的协同化,也就是调动地方资源来解决社会纠纷。近年来,最高人民法院致力于建设人民法院调解平台,促进多元化纠纷解决机制改革,恰好印证了这一点。② 但问题在于,尽管司法希望能够积极主动地发挥自身职能参与基层社会治理,但基层社会治理的问题导向的主旋律很容易使得司法面临着制度供给的短缺困境。简单来说,司法权的运作始终受到来自法律规范和法律程序的双重制约、来自权力运行体制与权力应然形态的合围与夹击,以及受到来自司法效率与纠纷解决成本难题的长期困扰。换句话说,司法机关希望在案件审判的过程中结合地方性知识来发掘民间资源,通过定分止争的裁判要旨,明确践行社会主义核心价值观的社会效用。不过,由于基层社会治理的现实状况,它未必能够获得自身所希望的那种制度建构和价值弘扬的效果。一方面,这些地方性知识或者说解决纠纷所需要的民间资源,都必须经过法律或者法院的制度性支持才能具有相当程度的普遍效力,但在社会基

---

① 参见赖波军:《司法运作与国家治理的嬗变:基于对四川省级地方法院的考察》,北京大学出版社2015年版,第2页。
② 参见《构建中国特色在线多元纠纷解决制度体系》,《人民法院报》2022年1月1日。

层治理的实践中,法律或法院的这种制度性支持本身被预设为需要地方性知识的诠释才能够获得足够的实效性,由此导致司法权在运用地方性知识来贯彻公共政策、提供社会治理的法治保障等问题上存在着权力空转的可能。另一方面,尽管中国司法具有强烈的积极能动色彩,但这种积极能动必须受到司法权应然的被动、消极、中立特征的限制,这就导致司法机关在解决社会纠纷时仍然更愿意遵循规范导向的权力运行模式,从而容易出现问题导向与实践导向的思维冲突,进而影响到在司法活动中贯彻社会主义核心价值观的具体成效。再加上问题导向的思维常常衍生出个别化的、追求"短平快"效果的决策思维,加剧了程序正义与实质正义、短期效用与长期效果之间的冲突,还有可能损害司法权所具有的中立和公正属性。

司法机关参与社会治理实践的例子,可以帮助我们更为深刻地理解借助司法加强社会治理的法治保障的重难点问题。要重点关注司法制度的整体设计在实践中可能遭遇到的制度困境,在注重实践经验的同时预防和消除可能出现的实践偏见。既有研究表明,过去数十年间为社会发展创造大量研究素材的地方制度改革试验思路,正在日渐逼近制度的天花板,不少地方制度的相互竞争试验的容错空间日渐逼仄,试错成本日益增加,而且长期以来沿用的绩效激励机制存在着反噬的风险。① 例如在增强生态文明建设的要求下,平衡地方经济发展与维护地方生态环境的治理事业,就不能够单纯地依赖地方的试验,而必须借助更高层级甚至是中央层级的整体性制度设计,并且需要强调通过统一的步伐来实施具体的改革举措,从而整体提升司法权威和司法效率,继而重振司法在参与社会治理过程中所具有的保障机能。② 而从中央层面推进的司法改革来看,司法提供法治保障的核心已经非常明确,那就是让司法权力重新回到诉讼程序和庭审的现场之中,通过审判来表达法院对于解决社会纠纷和参与社会治理的基本立场,从而同时回应纠纷解决与参与社会治理的两大问题。

(二)强化司法政策的制定与实施工作

在一定程度上,法院制定和实施司法政策的职能,可以认为是法院认识、转化和贯彻社会主义核心价值观的基本内涵,服务党和国家工作大局的

---

① 参见李德:《从"碎片化"到"整体性":创新中国基层社会治理运行机制研究》,《吉林大学社会科学学报》2016年第5期。
② 参见王喜峰:《论改革中的顶层设计与试点探索》,《湖南社会科学》2017年第5期。

直接体现。不过需要注意的是,尽管学界普遍认为中国法院具有转化和制定公共政策的能力,但"司法政策"在实践中并不是被作为一个专业术语来使用的,或者说它并没有一个非常明确的定义。例如,最高人民法院在发布司法规范性文件时,很少会在标题中直接给出"司法政策",而在各类规范性文件的内容中则多次出现"司法政策"的表述。① 而且一般来说,"司法政策"要么与"相关"连用,要么与其他语词连用而形成附着关系。② 此外,国务院及其各部委或办事机构以及其他法律授权的组织在发布规范性文件时,在该规范性文件涉及司法机关相关职能的情况下也通常采取"司法政策"的表述。例如国发〔2016〕54号《国务院关于积极稳妥降低企业杠杆率的意见》中谈及"建立健全依法破产的体制机制"时即提到"完善破产清算司法解释和司法政策"。③

上述规范性法律文件对"司法政策"的引用与表述说明,在现今的立法、执法和司法实践中,"司法政策"作为一项集合名词,尽管内核相对清晰,即指代司法机关创制的具有一定政策导向和政策意蕴的规范,但它本身不具有非常明晰的概念外延,需要结合文件具体的语境,方能得到相对明确的内容界定。因此,明确司法机关借助司法政策来践行和培育社会主义核心价值观,发挥其引领社会价值的基础功能,首先需要对"司法政策"的概念进行准确界定,尤其是对其概念外延进行类型化梳理。

此处可以借鉴《关于进一步把社会主义核心价值观融入法治建设的指导意见》中对于"司法政策"的描述性说明。该指导意见在论述"用司法公正引领社会公正"时指出需要"完善司法政策,加强司法解释,强化案

---

① 以北大法宝为例,以"司法政策"为标题关键词检索,除"刑事司法政策"的表述外,仅检索到《最高人民法院关于审理涉及中国农业银行股份有限公司处置股改剥离不良资产案件适用相关司法解释和司法政策的通知》(法〔2011〕144号)一项;而改以"全文"检索,则总共有125项文件满足要求,其中司法解释1项、司法解释性质文件58项、最高人民法院与最高人民检察院的工作文件66项;从发布部门来看,最高人民法院总共发文103项,最高人民检察院22项,可见最高人民法院是发布"司法政策"的主力。
② 如法发〔2021〕1号《最高人民法院关于人民法院为海南自由贸易港建设提供司法服务和保障的意见》第11条规定:"根据自由贸易港建设发展的实际需要,研究出台司法解释和司法政策,及时修订、废止与海南自由贸易港法以及开放政策不相符的司法解释和司法政策性文件"。又如法发〔2020〕45号《最高人民法院关于加强新时代未成年人审判工作的意见》第21点提到,"建立符合未成年人审判工作特点的司法统计指标体系,掌握分析涉及未成年人案件的规律,有针对性地制定和完善少年司法政策"。
③ 类似的例子还有,银发〔2016〕324号《中国人民银行、发展改革委、教育部等关于促进银行卡清算市场健康发展的意见》提到"强化与司法部门的沟通协作,推动完善打击非法从事资金支付结算业务相关司法政策、银行卡领域违法行为定性和处罚标准,促进银行卡民商事纠纷案件审理原则和标准的明确统一"。

例指导",并且给出了完善司法政策的具体方法。① 相关内容不仅是指导司法机关完善司法政策的基本方针,也给出了"司法政策"需要涉及的内容:一是彰显法律精神和法律原则;二是指导法律适用,重点在于解决法律适用过程中法律法规是否能够及时、准确、有效地反映社会主义核心价值观的内容。结合既往的司法实践,有两种类型的司法行为能够满足上述要求,因此这些司法行为所涉及的规范文件都可以被认为是"司法政策"。

一种是宏观的司法政策性文件。这一类司法政策性文件主要是针对国家某项特定的发展政策而制定的,旨在为这些政策提供司法层面的行动保障,也因此主要以"提供司法服务"或"提供司法服务和保障"等为取向。从2015年至今,这一类司法政策性文件主要与国家重大战略决策部署密切相关,可以区分为以下类型:一是为国家重大战略或发展倡议提供司法保障,如"一带一路"倡议②、上海自贸区建设③、两岸融合发展④、深化海南改革开放⑤以及海南自贸港建设⑥和乡村振兴战略⑦;二是服务区域协调发展,例如长三角一体化⑧、雄安新区规划建设⑨、京津冀协同发展⑩和长江经济带发展⑪;三是与生态文明建设相关,除了针对生态文明建设作出的整体性司

---

① 即"遵循法律精神和原则,实行适应社会主义核心价值观要求的司法政策,增强适用法律法规的及时性、针对性、有效性,为惩治违背社会主义核心价值观、严重失德败德行为,提供具体、明确的司法政策支持"。
② 《最高人民法院关于人民法院为"一带一路"建设提供司法服务和保障的若干意见》(法发〔2015〕9号)、《最高人民法院关于人民法院进一步为"一带一路"建设提供司法服务和保障的意见》(法发〔2019〕29号)。
③ 《最高人民法院关于人民法院为中国(上海)自由贸易试验区临港新片区建设提供司法服务和保障的意见》(法发〔2019〕31号)。
④ 《最高人民法院印发〈关于为深化两岸融合发展提供司法服务的若干措施〉的通知》(法发〔2019〕9号)。
⑤ 《最高人民法院关于为海南全面深化改革开放提供司法服务和保障的意见》(法发〔2018〕16号)。
⑥ 《最高人民法院关于人民法院为海南自由贸易港建设提供司法服务和保障的意见》(法发〔2021〕1号)。
⑦ 《最高人民法院印发〈关于为实施乡村振兴战略提供司法服务和保障的意见〉的通知》(法发〔2018〕19号)。
⑧ 《最高人民法院关于为长江三角洲区域一体化发展提供司法服务和保障的意见》(法发〔2020〕22号)。
⑨ 《最高人民法院关于为河北雄安新区规划建设提供司法服务和保障的意见》(法发〔2019〕22号)。
⑩ 《最高人民法院关于为京津冀协同发展提供司法服务和保障的意见》(法发〔2016〕5号)。
⑪ 《最高人民法院关于为长江经济带发展提供司法服务和保障的意见》(法发〔2016〕8号)。

法政策意见外①,还包括诸如黄河流域的生态保护与发展②;四是深化市场经济体制改革③和服务改革开放基本政策④等;五是针对疫情防控等突发公共事件⑤。

另一种是司法建议。作为一项极具中国司法实践特色的制度,司法建议是指法院系统针对案件审判与执行过程中存在的制度建设和工作机制等方面的隐性问题,从司法角度对政府部门、企事业单位或社会团体组织发出的相关改进和完善建议。⑥ 2007年,最高人民法院发布《关于进一步加强司法建议工作为构建社会主义和谐社会提供司法服务的通知》⑦,指出"司法建议作为化解矛盾纠纷、提高社会管理水平的司法服务手段,是人民法院审判职能的延伸",其目的在于"促进社会安定与和谐,增强全社会法律意识,建设法治社会"。可见司法建议本质上不是为了化解纠纷,或者说不是为了单纯履行解决纠纷的司法审判职能,而是为了进一步发挥司法的能动作用来实现司法在社会治理体系建设中的应然作用。⑧ 2012年最高人民法院发布的《关于加强司法建议工作的意见》更清晰地说明了司法建议的作用。⑨然而囿于司法自身的被动性,司法建议不能是刚性的制度建设或行动方案,而只能是柔性的"道德劝说"或"行为劝喻",并且主要内容是敦促行政机关积极行使职权,旨在增加法院与其他党政机关的良性互动。⑩ 这一方面导致了不同地区的司法建议采纳率往往存在着差异;另一方面,司法建议在促进制度改进方面的表现也难以尽如人意。但对司法机关来说,在地方竞争性发展的背景下,司法建议无疑是通过法院对地方政府的策略性服从来拓

---

① 《最高人民法院关于充分发挥审判职能作用为推进生态文明建设与绿色发展提供司法服务和保障的意见》(法发〔2016〕12号)、《最高人民法院关于深入学习贯彻习近平生态文明思想为新时代生态环境保护提供司法服务和保障的意见》(法发〔2018〕7号)。
② 《最高人民法院关于为黄河流域生态保护和高质量发展提供司法服务与保障的意见》(法发〔2020〕19号)。
③ 《最高人民法院、国家发展和改革委员会关于为新时代加快完善社会主义市场经济体制提供司法服务和保障的意见》(法发〔2020〕25号)。
④ 《最高人民法院关于为推动经济高质量发展提供司法服务和保障的意见》(法发〔2019〕26号)。
⑤ 《最高人民法院关于认真学习贯彻习近平总书记重要讲话为统筹推进新冠肺炎疫情防控和经济社会发展提供有力司法服务和保障的通知》(法〔2020〕54号)。
⑥ 参见姚建军:《司法建议:社会治理问题的司法审视》,《人民法院报》2020年9月16日。
⑦ 《最高人民法院关于进一步加强司法建议工作为构建社会主义和谐社会提供司法服务的通知》(法发〔2007〕10号)。
⑧ 参见王国龙:《法院参与基层治理及其角色定位》,《东岳论丛》2020年第4期。
⑨ 《最高人民法院印发〈关于加强司法建议工作的意见〉的通知》(法〔2012〕74号)。
⑩ 参见郑智航:《法院如何参与社会管理创新——以法院司法建议为分析对象》,《法商研究》2017年第2期。

展司法权运作边界与深化司法参与社会治理的重要制度策略,这一点在行政诉讼中显得尤为明显。① 然而从某种意义来说,司法建议的这种发展趋势更多是司法机关为日常获取司法资源所进行的策略性行为,因此也要注意司法建议所承载的裁判信息容量,积极增强司法建议预防社会风险的功能效益。②

第三节　党规与国法的协同:以政法队伍建设为例

政法工作是党和国家工作的重要组成部分。"做好党的政法工作,必须加强队伍建设。"③2020 年 11 月召开的中央全面依法治国工作会议将习近平法治思想确立为全面依法治国的指导思想,其核心要义的"十一个坚持"中就包括了"坚持建设德才兼备的高素质法治工作队伍"。政法队伍建设必须注重理想信念教育,要以培育社会主义核心价值观和社会主义法治理念为抓手,确保政法队伍忠于党和国家,忠于人民和法律,使其发展成为高度专业化和职业化的工作队伍。④ 自党的十八大以来,根据习近平总书记关于政法队伍建设所做的重要工作指示,政法队伍教育整顿稳步开展,成效显著。党的二十大报告提出,加强党的自我革命制度规范体系是制度治党、依规治党的基础⑤,这对政法队伍建设提出了更高的要求。政法工作队伍必须政治立场坚定、业务素质过硬,坚持依规与依法、执纪与执法相结合,才能够真正实现良法善治、法正民安。⑥

政法队伍建设的新要求表明,政法工作与全面从严治党和全面推进国家治理法治化紧密联系。以加强政法队伍建设为抓手推进党规与国法协同建设,将队伍建设作为制度建设的实践动力,使政法队伍始终成为全面从严治党永远在路上的坚强力量,是建设法治中国、平安中国的题中应有之义,

---

① 参见卢超:《行政诉讼司法建议制度的功能衍化》,《法学研究》2015 年第 3 期。
② 参见刘思萱、李友根:《社会管理创新为何需要司法建议制度——基于司法建议案例的实证研究》,《法学家》2012 年第 6 期。
③ 《习近平就政法队伍建设作出重要指示坚持把思想政治建设摆在第一位努力建设信念坚定执法为民敢于担当清正廉洁的政法队伍》,《人民日报》2016 年 4 月 26 日。
④ 参见习近平:《坚定不移走中国特色社会主义法治道路 为全面建设社会主义现代化国家提供有力法治保障》,《人民日报》2020 年 11 月 18 日。
⑤ 参见习近平:《高举中国特色社会主义伟大旗帜 为全面建设社会主义现代化国家而团结奋斗——在中国共产党第二十次全国人民代表大会上的报告》,《人民日报》2022 年 10 月 26 日。
⑥ 参见张文显:《法治中国的理论建构》,法律出版社 2016 年版,第 290 页。

也是治理体系和治理能力现代化的根本问题。在政法队伍建设与党规国法协同建设的制度设计中,作为政法队伍建设目标的"忠于国家",具有强烈的国家主义色彩,而作为政法队伍建设方法的"教育整顿"和"政治督察",则鲜明地体现了当代中国政法队伍建设中蕴含的政党自我革命、国家自我限权的意味。两者相结合,共同体现了中国法治建设中国家主义立场所具有的自我限权内涵。

从目前的政法队伍建设情况来看,如何以制度建设规范和保障对政法队伍的教育整顿,促进政法队伍建设持续向纵深发展,是今后一段时期内必须认真对待的问题。为此应注重推进政法队伍教育整顿的党内立法,以党规国法协同建设提升中国政法队伍的整体素质。党的二十大报告指出,以党的自我革命引领社会革命,就必须要完善党的自我革命制度规范体系,坚持制度治党、依规治党,健全党统一领导、全面覆盖、权威高效的监督体系。① 据此,党内法规体系与法律规范体系是中国法治的两个重要的规范体系,它们在国家治理、社会发展过程中都发挥着不可忽视的作用,党规与国法之间的关系也因此成为中国法律多元(规范多元)实践研究的重要命题。本部分将按照一般形式逻辑的划分,从并列关系、包含关系、交叉关系三种类型出发分析党规和国法之间的多元实践关系,并进一步反思性、整合性地提出二者协同关系的理论内涵与实践可能,在这一分析过程中,揭示出其中蕴含的国家限权的国家主义法治观之发展逻辑。

一、党规与国法关系的类型化分析

党的十八届四中全会明确将"形成完善的党内法规体系"作为"建设中国特色社会主义法治体系"的重要组成部分。习近平总书记一系列关于党内法规的论述已构成习近平党建思想,其世界观和方法论是指导构建中国党内法规理论建设、推动中国党内法规实践发展的根本遵循。② 在当下中国,分析党规和国法的关系,已成为研究法律多元主义理论的重要切入点,也是关乎法治建设兴盛、党和国家前进发展的根本问题。③ 因此,全面推进依法治国必然要求把党的领导贯彻到深化法治建设的全过程。

---

① 参见习近平:《高举中国特色社会主义伟大旗帜 为全面建设社会主义现代化国家而团结奋斗——在中国共产党第二十次全国人民代表大会上的报告》,《人民日报》2022年10月26日。
② 参见段占朝:《习近平党内法规思想论纲》,《政治与法律》2023年第2期。
③ 习近平总书记指出:"党和法的关系是一个根本问题,处理得好,则法治兴、党兴、国家兴;处理得不好,则法治衰、党衰、国家衰。"中共中央文献研究室编:《习近平关于全面依法治国论述摘编》,中央文献出版社2015年版,第33页。

在理论上,党内法规体系建设是全面推进依法治国的重要环节,是中国特色社会主义法治体系的第五极。同时它亦是加强党依法执政、强化全面从严治党的重要制度体系,是破解"党大还是法大"伪命题、强调党的政策与国家法律之间的同质性的坚实理论支撑。在实践上,党内法规体系建设是使党纪国法相互配合、相互协调,加强权力的制约和监督,使权力在正确的轨道上运行,最终确保中国特色社会主义法治建设真正落到实处的关键环节。[①] 对此,一系列针对权力运行、监督问责、廉洁自律、政法工作、党内监督、干部选拔和纪律处分等的党内法规相继出台;以国家监察体制改革为依托,党内执纪体系与法律监察体系并轨工作顺利实现,相关制度建设取得重大成果。[②]

党规与国法的关系性命题成了当下中国理论法学研究的热点与难点问题。一方面,党内法规体系建设是中国特色社会主义法治建设的一个重大的实践创新,因此相关的理论叙述和体系建构只能得益于实践经验总结,这是使相关理论滞后于制度实践的根本原因;另一方面,党内法规体系与国家法律体系的并行建设和规范性协同,是中国特色社会主义法治体系对世界法治理论的一个创新性贡献,也就缺乏充足的理论借鉴和比较,这进一步影响了理论抽象和理论深化经验总结的难度,也影响了理论研究以及理论反哺经验实践的效率,还影响到理论研究与实践操作的匹配程度。因此,努力发掘党规和国法在规范性问题上的共同特征,厘清党规与国法之间的关系,是奠定党规国法协同机制的理论基础,应当予以重点关注。

当前实践表明,党规和国法在现实制度中是两套相互并行但在功能上互有交集的规范体系,但这种认知尚不足以清晰界定它们在规范层面的关系。因此,不妨首先按照一般形式逻辑的要求,从并列关系、包含关系和交叉关系来进行分析。

(一) 并列关系

所谓并列关系,主要着眼于党规和国法之间在规范上的差异性。如有学者指出,基于过去中国的社会主义建设和改革开放以来的实践探索与经验总结,不能将执政党和国家政权混为一谈,否则将有损党依法执政的形象和党治国理政的合法性基础。为此,党规和国法应当被认为是存在于政治和社会领域的并行的行为规则,它们体现了现代国家中执政党和法律的规

[①] 习近平总书记在党的十八届中央纪委二次全会上指出:"要加强对权力运行的制约和监督,把权力关进制度的笼子里,形成不敢腐的惩戒机制、不能腐的防范机制、不易腐的保障机制。"

[②] 参见马怀德:《国家监察体制改革的重要意义和主要任务》,《国家行政学院学报》2016年第6期。

范性关系。① 从制定主体、适用主体,到规范内容及其实现形式等不同维度,党规和国法之间都存在特性上甚至本质上的差异,因此,应当将二者理解为相互并列的两套不同的规范体系。

首先,在制定主体上,党规是由党依据《中国共产党章程》和《中国共产党党内法规制定条例》授权有关党内机构所制定和发布的,而国法则是依据宪法和立法法等规定,由国家和地方各级有权立法机关以及法律授权的行政机关和有关授权性组织所制定的。其次,在适用对象上,党规以党的组织和党员为适用对象,他们有义务按照党规行事和履职尽责,依照党规规定坚决执行党的决定,并基于党规而享有党员的基本权利。也因此,党规在规范上不会约束非党员的公民和组织的行为,他们不是党规的适用对象。而依据宪法规定,一切政党、国家机关、社会组织和中国公民,都应当是国法的适用对象,都得依据法律享有权利并履行义务。在这里需要注意的是,在中国境内进行相应活动的非中国公民或组织,也都应当遵守中国有关法律的规定,例如中国刑法规定的"属地管辖"和"保护管辖"就是其中的典型。再次,两者所规范的内容有所不同。党规主要是调整执政党日常运作和党领导人民治国理政所需调整的各类关系,包括党内不同组织之间的权限和分工负责关系、人事任免和人员选拔、党内责任分配和权力监督,以及协调党治国理政所需的其他关系等。而国法则主要调整普遍的社会关系和国家机关的权力分配关系,包括国家机关之间、国家与公民之间以及公民之间的权力-责任和权利-义务关系。最后,两者在具体的实现形式上的差异较为明显。党规是通过党内的纪律检查制度和日常权力监督机制来落实的,而国法则是通过国家机器和各主体的自觉守法来实现的。

(二) 包含关系

一般来说,主张党规与国法在规范上属于包含关系的依据首先源自两者的最高位阶规范:党章与宪法,前者总纲规定了党的行为要在宪法法律框架之内,后者明确了自己是一切组织、人民的根本行动准则。② 上述规定分别从党规和国法的两个维度表明了执政党在规范上要遵照宪法和法律开展活动,同时负有遵守宪法和法律、维护宪法和法律尊严并确保宪法和法律得以顺利

---

① 参见卓泽渊:《党规与国法的基本关系》,《中共杭州市委党校学报》2015 年第 1 期。
② 第一,党章总纲中"党必须在宪法和法律的范围内活动"的表述。第二,宪法序言中"全国各族人民、一切国家机关和武装力量、各政党和各社会团体、各企业事业组织,都必须以宪法为根本的活动准则,并且负有维护宪法尊严、保证宪法实施的职责"的表述,以及宪法第五条第四项"一切国家机关和武装力量、各政党和各社会团体、各企业事业组织都必须遵守宪法和法律"的规定。

实施的宪制义务。基于此规范性义务,执政党的一切活动都应当按照宪法和党章的双重规定,在国法的范围内活动。在逻辑上,这当然包括党规的制定过程、制定内容以及相应的实施行为。例如,在国家监察体制改革中,其中一个焦点是党的十九大报告提出的"制定国家监察法,依法赋予监察委员会职责权限和调查手段,用留置取代'两规'措施"。这里所提到的"两规"措施,正是过去党内执纪所依赖的重要制度手段,却存在合法性争议。① 因此,国家监察体制改革中的留置措施,也被视为促使党内执纪程序符合国法的重要制度改革,这反过来证明了党规应当符合国法规定,在逻辑上也证明党规包含于国法。

(三) 交叉关系

需要指出的是,并列关系和包容关系都只能部分概括党规和国法之间的实践经验。故此有学者认为,党规和国法应当被理解为是一种交叉关系。这种交叉关系体现在整体的规范价值和具体的制度设计上。首先,在整体的规范价值上,按照宪法和党章的规定,党要在宪法和法律的范围之内活动,意味着党规的规定在规范效力、种类和强度上弱于或至多等于国法的规定,对党规规制主体的约束也不应当超出国法的范围。但同时,党要领导立法、保证执法、支持司法、带头守法,使党成为推动法治、实现法治、捍卫法治的中流砥柱。这就意味着党规中所规定的各项基本政策和路线方针,以及党的其他各项主张,如果对国家治理产生基础、全局、长远影响,或者党规在实现过程中的溢出效应可能涉及不特定的普遍社会主体,就需要按照法律程序和相关的制度规定,使党的主张成为国家法律,使之在实质意义上获得法律效力。如此而言,党规既是执政党在领导人民治国理政的过程中的权力运行依凭,又同时承载了党治国理政的经验成果,可以被部分视为国法的初始形态;反过来,国法既是执政党活动的更高规范要求,同时又是党的意志与人民意志相结合的产物,在整体的制度理念上互有重叠,形成逻辑上的交叉关系。其次,在具体的制度设计中,由于党规在现实的运行过程中势必面临与国法相互衔接的问题,需要相互规定程序转换体制机制以及与之有关的党规/国法实施主体、规制对象的有关权利义务和权力责任问题,因此在个别的内容和程序中自然存在各自的内容重叠。②

---

① 参见刘忠:《读解双规侦查技术视域内的反贪非正式程序》,《中外法学》2014年第1期。
② 例如,在《中国共产党纪律检查机关监督执纪工作规则》中,针对需要对被调查对象采取留置措施的,规定"需要对被审查调查人采取留置措施的,应当依据监察法进行,在24小时内通知其所在单位和家属,并及时向社会公开发布。因可能毁灭、伪造证据,干扰证人作证或者串供等有碍调查情形而不宜通知或者公开的,应当按程序报批并记录在案。有碍调查的情形消失后,应当立即通知被留置人员所在单位和家属"。而与之相对的《监察法》则针对相关的留置制度进行了专门规定。

（四）协同关系

上述分析表明,党规与国法的确在诸多方面存在着差别,但它们在所规制的内容和制度价值上的确存在紧密的关系,在具体的制度设计上也存在相互转换和引介的诸多渠道。是故,并列、包含和交叉关系,都不足以从规范和功能等维度全面概括党规和国法的关系。为此,不妨把党规与国法的关系认定为"协同"关系。所谓协同,是指协调两个以上的不同资源或者个体,协同一致地完成某一目标的过程或能力。具言之,党规与国法之间的协同关系可以分为规范协同和功能协同。

党规国法协同,是指党规和国法首先在价值和具体的制度设计与权力运行层面共享相同的理念。两者规范协同的直接结果,就是在功能层面也呈现出协同现象。例如有学者认为,党规与国法都是国家治理体系和中国特色社会主义法治体系的重要组成部分,都强调宪法至上,都强调要通过建章立制的方式巩固和加强党在全面依法治国中的根本领导作用,故而两者在规范特性的各个方面都具有内在一致性。因此,党规与国法在属性上相辅相成,在功能上相互促进,在实效上相互保障。[①] 有学者认为,党规与国法之间的协同关系体现在价值理念协同、立规立法协同、组织实施协同、监督监察协同等方面,因此,要在具体的制度运作中加强重点环节和重点问题上的协同,使得依规治党和依法治国实现有机统一。[②] 也有学者认为,党规与国法的协同关系体现在价值取向的一致性、规范对象的相融性、功能发挥的互补性、文化倡导的层级性、制度建设的衔接性等五个方面。[③] 还有学者认为,党规与国法协同在规范上体现为国法的规范性效力高于党规,而党规的具体标准和实施要求要严格于国法,换句话说,就是国法代表着共同体的最低要求,而党规则代表着共同体的高要求。[④] 当然,更为学界关注的是从历史的角度关注党规与国法之间的协同关系,而这种协同是体现在意志上的相互继起与相互调适,或者可以认为是历史辩证法的突出特征。例如,有关中国共产党章程作为中国的"不成文宪法"的研究表明,党规(党章)与国法(宪法)共同表征人民的意志,区别之处仅在于先进意志(党章为承载主体)和共同意志(以宪法为承载主体),故而党章的发展就是宪法发展的前

[①] 参见王立峰：《党规与国法一致性的证成逻辑——以中国特色社会主义法治为视域》,《南京社会科学》2015年第2期。
[②] 参见韩强、马金祥：《依规治党和依法治国协同推进的路径思考》,《治理研究》2019年第3期。
[③] 参见付子堂：《法治体系内的党内法规探析》,《中共中央党校学报》2015年第3期。
[④] 参见陶青德：《党规纳入国法体系后的党、法关系新格局、新问题》,《甘肃理论学刊》2015年第6期。

奏，而宪法的发展又是为党章的继续发展提供新的落脚点。其中，宪法中有关党的领导地位的表述，则代表着党规与国法的协同在理念上呈现出时间上的先后与逻辑上的承继特征，二者的相互运动共同推动着执政党与国家的相互发展。① 这是对中国国家治理形态的一种古典学和政治学分析。可以说，党规协同国法的观念现在基本已经得到认同，但关于如何看待这种协同关系，存在不同的观点。

习近平总书记在中央全面依法治国委员会第一次会议上指出："要发挥依法治国和依规治党的互补性作用，确保党既依据宪法法律治国理政，又依据党内法规管党治党、全面从严治党。"② 从中可以看出，党规协同国法，事实上就是以党规和国法各自具有的规范内容与性质为抓手，围绕依法治国、依法执政、依规治党等治理目标，致力形成党规、国法的功能互补的协同格局。其中，"党规严于法律""把党纪挺在前面"与"党规不得抵触法律"，是当前关于党规如何与国法协同的三项有力论述，是理解党规协同国法命题的良好切入点。同时，对于这三项论述，当前还存在一些误解，有必要进一步厘清释明。

其一，所谓"党规严于国法"，不是指在相同情形下党规对党员所施予的处罚将比法律对公民施予的处罚要严厉，而是指党规为党员划定的道德底线要比法律为公民设置的道德底线更高，即党规对党员提出了更高的道德要求。例如，对于通奸与见危不救等道德评价较低的行为，中国法律并未将其纳入调整范围，但党纪处分条例却明确将其认定为违纪行为，因此党员干部若做出这些行为将接受相应处分。"党规严于国法"是由中国共产党的先进性所决定的，法律对公民提出的多为中等水准的道德要求，但党规对党员则设定了符合中国共产党先进性的更高道德标准。其二，所谓"把党纪挺在前面"，并非指对所有违法的党员，都要先交由纪委、监委进行党纪处分后，再交由司法机关进行相应审判和处罚，而是指要发挥党规党纪防微杜渐的作用，抓早抓小，使党员在党纪的严格约束下尽可能地远离违法犯罪行为。此为《中国共产党纪律处分条例》第4条规定"加强对党的各级组织和全体党员的教育、管理和监督，把纪律挺在前面，抓早抓小、防微杜渐"的应有之义。其三，所谓"党规不得抵触法律"，不是指党规无法规定与法律不一致的事项，而是指应区分党内事务与党外事务，对国家和社会等党外事务的处理不得与法律相抵触，但在处理党内事务时却可以拥有一定的自主权。党规

---

① 参见强世功：《中国宪法中的不成文宪法——理解中国宪法的新视角》，《开放时代》2009年第12期。
② 习近平：《加强党对全面依法治国的领导》，《求是》2019年第4期。

在党内事务方面的自主权,源于党员的志愿性。无论是交纳党费还是坚持无神论信仰等要求,均建立在党员的志愿基础上。非党员没有这种志愿,未加入党组织,自然不会受到党规的自主约束。① 这些论述是理解党规协同国法命题的关键,其中许多观点还有待进一步审视,如关于党在处理内部事务时拥有多大程度的自主权、党规的自主性如何回应法律保留原则等问题。② 由此可见,将党规与国法的关系认定为协同关系,不仅可以提供一个更加包容且尊重现实的分析框架,也更有利于说明党规与国法之间的辩证统一关系:它们在价值、制度和功能上存在相似性,在功能和实现法治的方面可以相互配合,发挥各自所长,在规范和理念上具有高度同一性;但同时,它们之间的区别也是显著的。是故,将党规与国法认定为协同关系,不仅可以承认两者的统一,也可以正视它们在规范和功能上的差异性,从而更有利于平衡两者的制度冲突,促进双方的制度协同,共同落实全面依法治国的宏伟目标。

二、积极推进政法队伍教育整顿的党内立法

从时间维度来看,政法队伍教育整顿可以追溯至 20 世纪 90 年代。③ 从过去的实践来看,政法队伍教育整顿主要解决的是长期以来政法队伍存在的诸多问题,这些问题既有政治思想层面的,也有业务素质方面的,更有体制机制上的。首先,在政治思想层面,主要体现为部分干警理想信念不够坚定,为人民服务意识出现模糊,思想自觉性和行动自觉性开始变弱,在工作中缺乏主动进取意识,甚至出现推诿塞责、工作作风散漫的现象;个别干警廉洁自律意识薄弱,存在违反纪律甚至违法犯罪的现象。其次,在业务素质方面,部分干警未能紧跟理论发展和社会发展要求,履职能力下降,在办案过程中习惯于以过去的经验和直觉来处理新型纠纷,导致执法效果不佳,当事人不满意,容易出现反复诉讼、信访甚至是"缠访""闹访"等现象。在体制机制方面,主要体现在部分基层政法机关投入资源不足导致队伍力量薄弱,而这种情况反过来又导致人员流失,专业人员不愿意下沉到基层一线等现象。④ 特别是与高层级机关相比,基层机关明显存在政法人员严重流失

---

① 参见郝铁川:《依法治国和依规治党中若干重大关系问题之我见》,《华东政法大学学报》2020 年第 5 期。
② 参见季珏彦编:《党纪与国法的对话》,中国方正出版社 2019 年版,第 65 页。
③ 例如,《把教育整顿工作深入持久地开展下去》,《山东审判》1998 年第 6 期;王金山:《扎实搞好政法队伍纪律作风教育整顿》,《今日浙江》1998 年第 8 期。
④ 参见黑龙江省法治研究所课题组:《关于强化政法队伍教育整顿长效机制建设的对策研究——以黑龙江省司法行政系统为例》,《黑龙江省政法管理干部学院学报》2021 年第 3 期。

的问题。①

针对上述问题,政法队伍教育整顿坚持问题导向,有针对性地采取多项措施,为后续的制度化建设创造了条件。总体来说,这些措施具有以下特征。

第一,中央统一部署,各政法部门结合自身实际进行教育整顿工作。具体来说,由执政党率先对政法队伍的教育整顿工作提出若干要求,再由中央政法委具体部署,公安、法院、检察院等政法部门依据执政党的政策和相关法律法规的基本要求,结合自身所负责的工作内容开展相关的教育整顿活动。

第二,教育整顿工作以自查自纠为基础手段。过往对于政法队伍教育整顿的实践表明,教育整顿是要以教育的方式来实现队伍的整顿。这种教育首先是政治教育,也就是明确政法工作和政法队伍建设必须服务于党的事业、服务于党和国家工作大局、服务于人民群众的根本利益、服务于宪法和法律的理念和规则要求;其次是思想教育,也就是在思想上明确教育整顿的基本要求和基本目标,自觉以党的执政理念和政法工作的基本要求作为教育队伍和开展检查的准绳;最后是全队伍的教育,也就是要求包括政法部门领导班子在内的全体政法干警都要自觉对标对表,因此在方法上必然首先要求自查自纠。

第三,教育整顿首要在于严肃纪律、端正工作作风。教育整顿以自查自纠为基本特征,因此必然以自我教育、自我监督、自我完善为核心要求,更要以端正工作作风,解决群众反映强烈的执法、司法问题作为重要突破口。例如着力解决案件积压、破除法院"执行难"问题、强化检察系统法律监督职能等,努力在实际工作中体现政法队伍教育整顿的成效。

第四,自查自纠与压实主体责任、强化问责机制有机结合。政法队伍教育整顿是"刀刃向内"的自我净化,因此教育整顿工作必须强调问责机制的完善。具体来说,必须将队伍内部的自查自纠与领导班子的主体责任联系起来,强调各政法部门的领导班子作为第一责任主体,通过压实主体责任、强化监督问责的方式确保自查自纠取得实际效果,避免政法队伍教育整顿演变为简单的"运动战"或充斥着"形式主义",确保建立教育整顿的长效机制。

第五,将教育整顿与维持社会秩序稳定有机结合起来。政法队伍教育

---

① 参见何勤华、唐波、戴莹等编著:《法治队伍建设与人才培养》,上海人民出版社2016年版,第100—101页。

整顿,是强化政法队伍工作能力,推进社会综合治理和维持社会秩序稳定的重要内容。政法队伍教育整顿的主要目的,就是在严肃纪律的同时,一方面统一队伍思想,推动政法队伍思想政治工作迈上新台阶,另一方面以办好大案要案、解决好群众关心的问题为契机,强化政法干警业务能力,用实际工作成绩检验政法队伍教育整顿的效果。这些工作作为政法系统积极回应群众意见和社会舆论的基础能力建设,其现实关切是维护社会秩序稳定,服务党和国家工作大局。从这个角度来看,政法队伍教育整顿,需要把更加切实有效地提升维持社会稳定的能力作为工作目标之一。

上述政法队伍教育整顿工作的经验,为我们在新的历史时期建设政法队伍教育整顿长效机制提供了有益借鉴和重要的实践基础。与过去相比,当前的政法队伍教育整顿既有理论和方法上的传承,也有基于新形势所做出的新举措。从各地方的实践来看,无论是此前的试点探索,抑或是全面铺开后各地政法队伍教育整顿的探索,其中都已涌现出一些值得复制、推广和上升为制度的新举措。在集中整治的基础上建设教育整顿长效机制,成为今后开展政法队伍教育整顿工作的共识。①

当前的政法队伍教育整顿工作表明,强化组织动员能力,是教育整顿取得积极成效的关键。各地实践的普遍经验是:省委首先根据党中央决策部署,成立由省委书记挂帅的领导小组,制定具体的工作指导意见、工作规则以及教育整顿专项实施意见;具体工作由省委政法委统一安排,旨在以制度化、规范化方式加强组织领导;各政法条线分设专项工作组,压实责任主体、明确环节任务,建立协调协商机制,统筹协调、合力推进政法队伍教育整顿工作。可见,政法队伍教育整顿制度化的首要任务在于强化党委和政法机关的组织动员能力,而这必须首先依托顶层设计与地方探索更加紧密结合,以顶层设计统摄地方探索,最终促成政法队伍教育整顿深入推进。当前,在一定程度上仍然存在领导小组"宏观统筹和整体推进不够、微观管理过细和包办过多"的问题,应当进一步强化和落实党政领导对政法队伍教育整顿的管理与监督职能。②

首先,强化顶层设计是推进政法队伍教育整顿制度化的核心。政法队伍教育整顿工作首先属于顶层设计的范畴,也可以认为是中央事权的实施要求,是全国政法机关、首先是中央政法机关自觉践行习近平法治思想,贯

---

① 参见刘红凛主编:《全面从严治党与法规制度建设》,上海人民出版社2018年版,第237页。
② 参见黄峰:《中国共产党干部教育培训科学化研究》,中国社会科学出版社2019年版,第119—121页。

彻落实习近平总书记对政法工作重要指示精神的体现。从时间维度看,本次政法队伍教育整顿与由党中央集中统一部署和统筹推进的扫黑除恶专项斗争密切关联;从教育整顿的内容看,本次学习教育强调警示和持续,带有明显的政治性特征,尤其是通过着力解决在扫黑除恶专项斗争暴露出的政法队伍在日常管理、自我监督、理论学习与思想教育等方面存在的一系列问题,为进一步破除政法工作中的顽瘴痼疾创造条件,也同样是着眼于整体的制度化目标。① 因此,在政法队伍教育整顿制度化的问题上,顶层设计必须坚持问题导向、整体规划的基本要求,从平安中国和法治中国建设的全局视角出发,增强系统集成,紧紧抓住党中央集中统一领导这一关键力量,提升各条线之间的协同格局,为政法队伍教育整顿制度化创造有利条件。

其次,要在中央统一部署下推进各地试点试验,以此为基础在更大范围内推进地方探索。有论者指出,地方试点对全面推进政法队伍教育整顿具有示范效应。地方试点试验可以及时反映出问题,而对问题的着重剖析与切实解决,不仅对于寻找共同问题和提炼解决方案具有直接作用,而且能为进一步促进政法队伍教育整顿制度化提供更多实践支撑,因此必须充分调动地方尤其是基层政法部门和政法干警的积极性,鼓励他们主动在法律、党内法规和政策允许的范围内大胆和富有创造性地开展试验,把地方探索变为统筹推进顶层设计的重要环节。②

政法队伍教育整顿的中央事权属性以及顶层设计统摄地方探索的实践表明,为进一步从根本上推动政法队伍教育整顿制度化建设,必须重视和积极推进政法队伍教育整顿的规范化建设,尤其是要尽快推进相关方面的党内立法工作。党内法规具有规范性特征,能够在推进政法队伍教育整顿规范化的工作中发挥重要的保障和引领作用。③ 尽管目前政法队伍教育整顿已经取得了突出成绩,并且正在向纵深发展,但必须指出的是,现有推进政法队伍教育整顿的方法,在很大程度上仍然只是过去做法的延续,容易出现规范供给不足的问题,因此必须重视相关领域的党内立法工作。

目前,政法工作的主要党内法规是2019年中央发布的《中国共产党政法工作条例》(简称《政法工作条例》)。尽管《政法工作条例》对中央和地方党委、党的政法委员会以及党组的政法工作等做出了规定,但相关内容仍然属于原则性规定,且主要涉及工作职权划分,而对诸如政法队伍教育整顿等

---

① 参见《锻造忠诚干净担当的新时代政法铁军——全国政法队伍教育整顿工作综述》,《人民日报》2022年1月16日。
② 参见蔡斐:《政法队伍教育整顿要把握四个关系》,《中国党政干部论坛》2020年第9期。
③ 参见宋功德、张文显主编:《党内法规学》,高等教育出版社2020年版,第37—41页。

具体事项的组织实施、权力划分、请示报告、监督责任等内容,则没有明确规定。而中央《关于加强党内法规制度建设的意见》虽然提出,可以尝试使副省级城市和省会城市的党委拥有关于特定事项的党内法规制定权,这些事项包括基层党建和作风建设等,但政法队伍教育整顿作为中央事权范畴内的行为,显然不能仅仅通过地方层面的党内立法予以明确。同时,从本次政法队伍教育整顿的中央部署和各地实践来看,普遍注重以体系化、规范化的"工作规则""实施意见"或"实施方案"等作为落实教育整顿的首要切入点。中央推进相关教育整顿工作,同样也是通过《关于开展全国政法队伍教育整顿的意见》《全国第一批政法队伍教育整顿指导方案》等规范性文件来进行的。实践反映出,在充分吸收地方经验的前提下,以《关于开展全国政法队伍教育整顿的意见》《全国第一批政法队伍教育整顿指导方案》等党内法规为基础,制定一部系统性的《政法队伍教育整顿条例》,或者在《政法工作条例》之中增设政法队伍教育整顿条款并合理划分中央与地方党委的权责,是促进政法队伍教育整顿制度化的核心举措。这恰好可以为推进统一的党内法规立法工作提供实践资源,从而做出有针对性的建章立制工作,并最终形成常态化、长效化的教育整顿机制。

三、法规党纪指引下的政法队伍建设实践

(一)积极构建"学习+"监督工作机制

与以往政法队伍教育整顿不同,当前的教育整顿工作既包括业务整顿,也注重学习教育,两者呈现出相互融合的趋势。具体来看,政法队伍教育整顿以学习教育为中心,创新学习教育和宣传事迹方法,推进"四史"教育和政法队伍教育整顿的政治教育、警示教育、英模教育"三项教育"相结合,在学习教育中发现问题,为整顿工作奠定基础。从整顿的目的来看,政法队伍教育整顿的目的之一在于端正工作态度、改进工作作风、增强履职尽责能力。因此,教育整顿工作也必须切实解决群众反映强烈的问题,强化社会治安整治、大力查处新型违法犯罪活动。此外,要更充分地将群众路线教育与教育整顿工作相结合,以服务群众、优化便民举措为中心,一方面注重对法律服务程序的简化改造,优化公共法律服务产品供给方式,积极健全多元纠纷解决机制,另一方面通过多种自媒体、新媒体平台,加快建设和完善政法服务专项平台,推动政法服务智能化、网络化。这些举措一方面可以优化政法工作机制、创新政法工作形式,另一方面有助于拓展外部监督渠道,为广泛听取民众意见提供了途径。

政法队伍教育整顿强调将学习教育融入业务整顿,既表明学习教育是

业务整顿的前提条件和基础环节,更表明学习教育的思想政治意涵在推进业务整顿方面具有激浊扬清的作用。在2021年2月的全国政法队伍教育整顿动员部署会议上,全国教育整顿领导小组副组长、办公室主任、中央政法委秘书长陈一新强调,开展全国政法队伍教育整顿是新时代政法战线实现自我革命的有效形式,是刮骨疗毒式的自我革命,是激浊扬清式的"延安整风",是铸魂扬威式的主题教育。① 可见,主题教育是实现新时代政法战线自我革命的理论准备,也是深入推进激浊扬清式的"延安整风"的思想基础,更是增强自我监督能力的行动底气。

在上述要求中,又以"激浊扬清"最能体现政法队伍教育整顿的自我监督意涵。具体来说,"激浊"就意味着要推进警示教育,基于扫黑除恶专项斗争中暴露出的问题,解决群众反映强烈的腐败现象和违法违规行为,并通过树立反面典型来增强警示教育、提高政法干警思想觉悟,确立规则意识和进一步强化不敢腐、不能腐、不想腐的政治品格。"扬清"就意味着推进英模教育。表彰英模是国家公开表达政治信仰和主流意识形态,通过"树立和表彰一个英模,就能调动和控制其背后的广大民众群体,其范围甚至可以扩展至全国"②。宣传表彰政法战线上涌现的英模事迹及其精神,能够激励并提高政法队伍履职的忠诚性,有利于营造政法事业中主动为民服务,并且勇于作为、敢于担当的氛围;同时,英模教育可以与政法队伍的思想政治教育结合起来,尤其是能配合初心使命教育的开展,进一步统一队伍思想,进一步增强"四个意识"、坚定"四个自信"、做到"两个维护",铸牢政法队伍姓党意识。

同时,"激浊扬清"也表明,锻造一支干净、忠诚、担当的政法铁军,必须坚持将自我革命与强化外部监督力量结合起来,这既是营造风清气正、干事创业的良好政法生态的必然要求,也是政法系统坚持走群众路线、积极回应并不断满足社会需要所必需的条件。政法队伍有担当,不断自我革命,人民群众才能有安全感,才能在此基础上追求更高的获得感和幸福感。为此,要加强对政法权力监督管理机制的完善,避免出现权力出轨或个人寻租现象。③ 因此,必须充分发扬民主监督,在政法工作中自觉接受人民群众的监督,确保人民群众对政法队伍的监督渠道畅通;反过来,只有进一步在接受人民群众监督中改进工作作风,切实解决群众急难愁盼问题,才能进一步密

---

① 参见陈一新:《全力推动政法工作高质量发展》,《旗帜》2021年第2期。
② 孙云:《中国共产党英模表彰制度研究(1921—1966)》,陕西师范大学出版社总社2019年版,第288—289页。
③ 参见习近平:《论坚持全面依法治国》,中央文献出版社2020年版,第58页。

切政法队伍与人民群众的血肉联系,创造更多鲜活的模范事迹,并激发出政法队伍持续、强大的战斗力和凝聚力。

因此,应当明确构建"学习+"教育整顿监督工作机制,将学习教育与业务整顿、民主监督紧密结合起来,并且要以学习教育作为串联起提升业务技能、强化民主监督的主线。例如,通过强化理想信念教育、建立健全政治轮训制度来回答"为了谁、依靠谁、我是谁"的问题,以思想上的团结统一来确保政法队伍保持高昂的斗志和强大的行动力,培养政法队伍贯彻全面依法治国要求的责任感和使命感;[1]通过强化履职尽责能力教育来提升政法队伍的专业技能,尤其是要增强政法队伍知法、用法、守法的能力,杜绝粗暴执法、违法执法、冤假错案等现象;通过强化纪律教育、完善党内法规建设等手段,严肃政法队伍的各项纪律;通过进一步引入外部监督力量,保证在实现自我革命的同时,接受严格的外部监督。以学习教育作为教育整顿监督工作机制主线,有利于培养政法队伍讲规律、讲规则、讲规矩的政治意识,从而符合全面从严治党思想的内在逻辑要求。[2]

(二) 积极推进政治督察制度与政法队伍教育整顿相结合

在具体的整顿工作方面,省一级党委和政法机关以下,层层压实党委主体责任和政法单位直接责任,各条线的专项工作组与省级指导组有机结合,积极开展现场督导、派驻上级指导组,促进省地县各级条线联动,扎实推进整顿工作。值得一提的是,青海省在政法队伍教育整顿中导入政治督察制度,由省委政法委牵头,省纪委、省委组织部、省委巡视办联合出台《青海省政法系统政治督察办法(试行)》,提出通过政治督察制度来贯彻执行《中国共产党政法工作条例》,把政治督察作为专项督促整改、查处问题典型、发挥震慑作用的有力武器,并得到中央肯定。[3]

从青海省将政治督察制度与政法队伍教育整顿相结合,以及从四川、山西、贵州等地的政治督察制度实践来看,将政法队伍教育整顿工作的成功经验和有效实践作为丰富、完善政治督察制度的重要素材,同时依托正在日渐成熟的政治督察制度来推进政法队伍教育整顿制度化建设,将为政法队伍建设打下更为坚实的基础。[4]

---

[1] 参见付子堂:《习近平法治思想的人民立场与实践要义》,《法学》2021年第6期。
[2] 参见付文科:《全面从严治党:开创激浊扬清新局面》,浙江人民出版社2018年版,第41—42页。
[3] 参见张先云、于瑞荣:《筑牢政治忠诚,打造政法铁军——青海第一批政法队伍教育整顿学习教育环节工作综述》,《青海党的生活》2021年第5期。
[4] 以下内容参见李阳:《政法机构政治督察工作研究》,四川省社会科学院2020年硕士学位论文,第39—48页。

首先,政治督察主体明确,职责划分清晰,这为政治督察与政法队伍教育整顿工作有机结合奠定了基础。在督察主体方面,在目前的实践中,政治督察通常在党委的统一领导下进行,由党委政法委作为督察主体进行牵头推动,党委组织部与党委政法委联合展开督察工作,这恰好与目前政法队伍教育整顿工作的主要职责主体相一致,只需要将主要负责学习教育的党委宣传部列入职责主体,即可明确权责主体。

其次,各地政治督察组织试点形式多样。有的在党委政法委内部成立督察工作组,有的是党委政法委与纪委监察委、党委组织部和党委巡察工作办公室联合成立政治督察工作领导小组,还有的是单纯依托各政法机关构建单独的政治督察机构。由于政治督察的目的明确、思路清晰,督察组织形式的多样化不妨碍政治督察的目标实现,这意味着政法队伍教育整顿完全可以依托现有的政治督察制度的组织形态。当然,考虑到政法队伍教育整顿制度化建设仍然要以学习教育为核心、以业务整顿为主题,因此完全可以在现有政治监督组织机制地方试点的基础上做出有针对性的调整,从而突出政法队伍教育整顿工作的内在规律。

最后,政治督察的内容以强化政治建设为中心,契合政法队伍教育整顿工作的学习教育核心。顾名思义,政治督察主要是以政治思想建设为主要的督察内容。例如将党中央重大决策部署、党的政治纪律和政治规矩、政治轮训具体情况、新时代党的建设总要求和八个方面的重点任务的落实情况以及《政法工作条例》明确的党委政法委各项职责作为督察标准。其中不少内容是与政法队伍教育整顿密不可分的。例如政法队伍的政治建设、纪律建设和作风建设就和政法队伍教育整顿工作中的理想信念教育、履职尽责能力教育和纪律教育一体两面。又如政法队伍教育整顿中的发扬民主监督、解决民众反映强烈的执法、司法难点问题,当然从属于新时代党的建设必须抓好的重要任务。因此,完全可以将建立健全政治督察制度与政法队伍教育整顿制度化建设联系起来。

四、国家限权:党规与国法的法治协同

政法队伍建设是国家推行的对具体权力行使者的整顿、教育、提升,这既是为落实好全面依法治国而实施的具体措施,也是国家的自我革新与自我完善。就具体措施而言,针对具体权力实施者的整顿、教育,并不是一种法治逻辑下的方案,因为法治强调的是普遍性、形式性、制度性,而非穿透制度指向具体个人。但同时,这一制度实践也是服务于法治建设,并实施于法治框架之下的。其典型表现就是强调通过党内立法推进政法队伍教育整顿,而非政策

性、运动式的推进。这自然就指向了党规与国法之间如何协同的问题。

"党内法规与国家法律关系的实质是党政关系。"①所以党规与国法的这种协同关系,实际反映的是坚持和加强党的全面领导与依宪治国相结合的背景下中国的党政关系,因此实现党规协同国法、党规与国法的功能适配,首先需要建立在明确的党政分工基础之上。例如,由于中央对执政党的定位主要是政治领导、思想领导和组织领导,所以在财政事务方面,执政党的工作就更应偏向规划、引导与督促,而不包括具体财政事务的规范和执行。依循这种党政分工,在党务财政方面,有关事务即应通过国家法律来统一调整,而党规则仅需要从政策层面进行宏观把控,如此一来党规便能够发挥其应有作用,与国法良好适配,而这正对应着中国预算法的运行实践。②厘清党规与国法的调整范围,协调好党规与国法的关系,在理论上就是要求建构起一个科学合理的党务与国务的区分标准,亦即党务的识别标准。该标准的横向展开谓之广度区分标准,即党规有权对党务进行调整,而不可超越党务的范畴、侵犯国法的权限范围。该标准的纵向展开谓之深度区分标准,即党规虽有权对党员的权利义务进行规范,但不可超越必要的限度,否则可能侵犯国法的管辖权限。③

由于党规与国法间存在如此密切的协同关系,学界目前的普遍看法是将党规纳入国法的体制来进行管理。有学者主张按照现代法治的一般原理和规律来推进党规建设。④ 有学者认为,为保障国家法制统一,有必要按照国法的合法性审查机制来强化党规监督机制。⑤ 也有学者指出,由于党内法规体系作为中国特色社会主义法治体系的有机组成部分,它必然是一个统一、明确的规则体系,并类似于法律体系,具有结构体系完整、效力层次分明、规范形式严格、逻辑结构清晰、基本范畴统一等特点。⑥ 而目前有关党规参照国法进行制定和体系化、形式化建设的实践现状,也表明党规具有类似于法律的形式属性。⑦ 还有学者直接按照法制建设的经验成果来推导

---

① 欧爱民:《党内法规与国家法律关系论》,社会科学文献出版社2018年版,第121页。
② 参见熊伟:《法治财政建设中党规与国法的功能适配》,《政法论丛》2021年第1期。
③ 参见欧爱民:《党内法规与国家法律关系论》,社会科学文献出版社2018年版,第132—133页。
④ 参见周叶中:《关于中国共产党内法规建设的思考》,《法学论坛》2011年第4期。
⑤ 参见姜明安:《论中国共产党党内法规的性质与作用》,《北京大学学报(哲学社会科学版)》2012年第3期。
⑥ 参见魏治勋、汪潇:《论党内法规的形式规范性及其创造性转化》,《吉林大学社会科学学报》2019年第3期。
⑦ 参见王振民:《党内法规制度体系建设的基本理论问题》,《中国高校社会科学》2013年第5期。

出党规建设的"十二字方针",即"科学立规、严格执规、全党守规",从而建构党内法治体系,进而推动党内治理乃至国家治理的进程。① 上述研究的共同点,是确认党规是强化党要管党、全面从严治党的重要依据,也是间接提升国家治理能力和治理水平的重要制度抓手,因此党规与国法的相互协同,不仅体现为内容上的协同,在形式上也需要体现出适配的规范性体系。②

然而也应当明确,尽管执政党在中国宪制中具有非常特殊的地位,党内法规体系也已被明确为中国特色社会主义法治体系的重要组成部分,但仍不宜在形式上将党规提高到与国法相并行的地位,这不利于更充分地体现党依法执政、依宪执政的执政理念。是故,宜将"党规"的概念内涵界定为"与法律适配或与法律功能近似的规范性文件",或者如学者所建议,界定为"具有法律与政策二重属性的规范性文件"。③ 这样既可以明确党规与国法之间相互协同的关系,又能够在形式上明确国法高于党规的规范意义和执政党在宪法和法律范围内活动的宪制意义,还能充分展现党规的形式与实质的辩证统一。

(一) 多元面向的法律概念

有关国家法、社团法和民间法等法律多元的研究,以及党规与国法协同关系的研究均表明,不宜再狭窄地将"法律"等同于"国家法",而应当采取更加多元开放和包容的视角来理解"法律"。将法律与国家法相等同的做法很有可能是过于着急地将问题简单化了,而这又反过来限缩了我们对问题的讨论意识。在一个国家内,对人们进行行为规制的法律不仅仅是国家法,区域内多种不同性质的法律同样起着重要作用,不同的规范往往在相同或不同的层面对整个社会进行调控。而从另一层面看,法律作为一种生发于社会中的规则体系,它的目标之一是努力创设一种稳定持久的社会秩序,这就反过来要求法律本身需要具有多种不同的形态以渗入日常生活,习俗、礼仪、党规、国家法等都可以是它演变的具体呈现,我们也不必太过紧张地对待除了国家法以外的其他规范形态。

但是,尽管采取多元面向的法律概念需要同时承认多种规范集合的属

---

① 参见肖金明:《论通过党内法治推进党内治理——兼论党内法治与国家治理现代化的逻辑关联》,《山东大学学报(哲学社会科学版)》2014年第5期。
② 参见秦前红、苏绍龙:《党内法规与国家法律衔接和协调的基准与路径——兼论备案审查衔接联动机制》,《法律科学》2016年第5期。
③ 参见屠凯:《党内法规的二重属性:法律与政策》,《中共浙江省委党校学报》2015年第5期。

性和地位,对各种规范范畴的基本逻辑与价值进行理解也是必要的,否则,在一个统一庞大的概念聚合体里拥有一个价值判断尺度将会是十分困难的,法律多元也极有可能陷入法律相对主义的泥淖而不自知,其目标实现自然也将沦为空想。易言之,利益相冲突的不同行动者总是拥有着不同的行动期待,而如果不能妥当地寻找到他们背后隐藏的价值共识,一种稳定持久的社会秩序终将是可望而不可即的。正本方能清源,先于社会秩序而存在的规范性共识希冀可以获得内化的人格力量以保证规范被广泛遵守,这倒逼着法律吸纳原本被它所排斥的诸多规范集合。有学者基于人类学视角,主张法律是一个安排事物、行为、意义的秩序的分类体系,并奠定法律的多元格局,它表明不同的法律之间存在商谈空间,因而规范协同的意义就在于如何合理地处理差异。① 假使这种差异没能被很好地处理,那么社会系统内部的纷繁抵牾将会毁损规范体系的有效性,游走在主流社会价值边缘的规范冲突很可能加剧共同体秩序的不稳定性,正因如此,规范协同的责任与意义方能得以凸显。这同样意味着,法律需要承担社会性整合的功能,但现实却往往是这种功能不能满足日益复杂的社群共同体的需要。通过规范协同的引入,能够在可接受的限度内形成一种事实性整合机制,社会的团结保障也因此通过对异议风险的消除得以实现。有学者进而确认,中国国家治理领域中存在着7种不具有法律强制力但却对社会生活产生实质调整作用的"软法":公法的基本原则,宪法和行政法的既定和正在演变的惯例,党内法规,宪法和法律中的声明性和提倡性条款,民间社会的既定和正在演变的惯例,司法判例,行政执法基准。②

  按照这一进路,我们能够更清楚地理解党规协同国法的命题。首先,基于前述对党规的形式理解即"与法律适配或与法律功能近似的规范性文件"或"具有法律与政策二重属性的规范性文件",就可以明确,党规具有法律的一些特征,可以被认为是广义的"法律",它能够协助国法更好地实现社会治理,承担起建设中国特色社会主义法治体系的时代任务,进而通过全面从严治党来促成全面依法治国。但同时,党规又与"社会法"或"软法"相近,③它代表着社会对于先进群体的更高要求,因此它的实现不完全依靠国家强制力,而是更多地依靠党性修养、党内纪律和社会公众对党员和党组织的道德压力。这有助于我们更清楚地区分党规与国法在形式与实质上的不同面

---

① 参见王启梁:《法律是什么?——一个安排秩序的分类体系》,《现代法学》2004年第4期。
② 参见姜明安:《软法在推进国家治理现代化中的作用》,《求是学刊》2014年第5期。
③ 参见周望:《论党内法规与国家法律的关系》,《理论探索》2018年第1期。

向,进而令党规协同国法这个法理基础命题变得更加清晰。

(二) 党规协同国法治理格局的建构思路

党规协同国法的命题可以从动态和静态两个层面进行理解。党规协同国法命题的静态展开,是从党规与国法各自的特点出发,区分两者在形式与实质上的不同面向,并以此规划党规协同国法的蓝图。而党规协同国法命题的动态展开,则以构建党规协同国法的治理格局为指向,明确实现党规协同国法的手段与原则,并构造相应的方法论。构建党规协同国法的治理格局,首要之举是完善党内法规制定的技术规范。

党的十九大报告提出"加快形成覆盖党的领导和党的建设各方面的党内法规制度体系"。当前中国党内法规体系尚处于形成时期,为提高党内法规质量,实现党规与国法相协同,必须完善党内法规制定技术规范。根据研究者的总结概括,党内法规制定的技术规范包括五个方面:统筹协调规范、语言规范、结构规范、活动规范和公文规范。① 其中统筹协调规范对于实现党规国法协同而言具有最重要的意义。统筹协调规范的概念以立法规划技术规范为基础,指的是中国共产党作为法治领导者,在协调国家立法和党规时必须遵循的那些技术规范。制定完善党规的统筹技术规范,应以党规与国法的协同关系为指导,在形式上明确党规乃与法律适配或与法律功能近似的规范性文件,因此其不仅须具备公开、普遍、确定、统一和稳定的形式规范性,还应适当体现出明确性、义务性与授权性等"硬法"色彩;在实质上以规范多元理论为依据,确立其广义上的"法律"定位,注重发挥其既与国法相似、又与社会法或"软法"相近的特点,通过赋予党员群体更为先进的道德要求,协同国法更好实现社会治理和建设中国特色社会主义法治体系的时代任务。具体而言,党内法规的统筹技术规范可以从"选择与分工"和"衔接与协调"两个方面保障法规与国法间的协同关系。就前者而言,《中国共产党党内法规制定条例》第3条将党规的调整范围限定为"党的领导和党的建设活动",而第4条具体包括党的组织、党的领导和建设、监督考核奖惩保障以及干部管理这四个部分。这就限定了党内法规的制定范围。就后者而言,《中国共产党党内法规制定条例》第32条规定,党内法规同宪法、法律和行政法规相抵触的,党中央予以责令改正或者撤销。只有坚持党规对标国法,注重党规与国家法律的协调和衔接,才能避免脱节、重复或冲突。②

值得注意的是,在完善党内法规制定技术规范的过程中,除将统筹技术

---

① 参见管华:《党内法规制定技术规范论纲》,《中国法学》2019年第6期。
② 参见宋功德:《坚持依规治党》,《中国法学》2018年第2期。

规范视为一项重要的技术规范以外,还应将其中最为核心的"协同理念"作为完善和运用其他类型技术规范的指导原则,以使党规协同国法的观念深刻融入党内法规的各个方面。此处以语言技术规范与结构技术规范的完善与运用为例。党规的语言风格和国法的语言风格有较大差异,它的特点是具有思想性、政治性和道德性,相应地就可能存在一定的抽象性与不确定性。为避免语义分歧,在制定与解释适用法规过程中应尽可能地弥合其与语言明确性原则间的裂痕。如有学者就提出,可以通过制定配套性法规、强化党内法规解释机制或创设党内法规案例指导制度等方式,提高法规在理念、文本和实施上的明确性。① 加强对党内法规建设中明确性原则的贯彻,一方面意味着党规里现已存在的部分表述可能亟待修正,另一方面则要求在适用党规时明确解释出其规范意旨。可以发现,无论以上哪种情况,都存在应当以何种标准修正或解释现有党规的问题。此时便可发挥协同理念的指导作用,即将"党规与国法相协同"作为修正与解释既有党规的重要目标,运用协同理念辅助贯彻党内法规的明确性要求。与此相类似,在完善和运用技术规范时,一般多强调应确保党内法规具有高度体系性。如有学者即提出,党内法规体系化是一个包括结构体系化、规范体系化以及内容体系化在内的系统性工程。② 但问题在于,在优化党规结构、统一党规体系时,应遵循何种脉络或主线?换言之,在完善党规结构前,必须先行确立相应的体系精神,而此时协同理念便再次发挥作用。如前所述,党规适配国法的要求,使得党规得以在多元规范格局中准确获得自身的体系定位,即党规应当与国法构成卯榫结构,并致力补足其他社会规范的短板,此即党内法规中极为重要的体系精神。换言之,统一党内法规体系,应以形成"党规-国法"适配结构为依循。

简言之,从动态层面理解党规协同国法的命题,就是要认识到,对于构建党规协同国法的治理格局而言,必须始终坚持规范协同的理念,在制度依据上致力实现党规和国法的良好衔接,在制度实施上加强形成依法治国与依规治党的协同实践。③

党内法规体系建设事关中国特色社会主义法治体系大局,应当予以高度重视。但由于研究经验的局限和比较理论的缺位,我们仍然需要进一步

---

① 参见段磊:《论党内法规的明确性原则》,《法学评论》2019年第5期。
② 参见侯继虎:《新时代党内法规体系化的法理逻辑与发展路径》,《政治与法律》2019年第4期。
③ 参见林华:《依法治国与依规治党有机统一的逻辑及其进路》,《环球法律评论》2020年第3期。

探究党规与国法之间的基本关系，或者说更充分地论证两者之间的协同关系，也就是在功能上和实质内容上相互配合、相互协调。党规协同国法的关系命题之所以可能，是因为规范多元乃是现实社会的一项基本事实，法律尽管是基础性规范，却不过是调整社会利益和社会关系的诸多规范之一。在中国，由于执政党在规范和历史维度上所具有的特殊地位，党规被赋予了特殊的实质意义，这构成了党规协同国法命题的实质面向。① 同时，宪法和党章都明确了执政党必须在法律范围内活动，因此党规在形式上必须服从于国法，这构成了党规协同国法的形式面向。

就此而言，党规可以被理解为适配法律的社会规范，它作为社会规范之一，与国法相互协作，共同完成国家治理体系和治理能力现代化、实现中国特色社会主义法治体系建设的历史任务；法律则可以采取广义的理解方式，使党规也可以与民间法、社会法、"软法"等概念一道，成为广义上法律的组成部分。此时，我们不仅可以夯实党规协同国法的法理基础，还可以更清晰地理解"法治中国"的重大理论命题：正是由于党规所承载的更高道德要求和法律的愈加活泼的形式面向，我们才能够明确，"法治中国"的概念蕴藏着历史与实践统一、道义与实践统一的理论逻辑，以及全体人民对正派国家与良序社会的道义期望；在这个过程中，国家也受到法治逻辑的影响，自我限权、自我革新、自我完善。② 这正是党规协同国法的根本意义所在。

这种党规协同国法共同实现国家权力限制的做法，形成了中国限制国家权力的"双笼关虎"模式，其拥有严格的实体标准、广泛的调整范围、周延的责任配置、高效的实施执行，为破解国家权力限制难题提供了有效的中国方案。③

小　　结

在国家推行法治的过程中，法治的内在逻辑不断影响、限制着国家，法律至上、规则之治等法治基本原则要求将国家权力"关进制度的笼子"，国家

---

① 党内法规的概念始于中国革命时期，界定于改革开放初期，在新时代成为中国特色社会主义法治体系中不可或缺的一部分，由此使得党规问题不再局限于党建领域，党规与国法的协同成为实现社会法治化治理必须回应的时代命题。参见王海军、廖皇珠：《中国共产党制度治党语境下"党内法规"概念的历史流变》，《山东社会科学》2020年第6期。
② 参见王旭：《"法治中国"命题的理论逻辑及其展开》，《中国法学》2016年第1期。
③ 参见欧爱民、范晓珲：《双笼关虎：权力限制法治化的中国式表达》，《理论与改革》2023年第3期。

也在积极通过一系列制度化改革来规范、限制自己的权力。这种"国家限权"不同于西方国家的"控制国家"概念,[①]不是基于权力分割、权力制衡的外在权力控制,而是一种内在的国家自我革新、优化,是通过一系列微观的制度设计实现国家的自我限制、国家主义的自我更新。简言之,国家主义也可发展出自我限权的新内涵,具体的国家主义目的与法治建设本身并不必然存在冲突。

实践表明,积极司法可以实现法律效果和社会效果的有机统一。重视司法在法治建设中的作用,保证司法遵循自身的运行逻辑,非但不会损害,反而有利于国家主导的法治建设,有助于充分阐明执政党对司法工作的全面领导具有的政治优势和制度优势。社会主义核心价值观的司法贯彻就属于中国积极司法的功能形态在当代的具体展开,执政党通过要求司法活动积极全面融入社会主义核心价值观,完成了对司法权力行使的德性限定,集中体现了国家的自我限权面向。自2013年中共中央正式提出"培育和践行社会主义核心价值观"以来,从司法机关在业务中弘扬社会主义核心价值观的各种制度举措以及在公开场合的表态中,可以隐约看出社会主义核心价值观司法认知的一条潜藏的逻辑线索,那就是不断地把社会主义核心价值观与司法权的运行规律以及司法实践所面临的问题结合起来,通过在实践中"转化"价值观念的方法来达到培育、践行和弘扬社会主义核心价值观的目的。社会主义核心价值观的司法实践,充分说明了国家主义与法治具有同向而行的特征,体现了国家主义立场在促进实现良法善治方面的积极作用。法院适用社会主义核心价值观,以服务党和国家工作大局为基本立场,坚持以人民为中心的公正审判职能,并以社会治理为职能外延。这种制度实践很好地体现出了吸收现代法治理念后国家主义包含的国家限权导向,国家不是单纯将法律作为统治工具,国家在践行法治化治理的同时也受制于法治内生的国家限权要求,国家与法治在具体制度实践中能够实现相向与协同。

对政法队伍开展教育整顿,是国家主义立场下强调政法队伍教育的必然选择,是党在推进全面从严治党、从严治警方面的重要内容。[②] 在实践中,国家一方面抓工作成效,一方面抓制度建设,用教育整顿的制度化体制机制建设来为后续的教育整顿工作日常化、长效化、常态化创造制度条件,

---

① 参见[美]斯科特·戈登:《控制国家——西方宪政的历史》,应奇等译,江苏人民出版社2001年版,第10页。
② 参见黄文艺:《论习近平法治思想中的法治工作队伍建设理论》,《法学》2021年第3期。

摆脱教育整顿的"运动式治理"困境。从目前的发展趋势看,存在以下三个方面的推进政法队伍教育整顿的制度化建设路径。第一,以《政法工作条例》为基础,吸收各地实践的成功做法,将被证明行之有效的《关于开展全国政法队伍教育整顿的意见》以及《全国第一批政法队伍教育整顿指导方案》等中央规范性文件上升为党内法规,为政法队伍教育整顿提供扎实的规范来源。第二,将学习教育作为推进业务整顿和强化民主监督的前提与核心,创建"学习+"监督工作机制,让学习教育作为监督工作的纪律要求挺在前面。第三,把政治督察制度与政法队伍教育整顿制度化建设进一步结合起来,使政法队伍教育整顿获得直接而有效的制度支持。可以看出,这其中同样包含着国法与党规协同的内在制度要求与客观发展规律。

党的领导在中国政治制度与法治建设中具有独特、重大的意义,执政党是抽象意义上的"国家"的有机组成部分,因此在有关国家主义的研究中,不能把国家具体化为政府,而忽略执政党这一要素。实际上,无论是国家政策方针,还是学界相关研究,都重视执政党及其权力规范化问题,但在国家主义视角下对这一话题的关注却乏善可陈。因此,本章基于方法论国家主义的视角,将"国家限权"分析重点放到了执政党身上,以弥补相关研究的不足。其中党规与国法关系是全面从严治党的重要命题,是执政党在全面依法治国背景下对自身权力的规范化、法治化,是国家权力限制的重要面向,也是中国国家主义法治观的新发展。

结　语

本书的论证表明：以国家和国家理性为核心推进法治建设的国家主义法治观，是当代中国法律体系和法治秩序建构的基础理念。这一理念是指导当前法治国家、法治政府、法治社会一体建设和中国特色社会主义法治体系建设的宏大布局的基础理念。国家主义法治观被全面贯彻于当代中国的立法、司法和执法领域，体现出从注重程序理性和保护权利意识的"自治型法"转向实质价值复兴、案件审判讲求情理法相融合的"回应型法"。在这个过程中，国家主义立场的内涵将会发生改变，国家主义法治观的内容及其认知视角也会相应地发生改变。

一、重访法治与国家的关系：从国家主义和自由主义的对立谈起

就内容而言，国家主义法治观的关键词始终是国家与法律（法治）的关系问题。依据政治哲学理论，国家与法治的关系在一定程度上能够与国家主义与自由主义的关系研究接轨，这是因为现代法治重视权利的立场往往能够从自由主义的角度获得阐述，也因此有学者将自由主义视为法治内在价值的底纹，或将法治视为自由主义的实现方式。① 自由主义认为国家仅仅是工具，其目标在于保障人权，个人权利与消极自由具有高度重要性。与之不同，国家主义认为国家自身就是一个作为目标和理性而存在的自主实体。然而，自由主义的立场已经脱离了现实，它忽视了社会整合的必要性，没有回答社会治理的三个基本问题：第一，在一个欠缺统一价值、个人原子化趋势明显的抽象社会中，社会能否继续发挥其整合个人、约束国家的功能；②第二，为什么个人基于选择自由要在市场中屈从于他人，即如何应对市场无序竞争所产生的垄断问题；第三，为什么国家作为一个监督者和守夜

---

① 参见王亚宁、王代月：《形式普遍性及其现实根源：马克思对自由主义法治的辨析探讨》，《社会主义核心价值观研究》2022年第5期。
② 参见李猛：《论抽象社会》，《社会学研究》1999年第1期。

人,却可以实质性地向由于市场竞争失败而处于弱势的群体提供援助,即国家何以能正当地促进社会普遍福利。

自由主义立场目前未能回答的这三个问题,成为国家主义证明其优越性的出发点。由此观之,国家主义和自由主义的争论不仅在于基本立场之上,还在于它们对待社会自主性和国家伦理性等问题的态度。在社会功能的自主性问题上,自由主义主张国家不应任意干预社会,社会可以实现完全的自主,而国家主义则反对如此。在国家伦理问题上,自由主义主张个人拥有至高的善,个人是社会的最终目的,社会结构和国家治理都是为了人类的理性才有必要存在的;国家主义则认为,不应当因推崇人的理性以及个人的至善性而忽视了国家所具有的理性与国家的价值,也不应当因为个人意志的多元性而忽视了国家在整合社会、团结个体和追求特定价值目标等方面所具有的积极意义。

国家主义和自由主义在政治哲学上的观点分歧,的确会对国家与法治的关系研讨带来困扰。一方面,自由主义所表征的个人权利与个人自主地位,的确是法治的内在价值之一,这种内在价值需要在现实中得到体现和坚持,而不能因外在价值的转变而发生变形、变异。另一方面,法治有其外在价值,也就是将法治当作实现某一目标的工具,法治的重要性取决于这一目标的重要性以及法治能在多大程度上促进这一目标的实现。对国家而言,国家治理的需求是当前国家、民众对法治的主要需求之一,人们期待法治能够为社会治理现代化提供一套行之有效的方案,法治也因此承载着国家理性和国家意志的外在价值。国家治理体系与治理能力的现代化,就离不开法治外在价值的发挥。

此时,国家与法治的关系分析,就从国家主义和自由主义的政治哲学分歧,转向法治概念的内在价值与外在价值之争。具言之,如果只坚持内在价值的视角,则会认为法治本身就是一种衡量外在事物的价值尺度,社会一切外在条件都必须以法治本身为基准。然而,法治作为人类文明的产物,确实有其价值上的重要性、先进性,值得人们将其当作目的本身去追求,但是,"法治究竟是什么"作为一个理论问题,没有唯一确定答案,如果把法治当作唯一真理性的价值尺度,就会在实现国家治理目标的过程中(实现法治外在价值的过程中)出现这样一种逻辑:外在社会条件需要适应法治,因此,只能全盘改造社会。这种逻辑显然也是不可取的。[①] 同样的道理,如果只坚持外在价值的视角,就很容易陷入实用主义的立场,这一立场的自然演进可

---

① 参见刘睿:《国家治理现代化与法治的实现》,《楚天法学》2015 年第 4 期。

能会导致取消法治的逻辑：因为一旦当法治在构建新的国家治理秩序、完成国家治理目标的过程中出现问题、遇到困境时，就会产生否定法治的观念。而如何平衡法治概念的内在价值和外在价值，并不是一个纯粹的认识论问题，而是且只能是一个实践论问题。也就是说，只有在国家建设法治的具体实践中，才能回答如何平衡法治概念的内在价值和外在价值的问题。这一点，在中国法治发展和演进的历史中体现得非常明显。国家与法治之间的"互益与背反"关系不仅是对平衡法治概念之内在价值和外在价值的镜像，也是对中国国家主义在指导法治建设过程中的学理总结。

因此，在明确国家主义法治观能够包容现代法治理念的前提下，如何更好地阐述国家与法治、国家主义法治观与法治理念的关系，就成为中国未来法治建设中需要重点回应的理论问题。

从国家与法治关系的角度反思，我们应当区分现代法治理念和经过西方政治理论包装过后的"法治"概念，也应当正确理解法治概念和自由主义的内容关联。换言之，我们不应将注意力过度投放到法治和自由主义之间的关系上，而是应当重点关注法治之于国家的应有之义——限制国家权力或所谓的"控制国家"。

控制国家就是限制权力，既要让国家掌握应有的权力，又要控制其权力的大小和使用范围。但需要注意的是，行动的并不是某个作为实体而存在的国家，而只存在由国家权威所赋权的每一个个体。[①] 我们通常把国家比作一台"机器"，但这台"机器"是需要人来操作的，同时我们需要这台"机器"履行的职责，如税收、防卫等都需要赋予这台"机器"很大的权威，这是没法回避的。即"国家（政府）"必须有权威，权威必须由具体的人来享有、行使。那么，如何才能使权威只发挥他应该有的积极的作用？为了解决这个问题，柏拉图曾想过"哲学王治国"的方法，但我们需要的不是一个理想中的权力的看管人，也无法要求权力的掌握者完完全全公正地使用自己的权力。于是，人们决定用"制度"而不是"道德"去限制权力的使用者，此时，"法治"取代"人治"就成为全社会的共识。但是，制度应当如何建设，"法治"应当如何，显然不是仅仅建立一个普遍的规则那么简单。从政治角度思考"法治"需要解决的问题，首先就是在"法治"提供的同一个规则体系下充分保证少数人的利益，避免"多数人的暴政"；其次，是在"法治"提供的同一规则体系下规范有组织的少数人对无组织的多数人的支配。此外，如果"法治"仅仅是建立一个普遍中立的规则，权力仍然是无法被限制的，因此还需

---

① 参见[美]斯科特·戈登：《控制国家》，应奇等译，江苏人民出版社2001年版，第10页。

要在权力之间进行制衡,即采取一种多元主义的立场,运用社会权力与权利、个体权利等来实现与国家权力之间的均衡。

中国在建设法治的过程中所展示出的国家立场即国家主义法治观,恰好体现出此种保障权利、限制权力的法治内涵,并且国家正在逐渐建立起一套自我限权的体制机制。这是一种国家革新与全面依法治国相伴相生的共同发展。在中国的建构型法治进路中,国家无疑发挥了充分积极的能动作用。在逐步深化的改革进程和法治全球化的背景之下,"国家-社会-个人"的三元治理机制也日渐成形。随着中国市场改革的深化和国际交流的增多,尊重和保障社会主体的意愿,关注和强调社会各主体的差别利益,不断健全和完善中国的法律体系,促进社会治理水平与法治水平的提升,已经成为法治建设的重要方面。在坚持国家主导,承认国家能动作用的前提下,完善中国法治建设中的国家限度,也构成了重新认识国家角色、作用与法治关系的逻辑起点。

二、国家主义法治观的未来:转向三元社会治理体系

与传统社会秩序不同,现代社会中的国家合法性主要来源于民众的认可,这种认可既可以是源于政治上的持续同意,也可以是基于国家作为权力受托人的行为绩效,还可以是基于国家所主张的共同"善"所具有的普遍的社会认可。这三者分别指向社会契约理论下的民主选举,国家在经济、军事等领域的绩效,国家意识形态三个方面。人们普遍认为,政治上的同意认可以及由此产生的民主选举政治是现代国家合法性的最主要来源。在一个民主国家,国家只是一个中立的"裁判","游戏规则"则出自各社会组织之间所开展的不间断竞争。因此,国家几乎是隐形的,主要的个体和社会力量的博弈,都是在"社会"这个场域下完成的。也因此,社会成为个人与国家之间的缓冲地带,国家非到关键时刻不轻易从社会的身后走出,从而以自身的隐退来获得合法性的持续稳固。① 因此,扩大社会组织和公民的参与,通过建构"国家-社会-个人"的三元社会治理机制来契合市场化改革和全球化治理的新式话语体系,就成为国家主义法治观的未来转向趋势。

(一)推进第三方参与立法

虽然中国近年来已不断推进立法民主化并取得明显成就,但封闭式立法、条块分割立法、不公开立法程序、立法过程不透明、公众参与不足等现象依然存在。在党的十八届四中全会上通过的《关于全面推进依法治国若干

---

① 参见赵鼎新:《社会与政治运动讲义》,社会科学文献出版社2012年版,第113—130页。

重大问题的决定》提出,可以积极引入第三方主体参与到立法进程之中,并探索建构第三方参与立法和立法后评估的制度建设,减轻并最终消除立法过程中易出现的"行政化""部门化"和"地方化"问题。所谓"第三方",主要是指不特定的社会力量,它们与立法机关、行政机关等传统的法律起草部门不同,它们相对独立于国家权力的直接管理范围,也并非国家机关的组成部分,因此可以免受国家权力的直接影响,更好地发挥自身在具体领域的专业素养,从而提高立法的科学性。此外,第三方参与立法还能帮助立法者理解具体领域的社会需要和现有制度的不足,从而使立法更具针对性。根据现有实践,第三方参与立法是社会与国家在立法领域展开制度性合作的典范,有利于增强立法的实效性,也使得社会行为能够获得来自国家的支持和认可。同时,第三方参与立法还可以在立法的全过程展开更充分的民意讨论,使民意代表的工作更具针对性、现实性,在扩大社会主体参与立法的同时,帮助国家更好地进行具体领域的立法,从而更好地贯彻科学立法、民主立法的要求。[1]

从执政党层面正式提出支持第三方参与立法的实践,是中国改进立法方式的重要方式。事实上,实践中早已存在第三方参与立法的尝试。国内一些地区已经开始探索由第三方参与立法起草和立法后评估,还有的地方直接委托第三方起草法律草案,甚至通过政府购买渠道来采购立法起草文本。从实践来看,第三方参与立法已经覆盖立法的较多环节,并已经积攒下一些有益经验,但这种地方试验并没有形成具有普遍可操作性的实施方案,更多是在立法的个别环节中引入第三方参与,使得第三方参与立法的试验变成了地方立法机关"开门立法"的绩效作品。[2] 此外,立法是一个涉及大量事前调研和事后评估的工作,调研的精细程度将在很大程度上决定起草立法文本的质量。但参与起草立法的第三方主体是否有能力全程参与此类调研工作,在实践中并未给出明确的说明,且相应的制度安排和试验方案也不够清晰。在一定程度上,第三方主体参与立法的启动以及参与的范围,仍然受到地方立法机关的直接管束,远未形成可供进一步抽象化、程序化的制度方案。

考虑到第三方参与立法的上述问题,应当尽快为第三方主体参与立法设置一定的制度建构条件。

---

[1] 参见[美]朱迪·弗里曼:《合作治理与新行政法》,毕洪海、陈标冲译,商务印书馆2010年版,第269页。
[2] 参见喻文光:《通过第三方参与立法保障立法的科学性与民主性》,《行政管理改革》2015年第2期。

第一,需要明确第三方立法参与之"参与"的属性。从过程上说,这里的"参与"是一种全过程参与,既包括立法之前的参与,也包括立法中的参与,还包括立法后的参与。其中,立法前参与主要涉及立法必要性、合法性、协调性、可操作性等事项的评估工作,立法中参与则主要涉及法律案的起草、论证、说明与完善工作,立法后参与则以立法实施效果的监督、评估为主要内容。除了内容属性,还需要明确第三方立法参与之"参与"的地位属性,即第三方参与并不能代替立法工作本身,或者说不能代替立法机构的本职工作,因而相比于立法机构在立法中的主导地位,立法中的第三方居次要、辅助的地位。但不能因这种地位属性而否认其功能属性,立法机构应当尊重、听取第三方的意见、建议,并在程序上保证第三方能够充分参与到立法之中。第三方的作用是提供有关立法活动的信息,支持立法研究,及时提供反馈,并建立立法者、行政部门、第三方和其他特定行为者之间的联席会议制度,以促进公共当局和第三方在立法活动中的相互协作。

第二,不仅需要在理论上明确第三方参与立法的性质,而且要在实践上保障促进第三方立法参与取得良好的实际效果。首先,可以探索建立第三方立法参与主体的标准与参与门槛,设置第三方立法参与主体"白名单"的方式确保第三方参与立法主体的能力与水平;另一方面,可以适度引入竞争机制,依托政府购买公共服务的程序机制来提升第三方参与主体质量。其次,第三方立法参与主体在参与过程中同样需要相应的规范予以明确和制约,当第三方主体参与代表国家职权的立法活动时,不仅仅是在享有立法者分享给他们的权力,同样也是在履行立法职责,因此,应当明确其法律上的义务和责任。最后,要对第三方立法参与主体的实质工作内容及其效果做出明确要求,一般而言,第三方立法参与主体需要通过充分翔实的调研报告,反映立法所需的现实问题;同时,通过走访调研,充分反映不同社会主体的不同立法需求。

第三,需要对第三方参与立法的活动进行预测判断,提前规划相关的配套制度设计,提高第三方参与立法的可行性。如在制度层面建构有关第三方主体的聘任制度建构、第三方参与立法的产品竞标方案、第三方参与立法活动的基准程序和行为权限、第三方中立参与立法的保障机制以及违背中立立法原则的问责机制等,使第三方立法的配套支持体系与中国立法活动的运行规律相衔接,适应中国社会的实际需要,使国家立法机关的意志与社会主体的意志充分协调,尽可能多地化解社会矛盾,兼顾社会整体利益,最终提高社会主体的参与范围和程度,保证立法民主化和科学化进程的有序推进,最终通过立法实现法治和民主的统一。

（二）构建新型的合作治理体系

中国政治发展历程表明,党和政府在社会转型过程中会不断改进和完善自身权力的运作模式,而增强权力运行的组织密度是其中的关键方法。严密的权力组织结构和组织网络,能够极大促进国家权力运作的流畅度,有效稳定社会秩序和维系社会结构。国家运用公权力进行社会治理的一大关键便是掌控和整合社会资源,并不断动员潜在的社会力量。[①] 国家自上而下推进的社会转型确实有利于通过国家制度的自身革新来推动社会力量更多参与公共事务,并有效提升了国家能力,但在实践中,国家的这种权力革新并非没有局限。在改革的过程中,公权力"既当运动员也当裁判员"的现象仍然存在,个别地方滥用权力分割统一市场、扰乱市场秩序的情况较为突出,极大影响了社会主体参与公共事务和经济生活的积极性,这导致了一种强烈的社会观望氛围,明显呈现出政策治理而非法律治理的特征;政府习惯于在社会治理的最前沿发挥领导作用,社会自治组织的成长发育较为缓慢,加重了政府的治理责任,考验着政府的治理能力。

现代公法主要强调对政府权力的控制,素有"控权法"的名称,奉"法无明文规定不可为"为圭臬。但随着政府管理领域的日益扩大,政府也必须参与到社会经济活动之中。例如,私人不得进入铁路、邮政、供电、供水等公共物品和服务领域,这些行业必须由国家或公用事业管理。对此,政府应严格遵守法律程序,不直接与行政相对人进行商业谈判,并在行政许可、行政处罚和行政强制等执法过程中严格运用自由裁量权。然而,20世纪80年代在美国出现的新的行政治理制度开始超越传统的公共行政模式。这种模式包括以协商的方式制定行政执法规则和设定行政许可,行政任务外包、非政府组织标准制定等,简而言之,就是政府积极主动改变执法观念,修改执法基本制度体系,尝试采取购买服务、政府招投标等方式允许私人主体介入公共行政,一般公共事务、公共事业甚至狱政管理都有可能成为私人参与的公共行政领域。

因此,这种合作治理的新范式需要重点从"合作"与"治理"两个角度来展开描述:"合作"意味着国家与公民(社会)之间不是简单的治理与被治理的关系,而是传统意义上的"被治理方"打破了纯粹的被动关系,成为参与治理的主体。此时,享有公权力的国家与享有私权利的公民(社会)之间不再是截然对立的关系。从价值上来说,这一范式充分尊重了保障私权利、限制

[①] 参见唐皇凤:《社会转型与组织化调控——中国社会治安综合治理组织网络研究》,武汉大学出版社2008年版,第226页。

公权力的现代法治原则;从功能上看,社会主体直接参与治理可以更加充分有效地调动资源,更大限度地提高社会积极性,降低国家公共服务的成本,提高自身的治理效能。"治理"的概念意味着反思"管理"和"控制"等传统思维,它强调公共行政和管理的非政府性质,即根据不同机构在公共服务中的作用,在它们之间分配权力。① 这意味着治理活动不是单向的,而是双向的、多向的,与国家相对应的公民、社会也不是简单地服从命令、要求与规则,而是协商、参与规则制定、实施以及争议解决。在这种"治理"的规范性内涵之下,国家的"公共属性"凸显,"权力属性"减弱,社会更加具有开放性与包容性,权力结构也从一元走向多元。公权、私权之间的关系有了更加从容的"相处"架构,在多元文化之下进行合作协商、在法律框架之下开展自主交往,建构治理型社会的信任关系、法治模式。

就中国社会转型和制度改革的历程而言,"合作治理"的模式之所以可能成为中国在社会治理领域中的重要范式之一,是因为它体现着国家与社会的合作,并落脚到依靠法律和社会规范相互协同的理念来实现良善治理。这里的关键因素是社会主体在长期的自我组织、自我教育、自我管理和自我发展中锻炼了自治的能力,能够依据国家法律的基准要求进行自治,并为建构成体系的社会自治机制创造条件。在规范上,社会组织的自我管理和由此形成的社会自治,也是公共行政以及行政法律制度从"控权"转向"赋权"的体现,并进一步展示法律从赋予政府以社会管理权力到赋予社会主体以必要的自治效能的功能转换。根本来说,行政法律制度的这种功能与角色转变,也是得益于法治的成熟:法治约束政府的公共行政,在限定政府权力运行空间的同时也为社会主体自主参与公共生活提供了充足的空间;法治为民主政治的有效实施提供保障,司法机关成为审查政府行政合法性、监督政府依法行政的重要机构,并由此成为调节政府、社会与个人的利益分配的重要部门。

应当指出,目前中国的社会转型和体制机制改革完善过程仍在继续,社会主体的行为模式塑造与更新的过程也与政府的行动思维、方式方法和具体的行为模式直接挂钩,有可能更长远地影响社会主体在未来的价值判断,并由此改变他们的行为模式。一个严格遵循政府权力和跟随其步伐的社会,还不能完全达到合作治理所需的自治能力和自主地位。可见,尽管中国决心改革治理机制,改进治理方式,但面对整个社会体量和形态的多变因

---

① 参见李泉:《治理思想的中国表达:政策、结构与话语演变》,中央编译出版社2014年版,第49页。

素,推动执法方式乃至整个行政治理体系转型的任务依然十分艰巨。

(三) 重视多元规范的法治协同

根据法律多元理论的分析,法律多元实际上可以代之以更加精确的术语"规范多元",这是因为法社会学通常把包括法律在内的各类社会规范统称为"法"或"法律"。[1] 如果将规范多元的主题与社会治理理论的理想状态即"规则之治-法律主治-良法之治"相结合,[2]就会发现,在国家法和民间法之外,还存在着一种社会自治组织自我运行、自我管理所需要的组织规范,不妨将它们称为"社会组织法""社团法"或者"社会法"。这就突破了"国家法-民间法"的理论范式。[3] 而且,在法团主义的研究理论中,社团组织的自治规范具有极其重要的理论地位,它们是中介个人和国家(作为最大的法团)的重要规范架构。[4] 社团组织作为社会权利聚合的客观呈现,其与个人、国家之间在资源配置及权力分配上形塑了一种对立统一的关系,尽管在历史上社团组织在国家与社会的主流架构中未能占据一席之地,但有关的讨论一直有所延续。20 世纪中后叶,运用多元主义理论探究国家与社会之外的隐秘领域渐次发轫,社团组织作为一种相对独立的功能主体,其存在领域中同样有着自我生发的规范集合,社团法的理论关切随之映入眼帘。[5] 此时,国家法、社团法、民间法这三者的关系是:国家法是专门调整国家与私主体之间关系的规范(例如行政法、刑法等),社团法是调整社团内部以及社团之间关系的规范(例如行业协会的自治规范等),民间法是调整市民社会内部和私主体之间的关系规范(例如古典主义时期的民法以及合同等)。进言之,上述三种法律规范在调整范围和调整内容上有所重叠,从而造成多种利益的博弈,进而引发相互之间的规范冲突。

因此,在社会治理问题上,国家必须正视规范多元的基本现实,并努力缓和国家法、社团法和民间法之间的规范冲突,促成三者的规范协同,使之共同促进理想社会治理模式的实现。这是规范多元理论的题中应有之义。有学者指出,在三者的协同关系中,法律是基础性制度资源,是结构化社会的基本力量;社团法与民间法是微观秩序来源的关键因素,它们形塑了社会的日常生活秩序,因此国家必须在正视多元规范的基础上强化自身的规范

---

[1] 参见郭星华、石任昊:《社会规范:多元、冲突与互动》,《中州学刊》2014 年第 3 期。
[2] 参见于浩:《转型中国的法治化治理》,《华东政法大学学报》2017 年第 2 期。
[3] 参见张钧:《法律多元理论及其在中国的新发展》,《法学评论》2010 年第 4 期。
[4] 参见张静:《法团主义》,中国社会科学出版社 2005 年版,第 89—97 页。
[5] 参见陈家建:《法团主义与当代中国社会》,《社会学研究》2010 年第 2 期。

整合能力,增强治理能力,充分盘活治理资源。① 不仅如此,由于在国家法、社团法和民间法等社会规范之间存在复杂而微妙的互动机制和原理,规范协同还能够展现出更为丰富的意涵。例如,一方面,国家法能够借助其他社会规范的自我实施机制,提升自身运行实效。社会规范拥有自我实施机制,是因为民间法等社会规范往往作用于"熟人社会",在其中信息高效传播、充分共享,声誉机制发挥着行为约束的功能。在由此而形成的以"强力维度-长期博弈"为核心的自治格局中,这些社会规范的落实无须以国家强制力对个体的自由和行为施加约束为前提,而是转向为一种实施成本更加低廉的自律型实施或自我实施。而当国家法的行为指引与社会规范具有一致性或相兼容时,它们就呈现出一体同构的形态、主张基本相似的规范要求,故而国家法可以附着于社会规范的自我实施机制运行,实现多元规范间的"借东风"。另一方面,"守法作为借口"现象的存在也说明,借由国家法能够实现对社会规范的良性改造。社会规范并非总是可行的,由于规范演化的滞后性、社群利益的局部性以及信息知识的地方性等原因,许多不合理的社会规范时常会阻碍行为主体做出恰当的选择。此时如果选择那些规范约束力更强的国家法作为自身的行为指南,就可以避免因行为偏离民间社会规范而受到他人谴责,并形成"守法作为借口"的特殊现象。② 打破不合理的社会规范的约束,事实上可能赢得颇为丰厚的潜在收益,基于这种潜在收益的激励,"守法作为借口"的策略就会形成强烈的示范效应,而当越来越多的社会成员效仿之时,那种以集体记忆机制为基础的恒定性社会规范就可能难以维持,进而转向一种更为优良的规范改造。③

有必要指出的是,尽管走向国家治理、社会自治和个人自主的三者协同关系,是现代法治的总趋势,也是国家主义法治观的转向趋势,但国家主义在主导和推进法治建设中的地位仍然需要肯定。这有两个主要原因。第一,西方国家的法治是一条由下向上的、社会自发支持的道路,在这条道路上,国家主义(国家统治)、社会自治和个人自主共同发展,相互支持和促进;国家主义在发展的同时,也推动了社会自治和个人自主的发展进步。但在中国,法治体系的理性建构主义进路清晰可见,国家在法治建设中占据主导位置,意味着国家主义对法治建设的指导地位并非一朝一夕能够改变的,而

---

① 参见王启梁:《国家治理中的多元规范:资源与挑战》,《环球法律评论》2016年第2期。
② 参见戴昕:《"守法作为借口":通过社会规范的法律干预》,《法制与社会发展》2017年第6期。
③ 参见吴元元:《认真对待社会规范——法律社会学的功能分析视角》,《法学》2020年第8期。

且不需要进行改变。第二,承认国家、社会、个人三者协同的关系具有正当性,不代表这种协同治理的模式与由上至下的法治建构型模式存在根本冲突。中国的法治建设是"国家建构主义法治"而非"国家中心主义法治",中国建设法治的立场是一种弱意义的国家主义而非强意义、绝对的国家主义,后者很可能导致在实践中消弭社会与个人,而前者只是强调国家作为主体的功能意蕴,在实践中并不排斥社会和个人的参与,反而会积极认可与吸收社会和个人的力量,将两者的协同参与置于非常关键的位置。① 可见,国家主义法治观在指导法治建构中的地位并未改变,也只有这样才能够处理好改革、发展和稳定的局面下推进中国式法治现代化,使法治的理念与效果惠及全体人民,并为全球的法治化治理提供中国方案。

---

① 参见姜永伟:《国家建构主义法治的理论逻辑——一个法政治学的论说》,《法学》2022年第1期。